KB262799

구술로 본 해외 한인 통일운동사의 재인식 독일지역

이 저서는 2006년도 한국학술진흥재단의 지원에
의하여 연구되었음(KRF-2006-322-B00007).

구술로 본 해외 한인
통일운동사의 재인식 독일지역

초판 1쇄 발행 2010년 6월 22일

지은이   김면 외
펴낸이   윤관백
펴낸곳   선인

제 작   김지학
편 집   이경남 · 장인자 · 김민희 · 하초롱
표 지   김현진
영 업   이주하

등록   제5-77호(1998.11.4)
주소   서울시 마포구 마포동 324-1 곳마루빌딩 1층
전화   02)718-6252 / 6257
팩스   02)718-6253
E-mail   sunin72@chol.com

정가 · 32,000원
ISBN   978-89-5933-354-7(세트)
       978-89-5933-356-1   94900

· 잘못된 책은 바꾸어 드립니다.

구술로 본 해외 한인

통일운동사의 재인식 독일지역

김면 외

선인

서문

통일연구원 기초연구사업팀은 해외 한민족 통일운동사를 실증적으로 규명하고자 한국학술진흥재단의 지원을 받아 "해외통일운동사의 재인식: 문헌 및 구술자료 수집을 통한 실증적 연구(KRF-2006-322-B00007)"를 주제로 2006년 7월부터 2년간 4개국(미국, 일본, 독일, 중국)의 재외동포사회를 대상으로 통일운동 관련 주요 인사들을 발굴하고 구술녹취 작업을 진행하였다. 본 자료집은 독일 및 인근지역을 대상으로 한민족 통일운동의 형성과 변화과정에 관련된 주요 인사들의 구술 증언을 수집 발굴하여 유럽지역의 한인 통일운동을 체계적으로 정리하고 고찰하고자 하였다. 이 책에 담긴 당시 현장에 있었던 인사들의 구술녹취는 유럽지역 통일운동이 어떻게 전개되었는지를 구체적이며 생생하게 당시 역사 현장을 복원시켜줄 수 있을 것이다.

본문에서 20여명 해외통일운동가들의 구술증언을 통해 유럽지역에서 한인운동이 배태되었던 다양하고 복잡한 양상의 사회적, 역사적 조건을 조망하고 그 안에서의 교민들의 참여운동이 지닌 특성을 살펴보았다. 특히 주요 인사들의 통일관 및 대내외 운동방식에 대한 접근을 통해 시대적 변화와 국제사회의 환경에 따른 재독한인운동가들의 역할과 입장을 조명하고자 했다.

구체적으로 독일한인이주에 큰 역할을 한 이수길 박사, 초기 통일운동사의 첫 장을 열었던 기통회와 민건회 그리고 기틀을 놓는데 중심역할을 한 이영빈 목사, 이화선 목사, 김순환 총무, 오대석 선생 그리고 민협을 통해 통일운동을 고양시켰던 어수갑 총무, 윤운섭 노동교실 대표, 김아일 前대표의 활동을 담았다. 그리고 이후 여러 운동단체사이의 갈등 속에서 범민련을 이끌었던 이준식 의장, 이주희 선생과 장일중 재독협 대표, 민족교육을 위해 헌신한 이한경 前재독한인노동자연맹대표, 김종한 세종학교교장과 김정숙 이사장, 현재 유럽통일운동의 재도약을 위해 노력하고 있는 이종현 유럽연대대표, 최영숙 유럽연대 부회장과 김진향 여성회대표, 독일과의 국제연대운동의 코리아페어반트 최현덕 박사, 재독한인노동자연맹에서 활동하셨던 이영준 선생, 통일음악회의 김순실 선생 등에 이르기까지 주요 통일민주인사의 행적을 살펴보았다.

본 자료집은 유럽지역 한인연합운동의 발자취에 대한 개괄을 시도함으로써 치열했던 통일논의의 현장을 기록하고자 한 것이다. 구술로 본 민간 운동사의 실증적 증언들은 추후 기대되는 독일 내 한인통일운동사 및 재외 한민족 교포운동사에 대한 본격적 연구에 있어 의미 있는 기초자료로 활용될 수 있을 것이다.

아울러 본 연구의 수행에 직·간접적으로 도움을 주신 많은 분들께 감사의 말을 전한다. 무엇보다 구술자료를 활용한 실증적 해외 한인통일운동사 연구의 중요성을 인식하고 연구수행에 있어 물심양면의 지원을 아끼지 않은 통일연구원에 깊은 감사의 말을 전한다. 특히 연구활동에서 어수갑 선생님과 이종현 회장님의 협조와 자문은 큰 도움이 되었으며, 재독한인동포운동사에 조언을 주신 독일 베를린의 박성조 교수님께 고마움을 표하고자 한다. 끝으로 궂은 일을 맡아 한 박경민 군(게이오대 대학원)과 박선욱 연구원의 노고에 사의를 표한다.

2010년 6월
독일지역 연구책임자 김 면

목차

1. 이수길

초대한독협회장

이수길 초대한독협회장

이수길 박사는 1959년 뮌스터의대에 유학하면서 독일로 왔으며, 62년부터 재직한 마인츠의대에서 66년 최초로 독일에 간호사 파독을 주선하여 1진 128명을 시작으로 독일에 동포사회의 형성과정에 기틀을 놓았다. 이 박사는 개인적으로 동백림사건에 연루되어 어려움을 겪기도 하였지만 독일과 한국 양국사이의 의료관련 협력 사업을 주선하며 93년 KBS해외동포상과 97년 독일 공로십자훈장을 받기도 하였다. 초기동포사회의 형성과정과 동백림사건을 구술 녹취하였다.

독일 정착

김　면　독일에 처음으로 언제 오시게 되셨어요?

이수길　1959년도에 왔습니다. 한국에 제 의사면허증이 있는데 2816호예요. 저보다 의사가 먼저 된 사람들이 지금 얼마 안 살고 있어요. 한국 정부가 생기고 55년도에 의사가 돼서 서울대학병원에 있다가 명동에서 개업도 하고, 59년도에 해외유학생자격고시를 합격해서 독일로 유학을 왔습니다. 제일 처음에는 뮌스터 대학에 있고나서 그 다음에 베를린 자유대학에 있다가 달렘에서 살았거든요.

김　면　아, 달렘이요? 저도 그 근처에 살았었습니다.

이수길　오스카헬레나 하임이라고.

김　면　예. 제가 유학시절에 아르겐티니서 알레에 살았어요.

이수길　오스카헬레나 하임의 정형외과에 있었어요. 그러다 운이 좋아서 61년 1월 1일부터 프랑크푸르트 대학교 정형외과 조교로 발령 받았었습니다. 그 당시에 외국 사람으로서 정식 조교로 발령 받은 사람은 저밖에 없었습니다. 그래서 거기서 일 년 반 하다가 62년도에 마인츠 대학교 소아과에서 근무하게 됐어요.

김　면　그 이래로 계속 마인츠에 계시는 건가요?

이수길　옛날에는 유학생이 없었고, 30년에 히틀러가 정권 잡기 전까지

한 이, 삼십 명 정도만 있고 거의 없었습니다. 전후에 52년도, 54년도에 한, 두 사람씩 오기 시작했어요.

김 면 네. 전쟁 이후에요.

이수길 59년도에 제가 올 때에는 독일에 유학생이 아마 40명, 50명밖에 안 됐었을 겁니다.

김 면 그러면 한국사회라는 것은 있을 수가 없었겠군요.

이수길 그래서 사람들이 그리워가지고, 주말이 되면 뮌헨에 가든지 프라이부르크에 가든지 그 쪽에 가서 사람들 만나고, 가서 얘기도 하고 그런 시대였거든요. 유학생이 60년도 중반까지는 전부 합해서 150명 정도 되었을 거예요.

파독 간호사

김 면 독일 내 한인들 정착과정에 관해 듣고 싶습니다. 간호사 분들을 독일로 오시게 한 이야기도 말씀해 주시지요.

이수길 63년도에 한국 간호사들이 오기 2년 전에 광부들이 왔었습니다. 광부들이 11월부터 왔는데, 그 사람들은 3년 동안 일을 하고 가야 되거든요. 한국에서 광부들이 오는 게 박정희 대통령이 차관 받기 위해서 담보했다는 것은 다 거짓말이고, 유솜(Usom)이라는 거 아세요? 미국에서 나오는 유엔대외한국원조기관이라는 게 있었어요. 장면시대 때 유솜이라고 광화문 앞에 있었는데, 한국경제부흥 시키는 미국 기관이에요. 유솜 직원이 정보를 알아냈는데, 뭐냐면 그 당시에 일본 사람들이 일본 광부들을 독일로 보냈어요. 그래서 그때 그 광부들이 와서 여기 광산 기술을 배우고, 돈 받고 2년씩 하고 다시 일본으로 가서 그 광산 일 하는 겁니다. 그것을 유솜에서 알아서 여기저기 독일광산협회에 교섭하기 시작했어요. 장면시대 때 했다가 5·16혁명하니깐 파산된 거죠. 그런데 그 서류가 연방문서보관서에 있어요.

　독일에서도 조사해보니깐 여기에 서류가 있다는 것을 알았어요. 그래서 박정희 때에 광부가 오기 시작해서 실현된 겁니다. 두 번째는 1961년도에 혁명이 일어나고 나서 4개월 후에 독일에 와서 재건 착안을 받았어요. 1억 오천만 마르크 중에서 그 절반은 재건 착안을 위해서 이자 없이 주는 것이고, 절반은 헤르메스보험회사라고 아시나요? 그 독일 보험회사에서 한국에서 물건 싸 가지고 갑자기 보험회사에서 보험설계를 했어요. 근데 헤르메스 보험회사에 재정보증을 정부에서 하는 거예요. 그래서 합쳐서 1억 오천만 마르크 차관을 받은 거거든요. 그것도 장면시대 때 유솜에서 시작한 거예요. 그런데 박정희 정권이 들어와서는 장면시대 때 장기 5년, 장기기획안이라고 있었어요. 5년 경제개발연구기획이 있어요. 그때에 유솜에서 주로 하던 것을 혁명이 나면서 정부에서 다시 꺼내서 시작한 거예요. 장면기념관 같은 데에 서류가 다 있습니다. 지금은 보편화가 안 되어가지고 그러는데, 그래서 광부들이 한 천 명 정도 왔고, 61년도 11월에 왔으니깐 64년도 12월부터는 간호사들이 오고, 그 다음에 65년도에 간호사들이 일을 시작했어요. 왜 시작했냐면 65년도에 마인츠대학병원 소아과 병동 장을 썼는데, 제 병동에 아이들이 한 23사람쯤 유아들이 있었는데, 여기는 한국하고 달라서 보호자가 젖 먹이는 게 아니고, 아침에는 간호사들이 젖을 먹입니다. 그런데 간호사들이 모자라고 제때 못 먹이니깐 자꾸 울잖아요. 그래서 제가 "왜 자꾸 웁니까?"하니깐 아직 젖을 못 먹여서 운다는 거예요. 그래서 마인츠 대학병원 원장과 만났을 적에 왜 이렇게 간호사가 적으냐고 하니깐 원장이 하는 얘기가 독일에 갑자기 병원이 많이 생겼고, 병원에서 일하고 있는 간호사들이 17만 명인데 3만 명이 아직 모자라다 이거예요. 그래서 제가 그럼 한국 간호사들을 데리고 오면 될 것 아니냐. 한국 간호사들이 많이 배출되어서 직장을 찾는 사람들이 약 3, 4천 명이 있다고 했죠. 그래서 좋다고 마인츠 대학에서도 30명을 받겠다는 거예요.

김 면 그럼, 마인츠가 처음이네요?

이수길 처음으로 받겠다고 해서 여기 병원 원장이 노동청에다가 우리 한국 간호사를 데려올 테니 노동허가를 해주시오, 하니깐 노동청에서 안 된다는 거예요. 한국 간호사를 인정 안 한다는 거죠. 그 당시 마인츠는 기독교민주당이 정권을 잡고 있었어요. 연방정부도 기민당이고 하니깐 외국 사람들을 인정 안 하고 받지도 않고, 앞으로 우리가 저런 사람들을 양성해서 수급하겠다는 거예요. 제가 그 시기에 프랑크푸르트 11개 병원에 편지를 썼어요. 우리 한국에 간호 학생들이 여기서 공부해서 간호자격증을 받고, 여기 병원에서 일하는 사람들도 있다. 또 한국에서 고등학교 3년 졸업하고 간호 전문학교, 간호대학을 나왔으니 교육이 잘되어 있으므로 우리 간호사들을 받아달라고 하니까 프랑크푸르트 11개 병원에서 210명을 받겠다고 대답이 왔어요. 프랑크푸르트 병원협회에 슐타이스라는 회장이라고 있어요. 근데 운이 좋으려니 이 회장이란 분이 60세 가까이 되는 분인데, 사민당 당원이에요. 프랑크푸르트 시장도 사민당 당원이고, 연방정부도 사민당이 잡고 있을 때였습니다. 독일에서 유일한 사민당이 정권을 잡고 있던 곳이 바로 프랑크푸르트였습니다.

김 면 헤센주인가요?

이수길 그렇죠. 프랑크푸르트가 헤센주에 속하거든요. 그러니깐 여기 시장이 헤센주 시장 브룬데르트 박사라고 하는데 그 분한테 가서 우리 프랑크푸르트에 간호사들이 지금 3,200명이 모자라다. 그래서 한국 간호사들이 올 테니 허가를 해 주시오, 라고 하니깐 하라고 그러더라고요.

김 면 그럼 사민당이랑 기민당은 완전 입장이 다른 거네요?

이수길 기민당은 한국 사람을 안 받는다는 거예요. 연방정부도 기민당이고.

김 면 그럼 만약 사민당이 없었으면 간호사분들이 입국이 안 됐겠네요?

이수길 안 됐을 겁니다. 지난 5월에 간호사 40주년 기념행사를 했었습니다. 그때 프랑크푸르트 알게마이네 차이퉁이라든지 여러 신문에서 뭐라고 썼냐면 40주년을 축하하며 그 당시에 사민당에서 장래의 안목으로 봐서 한국 간호사들을 오게 했기 때문에 독일에 온 계기가 되었다고 얘기 했거든요. 그래서 헤센주에서 간호사 받겠다고 허가증 나왔다고 하고, 서류를 다 가지고 세 사람이 가서 한국 간호사들을 한국 정부에서 선정해서 보내달라고 하고 아주 좋은 일입니다. 저는 대학병원 공무원이니깐 어떻게 나가서 생활비를 못 낼 거 아녜요. 그래서 이 서류를 줘서 해주시오, 했더니 대사관에서 한 석 달 동안 토의하더니 한국에서 간호사 데려오는 것을 못 데려 오겠다, 이러는 거예요. 소아병적인 현상이에요. 왜냐하면 이수길이라는 한 개인 의사가 간호사 데려오는 일이지 정부 차원에서 하는 것이 아니다, 이거죠. 그리고 이 사람들이 각 병원하고 협회에 한국 정부에서 간호사 취업하는 것에 대해서 상관 안 한다. 이수길이 괜히 시작한 일이다. 이러니까 저는 아주 난처했죠. 저도 난처하지만 병원협회회장도 얼마나 난처하겠어요. 그래서 만나서 그럴 것이 아니고, 제가 한국에 가서 보사부장을 만나서 한번 교섭해 보겠다. 그러는 것이 가능성이 높겠다. 그런데 병원협회회장도 소아과의사가 과연 성사시킬 수 있을지 반신반의 했을 겁니다.

김 면 나라의 외교적인 문제를 한 분이 하니까 아무래도 그랬겠네요.

이수길 1965년 임영신 중앙대학교 총장이 여기 오셨었어요. 이 분이 여기 온 목적은 마인츠 대학하고 자매결연 맺는 거여서, 제가 중간에서 마인츠 대학교 총장하고 자매결연 맺게 했거든요. 그래서 자매결연 맺게 되니깐 여기 마인츠에서 총장이 파티하고 다 초대해서 여기에 또 슐타이스라는 그 분을 같이 참석시킨 거예요. 가서 보니깐 대사가 왔지, 대학교 총장도 왔지, 여기 대학교하고 자매결연 맺고 하니깐 제가 믿을 만해진 거죠. 그러니까 우리 계속해서 해보자. 그래서 성사 됐는데, 제가 한국에 나가야 되잖아요. 그래서 제가 대학병원에서 소아과학회에 참석하는 겸해서 한 달 반 휴가를 받았어요. 그래서 한국에 갔는데, 그 당시에 프랑크푸르트에서 서울 가는 이코노미 비행기 표 값이 1,400달러였습니다. 제가 월급을 받아서 생활하고 일 년을 저축해야지 표 한 장을 살 수 있었어요. 근데, 비행기 표를 누가 줍니까? 그렇지요? 간호사 한 명당 745달러를 들여서 데려오는데 간호사들이 여비를 내고 하면 자기한테 떨어지는 게 없어요. 그래서 간호사들을 데려오는데 배로 오든지 아니면 비행기 전세기로 데려오는 방법 밖에는 없었어요. 그래서 아주 비쌌어요. 보통 사람은 못 다녔지요. 그래서 지금 루프트한자, 일본항공, 이런 여러 항공사하고 교섭하는데, 루프트한자는 간호사가 온다면 전세계약 할 수 있지 독일로 가는 비행기를 우리가 선택할 수는 없다. 근데 일본항공에서는 독일로 가는 항공편을 줄 테니깐 가서 교섭을 해서 성공하면 우리 회사하고 계약하자고 해서 65년도 10월에 일본항공을 타고 한국에 나갔어요. 한국 가서는 그 당시에 보건사회부장관이 오원선이라고 의사인데. 여기서 있던 사람이 한국의 장관을 어떻게 만납니까? 근데 마침 적십자사가 국회의원 두 사람이 독일에 왔는데, 저한테 소개를 해줬어요. 그 국회의원 두 분이 이만섭이라는 사람하고 김호철 씨라는 사람이에요. 그래서 제가 그 사람들을 여기서 대접도 하고 마인츠대학도 구경시켜 줬습니다. 그러고 나서 사실은 제가 한국에서 간호사를 데려오려고 하는데 보건사회부장관을 만나게 해주십시오. 그러니깐 이만섭 씨가 전화하더니 그 다음날 오라고 했습니다. 그래서 이만섭 씨와 만나서 한 15분 동안 얘기했어요. 간호사가 먼저 가고 여기서 대우는 독일 간호사들이랑 똑같이 받는다. 말은 어렵지만, 독일 간호사는 미국같이 절반 진찰하는 것이 아니고, 환자시중을 들고 보호자가 없으니깐 밥 해다 주고, 의사가 지시 한대로 약 주고 주사도 놔 주고 우리 한국 사람들이 할 수 있는 일이라고 설명했죠. 우리나라 사람은 눈치도 빠르니깐 괜찮을 거라 덧붙였죠. 그러니까 오원선 씨가 얼마든지 데려가라고 하더라고 요. 보건사회부에서 공고를 내고 간호사를 모집했어요. 모집해서 128명을 데려오는데, 왜 128명인가 하면 일본 항공기에서 제일 큰 비행기가 DC8이에요. 그게 129석입니다. 근데 제가 타니까 128명 인 거죠. 보건사회부에서 공고 해가지고 그 삼청동 보건연구원에 서 선발시험을 치루고, 최종심사는 보사부 간호과장과 간호협회장, 그리고 저하고 이렇게 최종적으로 결정해서 128명을 데려왔습니다. 1966년 1월 31일, 프랑크푸르트에 첫 번째 오고 나서 공항에서 독 일 전체의 언론을 받고, 시장실에서 영주를 받고 그랬었습니다.

김 면 그 당시에 우리 간호사 분들 보수는 좋았나요?

이수길 보수는 독일하고 똑같아요. 그 당시 초봉이 150달러쯤 되는데, 나이가 먹었든지 결혼해서 아이가 있다면 삼, 사십 달러가 더 올 라갑니다. 조건은 독일 간호사들이랑 똑같아요.

김 면 그때 128명 뽑을 때 몇 명이 왔습니까?

이수길 600명이 왔어요. 5:1이었어요. 그 뒤에도 4월 달에 선발했습니 다.

김 면 일본 비행기로 오게 됐네요. 그 다음에도 128명인가요?

이수길 그 다음에도 그렇게 1차 128명, 2차 4월에도 128명, 3차가 6월 에 128명을 뽑아서 프랑크푸르트에 왔는데, 1차가 온 후에 모든 언론에서 스포트라이트를 받으니까 우리도 주시오, 해서 기민당에 서 집권하고 있는 베를린 이런 데서도 우리도 해달라고 해서 독일 전체에서 바라는데, 저는 그 당시 대학병원 공무원이라서 못 하니 까 프랑크푸르트 시에서 하게 해줄 수는 없단 말이죠. 그러니깐 너희들 것은 네 맘대로 하라고 하는 거죠. 그래서 왔는데, 한국 관 리들은 백년대계를 못 봐요. 우선 1차 간호사를 1월에 데려온 후 에, 5월 달에 옛날에 종로에 ILI라는 어학강소가 있어요. 거기에 줌파(Shumber)라는 오스트리아 사람이 독일어 선생이라 이 사람이 뒤셀도르프 병원하고 연관해서 간호사들 150명, 600명 나한테 가려는 사람들이 다 거기 갔습니다. 이 사람이 난 독일 공무원이니까 한국 간호사들한테 돈을 받을 수도 없고, 또 받아도 안 되고. 근데 이 사람들은 간호사 150명을 데려오면서 또 돈을 받았어요. 200달러, 300달러를 받아서 보냈거든요. 근데 이것이 한국 경찰에 알려져서 조선일보에 기사가 났어요. 조선일보에서 이 줌파라는 사람을 검찰에서 붙잡아서 추방시켰다는 기사를 썼거든요. 근데 조선일보 기사가 한국에서만 그친 게 아니라 누가 이 기사 소스를 독일에다가 알려줘서 프랑크푸르트 신문사에까지 기사가 났어요. 이 간호사들을 들여오면서 돈을 받은 줌파라는 사람이 쫓겨났다. 그래서 저하고 병원협회장한테도 문의가 와요. 당신들도 간호사들한테 돈을 받았느냐. 그래서 우리하고는 다르다. 이렇게 얘기하고 또 프랑크푸르트 신문에서 자세하게 나왔어요. 그 다음에는 세 번 128명씩 왔었고, 또 그 다음에 제가 간호사들을 데려오고 7개월 정도 후에 이종수라는 의사가 있었어요. 부퍼탈시립병원에 외과수련의로 있었는데, 이 사람이 독일 바트 크로이츠나하병원협회 재무과장과 함께 코리아디아코니를 만들었어요. 그래서 간호사들을 데려오기 시작했습니다. 근데 그 사람은 간호사, 간호보조원, 간호학생을 전부 980명 데려왔어요. 이 사람은 또 한국난민구제라고 해서 독일본부가 있고 한국에도 지부가 있고. 그래서 여기서 간호사를 들여오면서, 간호사가 여기서 처음에 매달 월급에서 20마르크를 떼게 됐어요. 그래서 그 돈으로 한국에 난민구호병원을 만들고자 했습니다. 근데 그 돈으로 그 당시에 34만 마르크의 돈을 모았어요. 그 중에서 14만 마르크를 가지고 강남에 구호병원을 짓는다고 14만 평 땅을 샀어요. 병원을 안 짓고 땅만 샀습니다. 한국에서 또 이종수 부인하고 이종수 동생이 한국구제회 회장, 총무로 있고 거기서 또 선출할 때도 돈 받고 그래서 동아일보에서 기사가 나오고 동생이랑 부인이 구속되고 그랬었습니다. 7, 8 개월 후에는 미국에서 직업 알선하는 측에서 와서 여기 간호사들에게 미국으로의 이민을 제기합니다. 근데, 미국사람들이 한국에 있는 간호사들은 안 받고 독일에 와서 6개월 이상 된 사람들은 받았습니다. 왜냐하면 독일에 왔으니깐 실력이 검증되었다 이거예요.

김　면　그래서 그 중에서 상당수가 또 갔나요?

이수길　그래서 제가 데려 온 간호사들 중에 삼분의 일이 미국으로 가버렸어요. 돈도 주고 하니깐 프랑크푸르트에서 4, 5, 6차를 계획했는데, 4차부터 안 받겠다는 거예요.

김　면　그랬겠네요. 무슨 중간역도 아니고요. 그럼 간호원 분들이 오셔서 그 분들이 처음으로 교포사회를 형성하게 되네요.

이수길　그러다가 거기서 모든 게 스톱되어 버렸어요. 이만큼 오는 것도 한국에도 간호사가 모자란데 왜 간호사를 데려가느냐 하는 간호사 취업 반대운동도 한국에서 하고 해서 독일에서 간호사 오는 게 중단되어 버렸어요. 다 끝이 났죠. 그러고 나서 3년 지났어요. 일 년 반 동안 간호사들이 전부 1,800명 왔거든요. 여기 서류가 있습니다. 제가 드릴게요.

김　면　처음에 계약할 때도 역시 광부 분들하고 비슷하게 3년 계약인가요?

이수길　3년 계약이죠. 근데 간호사들 경우에는, 광부들은 막노동이고 그냥 하고 가는 것이고 간호사는 중간 기술직업이잖아요. 그래서 처음에 우리가 계약할 때 본인이 원하면 일 년씩 항상 연장하게 되어 있어요. 간호사는 애초에 들어올 때부터 자기가 원하면 있을 수 있게 되어 있거든요. 그런 계약 조건이었는데 그 사이에 마인츠 대학병원에 간호사가 170명이 취업했어요. 마인츠 대학병원에 간호사가 전부 800몇 명이 되는데, 근데 간호사 3년 계약 끝나니깐 69년도에 갑자기 70명이 나가게 됐어요. 그러니깐 병원에서 얼마나 당황했겠어요. 그래서 병원장은 저보고 네가 데려오자고 해서 데려왔는데 갑자기 다 나가니깐 우린 큰일 났다고 하고, 이것을 교정하려면 어떻게 하는 게 좋겠느냐? 우리 그러지 말고 교체취업을 다시 시작해 보자. 70명이 나가니깐 이 70명을 다시 한국에서 데려오자. 그래서 마인츠 대학병원원장하고 저하고 독일병원장하고 셋이 만나서 교체취업 하는 것으로 해서 다시 정부에서 허가를 받자고 했죠. 정부에서도 생각을 해보니깐 맞거든요. 그래서 정부에서 허가해줘서 69년도부터 교체취업이 시작됐어요. 그때 제가 개발공사에 다 연락해주고, 또 그것을 개발공사에서 각 신문사에 연락했어요. 이수길이가 주동이 되어서 교체취업이 다시 성사되었다. 그래서 그 사람들이 간호사들을 한 4,800명쯤 데려오고 그러고 나서 간호사가 73년 이후에 안 오고 그때까지 간호원들이 10,032명이 독일에 취업했어요. 근데 독일에 오일쇼크가 생겨서 독일도 적자가 생기고, 어려워지고 이럴 때 간호사들 지원자도 많았고, 저 베를린 같은 데는 간호사들이 한 3년 지나거나 5년 이상 있으면 그냥 가라고 했어요. 근데 마인츠, 프랑크푸르트 이런 데서는 안 그랬습니다. 그래서 뮌헨에서는 한국 간호사 16명을 추방시키고 그러니깐 독일교회하고 간호협회사람들이 이것은 비인도적이라고 했었습니다.

김　면　그때 여성회가 만들어지나요?

이수길　여성회라는 것은 그 당시에 주도한 사람들이 교회 목사들, 이화선, 이영빈 목사 등 여러 목사들하고, 교인들하고 베를린에 있는 간호사들과 뮌헨주에서 간호사들이 주동해서 추방하는 것을 막는 그런 운동을 하고, 그 사람들이 3만 명 서명운동을 해서 그것을 국회에 제출을 해서 너희들이 필요할 때에는 간호사들을 이렇게 들여오고, 필요 없으면 가라고 하는 게 비인도적이라고 하니깐 독일 정부에서 맞다 하는 것이죠. 그래서 그때 간호사들이 5년 이상 있으면 영주권을 주고, 8년 이상이면 국적신청도 할 수 있었습니다. 그러고 너희들의 직계가족들을 여기 데려와서 살 수 있다. 굉장히 파격적이죠. 이전에 광부들이 절반 이상이 한국으로 돌아갔었지만, 광부들이 독일여자하고 결혼하든지 여기서 공부하든지 이래야 독일에 있을 수 있었는데 그 법이 생기니까 간호사들이 결혼해요.

김 면 그 전에는 별로 없었는데요. 체류하기 위해서?

이수길 그래서 광부들하고 간호사들하고 하니깐 한인가족이 많이 생겨서 교포사회가 만들어진 거예요. 그러니깐 간호사가 없었으면 교포사회가 없었던 거죠.

김 면 큰일을 하셨네요. 그럼 간호원들이 전체적으로 그때 당시에 얼마나 남아 있었나요?

이수길 한 4,000명, 5,000명 정도.

김 면 이 분들의 인권은 계속 보장이 된 거죠?

이수길 그렇죠. 간호사는 간호사 일을 하고. 또 남편이 여기에 광부로 와도 간호사하고 결혼해서 신청하면 노동허가도 받고, 80년도 중반부터는 한국 사람들은 또 식당 같은 것도 운영하고 그랬죠. 왜냐하면 독일 사람들이 식당 일이 힘드니깐 안 하거든요. 사실 월급쟁이 해서 월급 받아서 아프고 하면 병가하고, 휴가도 받고 할 수 있는데, 1년 12달 일하는 거 안 할 거 아닙니까? 그래서 팔고 하니깐 또 장사하는 사람들이 생기고. 그래서 우리 사회가 생긴 거예요.

동백림 사건

김 면 선생님, 동백림 사건에 대한 그때 얘기를 좀 해주시겠어요?

이수길 동백림 사건은요. 교포사회 안에서 Forum이 있어서 거기 기사가 잘 써진 게 있습니다. 제가 드릴게요. 동백림 사건은 언제부터 있었냐면 1955년도 아니면 56년일 겁니다. 동백림 사건의 주범은 윤이상 씨입니다. 윤이상 씨가 더 잘 압니다. 윤이상 부인 이수자 여사가 아프면 제가 다 무료로 약을 보내주고 그랬었습니다. 근데 이

분이 파리에서 공부하다가 돌아오고 2년 만에 독일의 베를린에 있는 음악대학에 교수가 (되었어요). 현대음악 하는 분이에요. 그 사람한테 가서 공부하겠다고 해서 파리에서 우연히 유학생을 만났어요. 그 유학생이 누구냐 하면 김택환 씨라고, 정치학 박사하고 한국교원대학교 교수도 역임하신 분입니다. 이 사람을 파리에서 만나서 베를린에서 공부했거든요. 그 사람한테 가서 교수 밑에서 공부할 수 있도록 추천서를 받았습니다. 그러고 난 뒤에 이 사람이 다 해서 베를린에 와서 공부하게 했어요. 그게 아마 56년도였을 겁니다. 근데 학생이 돈이 어디 있어요. 장학금도 못 받고 하니깐 동백림에 가서 돈 받고, 생활비도 받고 그랬던 거죠. 생활비 받아서 그 당시에 폭스바겐도 몰고 다니고 그랬습니다. 이북에서 다 돈 받은 거예요. 이 사람이 거기서 돈 받으니깐 뭔가 있어야 될 것 아닙니까. 그래서 유학생들을 동백림에서 북한으로 데려갔어요. 예를 들면, 그 사람들 중 한 사람이 조명훈이라고 돌아가신 분이 계세요.

김　면　지난번에 마지막으로 뵙게 된 거였군요.

이수길　일 년 정도 됐습니다. 조명훈 씨가 시작해서 김대관('김대관'으로 추정, 녹취불분명)을 북한대사관에 데려갔어요. 그래서 조명훈 씨가 또 나와서 서울대학교 동창생인 임석진이라고 있습니다. 이런 사람을 데려가서 시작한 거예요. 그러니깐 민족주의자하고 통일을 위해서 자기들이 왔다 갔다 한 것이 아니고 처음에는 돈 때문에 왔다 갔다 한 겁니다. 그리고 프랑스에 있는 사람들도 데리고 왔습니다. 또 이 사람들이 또 다른 사람들을 데려왔고, 제일 많이 데려간 사람이 임석진이었어요. 한 스무 명은 될 겁니다. 그 중에서 임석진은 임석훈이라고 자기 동생을 데리고 갔고, 지금 프랑크푸르트에서 살고 있어요. 그리고 자기 여동생을 데려가고 그랬습니다.

김　면　그럼 그분은 한국에 못 들어가세요? 그런 건 아니죠?

이수길　지금 그런 게 어디 있습니까. 그래서 그 당시에 동백림에 갔다 오고 연락된 사람이 정규명이라고 프랑크푸르트에서 물리학 공부한 사람 있어요. 저하고 가깝습니다. 근데 간호사가 들어오니깐 이 사람들이 한인회를 맡아서는 간호사들보고 한인회에 들어오라고 하며 당신들을 도와주겠다고 하고, 한인회를 만들었으니깐 명단을 만들었을 거 아니에요? 그때 1월 달에 데려오고, 4월에 2차 데려오니까 간호사들한테 프라하를 통해 이북에서 선전문이 와요. 그래서 간호사들이 얼마나 놀랐겠어요. 그 당시에는 선전문을 봐도 반공법에 걸렸거든요. 근데 제가 데려온 간호사들한테 선전문이 오면 더 그럴 거 아니에요. 그래서 대사관에 가서 이 선전문을 못 오게 해주시오, 하니깐 자기들은 할 길이 없다는 거예요. 그래서 제가 프랑크푸르트 경찰서에 가서 다 설명하고 선전문이 간호사들에게 못 가게 해 달라고 해서 그 사람들이 다 모여서 불태우고 그랬어요. 그랬는데 67년도 5월에 프라하에서 세계여자농구대회가 있었습니다. 그때 조선일보 특파원이 프랑크푸르트 이기양이라고 있었습니다. 이 사람이 취재하려고 프라하에 갔다가 없어져 버렸어요. 이북에서 데려간 거죠. 근데 이 사람은 임석진 씨가 소개해서 북한대사관에 왔다 갔다 한 사람입니다. 근데 북한에서 데려간 거죠. 그래서 한국 신문에 이기양 기자 실종사례가 크게 나고, 조선일보에서는 백만 명 서명운동을 해서 인권위원단하고 그렇게 하니까 그게 신문에 나고, 그때 임석진 씨가 명지대학교 조교수로 있으면서 보니까 큰일 났거든요. 자기가 시작해서 이 사람들이 붙잡혀 가니깐 이게 알려지면 자기는 한국에서 사형이 될 거 아니에요. 그러니깐 이 사람이 박대통령 큰 처조카인 홍세표에게 가서 자수했어요. 어떻게 했냐면 프랑크푸르트 갔을 때 프랑크푸르트 한국은행 출장소 직원이 홍세표라고, 한국 외환은행 행정도 하고 아주 유명한 사람이었어요. 이 사람한테 가서 대통령한테 만나서 자수하게 해 달라면서 자기가 자수했어요. 그래서 이 사람이 데리고 갔죠. 이 사람은 누구냐 하면 박 대통령의 윤 여사 언니 큰 아들입니다. 윤 여사 첫 조카이죠. 그래서 이 사람을 통해 자수해서 박대통령이 들어주고 동백림사건에 대한 수사가 시작한 거죠. 독일에서 16명 데리고 갔어요. 그런데 거기에 저도 들어갔거든요. 왜 제가 들어갔냐면 제가 이북에서 지령 받아서 간호사들을 데려 갔다는 거예요.

김　면 누가 그랬나요?

이수길 이북에서 지령 받아서 간호사들을 들여오고, 간호사들에게 적화 사상을 주입시키기 위해서 선전문도 보냈다. 그래서 돈도 이북에서 받고, 간호사들과 독일에서는 돈을 안 받았으니까 어디선가 받았어야 하는 거 아닌가, 하고 의심을 한 거죠. 그래서 간첩두목으로 붙잡혀서 한 열흘 동안 중앙정보국에서 갖은 고문을 다 당하고 한 달 만에 다시 왔죠. 그 당시에 독일에서 한국 사람들을 납치하는 것이 신문에 난 것과 독일의 압력 때문에 그 사람들이 다 살아난 거예요. 그 당시에 17명 납치된 사람 중에서 다른 사람들은 유학생들이고 그런 게 없었고, 제가 제일 주목받는 사람인 거예요. 간호사들을 데리고 왔지, 독일의 공무원이지, 그래서 그때 스포트라이트가 다 저한테 온 거예요. 그래서 그때 제가 붙잡혀 갔다가 다시 돌아왔다는 그게 1967년도 스탈린 딸이 도망가고, 독일에서는 동백림사건을 일으키고 하니깐 괘씸하다 이거죠. 간호사들도 데려오고, 우리가 돈도 주고, 차관도 주고 우리정부에서 도움은 많이 받는데.

여기 정보국 사람들이 와서는 법을 어기면서 데리고 왔다고 하는데, 제가 신문기자에게 뭐라고 했냐면, 제가 갑자기 해명하고자 자진해서 비행기를 타고 갔고, 한국 가서 고문 안 받고 호텔에 있다가 지금 온 거다. 그러니깐 독일 정부에서는 환영하지 않죠. 그 다음에 우리 16명을 데려 갔을 적에 차를 운전한 사람이 있거든요. 이 사람들도 유치장에 다 같이 집어넣었어요. 제가 그렇게 설명한 다음에는 이 사람들을 다 풀어 주었죠. 반정부운동 한 사람들도 앞장서서 제가 정보부 첩자라는 거예요. 정보부에서 이 사건을 무마하기 위해서 저를 데려갔다고 해놓고서는 제가 간호사들에게 돈을 먹었다, 가짜 의사다, 이렇게 해서 저를 추방운동 했어요. 그래서 추방당했다면, 그리고 제가 그런 것을 안 했다면, 윤이상 씨 등 이런 사람들은 벌써 다 풀려났을 것인데 너 때문에 그런다고 했습니다.

김 면 어느 분이 주동하셨는지요?

이수길 반정부운동한 사람들이죠. 그래서 그 사람들하고 재판하고 독일에서는 초등학교 선생님을 앞장 세웠었고, 독일 교사는 혐의 받고 벌금내고 다 했어요. 독일이 교포사회에서 간호사란 게 제일 중요합니다. 그리고 독일에서는 미국처럼 고급두뇌를 영입하려 하거든요. 그러니깐 의사, 물리학자, 학자니 여기서 꼭 필요하다고 하는 사람만 여기 있을 수 있어요. 여기서 고급두뇌로 받아 주는 사람은 전부 다 해서 40명도 안 돼요. 그런 사람들이 있어서는 교포사회를 이룰 수 없잖아요. 그래서 이 교포사회라는 게 간호사, 광부가 있으니깐 또 교회 목사들도 나올 거 아니에요. 목사까지 다 하면 아마 몇 백 명이 될 거예요.

김 면 지금 보면 통일운동 하신다고 북으로 가신 분들하고 교민 분들이랑 관계는 어떻게 보세요?

이수길 관계없어요. 단절됐어요.

김 면 거의 극소수지요?

이수길 네. 왜냐하면 우리도 동백림사건을 해서 붙잡혔다고 신문에 나니까 한 2, 3년 동안 한국 사람들이 무서워서 오지 않아요. 동백림사건하고. (통일운동)하는 사람들은 다 자기들끼리 한 10명, 20명 이 정도예요. 다 자기들끼리예요.

김 면 여기 한인사회와는 거의 연결이 안 된 거죠?

이수길 연결 안 되어 있어요. 이수자 씨 저기 수기하는 데 있었잖아요. 동백림 사건에 자기가 연관된 후부터는 한국 사람하고 길이 딱 끊어졌다고 하더라고요. 음악 하는 사람들 뭐 이런 사람들이었죠. 그 사람들 완전히 끊어졌어요.

김 면 그럼 여기 보니간 무슨 노련이라고 할까요? 재독한인노동자연맹 이런 거 그때 당시에 형성된 거는 아세요?

이수길 민주노동당도 있고.

김 면 여기 그때 당시에 재독간호원들 오신 분들이 무슨 단체 같은 걸 만들지는 않았나요?

이수길 간호협회.

김 면 아, 여기 뭐 이런 재독한국여성모임하고는 관계없고요?

이수길 관계없습니다.

김 면 그럼 여기 운동권하고는 또 다른 조직들이네요?

이수길 다른 거죠. 그 사람들은 빈에서도 모이고, 북한도 왔다 갔다 하고 그래요.

김 면 한인 운동사를 쭉 보면 여러 단체들이 있거든요. 이런 흐름이 있어서 실질적으로 보면 여기 있는 분들이 참여를 하는데, 교민 분들하고 실질적으로 교류가 적은 거 같아요.

이수길 교민하고 교류라는 것은 하나도 없고, 그 운동하는 사람들이 90% 이상이에요. 일정한 직위가 없고, 독일에서 사회보장 받아서 사는 사람들이에요. 무직자들입니다. 이 사람들은 부인들이 간호원, 무슨 연구체 다 자기 혼자 하는 겁니다.

김 면 이영빈 목사님이 기통회, 그러니깐 기독교통일협의회 이런 것들을 또...

이수길 그런 것도 있어요. 그런데 이영빈 목사, 이화선 목사, 장 무슨 목사, 사람들이 이북하고도 왔다 갔다 하고 그래요. 갑자기 보면 10명, 15명이 이북에 가기도 하고 그럽니다.

김 면 실질적으로 교민사회의 구성에 비하면 너무 그렇군요. 이분들 같은 경우에는 통일문제에 관해서 생각은 그때 당시에 좀 어려웠나요?

이수길 제가 이화선 목사는 잘 압니다. 그 분도 참 불우한 분이고, 부인
도 참 글도 잘 쓰고 그랬습니다. 그런데 이영빈 목사는 이북 사람
이에요. 이화선 목사는 이북 사람이 아니기 때문에 대한민국에 대
해서 글도 쓰고 많이 합니다.

김 면 선생님, 장시간 정말 수고 많으셨습니다. 감사드립니다.

2. 이종현

現 유럽연대 대표

이종현 現 유럽연대 대표 ____________

이종현 대표는 1965년 광부4진으로 독일에 와서 엔지니어 공부를 마친
후 기술직으로 직장생활을 하였다. 민주사회건설협의회, 재독한인노동
자연맹, 범민련에서 중심적으로 활동하였다. 독일부인과 결혼하여 두이
스부르크에 정착하였으며 코레아 코미티에도 참여하였다. 현재는 유럽
연대의 대표로 활동하고 있다.

____

독일 정착

김　면 　선생님 언제 독일에 오셨습니까?

이종현 　1965년 3월, 독일에 광부로 이 곳 두이스부르크로 오게 되었습
　　　　　니다.

김　면 　그때 노동계약 체결을 하는 것을 몇 년 하는 것으로 하셨나요?

이종현 　3년 계약으로. 4진으로 왔는데, 4진. 65년 3월에.

김　면 　그때 같이 오신 분들 중에 혹시 기억나시는 분이 계신가요?

이종현 　물론. 같이 온 사람들 있지요. 처음에 1년 반 동안 쾰른에 가서
　　　　　쾰른대학에 적을 두고, 끝나기 한 6개월 전부터 대학에 적을 두고,
　　　　　6개월 동안은 쾰른까지 왔다 갔다 하면서.

김　면 　공부하셨어요?

이종현 　언어를 우선해야 하니까요.

김　면 　거기서 무엇을 전공하셨어요? 공부는요?

이종현 　국가학(Staatswissenschaft). 그니까 정치학하고 같은 거예요. 우
　　　　　선 언어부터 배워야 하니까 적을 그렇게 두었지만, 그 당시 다닐
　　　　　때는 어학을 하기 위해서 다녔어요. 상당히 고생 많이 했지요. 고
　　　　　생이라는 것이 쾰른까지 왔다 갔다 하는데 왕복거리가 역에서 내
　　　　　려서 전차타고 대학까지 가는 거까지 다 합하면 1시간 반이 걸립
　　　　　니다. 왔다 갔다 3시간이고 강의 듣는데 1시간이니까 4시간입니

다. 4시간을 왔다 갔다 해야 하니까 저한테는. 그러면서 직장 계속 다녀야 했다고. 밤반을 해야 했다고. 밤반을 하게 되면 시간으로 봐서 하루에 한 3시간 많아야 4시간밖에 못 잔다고. 그걸 6개월 동안 했단 말이에요. 나중에는 정말로 입에서 피가 나오더라고. 아주 고생 많았어요. 나중에 끝나기 직전에 한 3주 앞두고 동료들 얘기가 뭐 때문에 그 직장 다니느냐고, 크란크 화이어를 하면 어떠냐 이거죠. 우리나라말로 병가를 하면 되는데. 병이 나면 집에 있을 수 있고, 돈 그대로 나오고 그렇지 않냐 하면서 그렇게 하면 어떠냐고 말해줬어요. 그러면 저는 병도 안 들었는데 어떻게 하냐고 하니까 요즘 지하에서 일하면 제일 쉬운 것이 여기 발에 무좀을 만들면 되지 않냐 그러는 거예요. 무좀이 없는데 어떻게 하냐 하니까 가르쳐준다고. 그래 솜에다가 100%식초, 상당히 독한 식초 그걸 갔다가 묻혀가지고 딱 끼고서 하룻밤만 자면 그 자리가 뽀얗게 성나더라고요. 그 다음에 싹 씻고 난 뒤 의사한테 가서 이거 무좀이라고 하면 된다, 이거예요. 저도 그 말 따라 그렇게 했던 거죠. 그래서 3주 동안은 병가의 덕을 봤습니다. 재미있는 게 뭐냐면 그렇게 하고서는 무좀이 나야 할 거 아닙니까. 20년, 25년, 한 30년 그러니까 이게 나은 게 한 10년 정도 밖에 안 됐어요. 그동안 30년 동안 고생했죠. 일부러 만든 건데 그게 진짜 무좀이 되어 가지고 약을 아무리 써도 낫지 않았어요. 그래서 돈을 받아도 3주 후를 갖다가 30년 동안을 고생했다고. 그때 하늘의 벌을 받은 게 아닌가 생각됩니다. 그래 집사람이 쓸데없는 것 3주를 위해 그렇게 고생한다고 그러더라고요.

동포운동의 참여과정

김 면 동포운동에 인연이 된 계기를 좀 말씀해 주시길 바랍니다.

이종현 근데 인연을 맺기 전까지의 개인적인 사정을 얘기하자면, 여기 올 때 돈이 목적이 아니었습니다. 한국에서 살 수가 없었던 형편이었던 것이, 가족들이, 뭐라고 하죠?

김 면 연좌제요.

이종현 그렇지. 연좌제. 6·25 직후에는 저희한테 시민증이 없었습니다. 저희가 영등포에 살았었는데 정치적으로 탄압을 받았다고. 그러다가 이제 고등학교 다니면서 다행히 민족주의 그런 선생님들하고 알게 되면서 스스로 남북문제가 해결되기 전에는 우리가 여기 다시 돌아오고 싶지 않다는 그런 생각이 있었어요. 군대 제대하고서는 몇 년 동안 일반 직장도 좀 쉬고 그러니까. 올 때도 저는 다시 돈 벌어서 돌아오려는 생각으로 온 것이 아니었어요. 그러니까 어머니께서 그렇게 가겠다면 다시 보기가 힘들 텐데, 한 가지 부탁으로는 가게 되면 가기 전에 꼭 영세를 받으라고 하셨어요. 어머니가 독실한 가톨릭 신자였거든요. 그래서 제가 그건 하겠다. 장성 탄광에서 광부로 가니까 광산 경험이 있어야 하지 않느냐고 해서 거기 3개월 있는 동안 거기서 광부연습을 하는 과정에서 처음으로 영세를 받았죠. 그리고 어머니께서 됐다고 그러셨습니다.

김 면 그때 당시 파견되실 때, 그런 것은 검열이 되지 않았나요?

이종현 여기 올 때 또 한 가지 걸린 것이 뭐였냐면 저한테는 그런 가족문제 때문에, 그래서 이제 집안에 상당히 높은 장성 되신 분이 어머니 편에 있었는데, 그분한테 사정을 해서 왔죠. 그러니까 된 거지. 그런 입장에서 왔기 때문에 이제 어떻게든지 여기서 살 수밖에 없다는 거죠. 그래서 기회가 된다면 여기서 통일운동을 해야겠다는 생각이 있었고요. 그렇게 해서 왔을 때 67년도에 소위 동베를린 사건. 동베를린 사건 직전에 제가 우연히 우리 광산 동료를 통해서 정규명 선생을 찾아가서 만나게 되었어요. 저는 될 수 있으면 대학에 들어가 공부하는 방법이 어떤가, 길이 있는가, 그걸 알려고 찾아간 거였어요. 이 양반과 한참 애기하니까 재밌는 민족애기는 하지만 실제로 들으려고 했었던 입학은 어떻게 하는가, 어디에 등록 및 예약을 해야 하고, 어떤 자격이 있어야 하는 것은 듣지도 못하고 왔어요. 그렇게 있었는데 4월쯤에 찾아갔어요. 5월인가 6월에 동베를린 사건이 벌어졌단 말이에요. 2~3개월 지나 한국에서 나온 신문을 보니까 그 양반이 괴수로 나오더라고요. 그래서 그 사람이 사형 선고를 받고 그랬잖아요. 아무튼 간에 그 자체가 나한테는 그 선량한 사람을 갖다가 사상이 다르다는 이유로 그렇게 사형선고를 내린다면 이 나라가 뭐냐 이거죠. 그런 과정에서 68년도 계약이 끝나고 풀리게 되었잖아요. 대학에는 등록을 해 놓은 상태인데 패스포트가 기한이 끝났단 말이에요. 패스포트를 연장도 해야 하지만 우선 여기 체류 허가를 받아야 하잖아요. 연장을 받아야 하니까 그때 공관에서 나온 지령이 뭐냐 하면 여기서 광부 했던 사람은 계약이 끝난 다음 돌아가야 한다. 그러니까 다른 길이 없다. 그렇게 되어 있으니까 대부분이 외국으로 가는 거예요. 미국이나 캐나다로 가든지 혹은 한국으로 돌아가든지 아니면 여기서 남을 사람들은. 저한테는 대학에 가야한다는 길 하나밖에 없었어요. 재미있는 것은 정규명 선생 추모 집에 쓴 얘기인데, 여기 외국인 공관에 가서 체류 허가를 받아야 하잖아요. 체류허가 연장을 받으려니까 패스포트 기한이 거의 끝났단 말이에요. 기한이 없는데 거기에다가 어떻게 연장을 할 수 있냐 말이에요. 그러니까 대사관에 가서 먼저 그걸 연장을 받아야 돼요. 그런데 연장을 또 안 해준단 말이죠. 그러니까 그게 참 난처한 겁니다. 그래서 사정을 했죠. 한국 대사관 쪽에서는 당신들이 여기 체류 허가를 해준다고 한들 허가가 있어야만 된다고. 그게 자기가 따로 쪽지를 쓰면서 이게 있음 문제가 없다. 그래서 빨리 가서 패스포트만 연장해 가지고 오면 체류가 문제가 없다. 그렇게 써서 주면서 주는 게 뭐냐면 당신 가서 함부로 혼가 가지 말라고. 한 두 사람 같이 가든가 해서 가기 전에 가능한 대로 자기네한테 연락을 해라. 왜 그러냐니까 당신네 나라는 아주 깡패나라라고 하더라고요.

김　면　그 동베를린 사건 때문에요?

이종현　네. 그래서 굉장했었습니다. 68년 그때, 남한사람이라고 하게 되면 도저히 믿지 못하는. 제가 한국에서 왔다는 얘기하기가 참 부끄러운 정도였어요. 그런 쪽지를 갖다가 오히려 저를 보호해 주기 위해서 써준 거 아니겠어요. 그걸 가지고 가서 대사관에 가서 얘기했죠. 관청에서는 이렇게 얘기하면서 저기 당신들한테 빨리 보이면서 혼자 가지 말고 같이 오라고 그러더라고. 그래서 제 집사람이 밖에 있으니까 빨리 해달라고 내놓으니까 알았다고 하면서 그냥 단번에 그 자리에서 연장을 해주더라고요. 그러니까 그게 뭐냐면 공관에서는 그 사정을 다 알고 있었다고. 독일 정부에서는 한국에 대해서 어떻게 보고 있는지 얼마나 부끄러운 거예요. 그런 사건이 있었죠. 그 후에 보면 72년 말이죠. 소위 유신헌법 이런 거 만들고, 완전히 군사독재체제로 갔잖아요. 거기다가 73년도에는 김대중 선생님 납치 사건이 있었고. 그러니 얼마나 부끄러운 나라가 되었어요. 특히 독일에서 보면 독일에 사는 보통 상식 있는 사람이 본다면 한국이라는 나라는 그 당시에 살 나라가 못 되었어요. 그 외중에 난 학교를 다니고 있었는데, 73년도에 학교를 졸업했죠. 73년도에 졸업하고 나서는 74년도부터 여기 민주사회건설협의회를 시작했습니다.

김　면　처음에 민건회(민주사회건설협의회) 만드실 때 그럼 같이 합류하셨어요?

이종현　합류했죠.

김　면　혹시 그때 일화라든지 생각나시는 거 없으세요?

이종현　저는 51명의 서명을 받고 할 때, 주로 학생이나 교회에 사람들이 있었는데, 거기 서명한 사람 중의 한 명이었습니다. 근데 총회를 할 때 우리가 가서 가장 중요한 것이 뭐냐 하면 학생들이나 교회 계통에서 생각하는 그런 선에서 만의 모임인가, 아니면 정말 근본적인 사회체제를 가지고 생각하는 노선을 가는 것인가, 하는 것을 많이 보게 돼요. 그런 데서 보면 우선 독재체제나 반대하자는 게 있고, 같은 시기에 구국보다 더 많이 소위 노동의식이라고 하는 노동자 연맹이라는 게 있었습니다. 74년, 75년도에 노동자 연맹이 만들어지는데 74년도부터 노동 광산출신들과 함께 노동 의식을 가진 사람들이 또 학생이나 교회에서 생각하는 사람들과 좀 달랐던 거죠. 그런 점에서 나중에 얘기가 나오겠지만 상당히 노선에서 차이가 있어서 쫓겨나는 일들이 있었죠. 77년도 말, 78년도 그때쯤에 소위 노동연맹, 재독한인노동자연맹이라고 거기 있는 사람들 전부 다 조직적으로 여기서 나가주셔야겠다고.

김 면 누가 그랬나요?

이종현 그 얘기라 하면 회장되는 사람 얘기가 나왔는데, 그때 회장되는 사람이 누구였냐면 윤이상 씨라고 있어요. 윤이상 씨가 나중에 나한테 "형씨, 그 양반이 나보다 열대여섯 살 위시니까 어른으로 모시는데.", "이 동지 다 이야기 했잖아. 지금 민건회에 있는 중추되는 사람이 한 자리씩 하려는 사람들인데 이 사람들 앞에 두고 노동의식 얘기해서 되겠냐 말이냐." 무슨 통일, 노동자 의식 그런 것으로다가 여기서 운동할 시기가 아직 안 되어 있다, 이겁니다. 그러니까 그때부터 저하고 차이가 있었죠.

김 면 그럼 민건회에서 처음에 해외 기독교인 모임에는 어떻게 합류하게 되셨어요?

이종현 합류하는 것은 우리가 교회에 찾아갔었죠. 여기 장성환 목사 같은 교회가 있었단 말이죠. 그 양반 상당히 민주적으로, 민주화 운동에는 착실하게 나섰던 분 중에 한 분인데, 우리 노동자로 있는 사람들이 가서 그 당시 우리의 권익을 위해서 팸플릿 같은 걸 손으로 써서 이렇게 얘기합니다. 한국의 현 정부는 이런 변화가 되어야 한다, 여러 가지 앞으로 변화에 대해서. 뭐라고 하죠?

김 면 외침, 호소?

이종현 음, 호소 그런 것도 써서 교회 가서 뿌리고 그랬단 말이에요. 그런데 교회에서는 좋아하지 않죠. 아무리 장성환 목사 같은 분이 그렇게 민주사회건설을 위해 같이 일하려고 노력한다 해도 교인들을 갖다가 붙들고 있어야 하는데 교인들의 대부분은 민주화니, 반독재니 하면 항상 정부차원에서 이제 걸리게 되는데 그걸 보고 있겠어요? 그래서 그 사람들은 우리가 앞에서 교회 들어가서 하는 것도 막으려고 할 수밖에 없는 거예요. 그러니 우리하고 항상 갈등관계가 생기죠.

김　면　그럼 이영빈 목사님은 어떻게 아시게 되셨어요?

이종현　이영빈 목사님은 처음 여기 두이스부르크 지역을 책임졌던 분이죠. 그래서 대충 알고 있었고, 실제 운동이라는 차원에서 같이 시작된 것은 민건회장도 하셨어요. 근데 적극적으로 알게 된 것은 그때 기통이 만들어지면서 처음 비엔나 남북 기독자 회의를 할 때, 우리 노동자 연맹에서 제가 그 대표로 거기 같이 갔으면 좋겠다고 해서 노동자 연맹 대표로 같이 갔었죠. 그런 기회에 같이 알게 된 거죠.

김　면　이영빈 목사님이 민건회에서 왜 나가달라는 얘기를 들으셨어요? 그때? 민건회에서 이영빈 목사님 나가달라고?

이종현　이영빈 목사님에 대해서도 나가달라는 얘기가 나온 것이 그 양반이 통일이라고 하면 북하고의 관계가 있잖아요. 북하고 손을 잡고서 통일을 해야 한다고. 그렇지만 민건회의 중추는 그게 아니었거든요. 내가 나중에 얘기하려고 했는데. 그 당시 77년도에 한참 계획되었던 것이 해외 운동의 노선에서 선(先)통일 후(後)민주화 아니면 선(先)민주 후(後)통일이 양자택일하려고 하는 움직임이 많았어요. 미국에서도 많았고. 일본은 그렇지 않았고, 유럽에서도 그렇고. 민건에서 얘기는 선(先)민주라고 하는 노선을 두고 있었는데, 그 사람들 생각은 북과의 얘기를 하게 되면, 국내에 들어가지 못한다는 것이 그게 걸려있었어요. 그 사람들 입장이 지금 보면 이해는 갑니다. 그 사람들로서는 한계가 있었던 거죠. 특히 학생들. 교회 계통의 사람들은 어차피 한계가 있었으니까 통일정도만 하려고 하고, 통일을 민주화하려는 것은 이해가 갔는데, 학생들의 경우에는 끝나고서 한국에 들어가야 하는데 그때 통일 얘기를 못하게 되어 있었다. 한국, 국내에서도 통일 얘기를 못했다고요. 78년도, 77년도 어림없지요. 통일 얘기하면 전부다 빨갱이로 몰리는 세상인데, 그러니까 학생들도 통일 얘기 안 하자고 하는데. 이영빈 목사하고 통일 문제를 하면 좋지 않겠다고 그랬던 거죠.

김　면　그때 당시 이삼열 선생님이 주도하고 그러셨죠?

이종현　그래서 그게 77년도 말, 78년도에 민주사회건설협의회가 두 갈래로 나뉘는데요. 얘기를 들으셨나요?

김　면　아니요. 한민건에 대해서는 처음 듣는 것 같은데요.

이종현　한민건이라고. 한국민주사회건설협의회라고, 이러한 이름을 만든 것이 결국은 이상열 씨하고 송학 목사예요. 이 사람들이 한민건이라는 것을 만들면서 사람들이 처음 그런 것을 만든다고 하고 1년도 안 돼서 끝지도 못했죠. 그렇게 해서 나간다고 하고서는 바로 한국에 들어가게 되었으니까요. 바로 80년도, 81년도에 전부 다 한국에 들어갔기 때문이죠.

김　면　그런 면에서는 민건에서 다른 그룹은 민건회 자체로 남아있었나요?

이종현　민건회, 그렇죠. 그런데 민건회 활동이 그렇게 되면서 거의 축소되었죠. 중추는 거의 한국에 들어갔으니까요.

김　면　제가 또 기통회(기독교통일협의회)에서요, 이화선 선생님이 탈퇴를 할 때 노선이 달라서 탈퇴하셨다고 하는데요? 지금 같은 걸 몇 분한테 질문을 드리게 되는데요. 이화선 목사님이 지지하는 분과 이영빈 목사님을 지지하는 분들로 이렇게 패가 나누어지고 그랬었나요?

이종현　그렇죠. 그 당시에 갈라지는데. 이화선 목사 편으로 되는 사람들은 거의 없었죠. 거의 이영빈 목사님 편이었어요. 그게 이화선 목사님이 하신 것은 어딘가 통일 문제에서 보다 좀 상당히 철학도 많이 하셨고, 생각이 상당히 깊으신 분인데, 그때 바로 통일 문제로 너무 앞서 나간 게 아닌가 하는 점에서 그렇게 해서는 안 된다.

김　면　5월 민중제, 예를 들어서 광주민주화 운동 일어나면서 5월 민중제로 나갔잖아요. 이 때 통일운동 같은 경우도 연결되는 사건들 같은 거 없습니까?

이종현　5월 민중제는 직접 통일하고 북과의 관계 같은 것은 5월 민중제 이름으로는 없었죠. 그러나 5월 민중제 그 자체는 하나의 통일세력으로 남아있다고 볼 수 있죠. 그러나 5월 민중제 이름으로 북과 뭔가를 같이한다든가 남과 통일운동 한다든가 그런 것은 없었죠.

김　면　5월 민중제는 순전히 그거죠. 광주민주화 때문에 나온 거죠.

이종현　그렇죠.

김　면　그리고 나서는 범민련이 출범할 때까지는 통일운동 같은 것은 없었네요. 유럽 민협 있을 때는 뭔가 있었나요?

이종현　그렇게 봐야지요. 통일운동이라 하게 되면 제가 알기로는 한민통(한국민주회복통일촉진국민회의)이라는 거 알죠?

김　면　예. 일본이 아무래도 중심이 돼가지고 전 유럽, 여기서 유럽 지부도 생기고.

이종현　아니 한민통의 유럽지부가 아니에요. 한민통이 주축이 되어서 한민련이라는 게 생긴 겁니다. 한국민주화 민주민족통일 한국연합이라고 하여 한민련이라고 합니다. 한민련이 1977년도에 만들어졌습니다. 주 세력이 한민통이고요. 그러니까 해외에서 한민통과 같이 일을 한다고 하게 되면 한민련을 중심으로 같이 하게 된다는 겁니다.

김　면　한민련에 가입 하셨었어요?

이종현　예.

김　면　이거 보니까 민건회, 노련, 프랑스의 이희세 선생님, 덴마크의 임민식 선생님 다 같이 한꺼번에 한 연합회죠?

이종현 제가 한민련을 간단히 소개를 하면 77년도에 본에 있는 고데스붓벡 정부청사 있는 데 말입니다. 거기서 그 큰 한국 문제 세미나가 있었다고요. 큰 국제대회가 있었는데 그때 미국과 독일의 정당 대표가 다 참가하고, 일본에서도 대대적으로 참가하고 그랬어요. 거기서 대충 민간에 대한 그런 얘기가 나오고 그래서 한민련이 직후에 정식으로 출발하게 되고, 한민련이 만들어지면서 첫 의장으로 윤이상 선생님이 추대되었습니다. 그리고 이제 거기서 중요한 것이 사무국장으로서 김길순 씨예요. 김길순 씨 이름 들어봤어요?

김　면 운동하시다가 동국대학교에 가서가지고 바로 돌아가셨던 분 말씀이신가요?

이종현 네 맞아요, 김길순 씨가 독일 운동을 가장 많이 노력했어요. 그 양반이 여기서 코포(코리아 포럼)를 운영하면서 대단한 자료를 모으고, 남북 양쪽에 도서실 비슷하게 해서 가고, 그 자리가 바로 통일 혹은 민주화 운동하는 소위 의식화 운동하는 중심지역이었고 그 곳을 운영하고 있었죠.

김　면 북한바로알기 뭐 이런.

이종현 그렇죠. 그래서 김길순 씨 그걸 운영을 하면서 동시에 한민련 여기 유럽본부 사무국장을 하고 그렇게 하고서는 그것이 아마 82년까지 했을 겁니다. 그래서 이제 한국에 돌아가야 하니까 할 수 없다 그래서 그 후에 맡은 것이 이종수 씨, 알죠?

김　면 KBS 이사장하신 분이요?

이종현 그 분이 이제 한민련 유럽본부 제2대 사무국장을 한 1년쯤 했을 겁니다.

김　면 선생님은 언제 하셨어요?

이종현 그 다음에 제가 했습니다. 84년도부터 인계받았죠. 제3대.

김　면 여기 한민련에서 기록될 만한 사건 같은 거 없었습니까?

이종현 기념비적인 거요?

김 면 그래도 비엔나 남북기독자모임처럼 이렇게 함께 하는 모임 같은 건 없었나요?

이종현 왜요? 그것도 전부 다 한민련에서… 여기 보면 소위 통일운동 원로들이 전부 다 있어요. 원로들이라고 하면 우선 윤이상 씨, 그 다음에 안석교 씨, 안석교 박사 얘기 들었죠? 김길성, 이런 사람도 한민련 사람이고 이종수, 이 사람도 한민련입니다. 최기환 박사, 스위스에 그 사람도 한민련일 겁니다.

김 면 요즘은 잘 활동 안 하시나요?

이종현 요즘 안 하지. 그렇지 임민식 이런 사람도 한민련 사람이죠. 이 일세 씨도 한민련입니다. 중추들은 전부 다 한민련입니다.

김 면 중심되시는 분들이 여기 다 계시네요.

이종현 전부 다 여기에 있습니다. 다만 이런 것이 왜 그러면 한민련에 이영빈 목사 같은 분이 들어오지 않느냐하는 문제가 언젠가는 나올 거라고 생각했어요. 그래서 그것이 좀 문제가 되는 것 같았습니다. 제가 볼 때 이영빈 목사님이 80년도 기독교 보트바이와 함께 갖게 되고, 그런 상황에서 그 전에도 이제 민건회에서 좀 문제가 있었다고 얘기할 수 있죠. 관계는 북과 직접 간 관계 이런 거고, 여하튼 그 당시에 운동을 좀 활성화시키려면 북과의 직접관계를 갖는 것은 좀 삼가야 했었다고요. 북과의 직접관계는 그것이 만약에 직접관계가 있다하면 대단히, 그 통일적인 운동을 하기는 해외에서도 힘든데 민건회에서도 그렇게 되면 안 된다. 한민련에서도 당신이 그렇게 공개적으로 한다면 참 곤란하다 이렇게 나와요. 그렇다고 해서 이영빈 목사가 하는 일에 대해서 심적으로 완전히 반대하는 것은 아니었을 것입니다. 그런 방법상의 문제가 아니었나 싶어요.

김 면 유럽 민협 태동할 때 얘기를 좀 해주시죠?

이종현 민협을 만들 때가 87년도였습니다. 87년도에 만들어질 때 국내에서도 87년도 6월 항쟁이 있었잖아요. 그때 대단했고 여기서도 대단했습니다. 근데 각 단체가 맘대로 이렇게 싸우고 있으니까 이건 안 된다는 거죠. 국내가 이렇게 되고 있는데 우리가 하나로 되어야 한다고 하면서 그 욕구가 상당히 강했었습니다. 그 전까지 활동했다는 민건회 중추가 되는 학생들이 전부 다 한국에 들어가버리는 바람에 굉장히 약화되었죠. 하는 일이 없지, 그렇다고 한민련이 움직일 수 있냐, 하니까 한민련이 그때 제가 사무국 일을 보면서 운동권을 규합하려고 상당히 노력을 했었어요. 그런데 한민련에 가입되어 있는 중추가 되어 있는 한민통이 그게 75, 76년도 정도 될 거예요. 소위 반국가단체라고 하는 법원에서의 판결이 한번 내려진 적이 있었어요. 그래 한민통하고 뭐 한다고 하면 항상 걸리는 겁니다. 그리고 그런 걸 여기 소문을 내고 하는 사람도 있었고. 그러니까 한민통과 같이하고 있는 한민련, 한민련에서 아무리 여기 중추되는 사람들이 거기 껴있고, 같이 통일운동 얘기한다 하더라도 그 자체로서 하나로, 유럽운동권을 하나로 묶는다는 것이 힘들었죠. 그러니까 한민련도 그렇고 그 외의 많은 조직들도 여성회 등 많은 단체들이 하나로 묶을 수 있는 새로운 하나의 협의체를 만들어야겠다는 욕구들이 다 생겼던 거죠.

김　면　근데 여기 어수갑 선생님은 언제 등장하세요? 어수갑 선생님은 유럽 민협에 언제 등장하세요?

이종현　처음부터입니다.

김　면　처음부터요? 아, 그 선생님은 그 전에는 가입 안 하셨나요?

이종현　그 분은 민건회에도 계셨었고, 노동교실에도 계셨었어요. 민건회의 기능이 거의 상당히 약화되어 있었지만, 그래도 운동한다고 하는 학생들 모임도 많이 있었잖아요. 그 분이 학생들 내에서 의식화 활동 같은 걸 많이 주도하고 그랬었습니다. 그래서 그 사람들과 같이 노동운동, 여성 운동하는 사람들끼리 모여서 학습도 하고 그러면서 이제 학습하는 과정에서 하나를 만들어야 한다고 조직문제 얘기가 나오고, 거기에 맞춰서 한민련에서 같이하겠다고 이렇게 된 거죠.

김 면 민협은 어느 시를 중심으로 하나요?

이종현 베를린입니다.

김 면 선생님은 좀 거리가 있어서 자주 참석을 못하셨겠네요?

이종현 왔다 갔다 할 수밖에 없었어요. 힘이 들었습니다.

김 면 초대 의장이 윤이상 선생님인가요?

이종현 아니요. 정규명 선생님입니다.

김 면 정규명 선생님이 계속 베를린 쪽에 계셨나요?

이종현 아니에요. 여기 프랑크푸르트에 계셨었습니다.

김 면 그런데 베를린으로 가셨군요. 특별한 이유가 있나요?

이종현 그건 뭐 전화도 할 수 있는 것이고 특별한 모임이 있게 되면, 그 때 우리는 토요일, 일요일은 노상 모임에 참석한다고 프랑크푸르 트도 가든가, 아니면 여기서 모이든가, 베를린에 가든가 셋 중의 하나는 왔다 갔다 해야만 하니까 그랬죠.

김 면 여기 유럽 민협 태동에 대해 우리나라 공관에서의 견제 같은 것 은 없었습니까?

이종현 아무튼 공개적으로 나타난 것은 없었어요. 공개적으로 나타나는 것은 대학생 임수경 사건 직후에 공개적으로 그랬었죠?

범민족대회 참가

김 면 유럽 민협에서 범민족대회에 가게 된 그때 얘기 좀 해주시죠. 유 럽 민협에서 범민족대회 참석하시는 것은 처음에 어떻게 추진이 되고 그랬던 얘기 좀 부탁드리겠습니다.

이종현 유럽 민협에서 처음 통일문제 대해서 공개적으로 나타나기 시작 한 것은 89년도에 한국의 그때 연합체가 전국 연합이 그때에도, 저 뭐야, 이창복 선생님이 그때 의장이었다고. 그러면서 그때 89 년도에 전국연합에서 우리 통일문제를 얘기한다고 해서, 남북통일을 위해서는 해외도 같이해야 한다, 하면서 하나의 범민족적인 모임을 갖자, 그리고 남북회담과 같은 제안을 우리한테 해왔습니다. 그래서 좋습니다. 같이하면 좋겠습니다. 이렇게 되어서 아마 임수경 씨 문제가 89년도였었죠? 그러니까 그 사건과 연결되면서 하나의 범민련 쪽에서 그런 모임을 가져야 한다. 그리고 89년도에 아마 7 · 7선언이라고 하여 노태우 때 7 · 7선언이 나왔었을 것입니다. 7 · 7선언이란 남쪽에서 오라, 그러면 북에서 간다. 아무튼 서로가 통일을 위해서는 거기에 건 이념을 얼마든지 초월해 나가자는 아주 파격적인 선언을 했었습니다. 그러한 것도 있기 때문에 그 가운데 우리는 여러 해외에 연락이 오고가고 하여 범민족을 성사시켜야 한다는 거죠. 최소한 늦어도 90년도에는 통일운동을 해야 한다. 그래서 북에도 알아보았고, 89년도에 때마침 여기 동독 장벽이 무너졌어요. 그러니까 우리는 북의 대사관에 찾아갔었죠. 우리는 수시로 거기에 가서 이러이러 하게 생각하는데 범민족에 대해서 어떻게 생각하는가 하고 그랬었죠. 미국이나 일본에 연락하고, 한국에는 자민련 측과 연락하면서 범민족대회를 성사시키자고 하니까 정부 차원이 아닌 소위 민간차원의 범민족적인 대회를 갖자고 합의를 본 거죠. 합의를 보기 위해서 제1차 준비 모임이 90년도 7월 말에 있었습니다. 그때 남 · 북과 해외가 이제 한국의 기독교 계통에서 하는 큰 건물 있잖아요. 그걸 뭐라고 하나요? 그 기독교에 있는 건물에서 숙소를 정하기로 하고, 해외에 있는 사람들에게 오라고 해서 여기서는 저하고.

김 면 아카데미 하우스 얘기하시는 건가요?

이종현 맞습니다. 아카데미 하우스가 맞습니다. 저는 그 아카데미 하우스에는 처음 가 봤습니다. 그때 90년도 7월 달에 나온 신문들 말입니다. 조선일보나 중앙일보를 꼭 한 번 찾아보시길 바랍니다. 그 당시에 대단했었습니다. 한 열흘 동안 거의 매일같이 1면 기사로 다가 제 이름을 쓰면서 대단한 간첩인 것 마냥 취급했었습니다. 내용을 봤을 때 아주 기가 찼습니다.

김　면 선생님께서 아카데미 하우스를 오셨었군요. 거기가 중심이 되었겠군요.

이종현 네, 우선 거기서 모이기로 한 연락이 왔습니다. 그렇지만 우리는 걱정스러웠습니다. 왜냐하면, 가서 단번에 남영동 쪽으로 끌려들어가게 될지도 몰랐기 때문입니다. 다시 말해서 정부로부터 정식으로 초정장이 오기 전에는 안 간다고 했었기 때문이죠. 그래서 이제 통일준비모임을 가서 해야 하는데 그때 여기서는 저하고 최영숙 씨가 추천되었습니다. 그 사람은 한국에 가끔씩 가니까 만나서 이야기를 나누어 보면 도움이 많이 될 겁니다.

김　면 저도 그랬으면 좋겠습니다.

이종현 굉장히 좋은 분입니다. 근데 마침 사정이 생겨서 최영숙 씨가 못 가게 되었습니다. 그래서 저 혼자밖에 못 가게 되었죠. 그때 일본에 있는 한민통에서 연락이 오기를 일단 해외는 전부 다 일본에서 만나자고 했습니다. 만나서 확실하게 확인을 받고나서 들어가기는 들어가되 일본에서 먼저 만나자는 것이었습니다. 일본에 미국 측에서 두 사람, 일본 측에서 두 사람 그리고 저를 포함해서 다섯 명이 들어가게 되었습니다. 그때 김포공항에 내리자마자 안으로 청사에서 빠져나가려는데 보니까 기자들과 사람들이 꽉 차서 나갈 수 없었죠. 그래서 저는 안기부에 있는 사람들의 힘이 정말 대단하구나, 하고 느꼈었습니다. 사람들이 꽉 차서 나갈 수가 없었는데, 양복 입은 사람들이 쭉 서 있어서 삭삭 하니까 쫙 경계가 되더라고요. 이 사람들이 무슨 칼을 들고서 이런다든가 그런 게 아니더라도 이렇게 쫙 미니까 길이 쫙 뚫렸었습니다. 그래서 우리가 나갈 수 있었습니다. 쭉 나가니까 창문 쪽에서 동생이 "형님"하고 부르더라고요.

김　면 못 만나셨어요?

이종현 예. 거기서 버스와 정부연합 깃발을 준비해 놓았었고 가도에는 깃발 들고 환영까지 했었습니다. 세상이 보통 많이 변한 것이 아니구나하는 생각이 들더라고요. 그리고서는 아카데미 하우스에 들어간 거죠. 그때 연세대 학생들 같은데… 그때 3학년쯤 되는 것 같았습니다. 그 학생들과 통일연대의 위원장 등 사람들이 회의를 하지만, 이창복 씨도 전민련에서 높은 자리에 있다고는 하나 실제로 운동하고 힘이 있는 것은 학생들입니다.

김 면 그렇죠.

이종현 결정적으로 무엇인가를 해야 한다면 이 사람들이 어떻게 생각하나 하는 게 있습니다. 그때 안기부에서 북쪽에서는 들어오지 못하게 조작을 했다고 합니다. 그러니까 어떠한 이유를 붙여서 안 된다고 하고, 정부 차원에서 그 사람들이 오면 아카데미 하우스로 들어와야 할 것 아닌가. 당신을 그리로 하는데, 다른 데로 해야 한다. 그러니까 우리는 떼어놓으려고 그러면 안 된다고 하고, 정부에서 초청을 절대로 한 것이 아니라 전민련에서 했으니깐 그리로 가게 했다하면, 안 된다 이리로 왔다 갔다 하다가 나중에 그냥 다 오지 않았단 말입니다. 우리는 지금 3자 합의가 가장 먼저 되어야 하는데, 왜 안 되니까 이것을 마지막 날에 포기해 버리느냐, 2차 회담을 없는 것으로 해 버리느냐, 1차 회담을 안 한 걸로 해 버리느냐하는 문제가 나왔습니다. 이왕에 하는 것이므로 우리가 지금 최소한이라도 합의를 봐야 하는데 북과 얘기가 안 되니까 합의를 못 본다. 당신들이 우리한테 해외에다가 양보해 준다고 하니까 권한을 일단 2차 회담에 가고 돌아가서 북하고 가서 할 때 남쪽에서 전민련에서는 이러이러한 조건으로다가 범민련 대회를 한다면 오케이 한다는 권한을 우리한테 준다면 2차 회담을 하겠다고 했습니다. 그 문제는 정말 심각한 거 아닌가요? 본인들 없는 사이에 해외에서 북하고 만나서 얘기하고 합의를 본다는 게 전민련에서 함부로 그걸 결정하기 힘들죠. 그때 한국에서 서울 시의원을 했던 여성분이 있어요. 그 사람하고 특히 학생들하고, 학생들이 이왕에 이렇게 된 이상 정부차원에서 오라고 해서 다 왔는데, 남한 정부에서 허가를 받아서 이렇게 하긴 하는데 북의 대표가 못 오게 하는 안기부의 작전통제를 보고했습니다. 파기한다고 하면 그냥 파기한다, 아무것도 아니다, 무슨 일이 있어도 권한을 우리한테 줘야 한다. 거기서 확인을 받았습니다. 그때에도 학생들의 힘이 컸답니다. 학생들 통일운동 세력이 보통이 아니구나. 한방에 두 사람이 쓰는데 학생이 양쪽에 앉아서 지켜주는 거예요. 너무 놀라서 왜 그러냐고 하니까 만일의 경우를 대비해서 밤새 지켜드린다고 하더라고요. 우리가 회의 한다고 나가면, 학생 중에 꼭 한 사람이 워키토키를 들고 있고, 나갈 때는 꼭 한사람 같이 따라 내려가서 식사도 하고 그랬습니다.

김　면 아카데미 하우스에서요?

이종현 예. 그렇게 꼭 지킵니다. 그럴 수밖에 없는 것이 안기부에서 할 수 없이 통일대화를 허락한 것이고 속으로는 절대 원치 않았던 거예요. 절대 원치 않았던 거죠. 그것은 우선 북의 대표를 못 오게 한 게 사실이고, 우리가 갔을 때 아카데미 하우스에서 조금이라도 나가서 뭐라도 하려고 하면 못 가게 했었습니다. 그것뿐 아니라 동생이 저에게 면회를 왔었습니다.

김　면 공항에서 뵈었던?

이종현 예, 그 동생이 맞습니다. 제가 동생 두 명을 공항에서 봤었는데, 큰 동생이 저를 면회하려고 밖에 왔었는데 면회를 못 시키게 했다고 합니다. 저는 못 시키게 한 것까지도 몰랐습니다. 다른 사람들은 오는데 내 동생은 면회를 왜 안 왔나싶어서, 나중에 전화를 해보니까 못 온 것뿐만 아니라 집에까지 뒤쫓아 갔나봅니다. 그 이후로 그 집에서 거의 6개월 동안 계속해서 지켜보고 있었다고 하더군요. 제수씨가 검은 세단차가 항상 기다리고 있어서 밖에 나가기가 겁이 났었다고 말했었습니다. 나가면 뒤따라온다는 거예요. 제수씨가 기겁을 하더라고요. 그래서 다음에 베를린에서 제2차 회담을 갖고, 제3차 회담은 다시 평양에서 갖게 되고, 이러면서 이제 범민족대회를 성사시킨 거죠.

김 면 범민족대회에 참석하셨죠?

이종현 물론입니다.

김 면 그때 어떤 분은 60몇 명이라고 하시고 다른 분은 56명이라고 하시는데, 정확한 숫자가 몇 명이세요? 그때 기억이 나세요?

이종현 56명이 맞을 겁니다. 두려운 것은 없었습니다. 왜냐하면 우리가 8·15때 평양으로 가기 전에 대사관 직원들과 함께 야유회를 두 번까지 가고 그랬었으니까요. 우리 민협 직원들과 통일인사들과 해외에서 온 사람들이 여러 번 회의를 했었잖아요. 북쪽 사람들을 초청해서 왔다갔다 얼마든지 할 수 있었으니까요.

김 면 어디에서요? 베를린?

이종현 베를린에서입니다. 우리 측에서 40명 정도가 전부 다 나타나고 하니까 북하고의 그런 문제는 이미 90년대 그때 통일부에 가기 전에 우리가 여러 번을 만났기 때문에.

김 면 낯설게 느껴지지는 않았겠네요? 범민족대회에 참석하셔서 어떤 성과가 있으셨나요?

이종현 성과로서는 합토제가 있습니다. 합토제라고 저쪽 한라산에서 술 가져오고, 백두산에서 흙을 가져 온 걸로 백두산 경계선으로 가져가서 거기에 같이 묻으며 통일기원을 하는 걸 말합니다. 우리가 유럽 지역에서 합토제를 한다고 해서 춤도 합토제를 위한 무용을 하고 그랬습니다. 윤섭 씨, 최헌섭 씨, 이일세 씨 이 사람들이 전적으로 합토제를 한다고 할 때 흥미로운 것이, 소위 그건 제사이지 않습니까? 음... 제사를 한다. 북에는 제사라는 걸 안 하잖아요. 제사를 지내려면 돼지 머리가 있어야 하는데, 돼지머리로 뭘 하려고 하느냐, 합토제를 하는데 돼지머리가 왜 필요하냐고 그러더라고요. 북한에서 제사라는 것을 안 하니까.

김 면 전혀 모르는군요.

이종현 나이 든 사람들은 알더라도 20, 30대 되는 사람들은 잘 모르죠. 개성시에서 준비를 해가지고 38선까지 가져가서 합토제를 했습니다.

김 면 그때 몇 박 며칠 계셨어요?

이종현 3박 4일 있었습니다.

김 면 그러고 나서 범민련이 바로 알게 되었나요?

이종현 그때 3박 4일을 하고 어차피 다 알려져 있으니까... 아니네요. 4박 5일입니다. 4박 5일을 떠나기 이틀 전에 김 주석을 알현한 날이 있었습니다. 그것은 저에게 일생에서 잊지 못할 대단한 일이였었습니다. 그럼에도 불구하고 제 마음에 걸린 것은 누구누구가 거기에 참여해왔다는 선정을 최소한 저한테는 물어봐야 하지 않나요? 그때 저는 민협 대표이고 민협에서 전부 다 준비가 있었으니까요. 누구누구가 중요하니까 조정이 있을 수 있었다고는 생각합니다. 그렇지만 저한테 사전에 김 주석께서 유럽지역에는 몇 분을 초청하겠다는 얘기를 해주었더라면 좀 더 좋았었을 것 같습니다. 도착하고 나서 하루 밤을 거기서 자고, 다음 날 아침이 되었는데 우리가 이래서는 안 된다는 생각이 들었습니다. 운동을 하기 위해서 지금껏 계속 버티고 있고, 범민족대회를 한다는 것도 계속해서 통일운동을 하기 위한 범민족대회이지 이것으로 끝나는 것이 아니라고 생각했던 거죠. 이게 지금 김 주석하고 우리가 다 같이 사진을 찍었다고 하지만 사진 찍고 다양하거든요. 지금도 사진이 크게 나와 있습니다. 이 사람들은 누구누구하고 김 주석하고 나왔다고, 그럼 돌아가서 어떻게 할 수 있느냐 하는 것도 가장 큰 문제입니다. 두 번째로 큰 문제는 제가 거기로 찾아간 사람이 셋인데, 그때 여성은 단 한 명도 없었습니다. 여성들도 상당히 착실하게 하는 사람도 있는데 여성이 한 명도 없다는 게 상당히 맘에 걸렸습니다. 도저히 운동이 안 된다고 돌아가서도 면목이 없고, 대놓고 큰 운동을 못한다고 밤새 싸우기도 하고 여성동지들한테도 좀 그랬죠. 그렇게 되면 김 주석께서도 나아질 때까지 기다리시겠다. 저는 배가 아파서 설사가 나니까 안 된다고 해서 그냥 가시라고. 주석께서 계속 기다리시게 되고, 무슨 병이 났다고 해서 연기는 안 된다. 연기는 되는 한이 있어도 빠질 수는 없다. 아침까지 밤새 자지 못하고 그냥 하는 수 없이 갔죠.

김　면　사진도 찍으시고?

이종현　그래요. 사진 나온 거 다 있습니다.

김　면　긴장이 많이 되셨겠네요?

이종현　그럼요. 긴장 많이 했습니다. 근데 그래도 일이 나중에 조금 꼬이기는 했지만 다행히 뵈었으니까 좋았습니다. 그 방법상 좀 아쉽긴 했지만요.

김　면　돌아오시고 바로 범민련이 이루어진 건가요?

이종현　8·15 행사가 끝난 다음에 그 해 90년도 11월 달에 사무실에서 범민족대회를 위한 범민족 연합 회의가 있었습니다.

김　면　처음에 누가 주최를 한 건가요?

이종현　우리 내부에서도 범민련 주창이 있었고, 민협 내부에서도 있었습니다. 마찬가지로 미국과 일본 측에서 있었고 국내에서도 있었습니다. 북쪽은 말할 것도 없죠, 근데 그러면 유럽에서 왜 먼저 해야 하느냐 이거거든요. 범민련 연합을 갖다가 각지에서 한꺼번에 하면 될 텐데, 하필 유럽에서 왜 먼저 해야 하느냐 이겁니다. 나중에 제가 생각해 보니까 유럽에서 먼저 할 수밖에 없는 것이 범민족 연합의 범민족대회를 위한 준비모임도 유럽에서 먼저 시작했거든요. 동서독이 풀려나갔다고 하는 것이 유리했고, 동독에는 항상 대사관이 있었기 때문에 북과의 연락 관계가 상당히 쉬었습니다. 그래서 아마 우리한테 일이 있었던 것 같습니다. 그리하여 이제 독일에서 먼저 유럽 범민족 연합을 갖다가 꾸리게 된 거죠. 근데 민협에서 몇몇 사람이 창건을 안 하게 된 이유는 8월에 범민족대회를 하고 나서 노동연맹, 재독한인 노동연맹의 이름으로 아주 전체 여론조사를 했었습니다. 범민족대회를 위하여 갔다 오는 데 대해서 발표했습니다.

김 면 그런 것을 알린 다음에 여론 조사를 했었다는 말씀이시죠.

이종현 그러기 위해서 각 지역을 다니면서 했었습니다. 그러나 결과가 좋지 않았습니다. 이해하는 사람이 적어요. 제가 기대했던 것보다 훨씬 적더라고요. 여론 조사는 뭐냐면 그렇게 했으니까 범민족 연합이 앞으로 필요하다는 것과 남북대회가 이렇게 하면서 통일을 위한 조직이 필요하다는 설명과 동시에 8·15 범민족대회 결과를 보고 최종적으로 시기상조라는 결론을 얻게 된 겁니다. 그래서 저는 이제 범민족대회, 범민족 연합을 꾸리는 30~40명이 모인 자리에서 처음부터 끝까지 시간이 너무 빠르다고 말했었습니다.

김 면 선생님, 오수석 선생님, 또 누가 참석했나요?

이종현 이영준, 윤운섭 그리고.

김 면 그리고 그 이후에 이분들 관계가. 참석하셨던 분들과 안 하셨던 분들 사이에서 무슨 갈등이 계속 있었나요?

이종현 갈등은 다른 사람이 있었는지 몰라도 저는 갈등이 없었습니다. 저는 계속해서 지원을 했으니까요.

김 면 범민련 쪽에요?

이종현 저는 회원이 아니었지만 필요로 한다면 도울 생각이 있었고.

김 면 김영삼 대통령과 김 주석이 정상회담 추진한다는 것에 대해서 유럽에서는 어떤 영향력이 있었나요?

이종현 근데 저는 그때 만나려고 했었다고 추진했었지만 추진한 그거는 별로 크게 진전되는 거 없지 않나요? 김영삼 대통령이 김 주석이 돌아가셨다면, 참 안되었다든가 하는 위로의 말을 해야 하는데 하나도 안 했잖아요. 오히려 이제는 북이 완전히 넘어간다고 그런 식으로 선전하고 그랬었잖아요.

김 면 그래서 여기 운동에 여파가 있었는지 해서요.

이종현 그때 그것 때문에 김영삼 대통령에 대해 상당히 좋지 않았어요.

김 면 제 얘기는 김 주석께서 돌아가셨잖아요. 그것 때문에 운동권들이 실제로 어떤 변화가 없었나요?

이종현 그게 94년도입니다. 94년도에 제가 꼭 한국에 가려고 했었습니다. 한국에 가려고 생각했던 이유는 먼저 북에 가려고 했지만 갔다 오고 다시는 한국에 들어가기 힘들 것 같더라고요. 94년도에는 이미 김영삼 대통령이 들어와 있을 때입니다. 그럼 잘됐다 싶어서 먼저 한국에 들어갔다가 북으로 가야겠다고 생각했습니다. 이런 연유에서 대사관에다가 연락을 해서 한국에 들어가는데 문제가 있는지 물었죠. 문제는 없는데 여하튼 먼저 대사관으로 오라고 그러더라고요. 그래서 제가 왜 북에 꼭 가야 하냐 하는 문제는 93년도 12월 말에 저희 형님이 돌아가셨어요. 사실은 제가 아까 말을 안 했지만 90년도 범민족대회를 할 때도 형님 가족을 다 만났었거든요.

김 면 어디 계셨었어요?

이종현 그 양반이 6·25때 의용군에 자원입대하신 분입니다. 포로교환될 때 남한에 남지 않고, 북으로 지원하신 거예요.

김 면 어디 계셨었어요? 북한에.

이종현 평양.

김 면 돌아가셨나요?

이종현 93년도 말에 돌아가셨기 때문에 동생들, 조카들, 형수님도 그렇고 꼭 한번 찾아뵈어야할 거 아닙니까. 형님이 돌아가셨는데. 꼭 가려니까. 그 소식을 받은 것이 94년도 2월인가에 받았어요. 마침 소식을 듣고는. 2월 달엔가 받아서 북에 가야겠다고 하는데 북에 간다 하게 되면 다시는 남한에는 가기는 또 힘들 거 아닙니까. 그래서 먼저 남쪽에 갈 수 있는 걸 알아보려고 하니까 대사관에서 오라고 하는 거예요. 대사관에 가니까, 안기부 공사 대문에 들어가니까 "아휴, 이 선생"하고 안아 주더라고요. 이 분이 왜 그러는지 의아해했죠. "아니 왜 그러십니까?"하니까 "이 선생은 나를 모르십니까?"그래서 "저는 잘 모르는데요."하니까. "79년도 그때 우리 대사관을 점령하셨잖아요, 그때 내가 이렇게 막아섰고, 이 선생이 이렇게 해서 나가고 볼때기까지 한 대 맞았는데요?"하고 그런 얘기를 하더라고요.

"아니, 사진이 크게 나온 거 있잖아요. 그러면서 이제 점령하셨던 게, 맞았던 게 기억이 난다고.", "아, 그럼 미안합니다. 그런 일이 있었냐고, 저는 생각 못했습니다."하고 앉았습니다. 그러고 나서 제가 얘기하는데. "아, 이 선생님이 한국 가신다고 하는데, 지금은 이제 문민정부라서 너무 걱정할 것 없습니다.", "아, 그러냐고, 그렇다면 가겠습니다."하니까 "그게 아니고"하면서 막더라고요. 막으면서 하는 얘기가 그런데 선생님께서 북에 가셨고, 일단은 '클리닝'을 해야 한다고 그래요. 클리닝은 청소해야 한다는 말이에요? "클리닝이 뭡니까"하니까 작게는 조금만 쓰시면 됩니다. 시말서 비슷한 걸 써야 한다는 얘기 같아요. "여보시오, 지금 대통령이신 김영삼 씨가 여기 왔을 때 나한테 악수하면서 고맙다고 얘기하신 분입니다. 근데 당신이 뭔데 말이야, 내가 뭘 잘못한 게 있어가지고 여기 클린인지 뭔지 내가 할 수 있냐고 정말 그렇다면 내가 한국 안 간다."하고서는 거기서 나오고 말았지요.

김 면 그럼 못 들어가셨어요?

이종현 못 들어갔죠.

김 면 그럼 북한에도 못 가셨네요?

이종현 아니요. 그러니까 한국에 안 가는 것을 전제로 하고 북한에 간 겁니다.

김 면 그때 그럼 조문도 하시구요?

이종현 네. 아무튼 그 후에는 이 사람이 계속 저한테 전화를 하는 거예요. 무슨 뭐 모임이 있었다 하게 되면 전화를 하면서 "거기 가셨었지요, 어떻게 되셨습니까?"물어보더라고요. 당신이 전화한다고 해서 클리닝 안 하니까 걱정하지 말라고 줄곧 그랬었어요. 그래도 한 달에 한 번 늦어도 두 달에 한 번씩 전화를 계속하니까 정말 질려 버리겠더라고요. 그래서 재야운동권의 무슨 모임이 있다 하게 되면 저한테 무슨 소식이라도 들을까 물어보죠.

김 면 최근에까지도 오셨어요?

이종현 아니요. 그렇게 했다가. 98년에 대통령 되기 직전 그 사람이 한국에 들어갔습니다. 한국에 들어가기 직전에 또 저한테 전화를 했었습니다. 나에 대해서는 거기 부탁하고 가니까, 걱정 마십시오, 그러니까 그 사람하고 잘 얘기해서 하라는 얘기입니다. 그렇게 들어가고 나서 그 사람 후임이라는 사람한테는 연락이 없었어요. 재미있는 것이 제가 그 해에 94년 그런 모임에 갔다가 와서, 그 다음에 이제 북에 갔다 오고, 그 해에 김 주석이 돌아가셨단 말이죠. 김 주석이 아마 5월 달에 돌아가셨을 것 같은데. 94년도 5월 달에 돌아가셨는데 제가 대사관에 간 것이 3월 달인가, 4월 달이 되고 그러고서 돌아가셨으니까 돌아갈 기회가 없더라고요. 제가 그래서 정식으로 가족면담, 가족상봉을 신청했던 거예요. 그러니까 그쪽에서 얘기하기를, 서고하셨는데 안 됩니다. 지금 현재는 안 됩니다. 그러다가 그게 9월말에 지금 참여하시려면 빨리 오시라고 연락이 와서 9월말에 갔었던 겁니다.

김 면 혼자 가셨어요?

이종현 네. 혼자 갔어요. 90년도에 북에 갔을 때는 집사람과 같이 갔었습니다.

김 면 범민련 얘기하다가 그 방문하신 거, 범민련이랑은 계속 관련된 행사 같은 데는 가입 못하셨으니까 거의 참석 못하셨겠네요?

이종현 네. 그렇죠.

김 면 그럼 그 범민련 이후에 실질적으로 여기 한민족 유럽연대 창설될 때까지는 거의 운동 같은 것은 어려우셨겠네요?

이종현 특별히 했던 것이 코리아협의회입니다.

김 면 아, 코리아협의회. 거기서 어떤 일들이 있으셨나요?

이종현 뭐 어떤 일들을? 한독 연대 운동?

김 면 네. 그 독일 분들이 통일을 위해서 뭔가 도와주시고 이런 것들은 없었나요?

이종현 제가 독일 사람들에 대해서 아까 말씀드렸잖아요. 그 87년도 말, 남쪽 정부의 잘못 때문에 오히려 반대운동, 민주화 운동, 그리고 제가 알기로는 이 사회주의 인터내셔널SI 같은 거 있잖아요. 저희 하고의 한민련 활동을 같이 하면서 상당히 많은 공헌을 받았었습니다. SI 활동에서는 특히 한민련 대표들 초청을 하고, 브란트 같은 분은 한민련 모임이 일본에서 있을 때 일부러 찾아오고 그랬었습니다.

김 면 브란트 수상이요?

이종현 예, 그럼요. 그리고 또 한 가지는 김대중 대통령이 사형선고를 받고, 83, 4년도가 될 거예요. 그때 제가 한민련 사무국장을 맡고 있을 때, 84년도인가 85년인가 그 정도 되었을 거예요. 그래서 김대중 구출운동의 하나로 그 분에게 노벨평화상을 위한 신청을 위해서 독일사회민주당사람들을 동원하고 60몇 명의 의원들이 서명까지 해주었습니다. 그 운동이 전부 다 한민련에서 했던 운동입니다.

김 면 그렇군요. 김대중 선생님이 고마워하셔야겠네요.

이종현 그래서 저한테 대통령이 되기 전에 고맙다는 편지까지 써주시고 그랬었습니다. 대통령 되고 나서 여기까지 와서는 저를 한 번 보자는 얘기도 없더라고요.

현재 활동

김 면 아, 예. 그러셨군요. 선생님, 지금은 우리나라 정부에서도 북한이 어려워져서 지원도 하잖아요. 또한 해외에서도 많은 지원을 해주는데, 그때 당시에 혹시 구호활동 같은 것은 없었습니까? 한민련

뿐만 아니라 뭐 이렇게 북한의 어려운 실정 같은 것을 지원해주는 것이 없었습니까?

이종현 북한에 지원해주는 활동 말인가요? 그런 거는 여기서도 가끔 합니다.

김 면 그래요?

이종현 그러니까 3년 전에.

김 면 3년 전이면 어느 단체에서 뭐를? 유럽연대 말씀인가요?

이종현 우선 북을 돕기 위한 운동 중의 하나가 99년도에 코리아협의회 이름으로 정식으로.

김 면 어떤 게 있었나요?

이종현 모금운동이 있었습니다. 그때 정식으로 3,000인가 4,000을 송금하고.

김 면 그 전에는 없었나요?

이종현 그 이후에는 6 · 15행사 통해서 모금했지요.

김 면 6 · 15 행사에서는 무엇을 했었나요?

이종현 6 · 15유럽위원회라는 게 여기 있잖아요. 6 · 15공동선언 실천을 위한 해외 유럽위원회. 그냥 성금을 모았습니다.

김 면 회원들이 조금씩 모았나요?

이종현 회원들도 그렇고 누구든지 공식적으로 모금운동을 했죠. 거기서 금년에도 모았고. 제가 칠십 생일 때에 모은 돈이 한 2,000인가 3,000인가 있었는데 그것을 모금운동을 위해 냈습니다. 그래 가지고 그때 찾아온 사람들이 150명, 200명쯤 정도 되었는데요.

김 면 이렇게 많이. 최근에 150명이 이렇게 모이신 적이 없지 않나요?

이종현 그런 게 좀 힘들죠.

김 면 이야... 5월 민중제도 이렇게 안 모였을 겁니다.

이종현 그렇죠. 그중에 독일 사람들이 한 50명 있었습니다.

김 면 그래요? 그 분들은 코리아 페어반트에 이렇게 연관되신 분들은 아니고요?

이종현 코리아 페어반트에 연관된 사람도 오고, 우리 집사람이 독일 사람들을 부르고, 그 외에는 운동권 사람들이 오셨었습니다.

김　면 제가 최원호 선생님 보니까 프로이덴 베르크라는 교수가 많이 지원을 한다고 하는데 혹시 기억나시는 거 없으십니까? 그 분이 통일운동?

이종현 그 분은 상당히 저하고 인연이 깊습니다. 코리아 페어반트의 전신이 코리아 코미티입니다. 그게 77년도 늦가을에 만들어졌는데, 그 당시에 그 분이 회장으로 추대되고 독일 사람들하고 한국 사람들 중에 저도 첫 회원으로. 저는 그때부터 계속해서 코리아 페어반트, 그 코리아 코미티를 계속해서 이제 90년도부터 코리아 페어반트로 바뀌잖아요. 그때까지 계속 했는데 코레덴 베르크 이 분은 아주 참신한 사람입니다.

김　면 유럽연대 발족 의미와 선생님의 주요 활동은 무엇입니까?

이종현 유럽연대가 2001년도에 생겼는데, 유럽연대가 2001년도에 만들어질 때까지 독일에는 연합체가 없었다는 겁니다, 각 지역 단체들 혹은 여성회같이 퍼져서 각 단체별로 움직이고 그랬었는데, 딱 1년에 한 번씩 모여서 얘기할 수 있는 장이 바로 5월 민중제였습니다. 5월 민중제에서 98년경부터 시작을 해서 이제 해마다 여론들이 한국도 민주화가 되어가고 있지만, 여전히 반공의식에 젖어 있어서 우리 활동이 너무 조열하다, 너무 미미하다는 평이 있었습니다. 그런 것 때문에 현재 국내 진보적인 민주단체들하고 충분히 얘기하도록 조직체가 있어야 된다는 여론들이 있었고, 5월 민중제를 계속 할 때마다 마지막 토론에서 꼭 모여야겠다는 분위기가 형성되었죠. 3~4년간 얘기가 계속 나왔다가 그럼 이제는 해야겠다는 결정을 공식적으로 내리게 된 거죠. 그래서 그럼 한민련 유럽에서 각 조직이 들어있더라도 조직의 모임이 아니라 개인적으로 전부 들어오라 해서 만들었어요. 그때 처음 발기인 수가 90명 정도였습니다. 그러다가 이제 실제로 총회를 할 때 60여 명이었습니다.

김 면 60여 명은 꽤 많은 편이죠?

이종현 네. 많은 편이죠. 그래서 이제 60여 명으로 시작한 것이 무엇보다 한국에 민주와 통일 지원하는 여기 교포, 동포들 내에서의 권익신장, 우리 자체 내에서의 노련함('노련함'으로 추정, 녹취불분명)에 대해서였습니다. 그렇게 해서 특히 중요한 것은 한·미·일·유럽연대에 해외에서 하는 하나의 NGO차원의 사업이니까 해외의 그런 NGO조직들과의 연대 강화.

김 면 유럽연대가 일본이나 미국의 연대, 유럽연대와 같은 색깔이 있는 단체가 있나요?

이종현 일본에는 뭐 그때 한민통이 있었고, 지금은 한통련이라고 있잖아요. 한통련하고는 저희가 서로 연락을 하고 있죠.

김 면 연대가 지속되고 있군요. 미국이나 일본같은 다른 지역과의 차별적인 독일 한인운동 성격, 그 얘기를 다시 한 번만 해주셨으면 합니다.

이종현 무엇보다 아까도 말씀드렸지만 독일의 정체성이라는 게 이곳에 정착해서 살게 된 사람들의 입지라는 것이 노동, 광부, 간호원이라고 하는 하나의 노동자 계층이 있습니다. 그래서 여기서 노동자 생활을 하면서 자기도 모르는 사이에 노동 의식을 가지게 되는 거예요. 아무리 우리가 잘 융화되어서 산다고 하지만 독일 본토 사람에 비하면 항상 우리는 약소민족으로 끼어 있는 거 아니겠습니까. 그렇기 때문에 노동자로서 강대국인 그런 나라에서 사는 우리가 항상 어떻게든지 뭉쳐서 무엇인가를 해야 하고 권익을 찾아야겠다고 하는 그런 입장을 지니고 있습니다. 그에 비해서 불란서나 혹은 미국이나 캐나다 쪽에서 자리 잡은 사람들은 꼭 노동자들이 간 것은 아닐 겁니다. 그냥 가는 사람들은 어느 정도 기반을 갖고 갔고, 그 곳에 가서도 우리같이 광산이라든지 굳이 노동 생활이라는 것을 가서 한 게 아니기 때문에 사회적인 분포 그 상황이라는 것이 차이가 좀 있잖아요. 생활차이 등 그런 것 때문에 여기서 운

동하는 사람들의 생각이라든지 길도 차이가 생기지 않나 생각해
요.

김 면 그럼 맨 마지막으로 독일을 포함한 유럽지역의 통일노동이 앞으
로 나아갈 방향을 어떤 식으로 보시나요?

이종현 글쎄요. 그 동안 우리가 보아야 한다면 우리가 여기 통일운동이
라고 해서 해외에서 하는 것보다, 전에는 국내에서 특히 남한에서
통일 얘기를 못했잖아요. 근데 지금은 통일, 통일하면서 뭐 해마
다 수 만 명씩 북한에 갔다 오고 이런 상황에서 우리가 한다고 해
야 할일이 거의 뭐 없는 겁니다. 정말 너무 미약한 거죠. 그러나
우리가 할 수 있다면 보다 해외에 있기 때문에 어딘가 좀 다른 것
을 볼 수 있다는 거죠. 직접 관계된 남북관계가 아닌 사이에서 보
고 해외에서 보니까 그런 차원에서 가장 풀어야 할 시급한 문제는
6·15공동선언 실천사항이 통일운동의 가장 현실적인 사업이라고
봅니다. 그와 동시에 해야 하는 것은 국내에 국보법이 철폐되지
않고 있잖아요. 국보법이 존재하고 있는 이상 무슨 얘기를 하더라
도 통일운동을 하는 한 어딘가는 항상 걸리는 것이 있다고 봐요.
북과 무슨 관계가 있다 하게 되면 그런 것 때문에 여기서 이제 국
보법철폐 운동을 계속 해야 할 것이고, 이제 그 동안 여기서 운동
을 하다가 돌아가신 분들도 있고, 살아계신 분들도 계시지만, 국내
에서는 이미 예전에 통일운동을 했던 사람들 혹은 민주화 운동을
했던 사람 중에 잘못된 정권에 희생된 사람 혹은 지금 살았어도
당시에 많은 피해를 본 사람들이 복권이 되어 꼭 그 사람들이 어
떻게 보면 이미 대가를 받고 있는 거란 말입니다. 그러나 여기 해
외에서는 그런 명예회복은 고사하고 복권이라는 것이 되어있지 않
고, 그런 것도 하나의 이 통일을 위해서는 필요하다고 생각합니다.

김 면 지금 국내에 못 들어가신 분들이 몇 분이나 되시죠? 지금 그게
계산이 되고 있나요?

이종현 국내에 실제로 지금 못 들어간다고 확인된 사람들로는 세 사람

이 있습니다. 임민식, 김용무, 송두율 선생님.

김 면 끝으로 보충하고 싶은 말씀 있으시면 말씀해 주세요.

이종현 하고 싶은 얘기는 바로 복권, 명예회복 이런 문제하고 관계가 있는 겁니다. 지금 국내에만 발전되고 민주화되었다고 하게 되면, 최소한 해외에서도 민주화가 통일되고 잘 되어서 그런 혜택이 좀 돌아와야 되지 않나 하는 솔직히 그런 희망이 있습니다. 현재 분위기도 20년 전이나 지금이나 계속해서 같단 말이에요. 그런 것이 해외에 나와 있는 외교관들의 차이라고 할 것이 아니라 국내에서 정책을 충분하게 담당한 사람들이 하게 되면 그런 문제를 할 수 있단 말이 예요. 그러나 현시점에서 전혀 그런 문제들이 고려되어 있지 않단 말입니다. 그런 점들이 좀 고쳐졌으면 하는 바람입니다.

김 면 네, 좋은 말씀 감사합니다.

3. 이한경

前 재독한인노동자연맹 대표

이한경 前 재독한인노동자연맹 대표

이한경 前대표는 1965년에 독일에 광부로 와서 독일 내 민족교육을 위해서 최초로 한글학교를 창립하였다. 이후 노동자들의 권익을 위해 노동운동에 전념하였다. 민주사회건설협의회에서 나와서 재독 광부들이 중심이 된 재독한인노동자연맹을 만들었으며, 이후 한국의 민주화운동, 통일운동에도 관여하였다. 민협의 중심단체로 활동하였고, 범민련의 성립에도 기여하였다. 그러나 범민련 내에서의 불화로 노련을 탈퇴하였다.

독일 정착

김 면 독일에 처음 언제 오셨어요, 당시 광부로 많이들 오셨지요?

이한경 어, 나는 여기 오래 됐지. 65년에. 대학교 졸업하고 실업자로 있다 온 사람들. 그 당시 상황이 박정희가 독재정치를 하면서 산업을 발전시킨다고 막 애쓰던 때거든. 그런데 그건 안 돼지, 실업자는 막 늘어가지. 그냥 매일 데모 일어나고 말이야. 난리가 일어나니까 불만이 고조하잖아. 그럼, 박정희는 탈출구를 찾아야 되는데, 결국은 그런 실업자들을 외국으로 파는 일이라고. 그러고선 거기다 이중 효과로 돈까지 끌어온다고. 그런 효과를 보기 위해서 그때 시작한 거야 그렇게. 그래서 우리 나올 때에도 한쪽에서는 그랬는데 "야, 그럼 너희는 팔려가는 거니까 너희들 맘대로 해라." 그러던데 뭐. 실제로 그랬어. 정보부 사람들이. 아는 사람들은 "야, 너희들 이러나저러나 팔려가는 거니까 가서 너희들 맘대로 해도 괜찮다고." 그래서 나와서 그때 나온 사람들 다 머물러 있고 그랬지.

김 면 이종현 선생님처럼 뒤스부르크로 오신 거예요?

이한경 그렇지, 이종현이는 잘 알지. 나하고 같이 훈련 받고 왔는데. 거기 살 때도 거의 이웃으로 살다시피 하고 그랬지. 요즘은 만날 시간도 없지 뭐. 이렇게 멀리 떨어져 사니까. 지난 28일에 가서 만났지. 보훔에서.

김 면 한 일 년에 한 번씩 보는 건가요?

이한경 일 년에 한 두어 번씩 보지 뭐. 모임이 있으니까. 그때 온 사람들 많이 못 모여. 없어. 한국으로 가기도 하고, 미국이나 캐나다로 간 사람들도 많고. 나이들도 많고 그래서 내가 70이니까. 이종현 씨가 벌써 72세야. 두 살 나보다 많아.

김 면 그러면 그 처음에 1세대들 오신 다음에 계속적으로 오지 않으니까 아무래도 이런 한인 단체들이 많이 수가 줄은 건 사실이네요?

이한경 사람이 늘어가질 않지. 이제. 유학생들이 그 빈자리를 채우는 거지 지금.

독일내 한글학교 창립

이한경 우리가 70년대 중반부터 여기서 민주화운동 시작을 했단 말이야. 그때 민주화운동 시작할 때 내가 뭘 했느냐면, 독일에서 다른 사람은 상상도 못했을 때 민족교육에 대해서 내가 생각을 했다고. 그래서 제일 먼저 내가 75년도에 한글학교를 세웠어. 그때는 대사관에서도 교회에서도 잊어 먹고 관계를 안 했을 때야.

김 면 학교를 세우신 동기는 어떤 것이었나요?

이한경 그래서 그때 내가 광부교육발전에 반장 노릇을 했어. 그래서 애들이 네가 같이 해야 하는데, 네가 놓으면 안 된다. 그래서 어 내가 하는데 우리 애들이 그때 다섯 살 여섯 살 할 때거든. 다섯 살 때구나. 학교 가기 전이니까. 그래서 내가 우리 2세들 언어교육을 시켜야 되겠다. 그때만 해도 사람들이 우리나라 사람들이 남쪽 시민들 전체가 이 사대주의가 머리부터 뼈 속까지 묻혀가지고. 아, 지금도 그렇지. 하나도 안 변했어. 근데 여기 나와 있는 사람들도 그랬어. 그래서 우리말에 대한 중요성을 인정을 안 했어. 그래서 사람들이 오자마자 할 줄도 모르는 독일말을 하고 그랬다고. 그래서 내가 이거 안 되겠어. 애들 언어교육을 시켜야지. 내가 지금까지도 언어교육을 제대로 못 시키면 어떻게 하냐. 언어교육을 시켜야 되겠는데, 이거를 도저히 혼자서는 안 되겠고, 그러니까 한글학교를 세워야 되겠다고 생각을 했어. 그래서 내가 한글학교를 세웠어. 75년도에.

김 면 당시 반응은 어떠했나요?

이한경 그때는 아무도 없었을 때야. 그래서 교육을 시키는데, 사람들이 호응을 안 해. 애들을 안 보내. 그때는 뭐냐면 사람들이 생각, 사상이 뭐냐면, 우리말은 배워서 뭐 하냐는 그런 생각이야. 사대주의가 있어서 서양 것을 배워야 된다는 그런 사상이야. 그래서 내가 77년도까지 했지. 내가 77년도에 12년 만에 한국을 갔다 와서 사실은 내가 한글학교를 접고 그때부터 운동에 뛰어 들었지. 그리고 나서 몇 년 있으니까. 대사관에서 하는 게 아니라 교회에서 한글학교를 세우기 시작했어.

김 면 교회에서요?

이한경 어. 그래서 교회에서 날보고 좀 도와달라고. 그래서 여보시오. 당신들 내가 하려고 할 때는 본척만척 하더니 나도 그러면 못 도와준다. 성질나서. 나도 화가 났다고. 그러면 못 도와주니까 너희들 맘대로 하라고. 그래서 교회에서 한글학교를 세우기 시작해서 몇 년 있으니까 대사관에서도 이제 한국정부에서 관심 있어서 대사관에서도 2세들 언어교육 시키기 위해서 한인회를 통해서 한글학교를 세우기 시작한 거야. 그래서 한글학교가 나온 거야.

김 면 매우 훌륭할 일을 하셨어요.

이한경 아, 내가 생각은 훌륭했지만, 성공을 못 했지. 생각은 좋았지만. 당시 우리 하는 거 보고, 나 하는 거 보고, 결국은 일 년 후에 교회에서 시작한 거지. 또 교회에서 하면서 대사관에서도 관심을 갖게 하고 그렇게 된 거야. 그게 한글학교 교육이고, 막 사람들 자꾸 뭐라고 그러는데, 나야 뭐 옛날에 그랬으니까 젊었을 때 한 일이고, 지금 참 잘 됐어. 우리 운동하면서는 제일 운동에 기본적으로 항상 나선 게 모임에서 우리말 쓰기. 모이면 할 줄도 모르는 독일말 섞어가면서 말이야. 이 시간 Dich liebe할 때 하는 식이야. 그냥 섞어가면서 막 써버린단 말이야. 그러니까 이것들은 도대체. 그래서야, 언젠가 문제가 일어났어. 그래서 이거 우리말을 써야 한다. 우리말보다 더 중요한 건 없다. 그래서 막 들어 앉아 서다가 독일말 쓰면 당신 우리말 할 줄 모르냐고 막 그랬어. 특히 이영빈 목사. 그 사람은 여기 유학 와서 여기서 공부하고 목사 된 사람이거든. 그러니까 여기 와서 우리 올 때 벌써 그 사람은 10여 년 된 사람이야. 그때 벌써 교회 목사가 된 거야. 여기 유학 와서는. 그러니까 항상 독일어만 한단 말이야. 독일교회를 맡고 있으니까 독일말을 하는 거지. 그러니까 모여 앉으면 독일말을 하거든. 그러면 이 목사님 우리말 못 하냐고. 우리말 하라고. 내가 막 그랬어. 그래서 그 사람들도 지금은 모이면 우리말 꼭 하지. 특히 여자들도 지금도 보면 독일어도 할 줄 모르는 것들이 그냥 독일어 한다고 막 떠들어대고, 그러는 거 보면 아휴 지겨운 것들. 그래, 실제로. 또 한국에서 책 쓴 사람들 중에 민족주의자라고 책 쓴 사람들 보면 그 책 제목부터 보고 나서 이 사람들이 도대체 민족의식을 어디다 두고 얘기하는 건지 이해가 안 갈 정도야. 제목부터. 언론들도 문제가 있어.

우선, 이 신문사 기자도 그렇고, 텔레비전 기자도 그렇고, 그런 데서 말을 막 써버리니까 일반 사람들은 그걸 따라가. 우리는 알아들을 수 없는 말들을 해. 그러니 영어를 진짜 영어 발음도 아니고, 엉뚱하게 말해 버린다고. 그러니 난 가서 바보가 되어 버리더라고. 그런 사람들이 남한 사회가 돈 위주 사회가 되어 버려가지고 돈으로 사람을 계산해. 그리고 좀 허술하게 하면 사람 취급을 안 하잖아. 정신 빠진 놈들이야.

김　면　우리언어교육은 정말 중요한 것 같습니다.

이한경 우리 친조카 딸이 지금 중학교 선생이야. 그래서 야, 너 일루 좀 앉아봐. 해서 너 애들 어떻게 가르치느냐. 그래서 이제 내가 얘기를 했어. 내가 너 그 민족을 대표하는 데서 말이나 글보다 더 중요한 것은 없다. 그러니 아무리 사회에서 영어를 막 쓴다고 하고 또 학교에서 애들이 막 쓴다고 해도 너는 선생님으로서 그걸 고쳐줘라. 그리고 너 자신부터 영어발음을 하지 말고, 우리말로 써라. 작은아버지. 우리 형님의 딸이니까. 그 전에 걔가 여기를 한 번 왔었다고. 근데 신문에 났었는데, 내가 그 신문을 이해를 못해. 말을. 그래서 그 자식이 대학원까지 나온 놈이야. 소위. 그래서 야 이리로 와라. 너 이게 지금 뭐냐. 이 말이 지금 무슨 뜻이냐. 이랬어. 그랬더니 그 말 단어 자체를 자기도 모르는 거야. 대학원 나온 애가. 그 전체적인 문장을 봐선 이해를 하는데 모르는 거야. 그래서 너 생각을 해 봐라. 네가 모르는데, 한국에 있는 늙은이들은 도대체 어떻게 사느냐. 그 사람들은 자기 나라에서 살면서 외국인 노릇 밖에 못하지 않느냐. 얼마나 불쌍하냐. 그게 지금 한국 사회다. 내가 그랬어. 그래서 내가 이번에 한국에 가서 애들한테 우리말에 대해서 잘 가르치라고 그랬는데. 어유, 텔레비전에도 아이고 그 미친놈들. 그래서 저 자식들이 도대체 저거를 방송이라고 내보내고 있나. 그런 생각도 들고 지금 나는 그래. 뭐 나 같은 사람이야 이제 발버둥 쳐봤자 별거 아니지만, 사실은 우리나라 통일운동은 우리 1세대들이 그것도 독일, 독일의 1세대들이 그렇게 씨앗을 뿌렸기 때문에 자라난 거야. 나는 그렇게 봐. 우리가 여기서 통일운동 얘기를 할 적에 일본에, 우리 민주화운동 때 일본에 있는 사람도 쉬쉬 했어. 못 하게 했어. 우리보고 그런 거 하지 말라고 했어.

범민족대회

김 면 선생님, 실질적으로 이영빈 목사님, 이화선 목사님의 초기 운동

이후로 다시 통일운동이 활발해진 이유가 무엇이지요?

이한경 이 90년에 뭐가 있었냐면 범민족대회가 있었어. 91년에. 89년에 세계청년학생대회가 있었고, 그때 임수경이 갔었고. 90년에 범민족대회가 있었어.

김 면 임수경 씨가 이영준 선생님이랑 같이 가셨었지요?

이한경 아, 그렇지. 임수경이 몇 년 전에 우리 집에, 여기 왔었지. 수경이가 우리아들 상원이보다 2살인가 많아. 걔가 2세인데요. 여기서 태어나고 그런데. 걔가 조선에 가서 전대협 기를 들고 갔어. 그게 신문에 나온 거야. 한국 신문에. 우리 상원이 이름까지. 이상원이거든. 그래 가지고 그냥 한국에서 난리가 나서 우리 식구들이 형제들 중에 전화가 오고 말이야 이게 상원이 맞느냐고 말이야.

김 면 큰일 났었겠네요?

이한경 그럼, 그 전부터 내가 빨갱이 소리는 들었지만, 그리고 난리가 났었지 그냥. 그때 상원이가 독일에서 영장을 받아 놓고 있을 때야. 김나지움(고등학교) 나오고 영장 받아 놓고, 조선에 갔다 와서 이제 군대 가려고. 그래서 내가 아무 걱정 마라. 여기서 군대 나갈 애고, 내일 모레 군대 나간다. 걱정하지 마라. 그래서 내가 그냥 그랬는데, 아 난리가 났어요. 한국에서 전화가 그냥 오고 말이야. 이게 상원이 맞느냐 아니냐. 이러면서 뭐 사진까지 딱 해서 이상원이라고 써있는데, 하하하. 그때는 진짜 통일의 '통'자만 얘기해도 남한에서는 잡혀 갈 때인데.

김 면 그래서 이제 범민족대회가 범민련을 탄생시킨 거죠?

이한경 그렇지. 근데 범민족대회가 있는데, 그 범민족대회가 있기까지 그 지금 배경은 유럽이야. 우리가 주역이었어. 그래서 정말 우리가 몇 달 전부터 북쪽과 대화해야 된다. 만나야 된다. 그래서 그냥 막 반대들 하는 것도 우리가 정말 했다고. 그래서 결과적으로 범민족대회가 이루어졌는데, 범민족대회가 이루어지고 나서도 범민련을 구성을 해야 되는데, 다른 지역에서도 그걸 구성을 못해.

왜냐면 기반이 안 되어 있기 때문에 할 수가 없었어. 그래서 그 기반을 구성을 여기서 했어. 그것도 베를린에서.

김 면 그때 황석영 선생님이 오셨어요?

이한경 황석영 선생 왔었지. 황석영이가 작가로서 그런 용기가 있어. 그래 가지고 이리로 거쳐서 조선에 가 있었어.

김 면 미리 가 있었나요?

이한경 그래 갔었지. 그래서 거기서 대우를 잘 받았어. 그래 가지고 그때 거기서 같이 나왔어. 와서는 모임을 가지고 이걸 하자. 구성하자. 그래가지고 사실은 우리가 내가 그때 뭐 했었냐하면, 독일에는 여러 단체 중에 민건회가 있고, 민주건설사회협의회. 그게 학생들을 위주로 해서 조직된 단체야. 그 다음에 조직된 게 재독한인노동자연맹이 있었어.

김 면 그 여성회랑 같은?

이한경 아니, 여성회는 몇 년 후에 뚫었어야 됐어. 그 두 개가 제일 활동을 많이 했어. 거기서도 노동자연맹은 사회주의적인 노선을 추구했고, 그러면서 민주화운동에 참여를 했고, 민건회도 그랬지. 물론 민건회도 그랬지만 그건 유학생이나 학생들 중심으로 해서 구성이 됐다고. 내가 그때 노동자연맹 위원장이었거든. 오래도록 내가 한 십여 년 이상 했는데, 그걸 하면서 그 범민련 구성할 적에 이 지역에, 독일지역에 주축인 단체가 우리 노동자연맹이었어. 그리고 범민족대회를 뒤에서 추진한 세력도 노동자연맹이고. 우리 노동자연맹에서 반대했으면 아무것도 안 이루어졌어. 그 당시에는 정말 그랬어. 그래서 우리가 범민련 구성 못 할 뻔했지.

김 면 반대가 심했나요?

이한경 어, 범민족대회 갔다 와서 노동자연맹 그 임원들이 모였어. 모여서 아직도 시기적으로 이게 우리가 이르다. 아직 우리가 그걸 구성하기에는 우리가 기반이 덜 됐다. 이번엔 좀 참고, 조금 더 있다가 하자. 아직은 이르다고 그랬어. 그랬는데 사람들이 딱 모여 가지고는 그걸 구성한다고 그러잖아. 그래서 우리 노동자연맹에서는 이런 문제에 대해서 반대한다. 그래서 우리는 만약에 당신들이 구성한다고 하면 참여할 수 없다. 근데 이제 문제가 생긴 게 노동자연맹에서 참가를 하지 않으면 그 단체는 허수아비가, 껍데기가 되어 버려. 자기들 학자들 몇 명 가지고 되나? 실질적으로 일 하는 사람이 있어야 되는데. 그러니까 난리가 났지. 회의 중단하고서 이제 임민식, 황석영 뭐 나하고 일 대 일로 대화를 한 거야. 내가 노동자연맹 위원장이니까. 회의 중단하고, 회담을 했지. 그래서 내가 가만히 판단할 적에 지금 이게 범민련 구성하는 문제는 어떻게 보면 피할 수 없는 상황이 되어 버렸어. 그래서 내가 우리 노동자연맹 임원, 그때 나까지 세 사람이었었는데. 그 사람을 불렀어. 그래서 야, 지금 상황이 이런데 어떻게 해야겠느냐. 만약에 너희가 끝까지 반대하면 나도 반대한다. 끝이다. 그 중에 하나는 반대하고, 하나는 찬성하더라고. 그 반대하는 사람이 지금도 나를 원망해. 야, 네가 그때 찬성했기 때문에 그렇게 됐다고. 그렇지 않으면 지금 통일운동이 완전히 다른 방향으로 갔을 텐데, 그런다고. 그래서 이제 네가 찬성하니까 그럼 나도 찬성한다. 어쩔 수 없는 대세다. 이건 우리가 피해갈 수 없는 거니까. 나중에 그 구성을 해도 하는 거고, 그러니 이미 대세가 기울어졌으니까 우리가 찬성을 하자. 그래서 찬성을 해서 범민련이 구성이 됐어요. 그래서 범민련이 구성된 거야. 아주 실질적인 역사야.

김 면 근데, 유럽민협 하시던 분은 무슨 오더가 있었던 것은 아닌가요?

이한경 예, 이 오더라는 것은 다른 게 아냐. 간단히 말해서 이제 북쪽에서도 대외민관계의 통일정책이라는 게 꼭 옳은 것만은 아냐. 그 사람들도 꼭 배운 사람들, 지식인들 이런 사람 상대를 못한단 말이야. 그래서 북쪽에서도 범민족대회 참가했던 사람들 중에 이제 교수들이 있나보다. 황석영. 유명한 사람들. 이런 사람들하고 같이 모여서 북쪽에서 이제 그런 얘기가 된 거야. 그래서 자기들이 거기서 결정해 가지고 나온 거야. 그러니 그게 오더라는 거야. 그래서 결정해 가지고 나왔기 때문에. 북쪽 정부하고 타협을 해서 결정했기 때문에 이건 변경할 수 없다는 거라고. 그래서 결과적으로 그걸 오더로 보는 거야. 그게 다른 결과는 아냐.

김　면 그 유럽민협 분들도 초창기에는 참석하셨죠?

이한경 참석했지. 많이 그래도. 정규명 씨라던가, 최기환 씨, 무슨 뭐 송두율 그 전부 그 사람들이지. 그래서 참석했지. 그래서 사실은 범민련이 구성되고, 유럽에서 범민련이 딱 구성되니까 그러면 세계적으로 우리도 구성한다. 그래서 일본, 미국 이렇게 됐지. 일본이 씨앗이 된 거야. 그래 가지고 구성해 나가는 거지. 그렇게 나가는 거야. 그런 역사라는 게 지금 얘기하면 전부 다 저희들이 다 했다고 그러는데, 사실은 그 사람들이 안 했다고는 안 그래. 나도 민족의 일원으로서 내 할 일을 그 정도로다가 한 것뿐이니까. 그 이상 내가 더 과대평가하고 싶지도 않고, 나는 민족의 일원으로서 나라에 할 일을 한 거라고 봐. 그렇지 그렇다고 해서 내가 다른 사람을 과소평가하거나 깎아내리고 싶은 생각은 없는 거라고. 아, 사람들 얘기를 해봐. 어휴, 과거에 내가 이렇고 이걸 잘했고 하면 실질적으로는 뭐가 있어. 그래. 실제로.

한인 사회 내 통일운동에 대한 반응

김　면 그래요. 저도 솔직히 말씀드리면 통일운동사 정리하다 보니까 어떤 분은 들어가고, 또 안 들어가는 소외가 있을 것 같아 조심스럽습니다.

이한경 근데 소외되는 게 별거 있나. 내가 노동자연맹 위원장을 80년대부터 하고선 95, 96년을, 활동이 정지될 때까지 했는데, 정말 이 모든 게 직책이라는 게 그래. 자기가 꼭 앞에 나와야만 되는 건 아냐. 난 한 10여 년 동안 늘 위원장 하면서 내가 앞에 나오지를 않았어. 그래서 사람들이 내가 누군지를 몰랐어. 노동자연맹 위원장이 누군지를 몰랐어. 그래서 이름만 듣고 사람들이 겁을 냈어. 그렇지. 우리 옛날에 저쪽에 살적에는 우리 애들이 한글학교를 나가는데, 우리 애들 그때 한 14살, 15살 정도 됐지. 한글학교에서 우리 애들 나오지 말라고 그래.

김　면　그때 아버님 활동 때문에요?

이한경　그렇지. 그래서 내가 갔어. 가서는 자, 내가 너희들 한번 이야기를 좀 하자. 그랬어. 무슨 이유로 우리 애들을 못 나오게 하느냐. 그랬더니 말들 안 하고 가만히들 있더라고. 그러다가 그러면 한번 이야기를 하자. 나는 혼자고 너희들은 전부인데, 근데 못할 거 없다. 내가 한번 해보자고 했어. 그랬더니 한 사람이 딱 하는 소리가 아, 한글학교를 나오면 애들이 놀러가서 사진을 찍는다는 거야. 그러면 대사관에다 그 사진을 보낸대. 그러면 대사관에서 얘는 누구 아들이고, 얘는 누구 아들이고 이렇게 묻는다는 거야. 근데 우리 상원이나 우리 애를 보면 얘는 누구 아들이냐 이러면 이한경 씨 아들이다 그러면 이한경 빨갱이다, 그러니간 못 나오게 한다. 안 된다는 거야. 그러면 자기들까지 피해를 받는데.

김　면　그럼, 애들이 힘들었겠네요.

이한경　아니, 그래서 나중에 애들보고 애들이 이제 크니까 집에다 불러놓고 그랬지. 야, 지금 상황이 이런데 너희들 어떻게 할 거냐. 그랬더니 그렇다면 나가지 말지 뭐, 그러더라고. 그래서 애들이 안 나갔어. 그래서 한글학교를 안 보냈어.

김　면　가슴 아픈 이야기입니다.

이한경　광주민주봉기 일어났을 때 제일 먼저 들고 일어난 게 우리라고. 그러니까 그때는 이제 이 호남향우회 사람들도 같이 들고 또 나왔어. 근데 그러더니 한 1년도 안 가서 그 사람들 싹 들어가고 정부 편에 붙어버리고 우리만 계속 반대를 한 거야.

김　면　아 그랬었어요? 호남향우회에서도요?

이한경 아이고, 그 사람들도 싹 돌아서 버리더라고. 어휴 참 말도 못해. 그래서 아휴, 참 정권이, 권력이 무섭기는 무섭다. 실제로 김대중 씨 구명운동을 했지. 그래서 나중에 김대중 씨가 그거 뭐 자기한 테 구명운동 했다고 감사장을 써 보내주고 그랬다고.

김 면 그러셨어요?

이한경 대통령이 되어서는 김대중 씨를 몰았던 사람들이 독일방문 때 대접받고 이전에 실질적으로 앞에 나가서 구명한 사람들은 초대도 못 받았어.

김 면 주객이 전도가 되었네요. 개선되어야 되겠네요.

이한경 그건 이제 개선될 정도가 아니야. 그까짓 거 개선을 뭐. 지금은 저희들이 다 했다고 그런다고 저희들이. 알아? 그래 실제로 한 사 람들은 저리 물러가 있고. 실질적으로 그 당시 통일의 관심을 가 지고 운동하던 사람은 지금 많지는 않아.

김 면 현재 범민련의 의장님은 이준식 선생님이시지요?

이한경 준식이도 나 활동할 때는 처음에는 도망가던 사람이지. 그 사람 처음에는... 내가 처음에 운동하면서 나도 그랬어. 내가 통일운동 하면서 느낀 거는 뭐냐 하면 나이 많아서도 매번 앞에만 앉으려고 하는 사람들. 활동은 못 하면서. 아유, 내가 저런 거를 보고 저런 늙은 뼈다귀들 없어져야 되는데, 나는 60만 되면 내가 그만 둬야 지. 어쨌든 60만 되면 뒤로 물러나야지 그러던 사람이라고. 내가 지금은 다들 60이 넘었으니까 그냥 이렇게 하지만, 나는 또 그보 다 더 나이가 많으니까 이러나저러나 뒤에 물러나 있는 사람이야. 지금은 이제 그런 사람들이 하는데, 그 사람도 처음에는 그랬지. 그러다가 이제 각성을 하고, 지금은 하지. 그러니까 그런 사람만 큼 지금 통일운동에 열심히 뛰는 사람도 없지. 어쩔 수 없는 거 아냐.

현재 통일운동에 관하여

김　면　현재 통일운동은 어떤 단체가 주도하나요?

이한경　6·15가 소위 범국민적이란 말이야. 해외에서도 그렇고, 국내에서도 그렇고. 유럽연대가 한 몇 년 됐지. 왜냐하면 잘 안 되니까 다시 한 번 뭉쳐보자 해서 뭉친 거고, 그 외에는 사실은 6·15공동위원회가 현재로서는 통일운동에 대해서는 활동하고 있지. 잘 될 거야. 왜냐하면 한국 정부에서도 지금 6·15에 대해서는 반대를 안 하고 있거든? 반대할 명분이 없어. 남쪽 정치인들이라는 게 야당 생활을 할 적에는 사람들 인심을 얻기 위해서 아, 자기들 정권 잡으면 국가보안법 없애버린다 그런다고. 그럼 안 되지. 그게 욕심을 부리기 때문에 그래. 마음을 비우고 욕심을 버리면 그런 게 문제가 안 돼. 그러면 옳은 건 옳은 거고, 그른 거는 그른 거야. 그런데 욕심을 부리자니까 이거를 내가 이렇게 하면 자기 욕심을 이루지 못 하겠거든? 그러니까 그렇게 되는 거야. 욕심을 부리니까 그런 거야. 그거야 뭐 어쩔 수 없어.

김　면　그래도 뭐 이렇게 피해 있고 그러지는 않으셨지요. 요즘은?

이한경　김용무도 못 들어가고. 이름까지 건네 가면서 이 사람들은 안 된다고 지금도 그러잖아. 만일 그 사람들 이북 가서 무슨 얘기했다면 그게 무슨 상관이 있어? 그게 겁이 나서 할 정도면 남한정부가 아직도 약하다는 거야. 아직도 남한정부가 진짜 흔들리는 거야. 우리가 볼 적에는 송두율도 뭐 별 것도 아닌데, 그거 가지고 한국에서 쩔쩔매고 하는 거 보면, 한국정부가 그렇게 약해? 남한 정부 자체 국력이 그것밖에 안 되는 거야? 그래서 나는 그리고 아직도 법원에서 범민련을 풀지를 않는다고. 그거는 아직도 그만큼 근본적으로 변하지 않았다는 거야. 그렇게 봐야 돼.

　수정이 되어야 될 게 많아. 정말 많지. 우리가 우선 북쪽을 먼저. 조선, 북쪽에서도 보면 너무 뭐라 그럴까. 너무 경직되어 있어. 아무리 북쪽이 지금 못 살고 그런다고 가난하다고 그래도 좀 유연성을 가지고 대해야 돼. 이건 우리 민족 문제야. 어느 한 북쪽이나 남쪽의 문제가 아니라 민족의 문제라고. 그러면 북쪽에서도 유연성을 가지고 대해야 돼. 남쪽한테 매번 주먹질이나 할 게 아니라. 야, 그러지 말고, 손잡고 폭탄주를 한 잔 마시자. 그래서 유연성 있게 대해야 돼. 근데 저 북쪽에서 그걸 못 해. 너무 그냥 원칙만 따지고 말이야. 이거 놓으면 내가 죽는다고 생각을 하기 때문에 그게 안 돼. 남쪽에서도 마찬가지고. 남쪽에서는 이 정치하는 사람들이 우선 남쪽에는 정치꾼들이 전부 다 그래. 우선 너무 자기들의 욕심만 차리다 보니깐 이거 하려면 미국 눈치 봐야 되고, 이거 하려면 보수 눈치 봐야 되고, 이거 하려면 국내강경파 눈치 봐야 되고, 그걸 못해. 그만큼 자신 있는 사람이 없어. 자기 목숨 내 놓고, 욕심 부릴 거 없다. 못 해.

옛날에 90년대에 김일성 주석이 살아계실 때 신년사에서 무슨 얘기를 했냐면, 우리 민족끼리인데 남측하고 전면 개방하자 그랬어. 그때 노태우 대통령 있을 때야. 그래서 우리가 조마조마 했어. 이 노태우가 저걸 그래 하고 받아 들여야 되는데, 저거를 어떡하나 하고, 그랬으면 받아들였으면 역사가 바뀌었지. 그러면 정말 바뀌었지. 그런데 한 달 후에 아니다, 라고 해버렸어. 그 만큼 남한정부가 약한 게 아니라. 남한에서 정권 가지고 있는 사람들, 또 권력 가지고 있는 사람들, 돈 많은 사람들이 북쪽과 통일되는 것에 대해 겁을 내는 거야. 그럼 자기들 다 빼앗기니까. 결국은 우리 민족이 원하는 것은 아니라고.

김　면　제가 이렇게 보니까 범민련 쪽에 또 반감을 가진 교포들이 많은 것 같습니다. 그래서 재독동포협의회인가 그런 것도 있는 것인가요?

이한경　많았지. 빨갱이라고 그랬지. 갈라지는 건 아니지. 갈라지는 건 아니고. 범민련이 활동을 하면서 세계적으로 범민련 상황이 2000

년 김대중 전 대통령하고, 김정일 비서가 만났을 때, 그때까지 활동이 왕성했었지. 그 후부터는 정책적으로다 6·15공동선언으로 넘어가니까 모든 것이 그쪽으로 집중하게 되지. 그래서 범민련은 그 운동의 하나의 일환으로서 이제 같이 참여를 한 거지. 상황이 그래.

김　면: 아, 네. 선생님 장시간 인터뷰에 응해 주셔서 감사합니다.

4. 김진향

한민족 여성네트워크
독일지역 대표

김진향 한민족 여성네트워크 독일지역 대표 ______________

김진향 대표는 1966년 10월 간호사로 독일에 입국하였고, 1970년 중반 한국연대위원회를 시작으로 재독여성모임, 재유럽민중민주협의회, 조국통일범민족연합 유럽지부 활동에 적극적으로 참여하였다. 한국과의 연계활동을 적극적으로 하여 한민족 여성네트워크 대표로 단체를 이끌고 있으며, 현재 Korea Verband 부회장으로도 활동하고 있다.

동포운동으로의 입문과정

김　면　선생님, 고향이 어디세요?

김진향　양목이에요. 경상북도 양목이라고 구미입니다.

김　면　처음에 언제 오셨어요?

김진향　1966년 10월에 왔어요. 사실 저는 그때 간호학교를 졸업하고, 양호교사로도 좀 있고 하다가 대구로 내려갔어요. 야학을 시작했어요. 대학교를 시작하면서 2년째에 신문에 독일에서 간호원을 모집한다는 광고를 봤어요. 근데 그때는 항상 외국에 나오는 것이 전망 있지 않습니까. 어디 신문에서나 보던 외국에 대한. 일단 그런 마음으로 지원을 해서 간호원으로 왔고. 사실 3년만 있다가 다시 귀국하려고 했죠. 그러다가 3년 후에 이왕 왔으니깐 친구가 1년 더 있으며 좀 배우고 그러자 해서 지금의 남편도 만나고. 그렇게 3년만 있다 가자는 게 벌써 40년이 됐습니다. 작년 10월에 40년 됐어요.

김　면　처음에 이제 여러 가지 그때 당시에 운동하신 거는 아니죠?

김진향　제가 처음에 올 때만 해도 아주 투철한 반공사상으로 온 것 같아요. 한국에서는 소양교육보다도 일단 베를린으로 가게 된다고 해서 아주 무서워했어요. 거기 사람들이 어떻게 지하철에서 잠만 잠깐 들어도 내릴 때 내리지 못한다는 공산주의로 간다. 그렇게 해서 베를린이라는 아주 무서운 곳에 가는구나. 그런 생각을 가질 만큼 아주 반공사상으로 투철했죠. 그 당시는 정치적인 의식이 있는 것도 아니고, 그냥 학교에서 배운 반공사상 그런 것을 가지고 왔어요. 그러다가 이제 70년쯤에 독일 남편이 먼저 그 얘기 한국연대위원회Korea Komitee라고 독일 사람하고 한국 사람하고 한국의 정치적인 그러니깐 박정희 독재정권 때 거기에 대항하는 코레아코미테 그런 모임에서 먼저 나가서 저한테 그런 여성들의 모임이 있다더라. 나가면 좋지 않겠느냐. 그래서 제가 그 당시에 서로 돕는 여성회 뭐 열 사람도 안 되게 서로 한 달에 한 번씩 만나서 한국에 대한 이야기를 나누고 그랬죠. 그러다가 1975년, 6년 들어서 간호사 강제소환문제, 그때까지는 사실 한국 간호사들이 병원에 아주 열심히 일하고, 많은 힘을 주고 그래서 계속 연기하고 싶을 때는 항상 연기할 수 있었는데, 특히 바이에른 쪽 같은 곳은 그 당시에 석유파동이 일어났어요. 그래서 독일에서도 경제적인 상태가 안 좋고, 실업자가 늘어나니까 한국 간호사들의 체류허가를 안 시켜주고, 이제 한국으로 보내려고 그런 움직임이 바이에른 주에서 많이 일어났어요. 그래서 우리를 데리고 올 때는 필요해서 데리고 오더니만 이제 필요 없으니깐 보내려고 한다. 우리는 물건이 아니다. 그렇게 해서 이제 그 운동이 독일 지역에 일어났죠. 그게 바탕이 돼서 재독한국여성모임이 생겼는데, 저도 거의 초창기부터 거기에 들어가서 운동을 했죠. 그게 아마 제가 뭐 정치적인 의식을 가진 것보다도 상황이 그랬으니깐 시작하게 된 계기인 것 같아요. 그러면서 계속 몸을 담고 있다가. 1980년 광주항쟁을 만났고, 그게 제일 큰 계기죠. 사실 한국보다도 여기서 먼저 알게 됐잖아요. 그러니까 텔레비전에 한국과 관련된 45분짜리 다큐가 나왔더라고요. 그래서 어떻게 그런 일이 있을 수가 있는가. 그래서 여기 거리에도 나가고, 서로 행사도 하고, 독일 사람들한테도 알리고, 그게 최초가 아닌가 싶네요.

그렇게 해서 저도 남편이 경제, 정치적인 의식을 가지고 계신 분이라 또 애들이 둘이 있지만 항상 나와서 제가 운동을 할 수 있었고, 재독한국여성, 여성운동을 또 많이 시켰죠. 그 당시에 이제 한국에서도 동일방직 여성들의 똥물사건이라든가 그리고, 그 YH 가발사건 이런 게 있어서 우리는 사실 한국에서 간호사면 그래도 콧대라도 세우고, 우리는 노동자가 아니라는, 그런 상상도 안 했는데, 여기 오니까 사실 우리도 노동자 아닙니까. 한국에서 박정희 정권 때 잘 알지도 못하고 거의 팔려 온 거잖아요. 진짜 한국 여성 노동자들하고 많이 연대하고.

김　면　그때 어떤 단체들이 있었어요?

김진향　그러니까 재독한국여성모임이 그 간호사들의 강제추방으로 인해서 전국적으로 하나의 모임이 돼서, 그게 78년도에 생겼죠. 이리 후레아 패션 이라는 독일의 그 회사가 한국 들어가서 여성들을 심하게 착취하고 이런 것들을 다 여기에 알리고, 운동하고, 정말 제가 생각해도 바쁘게 열심히 운동한 것 같아요.

김　면　그 미국지역으로는 그래도 처음에 그 광부로 오셨거나 간호사로 오셨던 분들이 많이 건너가지는 않으셨어요? 건너는 가셨는데 운동이랑은 연관이 없는 건가요?

김진향　제 선, 후배들 동기동창들도 미국의 시카고에 가서 살고 있는데, 여기서 3년 계약을 마치고 미국으로 건너가신 분도 많아요. 그리고 그때 캐나다로도 갔고. 근데 그런 분들은 운동하고는 거의 관계가 없죠. 독일에는 이제 독일 상황이 분단된 국가였으니까. 이제 그런 영향이 많은 것도 있고.

김　면　민주화건설협의회 처음에 들어가셨나요?

김진향　예, 그거는 87년도에 한국에, 민협에 제가 초창기에 들어가서 재정을 맡아서 처음에는 어수갑 씨가 그때는 아직 없었죠. 나중에 좀 늦게 오셨지만.

김　면　선생님은 초창기 회원이시네요?

김진향　네, 그때 정말 80년, 90년 독일에서 열심히 한 것 같아요. 근데 돌아가셨지만 정규명 선생님이라든가 그런 분은 정말 두부공장을 해가면서 재정적으로 민협에 많은 도움을 주셨죠.

김　면　그 민협에 첫 번째 활동은 아무래도 민주화운동이 우선 되는 거죠?

김진향　그렇죠. 근데 제가 볼 때는 저희가 조금 반성해야 할 일은 국내 상황이 그렇다 보니깐 운동하는 사람들 전부가 국내에서 무슨 일이 일어나면, 연대하고 거기에 맞게 운동하다 보니깐 여기에 직접 우리가 살고 있는 2세라든가, 교민들과의 그런 연대라든가 그런 일을 못한 것 같아요. 너무 국내 위주의 그런 운동이 되다보니깐.

민협에서 범민련으로

김　면　유럽민협에서 범민련이 나오잖아요. 그때 상황 좀 말씀해 주시겠어요?

김진향　이제 유럽민협이 재정적으로나 이렇게 일본에 한통련 아시죠? 거기서 많은 도움을 주셨고. 또 초기에 정규명 선생님이 우리 민협의 의장님이셨는데, 그 분은 또 유럽한민련 의장님이시거든요. 다른 사람들이나 단체들이 들어와서 일을 못한 이유도 지금 그런 게 있죠. 왜냐하면 그때까지 한통련이 반국가단체로 찍히지 않습니까.

김　면　그래서 이제 그 범민련을 창설할 때 선생님은 그 쪽에 참석하셨나요?

김진향　예, 사실 제가 아까 얘기했듯이 민협의 멤버들 몇 사람을 제외하고는 범민련을 같이 함께 갔죠. 당시에 국내 사정이 그렇지 않습니까. 국내에 활발하게 전민련, 거기도 활발하게 통일운동이 시작됐죠. 그러니 해외에서도 거기에 호흡을 맞춰서 했는데, 원래는 민협은 민협대로, 범민련은 범민련대로 그렇게 하면서 사실은 민

협이 모체 역할을 했는데, 그렇게 존재했어야 하는데, 인력적인 역
량에서나 사실은 민협을 지금까지 일해 본 사람들이 몇 되지는 않
지만…

제가 보니까 여러 가지 문제점들이 많았죠. 왜냐하면 첫째 범민
족대회를 할 때, 1990년도에 여러 논의가 있었어요. 그렇게 하다
가 서울에서 임수경 씨, 이렇게 베를린을 거쳐서 평양에 가고, 이
런 거 하다 보니깐 민협이 반국가단체로 됐지 않습니까. 그리고
그때 50몇 명이 이제 범민족대회에 간다고 신청을 했는데, 서울에
간다고 했는데, 서울에도 못 가지, 그렇게 해서 전부 다 평양으로
가게 된 거죠. 본인들이 절반을 냈어요. 절반을 냈든가 500마르크
를 냈든가 그렇게 냈는데, 왜냐하면 그때만 해도 이제 이북 비행
기가 조선민항 이쪽에서 셰네베르크, 동독에서 떴거든요. 그러니
까 경제적으로 저렴했죠. 그래서 그때 가려다 못 간 사람도 있고,
사실 출발이 그렇게 되었어요. 그때 저도 그랬거든요. 그게 굉장
히 성급하게 이루어졌어요.

범민련 유럽지역을 결성할 때, 저도 문제 제기를 했는데, 그때
아마 미국 쪽에 그 사람 누구죠? 미국에서 청년조직을 하고 있었
던, 유남봉 씨, 그 분도 아마 그때 범민련 창립을 반대하고 그랬던
지, 하여튼 우리가 지금 범민련 유럽지역을 결성하지 않으면 안
되는 그런 위기에 놓여있다는 그건 글쎄 모르겠습니다. 그게 잘못
된 판단인지는 모르지만, 하여튼 그런 토론 하에 지금 범민련 유
럽지역이 결성되어야 된다. 그래서 너무 성급하게 조직에 그러니
깐 민협에 들어있는 조직 단체에 그런 활발한 토론도 없이 범민련
유럽지역이 결성이 됐어요. 그래서 그 속에서 이제 윤운섭 씨가
노동교실인데 그 사람들이 많이 반대를 하고, 그렇게 몇몇 사람들
이 그 동안에 반대를 하고 나왔죠. 그리고 저도 이제 범민련의 멤
버로서 그렇게 출범을 한 거죠. 통일운동을 시작하게 된 거죠. 근
데 그 여파, 그 여운이 오늘날까지 남았고, 결국은 범민련 운동이

자리를 서지 못한 것도 아마 그 첫 시기에 단추가 잘못 채워져서 그런 게 아닌가 생각을 하고 있어요.

김 면 그때 좀 많은 분쟁이 있었나요? 몇 퍼센트가 참여하고 뭐 그런 건 없으세요?

김진향 뭐 거의 대부분이 다 참여를 했지만, 글쎄 제가 생각할 때는 거의 80%는 지금 우리가 범민련 유럽지역을 만들어야 한다. 남쪽이 이렇게 정부로부터 탄압을 받고 있는데, 해외에서라도 우리가 만들어서 해야 된다. 이제 그런 참가의식이 있었고, 그리고 사실 영향이나 재정적인 차원에서 우리가 민협을 끌고 갈 수 있었지만, 그래도 이제 괜찮았을 텐데, 그 후로 인해 이제 민협은 재정적으로도 그렇지만 인력 쪽으로도 그렇고, 지금은 민협하던 사람이 다 범민련으로 오고, 우리가 발전적인 해체가 되어야 하지 않느냐. 결국은 의견이 많은 수들이 그렇게 된 거죠. 발전적인 해체를 하자. 민협이 그 동안에 90년대 처음 범민족대회를 할 때 일처리를 다 하고 모체였는데, 힘이 너무 없고, 그렇게 해서 결국 민협이 없어지고 범민련이 된 거죠.

김 면 그럼 범민련에서는 무슨 역할을 맡으셨어요?

김진향 제가 범민련의 부의장을 맡았었어요. 의장이 정규명 선생님이실 때요. 윤이상 선생님은 해외총괄의장님을 하셨죠.

김 면 근데 왜 어수갑 선생님은 참석을 안 하셨어요?

김진향 어수갑 씨는 그때 있었죠. 그냥 민협에 해서 처음에 범민족대회 때 참석을 했었죠. 초창기 범민련의 멤버였었죠. 임수경 씨가 89년도에 여기 오지 않았습니까? 근데 그리고 나서 민협이 어수갑 씨가 그 민주조국, 민협의 그 민주 기관지, 민주조국을 이제 맡아서 하다가 민협이 자연히 없어지자 어수갑 씨가 선언권을 가지고, 저는 그때 잘은 모르겠는데요.

　그 당시에 몇 사람의 많은 비판이 있었죠. 그러니깐 민협을 그만두면서 어수갑 씨도 저기 한 것 같아요. 그리고 그 당시에 베를린이 89년도에 통일되지 않았습니까? 그래서 그 상징으로 베를린에다 범민련 해외본부를 두자. 그렇게 됐어요. 그러니깐 총해외본부사무실을 베를린에 두게 됐으니까 뭐 민협은 할 필요가 없죠.

김 면 민협보다는 재정적으로 좀 많이 나아졌나요?

김진향 해외에서 다시 부담했는데, 그 부담에 대부분 조총련이 했죠. 왜나하면 남쪽에도 없지, 해외에도 없지, 그리고 그 당시에 지금까지도 그렇지만 임민식 선생님이 사무총장으로 있었죠. 일본과는 아주 친밀한 관계가 있었죠. 왜냐하면 여기 한민련이라고, 그 한통련 유럽지역조직이 있었고, 그 분들이 정규명 선생님이나 또 최기환 선생님 초창기에 그 대선배들이 다 있죠. 그 한민련에 간부로서 일을 하신 분들이 결국 다른 조직 민협에 창립하고 나서 그 조직이 함께 일을 했기 때문에 일본의 한통련, 지금의 한통련하고는 아주 긴밀한 관계였죠. 그리고 제가 알기로는 일본 쪽 분들도 왔다 갔다 하시고 그렇게 했는데, 미국하고는 그런 공동 차원에서는 입지가 없었어요.

범민련의 어려움

김 면 그 범민련이 몇 년도 정도까지 어느 정도 활발하게 운동하다가 좀 보니깐 세력이 많이 꺾인 것 같아요. 그게 언제서부터 그런 계기가 있었습니까?

김진향 초창기에는 남·북의 다리 역할을 정말 열심히 한 것 같아요. 근데, 최창동 씨라고 아시는지 모르겠다. 그 분이 미국에서 독일로 와서 범민련 일을. 물론 그 분이 법률 공부를 하셨죠. 그래서 범민련 일을 열심히 많이 했어요. 근데, 지금은 그 분이 안기부 프락치로 밝혀졌는데, 그게 92년, 93년쯤 돼서, 분열이 자꾸 생기더라고요. 그 분하고, 이제 박충흡 씨라고 지금 한국에 계시죠? 같이 처음에는 일을 열심히 했는데, 박충흡 씨, 최창동 씨하고, 그 두 분들이 주를 이루고 범민련에서 일을 했는데… 계기는 최창동 씨가 박충흡 보고 북측대사관에서 컴퓨터를 사주니 이렇게 저렇게 돌리고, 그것도 아니라고 돌리고 해서 이제 분열이 점점 시작되고… 그게 93년도예요. 왜냐하면 제가 93년도에 그걸 보고 최영숙 씨랑 몇몇 사람들이 탈퇴를 했거든요. 그래서 정규명 선생님과 이런 일이 있기 전까지 열심히 운동하던 사람들을 이렇게 내쫓으려고 하기도 하고, 이영빈 목사님 부인은 또 자꾸 갈등을 부추기고. 그때 굉장히 어려웠어요. 내부의 분열. 92년부터 시작을 했죠. 그러니까 93년도에 그렇게 내부의 분열이 됐고, 우리는 같이 못 하겠다. 그렇게 최영숙 씨랑 선영인 씨하고 탈퇴하고 이제 나왔죠.

그때까지도 최창동 씨도 계시고 박충흡 씨도 여기 계셨는데, 하여튼 임민식 씨를 쫓아내려고 그렇게 하고, 하여튼 내부에서 서로 굉장히 의심하고 그런 것들이 있는데, 지금 많은 사람들이 최창동 씨가 이제 운동 분열을 하고 그런 것이 아니냐는 거죠. 처음에는 뭐 완전히 패가 둘로 나뉘어져 가지고, 박충흡 씨에 속한 사람들, 최창동 씨 이렇게 완전히 이제 패가 둘로 나뉘어졌었어요.

이영빈 목사님이 그렇게 편지를 보내더라고. 최창동 씨가 체류허가도 없이 여기 있다. 변호사한테 그렇게 해서 여기 독일에 못 있게 그렇게 이영빈 씨가 주선을 해가지고, 그랬기 때문에 많은 사람들이 그렇게는 이야기 하죠. 최창동 씨가 처음부터 그렇지는 않았다. 그렇지만 나중에 자기가 어떻게 할 수가 없으니까 그렇게 한 거다, 라고.

김 면 지금 생각하시면 어떠세요? 그때 기억들 같은 것.

김진향 이북대사관에 교민 담당하는 사람이 있었어요. 그분이 교민담당인데 그 사람은 컴퓨터를 잘 모르고 해서 정보 같은 걸 완전히 최창동 씨한테 모든 것을 다 위임을 했었죠. 서류 같은 것도 최창동 씨한테 주고 했는데, 그러니까 완전히 전부를 다 빼앗긴 거죠. 그 이후에 사건이 나서 미국으로 망명을 했죠. 그랬으니까 처음에는 이 사람을 누가 납치해 갔느니, 북한 정권에서는 여기 대사관에서 납치해 갔다고 그렇게 여기 신문에 났었죠. 그는 미국으로 망명을 했죠. 처음에는 최창동 씨가 처음에는 정말 딱 신임을 가지고 그렇게 했어요. 그렇지 않아도 범민련에 일할 사람이 없고 그런데 들어와서 일을 다 봐주니까 완전히 뭐 사무실에서 살면서 맡긴 거죠. 그렇게 해서 범민련 여기 유럽 지역이 뭐 산산조각이 난 거죠. 친북 딱지가 붙고, 그렇게 산산조각이 나고, 사실 지금 범민련 이름만 있지 하는 일이 없죠. 그래서 2000년도에 한민족유럽연대를 만들어서 공명하게 해보자. 그런 운동을 하고, 저도 그동안 계속 이제 재독한국여성모임에서 여성의 권리 뭐 이런 거하고, 여기 이주민 여성들 문제 그런 거 다루다가 2003년도에 친구가 세계한민조선협회에 도움이 필요하고 그래서.

김　면　통일운동을 하시면서 어려운 점은 없었나요?

김진향　범민련에 있을 때 처음에 재정을 맡고, 그 다음에 부의장을 했을 때, 여기 베를린 영사가 한 달 동안에 매일 전화하면서 식사 초대하겠다고 한 번 만나자고 매일 그렇게 전화를 했어요. 그리고 92년도에 제가 북을 두 번을 갔다 왔는데, 범민족대회 할 때 90년도하고 92년도에. 그때 92년도에 갔을 때는 부회장직으로 우리 김 주석님을 만나봤어요. 그래서 그게 이유인지는 모르지만, 한국 들어갈 때마다 공항에서부터 붙잡아서 세 시간, 네 시간 이렇게 왜 들어왔느냐 그래서 어머니가 연세가 많으시고 좀 편찮으셔서 어머님 간호하러 보러 왔다고 그러면 정치운동 하지 않고, 데모 같은 데 참석 안 하겠다는 그런 것 확약서를 써라. 그래서 좋다고 쓰겠다고 불러달라고 뭐를 써야 되냐고 그렇게 했는데, 갈 때마다 사실 남편이 독일 사람이니깐 이 사람들이 그렇게 못했는데, 만약 한국 사람이었다면 혹은 저 혼자 들어갔다면 더 힘들었겠죠. 제일 어려웠던 것이 94년도에는 이상하게 하여튼 3주간 있는데, 계속 제가 가면 물론 부모님 집에도 있지만, 셋째 오빠가 큰 아파트를 가지고 있어서 거기 있는데 매일 아파트 밑에 자동차로 안기부에서 감시하러 왔어요. 9시 반쯤 되면 꼭 전화가 걸려오는데, 오빠가 그러더라고요. 자기는 모처럼 휴가 나왔으니깐 신경 쓰지 말고, 내가 전화도 받을 테니깐, 즐기다 가거라. 그래서 오빠가 전화를 받으면 그렇게 이야기하죠. 오늘 동생 무슨 계획 없느냐고. 부모님 방문하고 쇼핑하고 그럴 것이다. 그렇게 얘기하면 그 이튿날 동생이 뭐 할 것이냐 뭐 했냐 그러면 어제 얘기하지 않았느냐고, 어머님 방문하고, 쇼핑했다고. 뭐 정신대 데모도 간 거 같은데요. 그런 식으로 다 알고 얘기하는 거죠. 그랬는데 그때 울릉도에 갔는데, 울릉도까지 와서 저를 인계하고, 또 갔다 올 때, 하여튼 시골까지 3주간 계속 따라다녔어요. 24시. 왜 그런지 모르겠어요. 그때는 범민련에도 안 들어있었고 그랬는데.

김　면　탈퇴하신 이후에도 그랬나요?

김진향　예, 그런데도 그때 문민정부가 들어서지 않았습니까? 그때 김영삼 씨가 문민정부로. 하여튼 시골에 아버님 묘지까지 갔는데, 거기까지 오고. 기차에서 내리니깐 호텔로 모셔드리겠다고 말이지. 그래서 그런 고통을 받았죠.

김　면　어떤 운동을 또 하시는지요?

김진향　저는 여성운동은 계속 했죠. 그 당시에는 재독한국여성모임에 있고, 여기 2003년도부터는 세계한민족여성네트를 꾸려 가지고 그거 하고 있는데, 그래도 93년도에 나와서는 계속 5월 민중제, 5월 항쟁 같은 또 이렇게 계속 통일운동을 했죠. 한민련에서 뭐 그때 행사 한다고 하면 가고, 그러다가 2000년도에 한민족유럽연대, 민협의 대체, 한국하고 직접 교류하면서 운동하는 그런 단체가 유럽에 없지 않습니까?

김　면　교회와 함께 하는 통일운동은 안 하셨나요?

김진향　여기 교회에서는 물론 이영빈 목사님이 기통회, 기독교통일회가 있었습니다만 사실 그게 없었지 않습니까. 신자들이 없었죠. 외롭게 이제 처음부터 시작하셨지요. 거기도 이화선 목사님이라고 처음에 이렇게 하다가 갈라져서 아주 안타깝게 갈라졌는데, 그분들이 한국 다른 사람들에 비하면 생각이 굉장히 급진적인이랄까요. 우리가 상상할 수 없이 처음부터 그렇게 통일운동을 하신 분인데, 우리가 그때 할 때는 정말 상상도 못하죠. 그래서 민협을 창립할 때 기통회는 안 넣어줬다고. 그래서 지금까지 그렇게 생각하시는데, 물론 아직 정치적인 것이 안 돼서 그렇지만 민협에서 함께한다는 소리는 못 들었어요. 그래서 지금까지 그런 오해를 하시는데, 그 당시 왜냐하면 같이 하면 이제 다 낙인이 찍혀서 그렇지 않습니까. 이영빈 목사님도 그때 좀 아시고 했어야 되는데, 서로 그렇지 못하죠. 왜 우리가 낄 수 없느냐. 우리도 선구자로 통일운동을 하는데, 그래서 이제 끝까지 그 민협에 못 들어왔죠.

진보적인 목사님이 계셔서 우리 하는 일에 협조도 하고 그렇게는 했는데, 다른 교회도 있었어요. 아, 보쿰에 송 무슨 목사님 등 많이 있었어요. 여기 신 목사님이라고 있었는데, 그런 목사님은 결국 교회에서 쫓겨나시거나 나중에 그렇게 했죠. 왜냐하면 친북 목사가 같이 일한다 그래서요. 하여튼 독일은 대부분 그 분들이 그때 30, 40년 전에 오신 분들, 간호사들이 주를 이루고 있지 않습니까. 근데 그 당시에 한국 상황에서 많이 동떨어지지 않은 의식 수준 이런 것들이 조금 어쩌면 반정부운동을 하는 사람들 그렇게 낙인을 찍어버리고, 저는 지금도 그래요. 이쪽 사람, 저쪽 사람 이렇게 분리가 된 거예요. 그래서 강연회에서도 자치단체가 초대나 이렇게 만날 때, 노동교실, 한민족유럽연대, 여성모임도 마찬가지고, 그 진보적인 단체들도 초대를 안 해요. 초대 안 하고, 볼링클럽, 무용단, 뭐 배구대회, 부인회 항상 하지만, 그때부터 우리는 이쪽 사람이 된 거예요. 79년에 김대중 씨 구명운동 할 때부터 그 당시는 그렇죠. 김대중 씨 빨갱이, 적에 든다고 그렇게 나오던 사람들이 그 이후에는 김대중 씨가 정말 대통령 됐을 때에는 자기들이 한국 가서 초대 받고 그렇게 했어요. 그리고 우리는 또 이쪽 사람이 되는 거예요. 소위 말해서 제가 말하기 좀 그렇지만. 그리고 지금은 아무리 문민정부가 들어서도 운동하는 사람들이 밀리는 건 마찬가지예요. 다 자기들이 정치운동하고, 다른 데는 모르겠지만 다 그렇게 되는 거 같아요.

김 면 예를 들어서 범민련이 북한에 구호활동이나 지원활동 이런 건 없었어요?

김진향 있어요. 범민련 해외본부를 만들 때, 그 준비모임 할 때 전금철 선생님하고, 그때 통일위원장인가 그랬죠. 그 돌아가신 여성분 허정숙 씨인가요? 여연구 선생님, 전금철 선생님이 여기 오셔서 그때 범민련 사무실에서 준비모임 하고, 그 다음에 일본에서도 서만술 총련회 하고, 그때 한덕수 선생님인가 그 분도 오시고, 범민련 계획할 때, 윤이상 선생님 그리고 미국에서도 오고 그런 일을 여기서 많이 했죠. 왜냐하면 여기 해외본부 사무실이 있었기 때문에 그 당시만 해도 독일하고 이북하고 그게 외교적 관계가 없었기 때문에 힘들었죠. 반드시 이렇게 정당을 통해서 아니면 의사협회를 통해서 이제 북쪽의 대표들을 초대할 수 있고, 그 다음에 또 많이 이루어진 게 범청학련들. 북에서 나오고, 또 일본에서 나오고, 남측에서 나오고. 잘 아시다시피 그 이후에 성용승, 박성희, 전부 다 베를린을 거쳐서 북으로 들어갔는데, 저희들이 고생 많이 했어요. 저는 이것이 뭐 특별한 운동 그렇게 생각하기보다는 처음에는 애국운동, 특별히 외국에 사니까 조국에 대한 그런 마음이 깊어지고 그래서 애국운동으로 하고 그랬는데, 근데 범청학련 대표들이 나왔을 때 정말 여기 선배님들 최영숙씨나 이런 사람들이 발 벗고 뒷바라지를 다 하셨어요. 그랬는데 결국은 이 학생들 배반했다고 생각합니다. 아주 특히 성용승이나 박성희한테 정말 저는 그렇게 어떻게 하면 저런 생각을 할 정도로. 물론 세대차이가 있어서 그렇기는 하지만 아주 굉장히 못마땅하고.

우리가 고맙다고 인사들을 것은 안 했지만, 정말로 우리 여기서 힘들게 일을 하면서 힘들게 그렇게 했는데, 자기들은 자기 나름대로 했겠지만, 우리도 정말 가슴 아프게 생각하고 있어요. 우리들이 잘못하고 그런 점들도 있지만. 그래서 지금도 많이 배우고, 저희들의 잘못은 일단 국내에서 운동하시는 분이나 모든 분들이 나오면 우리는 반갑지 않습니까. 그것도 전선에서 뛰었기 때문에 우리가 있는 거 없는 거 정말 이렇게 품에 안겨주는데 그 분들이 가면 뭐라 그럴까 정말 해외에 있는 교민들을 그냥 잊어버리는 거예요. 우리가 여기서 아무리 일을 많이 하고 그래도 물론 이제 남북이 처한 상황에서 남북이 중요하지만, 우리 해외에는 지금도 마찬가지예요. 6·15행사 같은 거 하면 해외는 그렇게 인정도 안 하고 그런다는 게 좀 안타까워요. 조직은 남·북·해외 이렇게 3자를 하자. 6·15공동도. 그렇지만 해외가 당하는 한국의 대표로 갔던 사람들이 많이 일을 해요. 해외를 인정을 안 하려고 하는 그런 통일운동에서 그런 것이 많대요.

김 면 해외통일운동 하시면서 가장 힘든 것은 어떤 점이라고 생각하세요?

김진향 저는 그렇습니다. 다른 사람들도 그렇지만, 시간 내고 무슨 행사가 있다고 하면 집에서 많은 것을 가져다 날라요. 시간도 없는데, 끓여서도 나르고. 우리 임원회의라든가 총회 같은 거 할 때 집에서 반찬 같은 거 해서, 그러니깐 자기 시간 내서 거의 돈 내고, 또 범민련 유럽지역 사무실 가졌을 때 정규명 선생님도 그 공장 해서 한 달에 몇 백 마르크씩 내고 모든 사람들이 돈을 내고 그렇게 했어요. 근데 그런 것은 제가 생각해도 그렇게 힘들지는 않는데, 제일 힘든 것은 서로 화합하지 못하고, 단합하지 못하고, 이렇게 뿔뿔이 헤어지고 그러는 게 저는 제일 가슴 아프고 지금도. 인간적인 분열, 인간적으로 단합이 되지 않고, 인간적인 분열. 그게 제일 가슴이 아프고 안타까워요.

김 면 조국통일이 되기 전에, 단체가 먼저 통일이 되어야겠어요.

김진향 근데 이상하게 운동을 2, 3년 이렇게 재밌게 다 잘 하는데 그 다음에는 분열되고 단합이 안 되는 게 정말 안타까워요.

김 면 어떤 점이 가장 분열되는 요소라고 보세요?

김진향 성격적인 것도 있죠. 그리고 개인들이 의견을 너무 내세우다 보니까 그렇고, 또 베를린 같은 경우에는 그런 문제점이 직접 여기 북한 대사관이 있으니까, 북한 대사관에서의 그런 제가 볼 때에는 유럽운동이 안고 있는 문제점을 그 쪽에서 보는 것 같아요. 자기 나름대로의 대중운동을 그쪽에서 이해하지 못하는 것 같아요. 그러니까 될 수 있으면 그렇게 문제의 사람 같은 사람들은 뒤에서 보조를 맞춰주고 해야 되는데, 그 사람들이 앞에 나와서 하다보면 일단 운동은 죽어도 안 되는 거죠. 뭐 운동을 하려면 친북도 되고, 친남도 되어야 하잖아요. 그렇지만 여기 독일 교민들의 정치의식이 그렇지 않거든요. 그 사람들이 한국에는 많은 게 변화하고 빨리빨리 수용을 하고 하는데, 독일은 그렇지 않아요. 특히 교민 사회가 변화가 없거든요. 옛날에 간호사, 광부로 온 사람들의 의식들이 어딘가는 그냥 머물러 있어요. 그렇기 때문에 좀 보수적인 경향이 있어서 조금은 앞에 나가서 운동하고 이런 걸 하면 저쪽 사람, 친북단체 취급을 당하고, 지금도 친북이니 그렇게 쓰지도 않는 그런 얘기를.

김 면 남·북 정상회담, 6·15 그 사건은 어떤 여파가 있었죠?

김진향 여파가 있었죠. 그렇게 해서 해외에 유럽지역에도 6·15공동이 생겼죠. 거기서 제가 지금 재정을 맡고 있었습니다.

김 면 교민들의 반응은 어떻습니까?

김진향 여기 재독협이 있는데, 그건 사실 보면 거기에 북한자료들이 많잖아요. 재독협이라고 하지만 일본의 조총련이나 마찬가지예요. 그래서 우리가 못마땅한 것은 사무실이 거기 하나 뿐이라서 6·15공동 사무실이 거기 있고, 그 사람이 그 단체에서 범민련 단체하고 사무국장을 하려고 해서 우리도 지금 좀 골치예요. 그런 사람들이 앞에 나서면 안 되거든요. 우리는 친북, 친남 그것을 따지기 전에 일단은 운동을 하기 위해서는 교민들이 그렇게 걸어가기 위해서는 특히 독일은 그게 필요해요. 진보적이라기보다도 저는 친북도 있고, 친남도 있고, 어디까지나 중간에 서고 싶어요. 그렇지만 제가 남쪽에서 태어났기 때문에 더 남쪽으로 향하는 마음이 많은데. 저는 옛날에 비판도 좀 했어요. 여기 지금 이북대사관에서 하는 일들이 없어요. 그렇게 하는 것들이 문제가 많아요. 자기 실적 올리고 그런 것만 하고, 정말 교민운동에 대해서 전혀 파악을 못하고. 될 수 있으면 운동을 할 수 있게 만들어야 하는 거 아닙니까? 그런데 그렇지 못하거든요. 사람들이 범민련에 대한 후유증, 남북해외연합체도 그랬고, 6·15도 특히 범민련에 대해서 후유증이 많이 있어요. 왜냐하면 민협에 열심히 일들을 하고 계셨는데 범민련 때문에 민협이 깨졌다 그래서 그 동안에 오해도 많이 사고.

저는 2004년도에 세계한민족여성네트워크에서 남·북 해외여성들하고 이제 그 만나서 평화교육 통일에 대해서 하려고 북에서 대표를 두 사람 보내달라고 했거든요. 여기 교회단체에서 재정을 다 해줬어요. 그래서 했는데 결국에는 안 했었어요. 왜냐하면 그 사람들은 돈이 없어서 그랬는지는 모르지만, 우리 단체는 돈이 많아서 뭐 컴퓨터 몇 대라도 기증하고, 이렇게 재정적인 도움을 얻었으면 그 쪽이 나왔는지 모르지만 저기는 꼭 자기 이익을 위해 그러는지 모르겠어요. 하여튼 저는 그런 거 별로 달갑지 않게 여기고 있어요. 옛날에는 정말 내용을 모를 때에는 범민족대회를 할 때는 정말 우리가 북에 한번 가서 우리 동포들 만날 수 있는 게 얼마나 좋습니까. 그런데 결국 여러 가지 통일운동 오래하다 보니깐 좀 저렇게 해서는 안 되는데 하는 비판을 좀 많이 합니다.

김 면 통일 활동 하시면서 독일단체랑 관련된 건 없습니까? 녹색당이라든지.

김진향 예, 제가 녹색당 당원이었고, 90년 초에. 그 다음에 여기 재단 (Stiftung)이 있어요. 제3세계 기부재단이라고.

김 면 끝으로 통일운동이 지금 앞으로의 전망은 어떻게 보세요?

김진향 저도 6·15공동회 재정을 맡고 운영위원으로 들어있지만 좀 힘들어요. 그리고 특히 유럽에서 대중운동이 안 되고, 특히 재독협이나 장일중 씨, 범민련, 근데 그 사람들의 무게가 너무 북으로 많죠. 그 사람들이 굉장히 북으로 치우치고 물론 친북은 좋죠. 그렇지만 비평할 때는 비평을 하고, 당신들 그건 잘하는 게 아니요. 못해요. 비평할 때는 하고 또 잘할 때는 잘 한다고 그렇게 해줘야 되는데 무조건 남은 비평만 하고, 우리 노무현 씨도 잘한 건 잘한다고 해줘야 되지 않습니까. 우리가 지금 뭐 국민정부, 민주정부 세운다고 할 때는 우리가 힘을 안 준다고 하면 누가 어느 세력에서 그 힘을 들이겠습니까? 그래도 우리 정부니까 그렇게 해야 되는데 우리가 그걸 못하고 있는 거 같아요. 무조건 비판만 하고, 그 사람들의 무게가 저렇게 많이 들어가고 있는데, 6·15공동에서 네 단체인데, 한민족유럽연대하고 그 민주노동당, 사실 민주노동당은 당으로서는 저거 하지만 그것 민주노동당도 두 단체인데, 그게 이제 힘들어요. 일단 대중운동이 안 되기 때문에. 지금 우리 3월 달에 모여서 한민족을 위해서 하려고 하는데, 한민족유럽연대에서 안 하려고 하는 사람이 많아요. 노동교실 사람 많은데 같이 안 하려고 하는 사람이 많다고. 왜냐하면 너무 한쪽에만 치우치니깐. 그래도 우리도 어느 정도 중립선상에서 운동을 해야죠. 그리고 대중운동을 하려면 그렇게 하지 않으면 안 되는데, 그래서 그런 것이 너무 힘들고. 그런 사람들이 장일중 씨도 정말 통일운동을 열심히 하고, 누구보다 앞장서서 하고, 어떤 이익 없이 재정을 대가면서 다 하신 분들이죠. 근데 그 방법 같은 것들이 대중들이 할 수 없다는 거. 그래서 운동적인 차원에서 정말 우리가 뭘 원하는가. 대중이 없으면 어떻게 운동을 합니까? 몇 사람이 항상 만나는 거 열 사람, 스무 사람이면 앞에 뛰어서 그게 운동이 됩니까? 그런 점에서 저도 정말 우리도 침체되고 있는 거죠. 저는 지금 여성운동이라기보다 이주민 그런 운동으로 나가지만, 정말 저도 굉장히 통일운동을 원하고 있어요. 그래도 조국이 통일이 되어야지 살 길인데. 근데 그게 없지 않습니까. 그렇다고 나 혼자 비판한다고 되는 것도 아니고. 그게 문제인 거 같아서 앞으로 어떻게 해야 할지 모르겠어요. 그리고 교민들께서 영향을 많이 받기 때문에 별로 이 사람들은 정치적인 의식이 많이 없는 것 같고, 여기서도 교민 영남지역, 충청도모임, 강원도모임, 이렇게 해가지고 꼭 한국식으로 교민사회를 나누어서 안 좋아요. 강원도지역에서 청소년들 불러오고, 도지사들 불러오고, 볼링클럽, 골프클럽, 전부 이래서 교민사회에 조금 발전되어야 하는 그런 게 있고. 모르겠습니다. 그래도 여성들은 일을 조금 더 꾸준히 잘하고 있는 거 같은데, 남성들의 사회가 문제가 좀 많아요.

김 면 예, 잘 알겠습니다. 감사합니다.

5. 윤운섭

現 노동교실 대표

윤운섭 現 노동교실 대표

윤운섭 대표는 1971년 광부로 독일에 와서 광주항쟁을 계기로 사회문제를 인식하기 시작하였으며, 베를린에서 김세균, 황병덕 씨 등 유학생의 영향을 받아 노동교실을 설립하여 노동자의 노동권과 인권보호를 위해 계속해서 활동해 오고 있다. 유럽민협활동 중 범민련 설립과정에서 이를 거부하고 노동교실에 전력하고 있다.

독일 정착과 동포 운동의 참여

김 면 몇 년도에 어떻게 오시게 되었나요?

윤운섭 71년도에 왔어요. 가난해서 돈 벌려고 온 거지요. 서독에 도르트문트요. 독일이 그 당시에는 임금도 좋고, 굉장히 많은 돈이 있었지요. 그래서 한 3년 정도만 근무를 하면 그 당시 100만원을 버는데 100만원이면 엄청난 돈이죠. 70년대에 100만원이고 설 되면 외환은행에서 찾아와서 그러고. 큰돈이죠. 공무원들 봉급이 한 만원 정도니까 그 만원을 안 쓰고 100달이면 큰돈이죠.

김 면 그럼 언제 이 베를린 쪽에 오셨나요?

윤운섭 3년 끝나고 74년에 베를린 왔죠. 경위는 부인하고 결혼을 했기 때문에. 원래는 광부들이 귀국을 해야 돼요. 3년 끝나고. 거기서 남게 되는 이유 하나가 망명하든지 아니면 결혼을 하든지, 학교를 가든지 그 3가지뿐이었어요. 3년이면 귀국을 했어야 돼. 내가 독일에 있는 한국 간호사하고 결혼을 하니까. 인도적인 입장에서 나도 체류 허가가 나온 것이고, 그래서 베를린하고 연결되고, 독일도 그 당시에 노동력을 필요로 했기 때문에 맞물려 떨어져서 그런 거죠. 그럼에도 불구하고 인도적인 차원에서 남게 된 거죠.

김 면 처음 어떻게 운동을 시작하셨는지요?

윤운섭 저는 교회에 나가면서 처음에는 관심이 하나도 없었고, 제가 어떻게 하다가 김세균 씨하고 연결이 되었어요. 그래가지고 김세균 씨 권유로 황병덕 씨하고 공부 좀 같이 하자. 그래서 모여서 했는데 김세균 씨가 한 1년 정도 우리를 가르친 것 같아요. 그때부터 좀 생각을 하게 된 거고, 인권문제 이런 것도 그러면서 나중에 뭘 가르쳤냐면 다시 쓰는 현대사를 가르쳤어요. 그러면서 우리문제를, 민족문제가, 결국 이런 문제들이 민족문제와 연결이 된다. 분단이 되지 않았었더라면 이런 문제가 없었지 않았겠는가. 뭐 이런 식으로 하고 그것도 있었지만은 광주학생을 겪으면서 생각이 바뀌어 가지고 그러다보니. 그 당시에는 그냥 뭐 80년 이후로 산발적으로 만나 가지고 데모도 하고, 규칙적으로 한 것이 아니고. 그전에 뭐 민건이라든지 거기에 가입은 안 했지만.

김 면 처음에 그럼 선생님이 어느 정도 뭐라 그럴까요, 재외 동포운동에 들어오시게 되는 것은 노련이라는 게 있지 않습니까? 노련은 어떤 식으로 출범했나요?

윤운섭 그것도 김세균 씨가 지은 것이거든요. 거기서부터 시작을 했지. 제가 다른 것은 시작을 안했어요.

김 면 광주운동 다음에 5월 민중제는 어떻게 진행되었나요?

윤운섭 네. 80년. 80년 이후로 그 5월 민중제를 했어요. 85년, 84년부터 크게 되었어요. 5월 민중제는 지역을 다니면서 모였었어요. 베를린에서도 한 번 하고. 프랑크푸르트에서도 하고. 그러다가 나중에는 여러 곳에서 활동을 해왔죠. 금년에는 베를린에서 또 하게 되고.

김 면 지금은 얼마나 모이세요?

윤운섭 우리 교민들은 참여가 많이 안 되죠. 그래도 80~90명, 2~3년 전만 해도 한 200명 모였었는데, 어떤 때는 많이 모이고, 이제는 자꾸 줄어들어요. 왜 그러냐 하면 오는 참가비만 해도 85유로를 내어야 하고 교통비도 내야 되고 하니까요. 경제적인 어려움이 있는 사람은 못 오고 그리고 국내 상황이 좋아지니까 지금은 민주화 되고 얼마나 하겠느냐 그런 식으로 되어 가지고 줄어드는 현상이죠. 금년에는 광주에서 경제적인 지원이 있으니까 좀 많은 사람이 모이지 않겠는가 생각을 해요.

김 면 실제적으로 교회계통이랑 같이 연합해 가지고 민주화 운동 같은 그런 것을 하신 것은 없습니까?

윤운섭 교회하고 5월 민중제를 한 번, 두 번 할 때가 있었죠. 그런데 교회는 그 내에서는 뭔 일을 하고 싶어 하잖아요. 교인들이 교회 안에서 있기를 원하죠. 그래서 교회하고 일하는 것들이 굉장히 힘들었어요.

김 면 당시에 광부로 활동하실 때 통일문제 이야기가 전혀 안 되었지요?

윤운섭 그때에는 그렇죠. 저들이 뭐 중학교 졸업하고 월남 갔다가 왔는데 완전 반공교육을 받아가지고 온 사람 아니에요? 박정희가 저 최고 한 사람인데. 통일운동 한 사람은 하여튼 나도 마찬가지예요. 옛날에 이런 사람들 보면 깜짝깜짝 놀랄 때가 있었어요. 그런데 어디 집에 가서 보니까는 김일성 전집이 있어가지고는 저 새끼는 완전히 그냥 뭐 빨갱이 새끼라고 막 내가 뭐 더 악하게 하기도 하고, 그리고 초창기에는 이념가지고도 제가 모르니까 사람들이 그러잖아요, 어떤 사람들은 김일성 주석이라고 하고 싶어 한단 말이에요. 그런데 나는 김일성 형님, 김일성, 김일성 하니까 그런 사람도 있더라고요. 그래도 국가 원수인데 김일성, 김일성 형님이가 뭐냐 형님은 빼라, 그런데 우리 주위에서 같은 김 씨이고 하니까 형님, 형님 그랬는데 그러니까 이건 무서운 얘기인데. 그런 비슷한 것도 있고. 하기는 그 당시에 여기 그때 반공교육을 받고 온 사람들이 교민사회 전체예요. 독일신문도 못 보죠, 한국 신문도 못 보죠. 그러니까는 무조건 정부 비판은. 저것들은 뭐.

김 면 통일조국 같은 얘기 나왔으면 난리 났겠네요?

윤운섭 그러니까 대단하지. '빨갱이 새끼들'이라고 와서 그래요. 임수경

사건, 임수경이 석방된 거. 문익환 사형, 개새끼들 그리고 가는 거예요. 그냥 우리는 친북인사라고 해서 안기부에서 해가지고 전 교민들한테 편지를 보내요.

유럽 민협과 범민련

김　면　유럽민협은 어떻게 태동이 되었나요?

윤운섭　글쎄 유럽민협이 뭐 하나 지붕역할을 할 수 있어야 할 단체가 있어야 되지 않겠냐 해가지고 뭐 어수갑 씨가 아마 처음부터 참여를 했을 거예요. 그 당시에는 어수갑 씨도 운동권에 들어 있었던 사람이 아니죠. 저도 마찬가지고요. 아, 저는 노동교실에 좀 있었네요. 노동교실에 들어 있었고. 그 당시에 아직은 조직이 우리하고는 어수갑 씨라는 사람은 우리한테는 갑자기 어디서 나타난 사람이에요. 김재경 씨랑 같이 유학 와서.

김　면　그때 당시 80년대에는 북한이 어렵기 때문에 지원을 한다든지 그런 움직임은 없었나요?

윤운섭　없었죠. 그때 당시에 우리가 생각할 때에는 북한이 잘산다고 생각을 했어요. 나 같은 경우도 북한의 모든 걸 다 믿지는 않았지만, 그러나 공식적인 집계를 본다면 70년대만 해도 그렇게 뒤지지 않았다고 해요.

김　면　이런 운동을 하기 때문에 압력 받고 있다는 것을 못 보셨어요?

윤운섭　일단은 한국 갈 수 없다는 거. 한국을 가려고 하면 압력이 온다든지 그런 것들. 그런 것은 있어요.

김　면　교민사회에서는 어떻게 반응합니까?

윤운섭　저것들은 친북 빨갱이로 본다고. 괴리되어 있죠. 그러니까 아들들이 가서 그래요. 아버지, 하루는 애가 그러는데 너하고 못 놀게 한대요. 너희 아버지가 빨갱이니까. 그런 일이 있었어요. 국내도 마찬가지고, 완전히 정부비판은 좌경, 빨갱이 다 그렇잖아요. 10년 전까지만 해도 비판하는 것은 빨갱이고.

국내보다 해외는 더 했지요. 자꾸 간첩사건 일어나고. 일단은 간첩이라고 하면, 간첩이었다고 하면 국내하고 연결된 사람이 있어 가지고 폭탄을 보냈다든지 자료가 나왔다든지 이런 자료 때문에 그러면 그건 어느 나라나 법이 있는 거니까. 국가의 잘못된 법에 의거해서 간첩이라고 하기에는 법에 걸린 것은 사실이잖아요. 근데 만약에 뭐 어떤 뭐 무슨 최혁배 뭐 설령 북한에 갔다 와도 간첩은 아니지. 보고 싶어서 그 사람들이. 정규명 선생님이 북한에 다녀왔어도 간첩은 아니지. 자기 아들이 있고, 형이 있고 다 그러는데 그걸 갔다 왔는데, 그러나 이제 국내에서는 그렇게 할 수가 있죠. 아닌 사람도 갖다가 만들고. 동백림 사건이 그런 거지요. 일단은 갔다 온 거지요. 그러면 그 당시 법으로서는 충분히 가능성이 있는 거지요. 우리가 북을 가게 될 때도 그거지요. 처음에는 저것 타면 이제는 끝이다 딱 그런 생각이 들더라고요. 그때는 완전히 우리 스스로도 갔다와가지고는 이제 완전히 끝났다는 생각을 한 거지요. 갔다 와서는 이제는 뭐 우리가 갔다 왔으니까 국내에 못 들어가는 것은 당연한 거고. 그러나 지금도 후회하지 않고. 그 당시에도 뭐 긍지를 가지고 갔지만 뭔가 우리가 남북이 정말 만나지도 못하는데 누군가는 가야 된다. 하여튼 그런 사명감들. 통일을 위해서 그 많은 사람들이 죽어가고 그랬는데. 가는 것 정도. 여기서는 아무 문제도 없는데. 대한민국 정부에서 우리는 갑니다, 하고 갔는데. 그러나 한편으로 북한 비행기를 보니까 겁이 나더라 이거죠.

김 면 거기는 일주일 정도 갔다 오신 거예요? 그 전후 생활이 많이 달라지셨을 것 같아요. 범민련이 출범을 하지 않습니까?

윤운섭 우리가 갔다 와서 범민련이 된 거죠. 범민족대회 추진본부가 거기서 어떻게 판문점에서 제안을 해요. 범민련을 만듭시다. 그렇게 하자고 해서 그게 범민련이 되요.

김 면 왜 범민련이 갑자기 나타나게 된 건가요?

윤운섭 지금 범민련을 만들어 가지고... 사실은 범민련의 어머니는 민협입니다. 그래서 그 민협이 한국의 전민련하고 연대하면서 범민족대회까지 다 만들어 놓은 거죠. 만들어가지고 일단은 평양을 갔다 왔죠. 평양을 갔다 와서. 어수갑 씨도 갔다 오고. 그래가지고 이젠 범민련에 어수갑 씨도 반대. 범민련보다는 민협이 더 강화되어야 된다는 입장들이었고. 그래서 저도 마찬가지고 제가 알기로는 어수갑 씨가 공식적으로 범민련을 안 했을 거예요. 저하고 어수갑 씨하고 범민련 쪽으로 안 갔어요. 민협의 활성화는 범민련의 활성화이다, 민협이 없어져버리고 범민련으로 가는 것은 상식이전이다. 그러니까 이제 유럽운동이 다 범민련으로 옮겨지지요. 옮겨지면서 결국 민협이 문을 닫게 되지요.

김 면 범민련으로 가시면 갈등이 많고 그러지 않았습니까?

윤운섭 갈등이 많지요. 왜냐하면 지금에 와 가지고는 그때가 다 잘못되었다고 인정을 해 버리니까요. 그때 그렇게 안 했어야 되는데, 라고 인정을 하니까. 우리가 이제 소수라는 사람들은 그렇게 주장하는 사람들은 항상 뭐라 그럴까 어려움을 당한다고 그럴까요? 아니면 그 당시 사람으로서는 그 문제가 있는 거지요.

　민협이 없어지면 안 된다는 것이 많이 작용한 것 같습니다. 전민련 아래 조국통일위원회가 있어 가지고 범민족대회가 있는 거고. 조선노동당 밑에 조국통일위원회가 있듯이, 조국통일위원회가 잘 되어야지 노동당이 잘되는 것이고. 일본도 한통련이 있는 데에서 있는 건데. 유럽만 이걸 없애고, 이것만 하자고 하니까. 그게 지금 당시로 보면 안 되는 건데. 그때 당시에는 통한 것이여. 그렇잖아요? 범민련이란 것을 만들어 냈으면 민협이 활성화 되면서 자동적으로 범민련이 그 안에서 부서가 되든지 해야 되는데, 일본이나 미국이나 뭐 전민련이다, 조선로동당이다, 유럽만큼은 민협이 없어져버리고 범민련이. 그래도 3~4년은 버텼을 거라고요. 그래도 사무실은 버티고 있었어요. 사무실 절반은 주면서도 절반은 가지고 우리가 계속 유지를 했는데 언제 가 가지고는 그게 힘들죠. 왜냐면 소위 어르신이라는 사람들이 전부 다 거기로 가버리니까. 여기는 돈 낼 사람도 없는 거죠.

처음에는 좀 했지만 지금은 범민련하는 사람들도 이젠 한민족유럽연대로 온 사람들도 있고. 그러니까 그렇게 대립관계로는 볼 필요는 없지요. 5월 민중제를 하면 범민련도 들어올 때가 있거든요.

김　면　유럽민협에서 범민련들은 통일운동을 또 아무래도 더 지향하게 되니까 실질적으로 북한과 더 다양한 활동들이 있었는데요. 그러면 유럽민협은 통일운동 같은 것들을 아까 그런 식으로 범민련처럼 활발하게 하는 것들은?

윤운섭　1년 동안 북한하고 접촉을 했죠.

김　면　유럽민협이랑 범민련이랑 통일을 생각하는 게 차이가 있었나요?

윤운섭　따져보면 방법에 차이는 있겠죠. 차이가 좀 있는데, 일단은 어떻게 다 설명을 할까 이런 관계도 있을 수도 있는 거고. 이름은 생각은 안 나는데, 북한에서 몇 명이 나왔어요. 일단은 그때 정근철 씨는 나왔죠. 봤죠. 민협 때 나오고 사무실에서 회의도 하고. 우리가 그 역사적인 3자회담을 민협 주최로 해서 여기 베를린 호텔에서 한 겁니다. 그게 민협 때라고요. 통일운동 안 한 게 아닌데. 그렇게 한 사람들은 자기들도 자기에 빠져있는 것 같아요. 통일운동은 거창하게 하는 것보다 나는 그 당시에 교회에서 국내 통일운동에 부담이 되지 않고 교량역할을 할 필요 없이 기계 돌아갈 때 기름칠 역할만 하면 된다. 그렇게 우리는 주장했어요. 그리고 저는 통일운동은 그런 것 같아요. 각자가 자기에게 주어진 입장에서 얼마만큼 민족적인 양심을 가지고 하나 되기 위해서 하느냐 하면은 농민도 통일운동 하는 거고, 범민련만이 꼭 통일운동 한다고 하는 것은 그 사람들의 오류지요. 정말 선생님들이 다 자기 버리면서 통일운동 얼마나 많이 했어요. 옛날에는 범민련 안에도 들어가라 안 해도 다 들어간 거 아니에요. 그 사람도 그럼 통일운동 한 거예요. 범민련. 전국연합에는 다 들어왔던 거.

김　면　통일운동의 차이라기보다는 실제로 기존의 단체가 있는데 왜 구태여 다시 새롭게 하느냐 이런 것에 대한 반발감이 제일 컸었거든요?

윤운섭　범민련 자체를 인정하기는 해요. 해외에서 남북이 만나지 못하는 상황에서 남북이 만나야 된다. 해외에서 만나서 해야 된다는 생각을 하지요. 하는데 아까 전에 방법이 있잖아. 거기서 차이가 나 버리는 거지요.

어느 교회가 진보적이냐. 보수적이냐고 하는 것하고, 누가 뭐 한나라당이 진보적이냐, 우리나라에, 열린우리당이 진보적이냐고 하는 게 큰 차이가 없을 수도 있어요. 그런데 일단은 여러 사람 생각이 국내에 부담을 주지 말자. 해외가 잘못해서 국내에 부담을 줘 버리면 안 되잖아요. 국내는 양심을 가지고 절대 한쪽에 치우치지 않는 남과 북에 치우지지 않으면서 정말로 기름역할, 이런 역할을 해 줄 수 있는 역할이 되어야지. 만약에 독일에 있는 유럽민협이라든지 이런 것이 저것도 친북이여 저것도 천상 만세 불러버리면 안 되어버리잖아. 시방 그것이 아니야. 신뢰가 되어야 되지요. 우리는 당당하게.

그러니까 이제 민협에서 그거예요. 비행기로 왔잖아요. 왔는데 우리는 공짜로 안 간다 이거예요. 꽤 냈어요. 한 사람이 우리 통일운동 많이 하는데 그걸 공짜로 가면 어떠냐 하는데, 우리는 그쪽에 가서 절대 부담주지 말자. 일부러 돈을 주라는 소리를 안 했어요. 제가 그렇게 알고 있거든요. 공짜로 데리고 갈 정도인데. 돈을 주고 교육을 철저하게 많이 시켰죠. 찾아가는 것도 안 된다. 근데 아까 얘기한대로 저쪽에서 엉뚱하게 그렇게 나오니까. 엉뚱하게 기사를 쓴 경우가 있었어요, 노동신문 같은 거. 그 사람이 그렇게 얘기 안 했는데도 유럽 뭐, 구라파 참가 단체가 위대한 뭐 한다고 실제 그러지 않았는데, 그랬어도 안 내야 하는데. 그런 일이 있었어요.

그런 것은 안기부나 이런 데서 잘 알 거예요. 돈을 받고 하고 하는 것은, 왜냐면 단체 안에 비밀이 없잖아요. 그리고 공개를 해야 되는데. 그거는 오래 돼서 그런 것은 없을 것 같은데. 그런데 장담을 하는데 아까 얘기한대로. 뭐 일본에서 당신들 일본 초청하는데 비행기 타고 오십시오, 라고 한다든지 일본 한통련이 지구가 여기 있었으니까 자기들끼리 어떻게 할 수도 있었죠.

김 면 1988년 올림픽 전후 해가지고 통일운동 같은 게 좀 있었었나요? 어떤 움직임이 있었나요?

윤운섭 처음엔 올림픽 반대운동을 했어요. 반대운동을 했는데, 무조건 반대해라. 남북이 공동주최가 아니니까. 그리고 서울 올림픽은 정부가 군사독재 이런 것들이 대한민국 쪽에서 보면 아주 나쁜 놈들이지.

지금 보면 올림픽이라는 것이 굉장히 의미가 있었던 거구요. 우리가 또 세계에 알리는데 그 당시 올림픽을 반대를 했으니까 얼마나. 그러니까 사실 우리가 보면, 우리 땅이잖아요. 우리 부모님이 사는 땅인데 우리가 정말 살아봤잖아요. 10년 전만 해도 아무것도 없을 때고 지나가다 지금도 그러잖아요. 검정 것만 봐도 애들이 아빠, 아빠 하고 지나가고 반갑고 그러잖아요. 아시아 사람만 봐도 반갑잖아요. 민족이라는 것이 얼마나, 우리 조국이라는 것이. 내 땅인데. 부모님이 살고 있는 땅, 그걸 잊을 수 있겠어요? 외국에서 살아본 사람들은 그걸 알아요.

외국에서 텔레비전에서 지금 금메달 따 가지고 하면 한국 사람들 소리 지르지만 여기에서는 와 막 그냥 울 수밖에 없고, 그 감격이 그리고 우리가 부자 되어 가지고 너무 가난해서 그야말로 인력 차출로 여기 온 거잖아요. 그러니까 우리가 잘 살아야 된다는 거 이런 것은 정말 굉장한 거죠. 그죠?

현재 동포사회의 운동

김　면　유럽연대 안에 어느 어느 단체가 들어있나요?

윤운섭　단체 없어졌어요. 사람이 적으니까 산하단체라고 할 수도 있고. 유럽연대도 또 열악하니까 그렇죠. 옛날에는 민협 안에는 재독모임, 노련, 한민련 등 다 그랬는데. 지금은 다. 열악해요. 많이 열악해요. 또 그렇다고 지금 큰 뭔가가 있는 것도 아니고. 주체가 뭔가 만들어 내어 가지고 해야 하는데, 뭔가 해야 하는데 이런 것들이 지금 힘들어져요. 나이들은 먹고.

김　면　그럼 2세 3세들은 이런 운동 같은 것을 거의 참여 안 하나요?

윤운섭　거의 안 하는 것 같아요. 우리 젊은이들은 그렇잖아요. 우리 애들도 15~16세까지는 나는 독일 사람이에요. 하고 한국말 못하고 그러니까. 애들이 한국을 접할 때는 한국 책을 접하는 게 아니고 독일 책을 접하니까 귀찮고 뭐 힘들지요.

김　면　지금 거의 실질적으로 통일운동을 하려고 그래도 교민사회랑 많이 괴리가 되어 있네요.

윤운섭　그렇죠. 지금 조금씩 나아져요. 나아지는데. 그래도 교민들 생각인, 반공이 지금도 있어요. 우리 남에서는 같은 민족이니까 서로 도와주는 것이 결국 우리를 도와주는 거고. 그게 대화를 해야 된다든지, 줘야 된다든지 화해를 해야 된다든지 하는데. 옛날에 우리 70년대 때려 죽여야 되는 상황에 살았으니까 알 수 있잖아요. 그래서 한 6년 동안 있었는데 교민들이 그래도 몇 사람들을 상대했었거든요.

김　면　그때 당시의 반공교육이 투철하셨구나.

윤운섭　고민을 많이 하지요. 앞으로 우리가 유럽에서 30년 동안 해온 역사가 있고, 또 그것들이 긍정적으로 평가가 되고 있는 입장에서 지속이 되어야 하는데 그거는 바람이고. 아마 어떻게 되겠죠.

일부는 한국의 신문을 본다든지. 한국하고 접한 사람들은 달라지는데. 그렇지 않는 사람들이 많잖아요. 한국 신문도 안 보는 사람들은, 지금도 그 고정관념들을 그대로 계속 가지고 있어요. 일부 극소수인데 그래도 당신들이 앞을 내다보면서 통일운동을 했다고 존경할만한 분명히 그런 사람도 있어요. 그러나 그것이 한 명, 두 명이지, 지금도 너희들은 친북, 친북. 그리고 대한민국 정부가 그렇게 했어요.

이 동포사회에서는 변하지 않아요, 이쪽 사람들은 변하지가 않아요. 노무현 대통령이 왔어도 한명도 초청이 안 된 거지. 근데 노무현도 탄핵을 받았을 때 또 데모를 하고 역할을 하면 막 올린단 말이에요. 이번만 그런 게 아니고. 김대중 씨도 그렇고. 그 고생을 우리가 하고. 와도 초대도 안 되고, 우리가 가니까 벌써 안기부가 딱 달라붙어서.

김　면　범민련이랑 지금 유럽연대가 다 공존하게 되는 거잖아요? 지금 관계가 어떻습니까?

윤운섭　지금은 뭐 같이 일은 하지만 5월 민중제도 좀 같이 했으면 좋겠는데 어떻게 될지 모르겠어요.

김　면　모임들은 거의 안 가지세요?

윤운섭　모임들은 하지요. 여러 가지 큰일들은 많이 못하지요.

김　면　귀향촉진회도 거의 움직임이 없나요?

윤운섭　귀향촉진회도 아마 귀향하기 전에 저기 그때까지는 또 여기서는 연결을 했어요. 남쪽편지를 북쪽에 연결시키고, 그때 역할을 했지요. 지금 이름은 그대로 놔두고 있지요. 일은 안 해도.

김　면　그럼 선생님이 여러 가지 단체 모임에서 쭉 있었는데 혹시 보람된 일 그런 것은 없었나요?

윤운섭　일단 독일 사회에서는 아닌데, 국내에서는 아까 뭐. 우리 국내 들어간 사람들 어수갑 씨 이런 사람들도 하는 사람 중에서도 그동

안 정말 수고하고 있는데 미안하다, 들어와라 하기도 하고, 아까 박원숙 의원 그런 사람들도 또 많은 한국의 진보의식을 가진 사람들이 당신들이 그래도 유럽에서 그 통일운동에 기여했던 부분들, 광주 쪽에서는 아주 더 하죠. 정말 우리를 도와주고 당신들이 세계에 알리는 일을 초청해서 다 만나게 해주고, 굉장히 고맙게 생각하지요. 그러니까 이번에도 광주에서 돈을 주겠다고 하는 거죠. 옛날에는 도청에서 5·18행사를 하면 여기 연대사가 낭독이 되고 82, 83, 84년도 때는 여기 있는 사람들을 굉장히 고맙게 생각했어요.

결국은 우리만 아니고. 우리도 처음부터 못 가던 땅을 여기에서 하여튼 해서 만나고 지금 금강산에 자주 만나고, 남북이 만나고, 평양에서 만나고 하는 것도 굉장히 고무적이고 보람이 있다고 생각하지요.

김　면　베를린이라는 장소 때문에 의미가 커요.

윤운섭　왜 그러냐면 호텔에 가서 협상 테이블 뒤에까지 뒤져보고 해서 그래도 남쪽 이렇게 해서 지금 조성호 씨 그런 사람들이 뭐 한국의 민주화, 화해에 큰 역할을 하잖아요. 뭐 누구 어떤 목사님 이런 분들이 지금은 어떤 역할을 하시는 분인데 이런 분들이 우리가 지금 같이 했고.

다시는 우리 젊은이들이 못살아서 외국으로 나가지 말아야지 되고 그게 우리, 어수갑 씨나 이런 사람들이나 그런 게 있고. 우리는 여기서 살 사람들 아니에요? 아무리 한국이 뭐 되더라도 결국 우리는 여기서 뼈를 묻을 사람들인데. 조국이 잘 되고, 빨리 우리가 하루 속히 분단이 끝나고 평화적으로 남과 북이 서로 이익이 되는 입장에서 통일이 되는 것들 그게 우리가 바라는 거지요.

김　면　끝으로 우리 정부나, 아니면 북한 정부나 변화가 있어야 된다는 점. 아니면 통일정책에 있어서 바람이 있으시면 끝으로 한 말씀 해주세요.

윤운섭　우리가 정책적으로 잘 못할 수도 있고, 여러 가지가 있는데. 그러나 정말 민족의 자주적 입장에서 외세에 눌리지 않고 미국이나 일본을 의식하지 않고 우리가 정말 민족이 제일 우선이라는 민족의 어떤 이익을 가지고 남북이 들어가야 해요. 지금 북에서 볼 때는 남북이 같이 지금 북한 침공하는 군사훈련을 하고 있는데 남을 가지고 어떻게 보겠어요? 미국하고 똑같이 보겠죠. 같이 손잡고 하자고 하는데 미국하고 한쪽에서 계속 군사훈련을 한단 말이에요. 군사훈련이 방어가 아니라 공격 훈련을 한단 말이에요. 그쪽 생각할 때는 다르죠.

그 통일을 우리가 우리 쪽에서 보지 말고, 왜 그 사람들이 그 길이 없잖아요. 그 길뿐이 없어요. 아무것도 없어요. 그러니까 뭐 미친개처럼 들어가도 밖으로 내놓고 잡아야지. 그 핵 가지고 남보다 더 강하지요. 남에 있는 거 아무 필요 없는 거지요. 60만, 70만, 80만 한번만 떨어뜨리면 끝나버리는 거지요. 서울에서 평양에서 몇 150킬로 40~50분도 안 되서 끝나버리는데. 이제는 군사 우위 그런 최첨단의 과학을 가지고 있는데. 우리 포용력을 가지고 우리가 외세에 의지하지 않는 민족끼리의 저기가 있어야 한다고 봐요.

김 면 감사드립니다.

6. 김아일

前 노동교실대표

김아일 前 노동교실대표

김아일 대표는 1979년 파독광부로 독일에 와서 광주항쟁을 계기로 동포
운동에 투신하였다. 베를린 이주 후 노동교실 설립에 초기부터 참여하였
고, 민주화 및 통일운동에도 역할을 하였으나, 범민련에는 참여하지 않
고 비판적인 입장을 가지고 있다. 주로 베를린에서 활동하였으며 현재
유럽연대에도 참여하고 있다. 현재 민주화운동기념사업회 과거사정리과
정에 적극 참여하고 있다.

독일정착과 동포운동의 시작

김 면 처음에 언제 오셨어요?

김아일 처음에 여기 1979년도 11월 달에 왔어요. 아마 그때가 박정희
장례식 때였던 거 같아요. 장례식 11월 3일인가 그 정도 되는데
그때 와서 저는 공부 좀 하려고 왔다가 어쨌든 직장도 되고 한 20
년간 여기 튀센이라는 회사가 있어요. 튀센 그룹이라고 하는데.
여기 독일에서 보면 반 국영업체예요. 한국의 포항제철 같은 그런
거예요. 거기서 한 20년 근무하고, 그러다가 한 5년 전에 제가 실
직된 거죠. 그리고 제가 뭐 이런 거 저런 거 하면서 있는 거죠.

김 면 처음에 이러한 우리나라 한인단체에는 어떻게 가입하거나 활동
하시게 되셨어요?

김아일 한인단체는 몰라요. 그러니까 운동단체 말하는 건데 그때가 아
마 내가 고향이 광주여서가 아니라 5·18에 가장 큰 영향을 받았
죠. 80년도에 5·18에서 대대적으로 데모를 한 적이 있거든요. 그
러니까 5·18 일어나고 얼마 안 돼서 아마 그것이 처음이자 마지
막으로 모든 운동단체는 물론이고, 평상시에 그런 것에 관심이 없
던 일반 교민들까지 또 독일인까지 다 참가한 약 500명 정도 해서
푸담 여기 가장 번화가서부터 저기 뒤텐베르크라는 거기까지 이제

데모를 했어요.

그전에도 여러 가지 크고 작은 데모가 있었죠. 그런데 가장 광범위하게 전 교민 운동단체는 물론 그리고 독일인까지 해서 중심가에서 데모를 했다는 것이 유럽운동사에서 한 획을 긋는 거죠.

김 면 몇 명이나 활동을 했나요?

김아일 사, 오백 명이 참가를 했지요. 작은 단체에서 그런 계획은 운동단체에서 계획을 세우고 모든 것은 억압이었는지 물론 했지만 그 운동 데모 하나 만큼은 교민들이 자발적으로 참가를 했죠. 운동단체가 모이라고 해도 안 모이거든요. 기껏 해 봤자 소수인데, 이건 왜 그런 일이 나고 나서 뉴스하기 전에, 주요 시간에 뉴스하기 때문에 확정뉴스로 광주를 먼저 보여주고 뉴스를 시작했으니까 모든 사람들이 거기에 대해서는 뭐 운동권이다 뭐다 이런 거를 떠나서 당연히 어떤 감정이 불타오르고 그러니까 자발적으로 참여한 거죠.

김 면 그럼 그때 여기에 모이신 다음에 그러고 나서 처음으로 민주화운동이라든지 통일운동 단체를 만들자, 이렇게 의견들이 모아지셨나요?

김아일 그렇죠. 80년대 기점으로 그때부터 사람들이 5·18을 계기로 해서 많이 의식변화가 있었다고 볼 수가 있죠. 그 전에는 물론 74년도에는 민건회라는 것이 있었거든요. 거기는 이제 특별한 운동을 했다는 사람들, 지식인들, 학자들, 유학생을 중심으로 특히 광부 중심으로 했지만, 결국은 아무래도 노동자와 지식인들과 만나게 되다 보니까 두 갈래로 나뉘고 흐지부지 하게 됐죠. 물론 탄압도 있었지만, 탄압보다는 서로 여러 가지 안 맞는 거죠. 그리고 그 당시에 있었던 사람들이 국내에 많이도 들어왔고, 또 대부분 사람들이 소위 운동권에서 말하는 변절한 사람들이 대부분이죠. 뭐 그 중에서도 예를 들어서 송두율 씨라든지 이런 몇 사람은 자기 주체의식으로 아직 여기 계신 분들도 있지만, 대다수 사람들이 그렇게 할 수 밖에 없다고 제 나름대로 이해는 하죠. 반통일 아니면, 반민족 아니면... 그러니까 그 후로 80년 운동권 좀 이렇게 하다가 아마 그 전에도 운동권이 교회를 중심으로 많이 모였거든요. 80년에 한인교회라고 있는데 그렇게 하다가, 83년도에는 노동교실이라고 하는 것이 그때 처음으로 만들었죠. 그래서 벌써 20년이 넘었는데, 그 분이 젊은 날 왕성하게 활동했죠. 그때 국내에 여러 노동자 문제를 연대하면서 나름대로 또 여기서는 AKTION 같은 것도 벌이고, 아들러 사건 같은 거, 한국에서 뭐 그런 거 있거든요. 그래서 여기 독일단체들하고 연대라고 하면서 그것이 우리도 하며 결국은 우리의 승리로 끝났죠. 여기서 아들러가 철수하게 됐고, 그렇게 노동운동 한다고 하지만 민주화운동 빼놓고 없으니까 시기가 시기인 만큼 이제 막 전두환 5공 때부터 시작하고 가장 광란한 민주화운동, 그걸 내가 사람들이 모이기 시작해서 민협이랑 같이 한 거지. 어수갑 씨가 이제 그 일을 많이 했고, 또 거기 민주조국이라는 신문을 봐도, 물론 어수갑 씨가 편집장으로서 많은 일을 했고, 그러다가 민협이 그렇게 자라왔죠. 임수경 사건으로 해서 단체로 찍혀 버리고. 재판소에서도 그런 단체로 그렇게 나왔지만, 앞으로 우리가 또 할 일이 아직까지 흐지부지는 됐지만, 공개적으로 된 것이 아니에요. 민협이라는 단체가 흐지부지 해서 옛날에 나왔던 아직까지 그런 단체로 남아있지 일을 정식 재판상으로는 그것도 앞으로 어떤 하나의 상징적인 것이기 때문에 싸워나가야 하는 문제고.

그러다가, 하다가. 89년도에 제2차 범민족대회 제기를 해서 뭐랄까... 유럽은 가장 큰 잘못인데 민협을 집중적으로 하는 사람이 발전적 해체라는 좋은 명목 하에서 민협이 없어지게 되고, 그렇게 엮어버리면 유럽은 이제 맥이 끊어져 버리는 거죠. 예를 들어서 범민련 같은 것은 민협 산하의 어떤 통일의 한 가지 부서로도 얼마든지 할 수가 있는데, 내 개인적으로 볼 때는 사람들이 너무 이기심이 강하지 않았나 싶어요.

김 면 교민들 사이에서요?

김아일 아니, 운동단체. 교민들은 아예 그때까지만 해도 빨갱이, 이북하고 만나고 북에 하면 빨갱이 손가락질 받고, 그때까지만 해도 여기 안기부 그 당시 안기부에서 많은 것이 알게 모르게 교란시키고 이간질을 시킨 거죠. 교민들하고 우리들하고. 이제 거기서 범민련 결국 그 사건에서 아마 범민련에서 운동권이 없으면 유럽은 정말 빠졌다고 볼 수가 있죠. 내가 볼 때는 여기뿐만이 아니라 일본, 미국도 마찬가지예요.

운동단체간의 갈등

김 면 선생님, 그때 범민련이 태동이 됐잖아요. 그리고 이전에 유럽 민협이 어떻게 되든 아무튼 여러 가지 정황이 해소가 된 건데요. 혹시 기억나시는 거 있으세요?

김아일 처음에는 이제 아무래도 민협은 발전적 해체라는 이름아래에서 순탄하게. 가장 운동권 원로이신데 정규명 선생님이 의장으로서. 우리가 하면서 잘 나가는데. 우리 노동교실 같은 경우는 물론 그때 한편으로는 손가락질도 받고 같은 이제 한다는 단체들한테까지도 이제 어떻게 결과적으로 보면 현명한 판단이 됐더라고. 범민련이 여기서 잘 해 왔더라면 그런데 아무래도 여기 사람들이 명예욕이라고 할까, 어떠한 하나의 모자이크 역할을 생각은 안 하고 점 하나 찍겠다는 명예욕 하나의 장 기득권, 자기의 단체에서 하나의 기득권을 잡겠다는 이런 것 때문에 결국 실패된 거죠. 물론 개인적인 인간관계가 취해졌고, 인간관계가 깨지면 끝나는 거예요. 아무리 이념이 좋고, 사상이 좋고 그걸 따라간다 해도 이미 관계가 끊어져버리면 다 끝나는 거예요. 통일운동은 어차피 인간운동인데, 인간이 하나 되자 하는 운동인데, 여기서 인간관계가 끊어져

버리면 통일운동이고, 민주화운동이고 다 깨진 거지. 그래서 거기서 깨져 가지고 오늘날까지 그게 오고 있다는 거지.

여기 단체가 많거든요. 운동 단체가. 이제 그런 것이 서로 불신감을 갖고, 개인적인 인간관계가 끝나니까 어떤. 그러다가 이제 6·15 그때 한 번 뭉치는 계기가 됐죠. 그때 한 번 이런 단체가 주관이 되어서, 뭐 재독협도 있고, 그렇게 해서 하나의 6·15단체가 됐지. 그것도 하니까 일 년 만에 또 두 개가 되어버렸어요. 지금 현재 오늘날까지 그러니까 이런 거 보면서.

미국도 마찬가지고. 그 원인이 결국은 첫 2000년도 우리가 금강산을 할 때 해외공동 의장을 곽동의 선생으로 했거든요. 근데 거기 한국의 민화협 곽동의 씨는 아무래도 사상적으로, 아무래도 북쪽에 가깝다 그런 거로 해서 조성우 씨라고 있어요. 그 분이 어떻게 해서 내가 개인적으로 참 안 좋게 봤고, 그런 사람이 운동을 깬다고 저는 생각을 하거든요. 해외에서 한 번 하기로 했으면 그대로 나가야 되는데, 미국에 가서 운동할 때 공동의장으로 해버린 거예요. 그러니까 결국 그것도 사람 따라 가기 때문에 두 개로 깨질 수밖에 없는 거예요. 비록 잘못을 저지른 것이. 미국(이) 여기보다 더 심각하지 지금.

김 면 지금도 그럼 현재까지도 모임이 있을 때 그럼 달리 모이나요?

김아일 하나를 해야 되는데 우리가 나 같은 경우는 양쪽에 다 안 들어가거든. 하나가 되기 이전에는 안 들어가지. 인간적으로 개인적으로는 이렇게 만나고 하지만 어느 조직 행사한다든지 하면 물러나 있죠. 운영위원이지만 그때는 내가 참가를 안 하고 있고, 이름만 이제 해 놓고, 하나가 안 되면 이건 아무 것도 아니에요. 저쪽 초창기에 했던.

사람들 하다 보면 자기가 조금만 뒤로 물러나면 자존심 좀 죽이고 하면 얼마든지 풀어질 수 있는 건데 사람 자기 시간 내고 자기 돈 내면서 명색이 통일운동 한다는 사람이 그 자그마한 자기 자존심 자기 뭐 위에서 하는 거 보면 참 답답하지. 어린 사람도 아니고, 벌써 운동 삼, 사십 년 했다는 그래도 여기 원로들인데, 나이다 60 넘고 그러면서 그것을 못하고, 결국 보면 서로 기득권 싸움이에요. 자기가 하겠다는 거죠. 그러니까 이런 걸 보면 마음이 참 안타깝죠. 지금 가장 큰 유럽이 그것일지도 모르죠.

김　면　현재까지는 이전과 같은 처음의 단합된 모습을 볼 수는 없나요?

김아일　이제 그런 모습은 찾아보기가 힘들죠. 이제 그 당시에는 민주화라는 거. 군사독재, 다들 이런 거 한 가지가 있었지만, 지금은 이제 어느 정도 그런 것이 없어지고, 그러다가 통일에도 서로 각자가 생각이 각각이거든요. 예를 들어서 어느 쪽이 통일이냐. 결국은 6 · 15로 그 정신을 위해서 통일로 가기는 가지만, 그래도 한 쪽, 서로가 양 쪽의 한 쪽으로 치우치는 면이 없지 않아 있어요. 아직까지 지금 22년 정도 됐는데, 아직까지 지금 시도를 시키고 있는데, 지금 현재 있는 양 쪽의 장들이 너무 완고해서 그래서 내가 술 먹으면서도 술 취하면서 그래요. 자기만의 진리가 아니고, 자기만의 정의, 자기만의 참여가 아니거든. 서로가 자기만의 그거로만 믿고 있으니까 그래요. 그렇다면 상대방은 그 반대되는 자세가 나올 수밖에 없잖아요.

김　면　6 · 15공동의장에서도 문제가 있었나요?

김아일　박소은 씨라고. 처음 우리가 같이, 참여를 같이. 하나였죠. 의장을 해서 대표의장의 그거로 와서 하다가 하는 과정에서 어떤 일이 있었어요. 어떤 의장이 그 왔다면 보고를 해야 되는데, 이리저리 여기서도 빨리빨리 대응을 해야 되는데, 그렇지만 자꾸만 두 번이나 연장을 하니까 자체적으로 운영회를 연 거죠. 그래서 운영위원회에서 의장을 친 거죠. 그러니까 의장이 없는 위원회는 무효다. 그래도 운영위원회가 그거 하는 거지. 그거 아니다. 그래서 결국은 두 개가 돼서, 서로가 잘났다고 하니까 마음 아프지.

　　노동교실도 그래요. 거기가 회원들이 많았거든요. 근데 다 떠났고, 남아 있는 사람이 십 몇 년 동안 지금 몇 명 안 된 사람들이 꾸준하게 오고 있으니까 우리 노동하는 사람은 처음에 운동으로 만들어졌지만 그렇게 20년 동안 하다보니까 뭐랄까 형제 같은 그래요. 그러니까 어떤 의견 차이는 없어요. 있더라도 자기가 그거 하고. 이제 그런 끈끈한 액으로 뭉쳐졌기 때문에 노동교실 유럽연대 단체로 들어가 있거든요. 유럽연대에 다른 사람들은 단체로 들어오는 경우도 있고, 개인으로 들어오는 경우도 있지만, 우리 노동교실은 유대관계를 뭐 하나는 있어야 된다. 사라지고 나서 범민련이 흐지부지 되고 나도 우리는 할 일은 하겠다는 최소한 국내에서 연락처라도 하나 있어야 될 거 아니냐. 그래도 운동권 대표하는 연락처라도 하나 만들기 위해서는 있어야 된다고 해서, 유럽연대를 참석을 했죠.

지금의 여기 처음에 여기 참석을 많이 하고 했거든요. 또 처음으로 남·북한의 만남의 장이 되니까 여기 있는 단체들 그런 사람들이 일단 여기서 우리들이 만들어 낸 거죠.

김　면　유럽 내 여러 단체는 운영이 잘 이루어지고 있나요?

김아일　근데 여기 팔, 구십 프로가 자기 혼자 있는 단체예요. 그때는 여기서도 그런 비판 많았는데, 혼자 하는 말이에요. 해체해 버리고, 그 미련이 아직 남아서 자기 혼자 하는 게 안쓰럽기도 하고, 그 이름에 얽매여서 그래도 한 때는 물론 열심히 했던 단체였지만 지금은 다 떠나고 혼자 있는데, 그거 가지고 한민련 같은 것도 초창기에는 70년대에는 한통련, 일을 많이 했죠. 근데 다 나가고, 사람들 없고 이제 혼자 있는데 아직 고집을 안 꺾는 거예요. 뭐 그런 대부분이 다 그래요.

단체활동의 어려움

김　면　이전에 통일운동 하셨던 분들이 그 당시에 어려움이 많았지요?

김아일　예를 들어서 여기서는 여기 안기부, 하는 일이 파견될 때 그 일이거든요. 외국정보뿐만이 아니라 전두환, 노태우 아주 그때까지는 빨갱이라는 단어가 있었지요. 그러니까 노동교실 우리 한 번 그런 사건이 있어서 고소를 해버렸거든요. 재판에다. 그러니까 노동교실 빨갱이다 그래서. 안기부에 나와서 그때 다 했어. 거기 그 사람 참가시키지 말라고.

　　우리가 해야 되는데, 그렇게 말한 사람한테 다 아는 사람이거든요. 개인적으로 보면. 나야 뭐 광부 세대는 아니지만, 내 선배 노동교실에는 다 광부들이고, 보면 다 친구 관계예요. 그럼, 아 미안하게 됐다든지 이렇게 싸인 했다. 그런 말할 때 인간적으로 문제의 원인은 안기부인데, 그렇게 사인을 할 수밖에 없었다. 이러면 또 그렇게 강하게 나갈 수가 없더라고요.

김　면　요즘도 그런 개입이 있나요?

김아일　요즘은 아니야. 시대가 이렇게 변하니까. 자기 개인적인 사건은 완전히 보수적이고 이제 완전히 그렇게 내놓고는 못하죠. 하면 자기네가 이제 당하니까. 보면 시대의 흐름인데, 이제 그렇게 말하면 당하게끔 시대가 됐잖아요. 그렇기 때문에. 그렇지만 개인적인 사상은 안 바뀌었어요.

김　면　그럼 여기 교민사회의 반응은 어떻습니까?

김아일　물론 있죠. 자다 깨나도 자기 사상이 변하나. 이분들은 70년대 이쯤에 오신 분들이기 때문에 그 사고방식을 그대로 가지고 있어요. 그렇다고 지금 인터넷에 들어가서 신문이나 맘대로 본다든지 하여간 사회 돌아가는 것을 본다든지 하면 자기가 변할 텐데 그러지 않거든요. 그렇기 때문에. 하지만 시대가 이렇게 변하니까 자기가 그런 말 하면 당할 줄을 아니까 이제 말을 가려. 말을 못 하는 거지. 또 그렇게 해야지. 이 사람들이 또 그런 사람일수록 명예욕이라든지, 예를 들어 6·15 한다면 막 언론사에서 촬영을 해가니까 이런 걸 한인회장도 하게 된 거고, 자꾸 이런 거 가지고 그러는 거지. 물론, 그때보다는 의식적으로나 많이 변화됐어요. 이제 통일을 해야 된다는 것까지는 아니까. 이제 어느 방식으로 해야 하나는 논쟁이 붙지만. 해야 된다는 통일이라는 단어는 무의식적으로 해야 된다고 나오니까. 많이 변한 거죠.

우리가 독일에 살면서 독일 통일을 봤잖아요. 그러니까 여기 있는 사람들이 하나의 그것은 내가 보면 보수적인 나라의 보수적인 사고방식에 보수적인 사람들이 이것 봐라. 좋은 재료거리가 된다는 거죠. 하면 안 된다는 거죠. 교묘히 통일을 방해하는 사람도 있거든요. 그러니까 논리적으로 해서 이거 봐라 독일 봐라. 통일해서 이거 아니냐. 우리가 지금 하면 안 된다는 이거죠. 그러니까 우리는 독일식 통합이 아니라 6·15 그 하에서 통일운동이지만 그 사람들은 아니거든요. 한국에 의한 흡수지. 남한에 의한 흡수지 그 정치적인 북한 통일의식 가지고 있는 사람 별로 없어요. 뭐 이런 사람 빼고. 여기서 설문조사하고 이랬지만. 유학생들이나 이런 사람들 해도, 통일은 중요하다 그렇지만 남한식 통일이지 이렇게 낮은 단계 이러면 그것은 북한식으로 인식이 되는 거예요. 그러니까 통일도 관념적으로 되는 것이 아니라 생각만 그래서 아니라 최소한 통일에 대한 역사, 과거 책이라든지 현대사라든지 이런 거 바라보면서 남과 북을 이해하는 관점에서 해야 하는데, 이 사람들은 책 하나 그런 거 연구 하나 안 하고, 자기 나름대로 고민 하나 안 하고, 자기 사상 없이 남들이 통일하자 그럼 통일하지만, 그렇지만 이런 거야.

김 면 초기 민주화운동 때 당시 반응은 어떻습니까?

김아일 가장 중요한 것이. 주요 뉴스로 때려줬으니까. 국영 방송국에서. 여기서 뉴스 본론 들어가기 전에 화면 보여주는 거 있잖아요. 그거로 때려줬으니까. 근데 정치적으로서는 그 당시의 한국 정권 편일지 몰라도 기본적으로 그 인권 이런 것은 독일은 독일만이 가지고 있는 것이 있거든요. 아무리 그렇다 해도. 그 당시 대통령 이런 사람들이 많이 그런 것도 보내고. 그러니까 한 거 모아서 보내면 그거 하는 거고, 근데 그것은 모르긴 몰라도 미국 빼놓고는 다 그랬을 거예요. 저건 아니다.

김 면 당시 동포운동관련 자료는 많이 지니고 계세요?

김아일 사본은 옛날에 민주화운동기념사업회에 많이 보냈거든요. 사실 그렇게 자료 모집하는 것이 한다고 하는 것이 이제 3, 4년 되거든요. 이제 활발하게 처음에 민주화기념사업부에서 해서 물론 그 전에 이제 많은 사람 광주로는 자료가 갔죠. 광주로는 개인적으로 기증한 사람도 있고, 우리도 5·18민중제를 항상 매년 하거든요.

현재 단체 활동에 대하여

김 면 5·18이라는 게 어느 단체인가요?

김아일 아니, 5·18 이것만큼은 운동단체가 아니라 누구 어느 하나 그러니까 아까 말한 네, 다섯 개 단체가 돌아가면서 그거를 맡고 있거든요. 올해는 처음으로 광주에서 이제 공동주최를 했어요. 27년 만에 처음으로. 물론 이제 경제적 도움을 받고 해서 이사장 세 명, 네 명 해서 모두 일곱 명이 왔죠. 그래서 삼박 사일로. 그때 한 것이 처음이었죠. 매년 우리가 조그마하게 했지만. 모여서 했지만. 이런 공동주최로 광주에서도 이전에 해외에 있는데, 하고 하려고 하는데, 유럽이 그중에 가장 세계 어디 가도 이제까지 일 년도 안 끊어지고 민중제 행사 한 곳은 유럽밖에 없거든요. 그러니까 그런 거해서 상징적이기 때문에 처음에 공동주최를 해서 그 이사진들 일하신 분들 같이 와서 한 거죠.

김 면 미국이나 일본 지역과는 교류가 많이 없었나요?

김아일 교류가 없었죠. 거의 없었죠. 각 운동단체가 그 자리에서 한 그 단체이기 때문에 뭐 큰 단체라면 뭐 유럽지구, 미국지구 할 텐데, 왜냐면 한민련 같은 경우는 그렇게 했거든요. 예를 들어 범민련 같은 경우도 세계단체로 다 있는 거고. 6·15도 그렇고. 근데 이런 것은 자생적으로 사람들이 몇 명이 의기투합해서 만든 단체이기 때문에 그거 할 때는 연대는 해서 뭐 행사가 있다든지 어떤 연대사라든지 그런 거는 있죠.

김 면 현재 범민련활동은 잘 이루어지지 않나요?

김아일 내 개인적인 생각으로는 자기 사심이 없어야 돼. 6·15에도 범민련 단체가 들어와 있거든요. 이 범민련이 이제 사람이 없어요. 그 사람이 그 사람이죠. 범민련에 있는 사람들이 외톨이가 돼서 자기 나름대로 혼자 있다가 범민련 가지고는 도저히 대중운동을 못하거든요. 그래서 재독협이라고 만들었어요. 그러니까 물론 국내 가면 유럽지구 의장이라고 하면 대우는 받겠지. 그렇지만 여기서... 이제는 범민련 한계가 됐어요.

김 면 현재 운동을 어떻게 평가하세요?

김아일 저는 뭐 통합보다도 각 예를 들어 여성이라면 여성의 담당이 있는 거고, 어떻게 보면 우리는 이런 것이 좋아요. NGO 같은 역할. 지금 할 수만 있으면 그런 식으로 나가야 해요. 그리고 하나 큰 거 있으면 되는 거고. 근데 지금 하나의 큰 것은 결국 보면 6·15로 되어 있거든요. 근데 6·15가 이렇게 두 개로 되니까 못 하는 거지. 하나가 되면 얼마든지 지금 여기는 뭐 노동단체, 여성단체, 뭐 무슨 단체 있지만 NGO 자기 나름대로 역할을 하고 해서 하나가 되자. 저는 반대예요. 얼마든지 자기 나름대로 자기 고유의 전문성을 가지고 일을 할 수가 있는데, 통일이라든지 이런 거 할 때는 하나 있어야 되니까 뜻이 6·15인데 만들어진 것이. 6·15가 지금 이 상황이 되어 버리니깐 그런 거지.

　해외운동이 중요한 게 뭐냐면, 남·북한이 어떤 대화가 안 될 때, 매개체 역할을 할 수가 있어요. 그거예요. 다른 거 없어요. 남·북 서로가 줄 당기기하고 있을 때, 해외가 뛰어들어서 그러면 안 된다. 그래서 범민련이라는 것이 아까 내가 그렇게 말했지만 통일운동을 촉발하는 역할을 한 거거든요. 어느 정도 왔다 갔다 해서 그런 것이 된 거지. 사람이 왔다 갔다 해야 돼요. 만나야 되고, 사람 안 만나고는 아무것도 못 해요. 적이라고 해도 만나고 사상이 틀리다고 해도 만나고 해서 거기서 하나를 찾아야 되는데, 범민련이 그 역할을 한 거죠.

김 면 이 민주평통 이런 데에서도 연락이 오고 그러나요?

김아일 민주평통은 거의 없지. 민주평 때 우리 운동권 하는 사람도 있지만, 태생 자체가 전두환이 만든 거기 때문에 통일 없애버리자 이걸로 대체한 건데, 그것 때문에 교민들이 더 진짜 여기서 반공들만 모인 데가 처음에는 그거거든요. 제일 처음에 대사관에 가서 인사 잘 하고, 아양 떨고 한 애들이 위원들이에요. 보면.

김 면 현재 통일정책에 대해서 한 말씀해 주시지요?

김아일 아무래도 이제까지 정권이 이용한 역사는 어떻게 할 수가 없다고 생각해요. 남한은 너무 종속돼서 큰 소리 하나 못 내요. 그리고 또 그 반면에 또 너무 경직되어 있고요. 이 시대에서는 2년 전에 노무현 대통령이 교민들하고 해서 나도 희한하게 초대 받아서 갔거든요. 가서 질문을 했어요. 물론 거기 사이트에 다 나왔지만, 평화협정이 남북한의 지금 관계가 어렵다면 평화선언은 의지만 있으면 할 수 있으니까 빨리 하라. 건의 드리고 싶다고. 어떻게 하다보니까 그런 것이 보이더라고요. 그 당시에 했으면 더 빨랐을지도 모르죠. 그 작은 건의 드린 것이 그거 내가 하고 나서 불붙더라고 2년 전에. 평화선언은 그래서 야 이거 또. 그것밖에 없어요. 우리가 어떤 법적으로서는 교미관계가 평화협정이 되기 때문에 우린 할 수가 없거든요. 그러면 말이라도 평화선언 할 수 있다고요. 말로도 남북정상이 만나서 평화선언을 하면 그럼 평화가 뒤따라오게끔 되어있어요. 그러면 평화협정은 쓰레기 조각, 휴지조각밖에 안 돼요. 남북정상 당사자가 평화선언을 해 버리면, 이런 평화협정은 미국하고 조선이 가지고 있다 하지만 따라오게끔 그것도 되어 있어요. 근데 보면 주위 어느 나라가 우리나라가 통일되기를 바라겠어요. 일본? 미국?

우리가 이렇게 분단되어서 제일 큰 이득을 보는 나라가 이 세 나라거든요. 경제적으로나 모든 면에서. 근데 바라겠어요? 이게 돈의 싸움인데. 자기 돈줄 떨어져 나가는데 바라는 나라 없지 뭐. 북한 같은 경우는 이 기회에 김정일 국방위원장이 좀 과감하게 이제까지 했던 시스템을 해야 하고, 결국 역사에 남으려면 차라리 그 정권네트워크는 북한이 단지 두려워한 것은 그거 거든요.

북이 이제까지 해온 북의 존재 자체가 없어질까봐, 두려운 것은 그거예요. 그러니까 김일성 주석이 전에 얘기를 했고, 또 김대중 대통령이 그때 해서 나온 게 6 · 15거든요. 그런 식으로 해나가야지. 그 이외에는 어떤 도리가 없잖아. 그렇게 하루라도 빨리 하기 위해서는 남북 정상이 빨리 만나서 평화선언을 해버려야 해. 그러면 확 갑자기 급진전으로 가요. 제 개인적인 생각이에요. 그렇기 때문에 제가 권유를 했다고요.

길이 그것밖에 없어요. 그거를 뭐 조금만 고민을 해보면, 고등학교 애들도 이것 밖에 없겠다. 우리가 벌써 싸인 할 능력이 없고, 법적인 것이 없으면 말이라도 하면 되잖아. 정상들이 만나서. 그 조금 더 개방시키고, 이제 개성 하나지만, 동해에다도 또 하나 근처에다가 조그만 마을에다 해가면 되는 거지.

그리고 남한 정부도 빨리 그렇게 법적으로 바라지도 않고, 연락 직접 전화할 필요 없이, 뭐 필요한 거 있으면 광화문 사무실 찾아가서 이것 좀 전해주세요. 뭐 이런 거 상징적으로.

김　면 먼저 동 · 서독이 통일됐었기 때문에 특히 독일에 계신 교민들은 좀 다른, 특히 다른 타 지역 보다도 실질적으로 통일을 현장에서 봤기 때문에 실질적 의견이 있으신 것 같아요.

김아일 직접 눈으로 보고, 또 조금 거기에 대해 고민을 하고 그러니까. 광화문 세종로에다 연락사무실 하나 세워서 전화로 만나서 이런 것보다 효과는 있지. 모든 것이 다 상징적이기 때문에 뭐 북조선 인민공화국 서울연락처 이런 간판이라도 해봐야죠.

김 면 여기 Korea Verband라고 해서요, 한국 협의회, 그러니까 한국연대위원회에서 한국협의회를 통해서 독일에서도 많은 통일을 지원하는 활동들이 있었더라고요.

김아일 그 최현덕 씨하고 자주 해요. 우리가 만나면 항상 이야기 하고, 코리아협의회가 많이 한국에서 연대를 하고 도움을 주고, 북도 마찬가지로 똑같이 그거 하죠. 그러니까 그래서 한국말로 아닌 Korea 협의회라고 지었어요. 처음에 내세울 때는. 대한민국 협의회, 하면 그래서 사람들은 민족성 찾는다고 코리아가 뭐냐. 그래도 대한민국이라고 하면 남한을 말하는 거고, 조선이라고 말하면 북이라고 하고, 그래서 아예 코리아 이름이 그렇게 해서 나온 거예요.

김 면 앞으로 통일운동이 어떻게 전개될 거라고 보세요?

김아일 근데 유럽이나 해외는 따라갈 수밖에 없어요. 이제까지도 그랬고, 결국 어떠한 그것은 물론 유럽은 우리 운동권으로 자리 잡으려면 우리 자체 통일안을 가지고 나와야 돼요. 근데 이제까지 해외는 남·북한이 된 통일 하나 가지고 따라가는 거였거든요. 그러니까 자리가 뭐 없는 거지 뭐. 당사자가 남·북한이기 때문에. 아니면 우리 해외에서 해서 우리 방안을 남·북한에다 할 정도 역량이 되어 버리면 정말 동등한 위치가 된 거죠. 근데 지금 현실로 보면 그렇지가 않거든요.

　남·북한에는 거기서 협상을 해서 거기서 타결된 방안을 해외는 따라갈 수밖에 없는 거예요. 운동가처럼 자기 시간을 내서 한 것은 없고, 우리 1세대들도 예전같이 활동은 많이 못 해요. 나이도 나이고, 우리 선배들 다 60이 넘었는데, 하고 싶은 마음은 있겠죠.

김 면 노동교실 말고, 또 어디 활동 하셨어요?

김아일 근데 이런 것이 이제 참 예민한 문제거든요. 국가적인 큰일이 아니면, 상대는 남·북이니까. 우리 노동교실은 약해요. 그러니까 모든 주동은 되지만, 모든 타 단체들 연대해서 그렇게 되니까 그러면 노동교실 뭐 했다 하면 이런 것이 예민한 거거든요. 물론 우리 개인적으로 남한에 있는 노동자 연대라든지 그런 것은 상관없지만, 남한정부와 북한 이런 거를 할 때는 우리 힘으로는 안 되니까 옆에 있는 단체들 주동은 우리가 하더라도 이름은 이제 공동으로 나가는데. 원래 그런 직책. 모든 것이 단체가 나가야지 개인 이름이 나가면 깨진 거예요.

지금 여기 사람들 자기 이름 내세우려고 그러는데, 그 단체는 깨지게 되어 버려 있어요. 뭐든지 대외적으로 나갈 때는 나보다도 내 자신보다 단체 이름을 앞세워야지 그 단체가 살아나거든요. 커지고. 자기 개인 이름 나가고 그거 죽으면 끝이에요. 단체는 계속 살아남아야 되는데. 근데 사람들이 순간적인 자기 명예, 순간적인 자기를 항상 맡지도 않은 사람이 또 거기서 장이 나와요. 어떤 사람들 뭐 했고 뭐 했다고. 그게 아니거든. 단체가 살아야지 지속되는 거지. 개인은 아무 필요 없어요.

과거 간첩단 사건에 대하여

김　면 여러 과거사의 간첩사건이 있었지요.

김아일 그 자료들도 많거든요. 여기서 다 구명운동을 했기 때문에. 그러니까 처음에 독일사람들 쭉 서명도 받고, 해서 그것이 올라가서 3,000명 좀 받았기 때문에, 근데 그런 것은 여기서 예를 들어 안형민사건, 해서 하면 믿을 사람 한 명도 없고, 노동자였는데, 이제 한국 가서 단지 법원의 검사가 증거라고 하는 것이 소형카메라, 달러, 서울 지도, 이 세 가지. 아니 십 몇 년 만에 한국 들어가서 카메라 안 가져가고, 달러 안 가져가는 놈이 어디 있고, 서울 지도 안 가져 간 놈이 어디 있어요. 상식을 벗어난 거 아니에요? 이것은 증거니 뭐니 이렇게 해도 상식을 벗어난 거기 때문에 뭐 증거는 어떻게 찾을 필요 없어요. 상식적인 거로 해서 검사 자체가 한 것이 달러 몇 백 불, 소형카메라, 서울 지도. 이건데 이거 가지고 증거물로 해서 살다가 결국은 구명운동 해서 나온 거지 이제 한 2년 살다가. 이건 뭐 증거니 뭐니 상식적으로 그리고 김종한 씨 같은 경우. 그 세종학교.

김종한 씨 같은 경우는 한인 글 회장이었거든요. 한글학교 교장 선생님. 그때는 하나밖에 없었죠. 교장선생은 누가 뽑느냐면, 학부형들 있잖아요. 근데 그 학부형들 사이에서 인정을 받아서 뽑아났는데, 오길남 사건이 터진 거죠. 그러니까 영사관에서 대사관에서 갈아치우라고 난리가 난 거죠. 그러니까 그때부터 유언비어가 김종한 씨 지하실에 김일성 사진이 붙어 있다느니 뭐니 해서 결국은 나온 거죠. 나와서 세종학교를 만든 거죠. 그러니까 여기서, 이런 간첩사건도 여기서 안기부가 시작한 거지. 만든 거지. 최소한 이름, 주소 상황 같은 거 알아야지. 그럼 그런 상황을 아는 게 안기부 놈들 밖에 더 있어요? 특히 간첩사건 터트릴 때. 조직에 안 들어 있거나 혼자 있는 사람만 그랬어요. 조직에 들어 있으면 절대 안 다쳐요. 그 주위에서 도와 줄 수 없고, 혼자 있는 사람. 김종한 씨. 다 혼자예요. 그때 운동해도 도왔냐. 그것도 아니고. 누가 도와 줄 수도 없는 사람을 터뜨린다고. 조직에 들어있는 사람 아무리 평양을 쑤시고 왔다 갔다 해도 하나 건드려요?

김　면　해외운동관련 과거사 정리에 대해서 한 말씀해 주세요.

김아일　이전에 좀 이따 연락이 왔는데요. 뭐 유럽운동인물백과사전을 만든다는 연락을 받았거든요. 그래서 나는 참 완전히 분열시키는 거거든요.

아니, 이번에는 한국에서 정식으로 백과사전인물 해서 운동하는 사람이 어디 있어? 남·북한에 통일운동 생각을 조금이라도 가졌다는 그거거든요. 그거는 있겠지만 그거를 백과사전 나오는 것은… 제 이름을 내면서 사람 본인의 자존심이라는 것이 있기 때문에 거기서 한 명 누가 실수로라도 빠져 봐요. 그렇다고 모든 동포, 교민 이름을 다 집어넣을 수도 없는 거고, 만약 그런 데에 안 들어가 있는 사람은 결국 뭐.

참 예민한 문제지. 지금 우리도 누구 단체는 보내고, 누구 단체는 안 보내느냐. 그 단체도 친한 사람 있다고 그 단체도 보내고 나도 그러고, 또 보낸 것을 또 어떻게 정리를 해요. 지금까지 안 나왔으니까 그렇지 그 시대의 책자에 나오면 그 파장이 더 클 거라고요.

그러니까 책이 나올 때는 이제까지 모았던 자료를 각 단체들이 만나서 자료 교환하고 하나를 거기서 준비 위원회 하나 꾸려서 책 발행위원회면 발행위원회를 하나 꾸려서 더 이상, 한 권이면 충분하거든요. 각 단체별로 각 연구소별로 이렇게 해외협력운동사업부 이렇게요.

그런 일을 한다니까 쉬운 일이 아니라는 것을 알고 있고, 그런 일을 하면서 이런 해외에 사는 운동권에 있는 동포 바람이 이런 거더라, 하는 책이 나오게 하지 말고, 어떻게 하든 그거를 하나로 뭉쳐서 한 권으로.

자료들 정리한다고 해서 하나 뭐 했던 사람 이름 하나 올리고 그러면 차라리 운동권 진정으로 자기 몸 바쳐 일한 사람은 이름 하나 뒤에서 하면 그 사람이 진짜 운동가거든요. 다들 지금 자기가 뭐 6·15, 범민련이 뭐 때문에 이래. 다 그런 사람들 때문에 이 상태예요. 서로 자기가 장 하려고. 하지만 그 뒤에서 궂은일 다 한 사람들이 있는데, 이 사람들을 소외를 하고.

김 면 여러 말씀 감사드립니다.

7. 김순실

現 라인마인교회
통일위원회 위원장

김순실 現 라인마인교회 통일위원회 위원장 __________

김순실 위원장은 이화선 목사의 前부인으로 그와 함께 1979년 통일준비 위원회를 시작으로 기독교통일운동에 전념한 인물이다. 현재에도 라인 마인교회에서 그의 딸 이한나 선생과 함께 '통일음악회'를 열며 모인 성 금을 북한지원에 보내는 등 현재까지도 통일운동에 매진하고 있다. 또한 문학가로서 자신이 겪은 다양한 인생경험과 독일통일운동을 책으로 출 판하기도 하였다. 구술인터뷰에서는 초기부터 현재에 이르는 기독교통 일운동사를 정리하고 있다.

독일 생활

김　면　독일로 언제 어디로 오셨어요?

김순실　73년 가을에 왔어요. 프랑크푸르트에 와서 지금까지 프랑크푸르 트에 살고 있어요. 사는 건 여기서 밖에 못 살잖아요. 프랑크푸르 트에 와서 32년이 되는 거죠.

김　면　독일에 오셔서 처음에 어떤 일들을 주로 하셨어요?

김순실　내 경우는 특별해요. 내 남편이 61년도에 스위스 바젤대학교로 신학 공부를 하러 왔었어요. 그래서 거기서 칼 바르트 교수 밑에 서 공부를 하고, 거기서 65년도에 독일 괴팅겐 대학으로 왔어요. 그래서 학위는 프랑크푸르트 대학에서 끝나고, 한국으로 돌아왔었 는데, 여기에 계시는 동안에 이곳에 있는 한국 사람들 문제가 60 년대 중반이니깐 64년부터 시작을 했어요. 그렇게 해서 광부들이 오기 시작했죠. 그래서 그분들 문제를 제가 다룬 것이 2005년도에 팬클럽 팬 문학이라는 계간지에서 최우수상을 받았어요. 거기에 보면 광부들이 어떻게 해서 오게 됐는가. 또 막장 생활이라는 것 이 얼마나 목숨 건 생활이었던가. 그런 것이 드러나고, 거기에서 는 여러 가지 이유를 갖고 건너 온 사람들이 많지만, 그 중에서 내가 주인공으로 삼았던 사람은 한국에서 그 이데올로기 문제로 늘 불이익을 받아오던 사람이 출구를 찾아서 이쪽으로 온 거예요. 그러니깐 그 당시에는 광부도 아니고 노동자도 아닌 사람들이 많이 왔어요. 대학 출신들이 상당수가 있었고, 그 외국이라는 그런 것에 홀려 가지고. 그래서 와보니까 정작 현실에서는 절대 아니라 생각했던 것이 그것이 아니었다, 하는 것을 이제 알고 그래서 초창기 사람들은 제 3세계로 간 사람들도 있고, 미국이나 캐나다 이런 데로 간 사람들도 있지만. 여기에 머물면서 3년이라는 고용계약을 끝내고, 사실은 광부들은 광부라는 것 이외에는 여기에 체류가 안 되는 거예요. 그럼에도 불구하고 여러 방법에 따라서 여기 남은 사람들, 그 사람들이 아직까지 교민의 자격으로 살고 있는데, 그 분들은 이제 여러 가지 자영업을 하게 되고, 또 어디에 다시 취직도 하게 되고, 그렇게 하게 되는 이유는 우선 체류문제를 해결하기 위해서 이제 그 문제가 해결되어 있는 간호사하고의 결혼을 통해서 체류문제가 허용이 되는 그런 과정들이 제 소설 속에 담겨져 있어요. 그렇게 하면서 여기에 이제 발을 들였는데, 그 후로 이제 나온 사람들이 간호사예요. 간호사들이 66년도가 아마 거의 처음이 아니었던가 싶은데, 그래서 계속 70년대까지 나오게 되는데, 그 분들이 정작 나오고 나니깐 굉장히 많은 문제가 생겼어요. 여러 가지가 있었지만, 우선 문화가 다르기 때문에 식사가 다르고 언어가 다르고 그 문제가 굉장히 큰 문제였거든요. 게다가 20대를 넘어서 왔으니깐 여기 이제 젊은 사람들의 그런 애정문제까지 곁들이고 또 자존심문제. 왜냐하면 한국에서는 간호사 할 때에 좀 기술적인, 전문적인 측면에서 인정받던 그런 직업이었는데, 여기 와서 언어의 소통이 되지 않고, 또 여기서는 기술적인 것 보다는 시스템이 다르기 때문에 심부름도 많이 하게 되고, 잡일도 하게 되니깐 거기서 오는 어떤 정신적인 압력 같은 거, 이래서 굉장히 어려움에 처해 있을 때, 그 사람들의 문제를 해결하는 것이 결국 한인교회다. 그래서 한인교회를 세웠어요.

라인마인 한인교회

김순실 목사님. 이전에 남편이 신학을 했기 때문에. 그때 학생 목사로 계시면서 이제 프랑크푸르트 대학에서 학위논문을 하면서, 한 쪽으로는 하면서 이 사람들을 대상으로 하는 한인교회를 최초로 세운 사람이죠. 그리고 학위가 끝나서 한국에 오셨다가 대학에 자리를 찾고 있는 도중에 여기에서 다시 초대가 온 거예요. 그러니깐 우리 교회가 독일교회에서 목사 자리를 갖다가 우리 해줘야 되겠다, 하고 요청해 놓고 한국에 돌아왔는데, 그 동안에 그게 허락이 됐어요. 그래 가지고 최초의 초대 목사로서 우리 한국 분들이 우리 문제를 제일 잘 알고 계시는 목사님이라야 되겠다. 이래서 이 초대가 왔는데, 그 목적으로 다시 온 거예요. 그러니깐 나는 남편의 목회 협력자로서, 또 공부가 끝났으니깐 가정이 다시 합치고, 내가 공부하는 동안에 아이들하고 한국에 있었거든요. 그런데 공부를 끝내면서 내가 오게 된 거죠. 그래서 여기서 라인마인 한인교회라고, 그것이 37년이 됐어요. 그 교회를 이제 처음 세울 때에 같이 그 일에 종사하다가 지금도 그 교회를 나가는데, 현재는 이제 목사님을 그 뒤에 독일교회 하시다가 은퇴하시고, 그 다음에 은퇴하던 그 해에 한신대학에 객원교수로 초대돼서 거기서 하게 되고, 하다가 지금 독일에 와 계세요. 만나 보셨어요?

김 면 예, 이화선 목사님이지요.

김순실 나하고는 헤어졌고. 그러니깐 우리가 10년을 헤어져 있었기 때문에 그것이 우리 사이에 어려움으로 되고 그래서 헤어졌고. 목사님은 독일교회를 모시면서 은퇴를 하셨죠. 근데, 나는 이제 목회를 할 때 73년도에 왔는데, 74년도에 여기 민건회가 조성됐어요.

김 면 민건회 바로 전에 오셨군요?

김순실 그렇죠. 그런데 바로 그 해에 왔을 때 벌써 내가 오면서부터 그 문제를 가지고 같이 이제 만들어서 이듬해에 그렇게 된 거죠. 그때 내가 와서 국민의거 가운데 정치적인 사건이 김성수 간첩사건. 그것이 최초로 그 분이 정보원들에게 둘러싸여서 있던 한국 학생인데, 내가 한국을 떠날 때 벌써 신문에서 봤어요. 신문에서 보니깐 유럽 간첩단 내 연락책이다 이렇게 나와 있더라고요. 근데 그 분이 우리 교회 교인이 아니었는데, 그때부터 이제 연락을 받고나서 왜냐하면 한국 사람들이 정보원 때문에 무서워서 그 집에 가기도 무서워하고 전화도 못 하는 입장이었거든요. 그래서 목사님이 그 소식 듣고는 바로 그 집에 가서 그 분을 독일교회로 통해서 망명 신청을 해줬어요. 그러면서 우리 교회로 받아들인 거죠. 라인마인 한인교회. 그렇게 되면서 우리 교회는 이름이 빨갱이 교회가 되어 버린 거예요. 그래서 교인들이 확 줄고, 오셨던 분도 안 오는 거죠. 왜냐하면 여기 와서 3년을 있는 동안에 서양 교육을 받은 것들이 굉장히 반공 면에서 받아가지고 온 데다가 또 대사관에서 영향을 많이 받았어요. 예를 들면, 한국에 오빠나 집안이 불이익을 당한다. 당신이 여기서 그 교회를 나가면 거기에서 무사하지 못 할 거다. 이런 협박도 받고, 또 그런 어려움 속에서 우리 목회라는 것이 그 당시에는 두 가지, 첫 번째는 한인 인력, 그 분들이 현실적인 어려움을 하나하나 해결해 나가는 동시에, 왜냐하면 그때 이 분들을 지켜줘야 할 보호기구라는 게 하나도 없었어요. 그러니깐 그 기구가 없는 마당에서 완전히 그 역할을 해야 하는 것이 한인교회였어요. 거기다 이 사람들이 어디 갈 데가 없으니깐 한인교회를 통해서 한국말하고, 한국음식 먹고, 한국 사람들끼리 만날 수 있는 그 어떤 고향을 찾아 온 거예요. 그러니깐 신앙 이전에 그랬고, 또 거기다 신앙적인 것이 곁들여져서 생성된 것이 우리 교회인데, 그때는 독일교회들은 대개 독일 정부에서 월급을 받는데, 우리 같은 경우에는 그런 것이 전무한 가운데서 시작한 거죠. 그래서 그것을 일하면서 목사님이 신청을 했어요. 우리 노동자들이 당신들하고 똑같이 여기 와서 세금을 내고 있다. 당신들의 나라에 와서 일을 하고 있다. 그러면 우리에게도 그 사람들은 교회가 필요하고, 또 보호기구가 필요한데, 우리에게도 그 역할을 할 수 있는 목사의 자리를 정식으로 달라. 그거는 뭐냐 하면 월급을 받을 수 있는 자리를 확보해 달라는 거였죠. 독일이라는 데가 하나의 결정을 하기 위해서는 회의를 수 없이 거듭하면서 여러 가지를 가지고 서로 토론하고 해서 결국은 결정을 하는데, 그렇게 해 놓고 목사님은 나를 위해서가 아니라 나는 이제 한국에 가지만, 누가 오더라도 이 교회를 목회할 수 있도록 필요하다 이렇게 해 놓고 한국에 오셨는데, 결국은 되돌아오게 된 거예요. 그래서 정식 초대 목사가 되면서, 나는 이제 그 일을 위해서 온 거죠. 그러니깐 그때는 단순한 목회자의 아내로서가 아니라 독일교회에서 나를 인정하기를 목회의 협력자로서 인정을 해주었죠. 물론 월급은 안 나왔지만, 그래서 이제 회의 참석이라든가 독일 사람들 교회와 행사를 할 때에 항상 같이 초대를 받았어요. 그 당시에 우리가 민주화 규칙을 가지고 했던 교회의 전통을 그대로 받아서 이어져 오고 있는 것이 통일위원회예요. 내가 통일위원회의 위원장이에요. 지금 쭉 계속해서 하고 있으면서 요 몇 년 사이에 한 일은 의료품을 받아서 보내기.

통일음악회

김 면 북한에요?

김순실 예, 그리고 의료기구 보내기. 그리고 설탕, 식용기름 또는 국수 공장을 세웠는데 밀가루가 없어서 가동이 안 되고 있다 그런 얘기를 듣고, 그것을 해마다 보내오다가 5년 전, 2002년도에 다시 생각을 한 것이 국수가 가동되기 위해서는 밀가루를 좀 지속적인 루트를 통해서 보낼 수 있는 그런 것이 없을까 하고 생각하다가 음악회를 열자. 여기에 공부하러 온 음악학생들 또는 여기 있는 독일 사람이나 한국 사람을 망라하고서는 전문가들을 좀 흡수해서 자선음악회를 열어서 거기에서 거두어들인 돈을 보내는 것으로. 그래서 시작을 했는데, 그게 호응이 매우 좋아서 작년 11월에 5회째 했어요.

김 면 이 제목이 뭔 가요?

김순실 라인마인 한인교회 통일음악회. 그것이 이제 지금까지 우리 교회에서 지속사업으로 해 오는 일이에요. 그리고 내가 글 쓰는 사람이니까 우리교회 시작부터 여태까지 해오는 일이 교회지, 그것이 처음에는 월보라는 이름으로 한 달에 한 번씩 월보로 시작이 돼서 교회소식, 설교말씀, 또 거기다 영화평이라든가 문예 글을 살려서 해 오다가 한 4년간 이어졌어요. 그러다가 그 다음에는 한 달에 한 번씩 내는 것이 힘들고, 이렇게 되니까 다른 분들이 맡아서 하게 되면서 일 년에 네 번을 하다가, 지금은 일 년에 한 번씩 나오고 있어요. 제목을 '복음과 증언' 그렇게 해서 그걸 내가 맡아서 편집을 하고 있고, 교회에서 하는 일은 그 정도고. 여기 문인회가 3년 전에 조직됐어요. 재외동포문학상을 작년까지 해서 8회째가 이어져 오고 있는데, 거기서 수상한 사람들이 나는 이제 3회째에 수상을 했는데, 그 사람들을 모아서 공유지를 조직을 하자. 이래서 이것도 처음으로 수상자 분들만 모아서 독일어로 우선 번역을 하고, 그래서 책이 나왔는데, 조금 처음이라서 아주 제대로 안 되어있어요. 게다가 돈이라면 하나도 없는 사람들이 글 쓰는 사람들이니까. 그 사람들이 하자니 여기저기 도움을 청해 가면서 하고 있는데, 그 자체 문인회 내부에서는 회원들의 잡지를 일 년에 한번 내지 두 번을 내자 이러고 있고, 그런 것을 하고 있는 거예요. 이런 것은 별로 그렇게 한다고 할 수는 없고, 주로 내가 하는 일이라면 글쓰는 일 하고, 교회 다니는 일이죠.

초기 통일운동사

김 면 통일운동의 초기 역사에 대한 전반적인 얘기를 듣고 싶습니다.

김순실 그때 79년도에 우리가 가정적으로 헤어질 무렵이었어요. 그러니깐 그렇게 하면서 그 79년도에 통일위원회 준비위원회가 모였었어요. 그리고 나서 조직이 80년이 되면서 81년도에 최초로 빈에서 남·북 해외 교민들의 만남이 이루어지죠. 그때 이화선 목사님이 초대회장으로서 그 일을 추진시키기 위해서 온 구간에 미국이나 캐나다, 스웨덴, 스위스 뭐 독일 할 것 없이 통틀어서 연락을 한 편지지가 이만큼 목사님한테 있을 거예요. 그것이 굉장히 많아요. 우리 이렇게 해야 하지 않겠느냐 이런 편지들. 이화선 목사님이 보내시고, 또 답이 온 것이 거기 다 있어요. 나한테 있다가 내가 목사님 드린 것으로 알고 있어요.

김 면 처음에 빈에 편지 서신을 교환하고 이랬을 때 선생님도 많은 역할을 하셨겠네요?

김순실 나는 그때 안 했어요. 내가 가정적인 문제 때문에 자꾸 나도 같이 가자고 그러는데 안 갔어요. 그 뒤로 내가 그때 같이 갔었어야 하는데 그런 생각을 자꾸 하게 되는데, 왜냐하면 그때 그렇게 하고 북한에 찾아가기 위해서 오스트리아 가운데서도 상당히 빈에서 좀 먼 곳에 있는 이북본사를 찾아 갔어야 했어요. 그땐 그런 것들이 알려지면 뭐 아주 위험할 정도였거든요. 그런 위험한 교섭을 거쳐서 그리고 또 직접 연락이 오고가면서 이루어졌기 때문에 그렇게 쉽게 이루어졌다는 결과만 얘기하기에는 상당히 어려울 정도로 굉장히 많아요. 그런데, 빈에 한 번 갔다 왔는데, 빈에서 그 일이 있기 전에 목사님이 북한에 갔다 왔거든요. 전인지 후인지는 기억이 안 나는데...

김 면 목사님이 직접 가셨어요?

김순실 네. 목사님이 가시면서 그 다음에 기통회 가입이 됐었죠. 최초에 이영빈 목사님 부부하고 갔었어요. 근데 그때만 해도 이영빈 목사님 부부께서는 위험성을 느꼈어요. 조금 주저하시는데 이화선 목사님이 일단 성명서를 내고 가겠다. 그러니깐 그분들이 이걸 안 하겠다고 갔다 와서 하겠다. 그런 것을 이건 어차피 알려질 문제다. 아무리 우리가 비밀리에 가도 어차피 알려질 문제니까 독일 신문사 기자들을 불러서 그때 그 빈에서의 만남이 그 독일 사람들한테 알리고 했거든요. 그러니깐 최초로 갈 때에 성명서를 다 적어가지고 왔는데 이 두 내외분이 그걸 어떻게 반대를 하는지 그러면 안 가겠다. 이렇게 되니깐 그래서 그거 없이 간 거예요. 근데 그것을 조금 잘못, 고난 받는 사람들의 모임이라는 감리교 계통에서 나오는 책자에다 잘못 내서 여기에 '민족은 하나다'라는 거기에 내서, 홍세화 선생님이 파리에서 이 문제 편집자가 누구냐 잘못된 거 수정하라고 막 연락이 오고. 그때 사람들은 아니지만 그때 내용을 아니까. 그래서 그런 일이 있었는데, 그 잡지에 대해서 편집자에게 이런 것들을 낼 때에는 신중하게 해서 그 본인들이 생존하고 계시니까 그 분들을 만나고 나서 확인 것을 쓰지 어떤 한 사람의 잘못된 의도를 가지고 그렇게 하면 안 된다. 그런 얘기를 해주기는 했는데, 글이란 것은 한번 나가면 그것을 시정하기가…

김 면 어떻게 잘못 써졌는데요?

김순실 통일이라는 목적으로 시작을 했는데, 최초로 이분들이 불안해했던 것은 북한으로 가게 되면 상당히 한국 정부에서 요주 인물이 되니깐 이분들이, 두 내외분이 상당히 주저했어요. 근데 정작 가보니깐 북한에서 대우가 정말 좋았어요. 북한이라는 곳은 대표자 자격을 전적으로 인정하는 데예요. 예를 들면, 차를 갖다가 메르세데스, 목사님이 회장이니까 회장의 차로 해주고 보통 그 차를 제일 앞에다 몰고 다니고, 근데 판문점에 갈 때는 또 이영빈 목사님 내외가 탄 차를 제일 앞에다 세우고, 그러니깐 위험한 지역에 갈 때는 그렇게 했단 말예요. 이 사람들 그거 철저해요. 그런 것뿐 만이 아니라 처음에 갔을 때 대우가 굉장히 좋았던 것 같아요. 그러면서 이 분들이 다음에는 회장 자격으로 가야 되겠다는 이런 생각이 강했고 부인은 아마 그런 생각이었던 것 같고, 이제 이영빈 목사님은 그 북쪽의 강경파 입장에 서 버린 거죠. 그러니깐 이화선 목사님은 거기에도 가서 보니깐 강경파가 있고, 온건파가 있었던 거 같아요.

참으로 아쉬웠던 것이 한번 회장 뽑히면 임기가 2년이거든요. 근데, 일 년 지내고는 김순환, 이영빈 씨 부부 이 분들이 자꾸 임시총회를 열자고 해서 회장불신의 말을 해서 다시 투표에 붙이는 것을 두 번을 했어요.

김 면 뭐가 반대였던 겁니까?

김순실 세 가지 문제를 걸었는데, 빈에서 이북 분들이 70여 명이 왔어요. 그러니까 목사님들이 주로 오는데, 그 중에서 목사님이 두 분인가 세 분이 왔고, 그 이외에는 연예인들 또 오고, 이제 어쨌든 기독교에서 문제를 가지고 민간차원에서는 그게 최초의 남·북 간의 만남이었거든요. 그런 부분들을 지금 되돌아보면 그 전에는 아무리 민간이라고 해도 그리고 관(官)이라는 것을 개입을 면하지 못하는 사이에서 했는데, 우리 교회 통일민건 뿐이 아니라 독일에는 8개의 교회가 합의회를 해서 그 안에 통일 특별 위원회가 있어요. 그러니깐 한 20년이 됐어요. 거기에서 발간하는 일 년에 한 번 있는 책이 '통일아침' 거기에 쓰는 글들 가운데 여러 가지 민(民)이 하는 통일운동이라 해서 그런 제목으로 한 번 했는데, 그 안에다가 그런 글들을 썼어요.

김 면 라인마인교회도 다 들어있는 거죠?

김순실 내가 라인마인교회의 대표로서 나간 거죠. 거기에서 내가 지적한 것이 민이 하는 것, 우리는 이것을 통일운동이라고 하지 않는다. 왜냐하면 통일운동 같은 것은 처음부터 어떤 조직을 가지고 시작하는 건데, 우리 경우는 여러 가지 어려움이 그냥 민간에게서 나온 소리가 하나의 목소리를 내면서 통일운동으로 되었지 처음부터 운동이라는 차원에서 시작된 것이 아니라는 그런 얘기를 했었는데, 거기에서 평상시에 여러 가지 하고 싶었던 것이 나와 있어요. 그런 것을 보내드릴 수 있어요. 근데 예를 들면, 내가 그런 것을 했어요. 정주영 씨가 소를 몰고 간 것도 그것도 민이 했지만, 사실은 관이 허용하지 않는 상황에서 그게 가능했겠는가, 그런 의미에서 그건 민이 했다곤 볼 수 없다. 그런 얘기를 내가 쓴 적이 있었는데, 이거야 말로 그냥 민이 한 거예요. 왜냐하면 처음 민이 했기 때문에 장소를 처음에 스위스에서 하기로 했는데 스위스에서 이 만남이 있기 불과 얼마 전에 그 자리를 거부해 왔어요. 근데 그것이 관이 아니고, 나중에 알고 보니까 기독교예요. 기독교도 어떤 협의회, 기구, 기관 기독교가 있잖아요. 그런 데서는 자기네들이 해야만 한다고 생각하는 거예요. 모든 것은 자기들이 해야 하는데, 자기들이 인정하지 않는 것은 허용할 수 없다 이런 식이었으니깐. 그러니까 여기서 자생적으로 일어나는 것을 그것이 좀 너무 급격하다고 본 거겠죠. 너무 이르다는 거죠. 그래서 그때 스위스 거기에 한국기독교가 가 있었어요. 그 기구로 연락이 돼서 나중에 알고 보니까 그랬는데, 그것도 하나의 종교적인 관이라고 볼 수 있죠. 날짜는 다가오는데 만날 장소를 얻지 못해서 아슬아슬하게 빈을 겨우 얻은 거예요. 빈의 어떤 대학의 한 건물인데 그래서 하게 되는데, 그것이 약 130명쯤으로 미국, 캐나다, 스위스, 스웨덴, 독일 그리고 이북, 이렇게 해서 모인 사람들이 130명 쯤 됐는데, 한 번 내가 읽은 협의회에서 나온 보고서 가운데 보니깐 한 6명이 모인 것으로 축소보고 한 것을 내가 봤어요. 그런 것들이 조금 한국교회의 문제점들인데, 제대로 모르니깐 그랬을 수도 있고 의도적으로 그랬을 수도 있고. 그런데 그때는 굉장한 사건이에요. 이렇게 지내놓고 봐도 굉장한 사건인데, 그대로 밀고 나갔으면 기독교가 정말 문제에 관여한 것으로써 크게 역사에 지금도 남아야 될 거예요. 그런데 어수갑 씨는 그 후의 사람이에요. 그러니깐 그 후에 그 기통회가 깨어지고, 첫 번 그렇게 만나고 나서 거기에서 회장이 인사하기를 세 가지를 내놓고 인사했는데, 그 인사말 가운데 뭐라고 했냐면, 남과 북이 같이 서로를 이렇게 인정하면서 하자. 또 그것이 북쪽에서 볼 때는 걸린 거예요. 왜 남과 북이 동시에 같이 하느냐. 남한만이 바뀌어져야 한다. 북쪽을 왜 거기다 넣느냐 하는 것이 한 가지 문제였고, 그러니깐 그런 얘기들을 많이 썼잖아요. 미 제국주의하고 북 괴뢰 이런 폭력적인 언어를 쓰지 말고, 서로가 서로를 인정해주면서 대화를 통해서 하나되어가는 그것을 북쪽 강경파에서 전적으로 반대했어요. 그것은 동일선상에서 얘기할 수 없다. 남한만이 고쳐야 한다. 그것을 이영빈 목사님이 주장했어요. 그러니깐 이제 또 하나가 이북을 대화의 장소로 찾아서 가보니깐 목사님이 생각할 때는 거기가 교회였으면 싶었어요. 회의 장소가 없으니깐. 그래서 내년쯤은 우리가 다음에 만날 때는 그건 웃으면서 나온 얘기라고 하는데, 여기에도 교회가 하나 생겨서 우리가 그것을 통해서 통일대화를 이어갈 수 있기를 바란다. 그건 내정간섭이다 이거예요. 그 북쪽에서 하는 얘기를 그냥 그대로 또 이영빈 목사님이 불신의 매 요건으로 내세운 거예요. 또 하나가 굉장히 그런 문제인데. 그 세 가지를 들면서 좀 불신의 말을 한 거예요. 그러니까 그 뒤에 알게 된 것은 북쪽에서 많이 그것을 뒷받침을 했고, 또 김순환 씨는 회장을 남편으로 바꾸고 싶었던 그런 욕구가 있었던 것 같고, 그게 시종 어느 단체든지 그 문제 때문에 그 분들이 항상 갈라놓는 요인이 됐어요. 민건회도 그래서 문제가 있었고. 왜냐하면 윤이상 씨가 두 번째 회장이 됐을 때.

김 면 첫 번째 회장은 누구셨죠?

김순실 송두율 씨. 그때 윤이상 씨를 지명도 이런 것도 생각하면서 그 분을 했는데, 이제 이영빈 목사님 하고, 뮌헨에서 온 몇 분들이 해

가지고 해서 그거를 엎어버렸어요. 그래서 이때 윤이상 씨가 시끄러우니깐 나 안 하겠다. 아마 윤이상 씨가 한 번은 하고 두 번째 하라고 했을 때 그렇게 되었을 거예요. 그래서 그 문제가 안 되면서 세 번째는 얼마 전에 돌아가신 정규명 씨, 그 분이 민건회는 참여 안 했어요. 그 분은 그때까지만 해도 나오지를 않았어요. 왜냐면 조심하느라고. 이종수 씨였을지도 모르겠어요. 그 사람이었을 수 있겠네요. 그 사람도 한참 그 후의 사람인데. 그렇게 됐어요. 그래서 그때도 민건회에서 굉장히 문제가 있었지요.

김　면　그런데 민건회에서 실질적으로 나중에 이영빈 목사님한테 나가라고 그러셨다면서요?

김순실　그런 것이 있었다고 그래요.

김　면　아, 그건 잘 모르시고요?

해외기독교연합회(기련)창립

김순실　그러니까 민건회에서가 아니라, 그때 그 문제 때문에 있었을 수도 있었는데, 나는 그 문제보다도 그 뒤에 이제 너무 자꾸 이런 문제들이 싸움 같이 대두되니깐 학생들이 나중에 어수갑 씨랑 많이 참여하게 되면서 거기에 어른들 말고 젊은 사람들로 하자, 이렇게 됐는데, 거기에 아마 이영빈 목사님이 나타나셨던 거 같아요. 그래서 좀 나가주시라고 그랬다고 그래요. 근데 그건 훨씬 뒤의 일이고. 기통회에서 갈라져 나온 것은 81년도 바로 그 후에요. 그리고 목사님이 『화해』라는 잡지를 내기 시작했어요. 그것이 18회까지 나왔던가. 나오다가 중단됐는데, 거기에 두 번째 남북회담을 헬싱키에서 만났거든요. 근데 헬싱키가 그때만 해도 목사님이 회장이었는데, 장소를 안 알려주는 거예요. 그래서 이북하고만 연락을 해서 이영빈 목사님이 나중에 헬싱키 공항에서 이 분들이 2월 달이라서 참 추웠는데, 밤을 새웠어야 했어요. 장소를 갑자기 바꿰서 안 알려줘서 그래 가지고 헬싱키에 참석은 했는데, 거기서 목사님만 그럼 회장님만 와라 해서 오대석 씨를 보내라 그랬든가. 그래서 오대석 씨가 거기 참석을 했는데, 그럼 갔다가 오시오. 이 랬는데 이분이 안 오셔서 목사님이 다시 갔더니. 왜냐면 어린 아 이도 따라가고 굉장히 추워서 있는데, 같이 가야하는데 대표자만 오라고 하니깐 목사님은 그렇게는 못 하겠다. 우리가 거기에 참석 하기 위해서 이렇게 왔는데 이 사람들이 다 같이 가든가 아니면 내가 참석을 못 하겠다. 그런 얘기가 그때 있었죠. 그 다음에는 안 되겠다 해서 기독교 연맹, 기독교 통일연맹이라든가 그래서 기 련이 생겨난 거 같아요. 생겨나서 『화해』지를 계속 내놨죠.

김　면　그때 역할을 안 하시고요? 『화해』지 만드실 때?

김순실　나는 그때 교정을 했었죠. 그걸 써서 교정을 좀 해달라고 해서 내 가 했는데, 그때 목사님은 결혼한 뒤고, 그래서 교정만 해서 보내주 고 그랬어요.

김　면　그리고 나서 민건회가 나오고, 범민족대회도 나오고 그러거든요? 그때는 그럼 두 원로이신 이영빈 목사님이랑 이화선 목사님은 완 전히 별도로 떨어져 나오시더라고요. 그래서 여기서 많은 분들과 같이 하는 통일운동을 못 하시더라고요?

김순실　그렇죠. 그 분들을 영입을 안 했어요. 또 이화선 목사님은 가정 적인 문제 때문에 아마 불이익을 많이 받았을 거예요. 그리고 이 영빈 목사님이 이북의 입장에서 서 있기 때문에 그런 부분들이 대 개 조금 진보적이라고 본인들이 얘기 할 정도로 그리고 그 입장에 있지 않는 사람들을 보수 세력이라고 말하고 그랬기 때문에 이영 빈 목사님이 한동안 들락날락 하셨을 거예요.

통일운동의 어려움

김　면　이영빈 목사님께서 서운한 감이 되게 많으신 것 같더라고요. 처음만 하시고 나중에도 나가라고 한 거예요. 범민련이건 뭐건 제대로 한번 참석을 못했대요. 거의 뭐 못하고 그러셨다고 하더라고요.

김순실 그럴 거예요. 그래도 한동안 들락거렸는데. 근데 지난번에 여기 평화통일 문제. 그 기원은 아시죠? 그러니깐 전두환이 만들어 놓은 거. 그러니깐 평화통일이라는 거 자체가 전두환이 만든 거거든요. 민족통일에 대립해 가지고 만든 건데, 독일에서 평화통일에 가입한 회원들이 전부 하나 같이 반공주의자들이거든요. 거의 얘기할 필요도 없을 정도로. 그런 사람들로 딱 되어있는데, 지금 여전히 노무현 정권 이렇게 되면서 또 평화통일 회원으로 그 사람들이 자문위원이 되고, 청와대 가고, 또 그 사람들이 포상을 입고, 우리는 관계없어요. 근데 거기에 작년에 최초로 처음으로 이쪽 민주화 쪽에서도 한 30명을 보내라 하는 이런 초청이 왔는데, 거기에 이 분들을 안 넣은 거 그건 잘못된 거 같아요. 그러니까 아무리 지금은 다른 방향에서 그 일이 진행되고 있다고 치더라도 일단 구라파뿐 아니라 뉴욕까지 합친 민간 차원에서의 통일운동은 그게 최초라고 보는데 거기에 그분들 사이에서는 어떤 일이 있었든지 간에 그 분들을 배제할 수는 없거든요. 이영빈 목사님은 자꾸 자기가 초대회장이라고 이러기 때문에 사람들이 골치 아파서 이렇게는 해요. 그런데 초대목사가 이화선 목사님이었고, 그것을 너무 그러니깐 이쪽도 저쪽도 귀찮다. 이런 차원이었는지는 모르겠어요. 젊은 사람들이 그거는 좀 잘못한 것 같고. 지난번에 혹시 한국에 가 있는데 최정규 씨라고 아세요? 그 사람이 여기에 한 번 와 있을 때 전화를 했더라고요. 그 분도 그렇고 다른 분들이 또 몇 번 전화를 하면서, 나도 못 받았네. 나는 별로 거기에 생각을 안 했기 때문에 초청을 받으셨냐고 묻더라고요. 그래서 난 그런 게 있는 줄도 모르는데 그랬더니 자기가 거기서도 말했다고 이 원로들을 배제하고 어떻게 그 다음 사람들은 통일운동이라기 보다는 조금씩 다른 어떤 예를 들면 물론 민주화가 우선이 됐지만, 그러나 민주화 계통에서 헤어진 분들이 이제 80년대 이후에 한국에서도 민주화의 소리가 나고 이러니깐 조금 사람들이 파고들어 갈 구멍이 생기지 않았습니까? 그래서 여기서 공부 끝나고 한국에 못가고 있던 사람들이 그때 많이 갔어요. 이삼열 씨나 뭐 강동구 씨, 송윤배 씨 모두 다 그때 가서 최두환 씨가 아마 제일 먼저 갔을 거예요. 그래서 여기에 운동권이 굉장히 침체됐죠. 사람들이 자꾸 매일매일 가니까.

김　면 그때 한민련이고 이런 때는 다 같이 가입을 하셨나요?

김순실 한민련이라는 것은 독일의 어떤 일반화된 운동이 아니라 일본의 조총련 있죠? 그러니깐 거기가 주도권을 가지는 중심이 돼서 배동호 씨, 곽동의 씨 이런 분들이 주축이 되어가지고 사회주의에 입각한 단체였죠. 거기에 우리 정규명 씨가 들어갔죠. 그래서 한민련 의장을 맡기 시작했어요. 그러면서 민협이라는 것이 그 당시에 생겼는데, 거기서 어수갑 씨가 일했고, 이종수씨가 민협 회장을 했을 거예요. 근데 나는 각개가 운동을 하다 보면 모두 다른데, 다르나 역사로서 취급을 하고 건드릴 때는 전부를 다 어울러서 그 특색 있는 대로 각기 인정을 하고 나가야 하지 않는가, 라는 생각이 들어요. 그러니깐 일반이 얘기하듯이 이화선 목사님이 최초에 제일 위험할 때 성명서까지 내고 대담하게 나가려던 그 양반을 나중에 이영빈 목사님은 반동이라고 했거든요. 그런 것이 단순히 이데올로기 문제만이 아니라 결국 권력 문제가 아니겠는가. 그것을 기초로 회장에 대한 도전을 했고, 임시 총회를 열어서 했는데 목사님이 또 됐어요. 또 되고 나니깐 그 다음에는 김순환 씨가 주로 그런 것을 해요. 이영빈 목사님도 처음하고는 많이 달라졌어요. 처음 그 사람은 우리가 두 부부가 참 오래 된 친구예요. 근데 김순환 씨는 별로 안 좋아하는데, 최초에는 이영빈 목사는 아주 좋은 목사였어요. 그러니깐 북독에서 어려움에 처한 광부들 문제를 많이 지원해줬고, 이화선 목사님은 헤센 지역에 간호사 문제들을

맡아서 주로 독일교회한테 돈을 받으면서도 뭐라고 당당하게 얘기
했냐면 당신네들이 우리한테 사업자금, 또 어떤 책정된 돈이 있었
어요. 그러니깐 목사의 월급도 물론 거기서 나오고. 이거 당신들
이 그냥 주는 돈이 아니다. 이거는 우리 근로자들이 일해서 당신
들 나라에 바친 세금의 일부를 되돌려 받는 것뿐이다. 이렇게 당
당하게 받았어요. 이화선 목사님은 할 말을 아주 제대로 했어요.
이영빈 목사님도 그런 사람이에요. 이 두 분이 있어서 교회가 참
당당했어요. 근데 이 두 분들이 그렇게 돼서 좀 아쉽죠. 그리고
그 당시에는 내가 목사님 하고 길에 나가면 모르는 사람들도 우리
한테 인사를 다 했어요. 그러니깐 동양 사람들이면 다 인사를 하
고 일본사람들도 다 했어요. 왜냐면 먼저 왔다는 점에서도 그렇고
그런 문제들을 관여해 줬으니까요. 예를 들어 우리 교민들 가운데
에 그 체류연장을 안 해줄 때는 목사님이 외국인 관청에 가서 왜
안 해주느냐 이렇게 따져주고 했어요. 그러니깐 교회가 완전히 그
사람들의 한 보호 기구였어요. 그리고 김성수 씨를 우리가 취하면
서 목사님은 테러까지 당했어요. 친선체육회에서 저만큼 50미터
앞에서 대사관에서 깡패들을 보내가지고. 왜냐면 우리가 항상 뮌
헨에 몇 번 정기적으로 공식적인 세미나가 있었는데, 제가 한 번
은 월보 제18호에 그 세미나의 내용을 적었는데, 그때 제목이 재
독한국인들 재독교민사회의 문제점, 이랬을 거예요. 그래서 대사
관에서도 한 사람 강사로 보내라. 그리고 이제 몇 가지 제목을 세
가지인가 이렇게 만들어서 대사관에서 행정적인 것을 우리에게 다
빼줄 사람을 보내라. 그리고 송두율 씨한테 뭔가를 하나 부탁을
해서 그 사람이 강사로 오고, 72년도에 송두율 씨가 이화선 목사
님하고 프랑크푸르트 대학에서 같이 학위를 받았어요. 그래서 그
사람을 오게 하고, 그 다음에 또 한 강사가 이화선 목사님이고. 이
렇게 강사를 아마 세 분을 가지고 했을 거예요. 그러니깐 세미나
치고는 아주 괜찮은 세미나라고 할 수 있었죠. 근데 그때 내가 지

역구를 책임 맡고 있었기 때문에 내 주관으로 그걸 했었는데, 우리 교회에서 내놓은 얘기 가운데 1세대들이 자식들을 낳고 그 자식들이 학교를 가야 된다. 한글도 가르쳐야 되고 이러는데 그 아이들에게 한글학교를 만들어 줘야 되겠다. 그래서 거기에 대해 어떤 준비가 없느냐. 그랬는데, 이 분이 자기로서는 대답할 수가 없다. 그렇게 해서 몇 가지를 물었는데 하나도 영사 업무에 있어서 책임 있는 답변을 하지 못했어요. 각자의 강의 내용이 거기에 기록이 되고 평가가 내려지면서 대사관에서 온 사람이 남부총영사였는데, 그 영사가 한 것 가운데 우리의 이런 제의에 대해서 이런 답변이 나왔다, 이런 것을 기록했거든요. 그러니깐 영사 업무가 부재하다는 그런 지적을 할 수 밖에 없었는데, 이제 그것을 꼬투리를 잡아서 대사관에는 항상 체류가 마감되는 사람들이 연장을 받기 위해서 항상 우글거리고 있었어요. 대사관에서 연장을 안 해주면 못 받잖아요. 3년을 가지고 마쳤는데, 마쳐가기 시작하면 겁이 나는 거예요. 그럼 돌아가야 하나, 아니면 여기 머무르려면 우선 체류증이 필요한데 그러면 대사관하고 어쩔 수 없다. 그러니깐 그 사람들이 시키는 대로 해야 되고, 여러 가지 이런 약점들을 가지고 있고, 항상 약자였죠. 대사관은 그런 점에 있어서 굉장히 큰 소리를 쳤어요. 프랑크푸르트에서 한인회장을 뽑을 때에는 영사관에서 벌써 와서는 딱 지키고 있는 거예요. 누가 되는, 되느냐. 74년도에 우리 교회에서는 나보고 나가라고 했거든요. 그러면 나는 그런 거 못한다. 나는 사실 그런 회장직하고는 관계없는 사람이니깐. 그랬더니 교인들 말은 사모님 거기에 앉아계셔서 다른 사람들이 그 자리를 악용하지만 않으면 되니깐 계시라는 거고, 할 일은 우리가 다 하겠습니다. 그랬는데 내가 끝까지 그 자리를 안했죠. 그런데 74년도에 그런 얘기가 나가니깐 대사관에서 잔뜩 긴장을 해서 벌써 그 하기 며칠 전부터 프랑크푸르트에 와서 진을 치고 있는 거예요. 73년도에 김성수 사건이 일어났고, 그리고 73년도에 내가 오자마자 우리 교회가 개최한 세미나가 뭐냐 하면 박형규 목사, 그 분이 기독자 성명을 했잖아요? 그렇게 하고나서는 감옥에 들어갔죠. 그것에 대해서 우리도 재독교민회 기독자양심선언을 하기 위해서 모인 세미나인데, 그런 것들 전부 내 소설에 적어 놓은 건데.

김 면 어디 적어 놓은 거 있으면 선생님 보내 주세요.

김순실 내가 제목을 '라인 강변의 한국인들' 이런 제목으로 장편을 썼어요. 근데 그것을 장편이 안 되더라고요. 써놓고 보니깐 전부 다 단편 소재야. 출판을 하기는 해야 될 거예요. 근데 내가 계산해서 창작 장편모집 할 때 내놨는데 되돌아왔어요. 그래서 그 다음에 그냥 그 소재 가운데에서 하나씩 가지고 단편 형식으로 만들고, 어떤 거는 중편이 되고 이렇게 다시 교정을 보고 있거든요. 더러는 여기서 발표도 되고 있지만, 한국에서 내가 책을 내기는 해야 되는데, 제목은 조금 바꿔야 될 것 같아요. 그 제목이 딱 맞는데, 여기 있다가 간 사람들 가운데 '라인 강변에 꽃상여 가네.' 이런 걸로 작년에 조병옥 씨가 냈더라고. 그래서 이 라인 강 이거 한발 늦었어요.

김 면 출판하시면 상당히 의미가 있을 겁니다. 독일 측에서 뭐 도움 받고, 관계 가졌던 분들은 없으세요?

김순실 여기서 제일 빼놓을 수 없는 것은 여성회예요. 여성회는 그걸 얘기하자면 지금도 이어지고 있어요. 그런데 그것이 제일 자랑스럽다고 할 정도로 여성회가 처음에는 절대로 정치적인 것에 개입 안 하겠다. 그래서 시작을 해서 어디 와서 했느냐면 동일방직사건, 그러니깐 일하는 여성들의 모임으로 되어 버린 거예요. 그것이 제일 처음에 시작을 됐을 때 76년도인데, 그것은 여성회가 아니라 하나의 세미나였어요. 그때 유학생이 시작을 한 거예요. 그 유학생들이 이런 세미나 한 번 해보자해서 나보고 개회사를 해달라고 하더라고요. 나는 아무 생각도 없이 참석만 했었는데, 그때 일반적인 여성 문제가 테마가 됐어요. 하나는 여성의 사회적 국적 지위, 그 다음에는 여성운동사의 역사 그리고 또 하나가 강정숙 씨가 했던 것 이렇게 몇 가지를 가지고, 그리고 유산 문제, 여기서 여성들이 유산하는 것이 법적으로 허용이 안 되고 몰래 할 수 밖에 없는 218조 문제 이런 것도 나오고 했는데, 그것을 한번 하고 나서 그 다음에, 다음 다음해에 여성회가 생겼어요. 아, 그 얘기는 정말 남겨야 될 겁니다. 그것도 내가 '고개 든 한국 여성'이라는 제목으로 단편을 해 놨는데, 어떤 작가가 와서는 굉장히 욕심내고 그랬는데, 윤준모가 와서는 한국에 독일문학이 하나도 안 나왔다는 거예요. 그것을 자기가 하고 싶어서 손대보다가 이거는 도저히 우리가 자료 수집해 가지고는 될 일이 아니구나. 나더러 여기 사는 사람이 써야 되겠다고 해서 선생님 몫이라고 그랬는데 나는 장편을 쓴다고 했어요. 단편으로 쓴 것도 아니고 그런 것을 단편으로 다시하고 있지만, 거기에 이 여성들이 뭐를 했냐면 굉장히 큰 일들을 했는데, 동일방직, 그 한국에서 일하는 여성들, 그러니깐 정치적인 데에 관여하지 않으면서 일하는 여성들의 문제, 그러니깐 처음에는 유학생들이 시작한 세미나로 끝났고, 그 다음에 여기 있는 간호사들이 2년 뒤에 왜 일어났느냐 하면 집단으로 해고를 당한 거예요. 여기에서 이제 인플레가 생기고 막 어려워지니깐 외국인 간호사들을 해고하기 시작한 거예요. 거기에 항거해서 일어나서 어떻게 했느냐 하면, 여기 독일 법에는 만 명의 반대 의견이 서명으로 확인되면 바꿀 수 있는 그런 것이 있었어요. 그것을 목표로 시작을 해서 만 명의 서명을 넘긴 거예요. 그렇게 되니깐 우리가 개별적으로 할 것이 아니라 모임을 만들자, 이래서 생긴 것이 한국여성모임이라는 이름이에요. 그래서 간호사들이 주축이 된 거예요. 간호사들이 주축이 되면서 이제 민건회라든가 노동자연맹, 노련이라든가 다른 모든 것과 관계없이 여성회만으로 존속해 나가자 이렇게 돼서 그 사람들이 시작한 것이 바로 한국에 있는 일하는 여성들의 고난에 우리가 동참하자. 이래서 동일방직사건, YH 사건 그리고 독일 사람이 이리 후레아 패션 사건이라고, 그것을 내가 취급을 했네.

이후 통일운동에 관하여

김　면　범민련을 만드는 데 참여 안 한다는 거죠?

김순실　아뇨, 참여 안 한다가 아니라 너무 일방적이라는 거예요. 그래서 이 사람들이 참여를 못하겠다는 거예요. 그래서 한 번 이런 일이 있었어요. 한민총 아이들을 이 사람들이 책임도 못 지면서 속 썩이고 있다. 그런 얘기가 많이 나왔어요. 그 아이들이, 한국에서 실제로 당하는 것은 그 아이들인데 책임도 못 지면서 애들을 속 썩여서 고생시킨다. 그 얘기가 굉장히 많이 나왔죠. 여러 가지가 비판 받는 가운데에 나는 그 뒤에서 싸우는 것이 골치 아파서 그냥 바라만 보고 있었는데, 내가 본 가운데 범민련 같은 거는 너무 일방적이라고 볼 수가 있었어요. 어떤 이데올로기에는 상당한 공통성이 있어야 하는데 그런 것이 거의 없고 독일에 있어서의 진보주의는 마치 이북찬양을 하는 사람들에 따라서 그냥 주도되는 것 같은 그런 면에서 이영빈 목사도 문제시 됐죠. 그러니깐 그분이 거기서도 그렇게 된 것에는 어디가나 권력의 문제 때문이에요. 그분이 앞서가는 소리는 많이 하기 때문에 어떤 이념에서 저기하진 않을 건데. 그 다음에는 권력문제로 들어가죠.

김　면　다른 통일운동에 대해 말씀해 주시지요.

김순실　지금 이제 여성회 회원 중에 한 사람이 우리 딸인데, 우리 딸은 거기에 쭉 관여하고 있으니까. 이한나. 지금 작년에 이북에 처음으로 갔다 왔는데, 사실은 처음이었는데, 주목을 굉장히 받아 온 것이 우리 이한나이죠. 그래서 벌써 70년대에 계속 대사관에서 영사만 왔다고 하면 벌써 이한나만 도서관으로 찾아오는 거예요. 회유시키려고 하는 거 같아요. 그러고선 한국에 KBS 이사장 된 이종숙 씨가, 그 사람이 가서는 즉시 연락이 오기를 이한나는 아직 나오지 마라. 아직은 위험하다. 이래서 자기가 가서 정보부에서 받을 때에 이한나에 대해 그렇게 묻더라는 거예요. 근데 사실 교회에서도 통일위원회를 존속시키자면 정말로 불과 한, 두 명 이한나가 아니면 내가 할 수가 없었죠. 내가 이름은 책임을 지지만, 실제 일은 음악회를 열어도 그렇고, 북쪽을 찾아가는 것도 나보다는 낫고.

김　면　아니, 북한에는 개인적으로 가신 거예요?

김순실　그러니깐 8개 교회가 합쳐서 협의회를 이루었다고 했죠. 거기에 중앙으로 해서 우리교회를 대표해서 간 거죠. 협의회에서 그냥… 아, 조선기독교연맹방문.

김　면　지금도 교류가 있나요?

김순실　있어요. 그것이 내 음악회를 통해서 일 년에 한 번씩 거기에 지원을 하 고 있죠.

김　면　예, 현재까지 계속 이어지고 있군요. 라인마인 교회는 두 원로 목사님이 거의 더 이상 활동을 안 하시더라도 지금 그런 것들을 통해서.

김순실　그러니깐 그것이 전통적으로 이어지는 것이 지금 프랑크푸르트에 교회가 한 20곳이 넘어요. 그래도 아직도 통일위원회가 있는 교회가 우리교회 밖에 없거든요. 근데 그것을 이어오기 위해서는 같은 교회 안에서도 얼마나 싫어하는지 몰라요. 그러니깐 꾸준하게 하는 사람이 하는 거지. 존속된 거는 아니죠.

김　면　6·15공동선언실천을 위한 4주년 행사. 범유럽준비위원회에 들어가셨더라고요? 거기 그거는 잘 하세요?

김순실　그것은 그분들이 내 이름을 자문으로 넣었더라고요. 나는 하는 거 없어요.

김　면　지금까지 통일운동하시면서 선생님이 여러 가지 느끼신 점이 많

으실 텐데, 앞으로 통일운동이 어떤 방향으로 이루어져야 된다고
생각하세요?

김순실 그러니까 예를 들면 우리가 해마다 음악회를 통해서 돈을 벌어
서 낼 때마다 들리는 소리가 그 돈이 어디에 쓰이는지 어떻게 아
느냐. 정말 필요로 하는 사람들에게 전달이 되느냐. 그런 얘기들
을 많이 하고, 우리도 실제로 정말 필요한 사람들에게 가기 위해
서 어떤 루트가 가장 정확하게 그 일을 해줄까 하면서 우리가 보
낸 것은 독일 사람들이 직접 찾아가는 독일교회에서 사람들을 통
해서 보냈고, 작년 같은 경우에는 우리 이한나가 직접 가지고 갔
고, 그리고 한 번은 북한 교회 분들이 그쪽에서 왔을 때, 그러니깐
작년, 재작년에 여기 도서박람회 그때 초청을 했더니 그때는 못
오고 지나고 나서 왔어요. 교회 행사로 독일교회에서 주관을 해서
그분들하고 같이 만나고, 세미나를 하고나서 모였죠. 그때 우리
민건회 30주년이 있었어요. 그 자리에서 전달을 했어요. 그런 것
이 있었는데, 조금 전에 물음에 대한 얘기를 한다면, 결과적으로
우리가 그것이 군사비용으로 사용된다든가 이런 식으로 얘기를 통
해서 꼭 그렇게 보내야 되는가. 이렇게 말하는 사람도 있고, 그렇
지만 우리는 일단 주는 데까지 우리 역할이라고 생각하고. 우리
딸이 갔다 와서, 우리 딸이라고 해도 50이 넘었어요. 거기 가서
이런 일이 있다고 해요. 식당에 가서 밥을 먹는데 거기서 몇 그램
을 먹느냐. 이렇게 거기에서 안내해 주는 대로 다니다가 한 번은
자유시간이 있어서 시장에 가서 이렇게 그냥 살 수 있는 데를 가
고 싶어서 갔는데, 어떤 사람이 앉아서 떡을 팔더래요. 1Euro를
주니까 그거를 두 개를 주더래요. 그래서 너무 많지 아느냐 하나
면 됐다고 하니깐. 그냥 주더래요. 그 분들이 그 돈의 가치를 몰
라서 그랬는지도 모르겠어요. 근데 그걸 받아서 왔는데 지나가는
사람에게 주고 싶어서 그랬는데, 같이 가신 한 분이 말을 좀 잘못
했다고 그래요. 배고프시죠? 이랬다는 거예요. 그러니깐 배 안 고

픕니다. 이러면서 그냥 갔다는 거예요. 그러니깐 이 사람들의 자존심을 지켜줘야 돼요. 그냥 보니깐 어떤 남자가 참 잘 생겼는데, 굉장히 마르고 초췌하더래요. 근데 아이들 둘을 데리고 쓰레기통을 찾고 다니더래요. 그래서 어떻게 하면 자존심 상하지 않게 하면서 줄 수 있을까 해서 생각하다가 우리가 이게 좀 많아서 나눠 먹었으면 좋겠다고 그러니깐 너무나 반갑게 고맙다고 그러면서 그걸 받아 가더래요. 그런데 아직도 배고픈 사람이 너무 많다는 거예요. 그러니깐 우리는 그런 일을 그것이 어디로 가건 이 일을 계속해야 되고, 우리 딸이 갔다 와서 한 가지 결심한 것이 뭐냐면 매일 하루에 1Euro씩을 저축을 해서 365Euro를 만들어서 작년에 우리 통일음악회로 들어온 돈에 합쳐서 냈어요. 그러니까 그런 작은 일이 그런 사람들이 많이 늘어 가면 결국은 이제 좋은 내일을 기약할 수 있지 않을까.

김 면 여러 말씀 감사드립니다.

8. 김정숙

前 세종학교 이사장

김정숙 前 세종학교 이사장

김정숙 前이사장은 부산대 간호학과를 졸업하고 1970년 10월 파독 간호사로 입국하였다. 80년 민주화운동에 헌신하게 되었으며, 재독여성모임 일을 초창기부터 열심히 하고 있으며, 한인학교의 관료적 교육을 거부하고 김종한 선생과 함께 이사장으로서 세종학교를 이끌며 민족교육을 위해 베를린 시로부터 지원을 이끌어내기도 하였다. 현재 한민족 여성네트워크 일원으로서 활동 중이다.

독일 입국

김 면 소개 부탁드립니다.

김정숙 저는 한국 이름으로 김정숙입니다. 그리고 독일 남자와 결혼했기 때문에 그 당시에는 여자 이름을 그대로 가질 수가 없었고 남자 이름을 따라야 합니다. 그래서 지금은 성이 바뀌어서 마크 그라프(Mark-Graf)정숙입니다. 그리고 제가 독일 오게 된 것은 1970년 10월에 간호사로 왔습니다. 그리고 출신은 부산대학교 간호학과를 나왔고, 저도 13기생입니다. 제가 독일로 오게 된 동기는 저보다도 먼저 독일에 왔던 동기생이 있었는데, 그 사람이 독일이라는 곳은 사회적으로 모든 것이 정말 잘 보장되어 있다고 하더군요. 예를 들어서 그 친구가 온 지 한 두 달도 안 됐는데 자기가 살고 있는 집에 수영장이 있고, 뭐가 있다고 했지, 어쨌든 굉장했어요. 그래서 사실 저는 제가 가지고 싶었던 것이 뭐냐면 스테레오 안라게(Stereo-Anlage). 그 축음기, 전축판, 그리고 클래식 음악을 듣고 싶었어요. 그래서 그게 오게 된 이유입니다. 근데 우리나라에서는 거의 불가능한 일인데, 제가 여기 와서 한 달 일한 월급으로 그때 그 축음기를 살 수가 있었어요. 그래서 그 축음기를 사는 데에 돈을 다 써 버렸죠.

김 면 그럼, 처음부터 병원에 계신 거였군요?

김정숙　그래서 처음에 제가 배정받은 곳이 베를린 내에 있는 기독교 병
원입니다. 그때 한국 사람들이 많았어요. 그때 올 때는 다 간호사
로 왔죠.

　한국 간호사들이 오기 시작한 것이 65년도부터는 많은 사람들이
오게 되고, 60년도부터 그 미션 기독교 거기 개신교죠? 거기 미션
을 통해서 오신 분들이 더러 있었어요. 처음 와가지고는 그 사람
들은 간호사들이 아니었고, 여기 와서 간호학교를 다녀서 간호사
가 된 분들이 많죠. 그리고 다른 직장을 가진 사람들도 있고.

한독친선회

김　면　동포운동에 합류하게 된 계기가 있으세요?

김정숙　예, 그 계기라는 것은 1980년 광주항쟁이 나면서, 그때 제 친구
가 광주항쟁, 그 친구가 광주출신입니다. 여기 와서 알게 됐죠. 그
친구가 저한테 그랬었어요. 광주에 뭔가 이상한 일이 있단다. 그
러면서 텔레비전을 지금 막 우연히 보게 됐다는 거예요. 그래서
텔레비전을 켜서 보니 정말 기가 막히게 한창 때였어요. 그때가
제 생각에 그걸 볼 수 있었던 게 5·18, 5월 20일이었었어요. 제
가 기록되어 있는 기록지가 있어요. 그래서 그걸 볼 때 한없이 눈
물이 나면서 도대체 인간으로서 있을 수 없는 일이 우리나라에서
있다는 거. 그리고 제가 제일 가슴 아팠던 것은 그때 대학생들이
많이 죽었잖아요. 부모님들이 그 젊은 죽은 애들을 볼 때 그 마음
이 어땠을까. 만일 내 자식이라면 그 애들한테 밖으로 나가라고
해야 될지 안 해야 할지. 왜냐하면 정의로운 일을 해야 하는데, 정
의로운 일을 하지 말라고 하는 것도 부모로서 해야 되는 일이 아
닐 테고, 그렇다고 정의로운 일을 하러 나가라는 것은 가서 죽으
라는 소리고. 어떻게 해야 될까. 만약 제가 엄마였다면 어떻게 했
을까 그러면서 갑자기 우리도 뭔가를 해야 할 것 같다. 도저히 이

건 그냥 보고 있을 수 있는 일이 아니다. 그러던 참에 친구한테 연락이 왔어요. 야, 우리 뭐를 하자. 그래서 어떻게 할까. 그때 저희들이 윤이상 선생님한테 연락을 했어요. 윤이상 선생님이 자문 좀 해주시라고. 지금 이런 일도 있는 것을 윤 선생님도 아시는지 모르겠는데, 우리가 뭘 어떻게 해야 되겠습니까. 그러니까 그때 윤 선생님께서 다섯 가지 말씀해 주신 게 있어요. 이렇게 저렇게 하는 방법들. 그때 그 방법들을 우리는 수행을 했죠. 그래서 그 방법들 중에 데모, 각 나라 수상들에게 호소문 보내는 거, 그리고 여기 있는 우리 재독교민, 그때는 재독동포라는 말을 썼어요. 지금은 재독교민이라는 말을 쓰지만. 진실을 알리는 거, 그리고 민주화운동을 하는 사람들이 함께 뭉쳐야 된다는 것, 그리고 문화 활동을 이 기회에 함께하면서 우리 것이 무엇인지 찾으라는 거죠. 그때 이제 제가 처음으로 우리들끼리 만든 회(단체)가 한독친선회라는 것을 만들었어요. 그래서 그때 한독친선회에 가입되어 있던 분들 중에 독일 사람도 굉장히 많았었어요. 독일 사람들하고 한국인들 옛날 박정희 시대 때 반대했던 사람들, 그때 독일 사람들은 대부분이 한국 여자랑 결혼한 남편들도 있지만, 사실 정치에 관심 있는 사람들, 그러니까 세계 민주화를 원하는 사람들. 그러면서 마침 우리가 행운이었던 게, 독일 내가 조용했었어요. 독일에 별로 아무런 일이 없을 때였어요. 아주 평화롭게 살 때였기 때문에, 이런 일에 대해서 인권에 대해서 사람들이 굉장히 많은 호응을 할 때였어요. 지금이라면 좀 불가능했을 거예요. 그래서 우리들이 굉장히 많은 도움을 받게 됐죠. 아, 그리고 그때 윤이상 선생님이 기독교, 그때 윤이상 선생님이 말씀하신 것 중에 우리들끼리 한 것 같아요. 기독교, 세계기독교 날에 우리들이 그걸 했었어요. 서명운동. 여기서는 서명운동을 해서 10만인가 만 이상이 되면 국회에서 이 문제를 토론해야 되는 게 있거든요. 그때 우리가 그 숫자 이상을 했기 때문에 국회에서 토론을 해서 그때 외무부장관으로 있던

겐서 씨가 한국으로 가게 됐어요. 그때 가서 전두환한테 이제는 김대중 씨가 그때 투옥되었을 때였어요. 그분이 출옥하게끔, 그때 사형선고 받고 있었을 때였을 거예요. 그러면서 그때 알게 됐던 게, 같이 광주항쟁을 해서 데모 준비를 했는데, 준비 모임에 있던 분이 재독여성모임에 들어오면 좋겠다. 이래서 그때 재독여성모임에 가입을 하게 되고, 제가 독일에서 알게 된 두 번째 단체죠. 그러면서 그때부터는 제가 한국 정치에 대해서 관심을 가지게 됐었어요. 저는 고향이 진주이기 때문에 지리산 바로 밑이에요. 그래서 진주에서 지리산, 아버님이 산청 출신인데 거기로 가면 항상 반공교육이 단단해가지고, 특히 산청 군대에서는 외부에서 오는 모든 사람의 신원조사를 했었어요. 지리산 때문에, 그 빨갱이들 많은 곳 있잖아요. 그리고 진주만 해도 반일정신이 좀 강한 곳이지요. 그러면서도 또 반공도 심한 곳이에요. 그래서 한 몇 미터마다 보면 간첩 신고가 써 있어요. 그래서 어릴 때, 중학교 다닐 때 간첩 잡으러 다니고.

이젠 우리가 항상 그때 한독친선회 회원들, 재독여성모임 회원들, 항상 정기적으로 모임이 있었거든요. 그러다가 우리 재독여성모임에서 애들 한국어 교육 때문에 김창우 선생님한테 부탁을 해서 우리들이 모이는 회의 장소에서 일주일에 한 번씩 애들한테 한국어를 가르쳤어요.

김 면 그게 몇 년이에요?

김정숙 그게 1980 몇 년부터 그건 그 광주항쟁 이전에 시작된 거예요. 재독여성모임이 1976년부터니까. 70 몇 년부터. 제가 년도는 확실히 잘 모르겠는데. 그래서 그때 애들끼리 우리 자녀들이 있잖아요. 우리 자녀들은 한독친선회가 아니고 재독여성모임 애들, 모여서 공부도 하고 같이 우리끼리 연극도 하고, 여러 가지 많은 활동하게 되죠.

민족교육과 세종학교

김정숙 그러다가 이제는 그 선생님이 유학 끝나고 한국에 돌아가시고
난 뒤에 애들을 또 한, 두 부모님들은 그때 그 학교가 올해 25주
년 기념을 했나? 그럴 거예요. 그걸 한인학교라고, 한인학교에 입
학을 시켰는데, 한인학교 애들은 대부분이 한국 사람들 가정 애들
이에요. 근데 우리 재독여성모임 회원들은 많은 사람들이 한·독
가정이에요. 그래서 우리 한·독 가정교육이 한국 사람들 가정교
육하고 조금 다른 것 같아요. 그래서 애들이 거기서 적응을 못한
것 같아요. 그런 점도 있기는 했지만, 사실 그때 생겼던 것이 영사
관에서 김종한 선생님을 간첩으로 몰면서 김종한 선생님이 그 학
교 교장직을 그만 둬야만 자기들이 했던 지원을 계속 지원하겠다,
그래서 어쩔 수 없이 부모님들이 임시총회를 해서 김종한 선생님
나가야 되느냐 안 나가야 된다. 두 파로 갈라져서 총회를 하면서
굉장한 싸움이 벌어졌었어요. 근데 그때 김종한 선생님께서 그러
면 사퇴를 하시겠다. 그래서 문제 해결이 되었던 거 같아요. 어쨌
든 그 선생님이 나오시면서 모든 교사들이 그 학교를 함께 나와
버렸어요. 그리고 거기 나갔던 학부모님들도 민주화운동 하지 않
은 분들도 많아요. 그렇지만, 독일에 살다보면 독일이라는 사회가
상당히 비판적이잖아요. 비판을 자기 나름대로 하는 사람들은 자
기 평가에 따라서 이런 학교에 우리는 애를 놔둘 수 없다. 독일이
아주 강하게 주장하는 것이기 만큼 우리들 자기 개인의 의견을 굉
장히 존중하는 것 아닙니까. 근데 정부기관에서 그 의견을 억누르
는 곳에서 교육을 시킬 수가 없다 해서 나온 분들 많았었어요. 그
분들 우리나라 정치하고는 아무런 관련이 없는 사람들이에요. 그
러다가 이제는 우리가 그냥 애들 집에서 있다가 언젠가 사람들 서
로서로 가끔씩 만나게 되면 애들 교육을 어떻게 시켜야 되나 이런
얘기를 하다보면서 그러면 우리 애들 교육을 할 학교를 만들어야

할 것 같다. 그쪽 학교를 보낼 수가 없으니까 이제 우리들끼리 학교가 필요하다. 그래서 학교를 만들기 시작했죠. 그래서 그때 독일 사람들이 많이 도왔어요. 그러니까 아버님들, 그 외에 다른 사람들도 한국 정치에 대해 관심 있는 사람들이 학교에 많은 도움을 주셨지요. 그리고 특히 도움을 많이 준 곳이 독일 시에요. 베를린 시. 베를린 시에서 교육청에서 자기들이 해야 할 일을 우리가 대신하면 기꺼이 돕겠다고 해서 창설비로 우리한테 돈을 조금 조달했었어요. 그것도 이제 우리가 학교를 만든 곳이 어딘가 하면 베를린 시내에 구역이 '스판다우' 구역. 그곳이 한국 사람들이 제일 많이 사는 곳이에요. 그래서 그 구역에서 구청장님이 기부금을 좀 주셨거든요. 그래서 우리한테 학교를 시작할 때 돈 어느 정도 드는지 그 신청서를 내라고 해서 그 신청서 낸 대로 돈이 다 나왔어요. 그리고 구청 내에 교육장님이 교실을 무료로 사용할 수 있도록 하셨고, 그래서 학교가 운영이 아주 잘 됐었어요.

김 면 근데 왜 김종한 선생님이 간첩으로 몰리게 된 계기라든지 뭐 그런 거 아세요? 왜 그러셨어요?

김정숙 글쎄요. 저도 그걸 모르겠어요. 그래서 제가 직접 교장 선생님한테 물은 적이 있었어요. 교장선생님, 사실 선생님 문제만은 아닙니다. 많은 사람들이 선생님도 아시다시피 한국에는 반공법이라는 것이 있기 때문에 누군가가 간첩과 관련을 가진다면 한국에 있는 우리 보호자, 친척들이 해를 당할 수 있으니까 선생님께서 솔직히 말씀해 주셔야 된다고. 우리가 학교를 시작하는데, 선생님이 간첩이시라면 선생님하고는 학교를 할 수가 없다고. 그러기 때문에 선생님이 처음에 학교를 직접 만드신 거는 아니거든요. 그렇지만 선생님께서 학교 함께 하시겠다면 그걸 확실하게 해야 된다고. 근데, 선생님은 간첩이 아니라고 그러시더라고요. 그리고 지금까지도 간첩이라는 게 증명이 되지 않은 거예요.

김 면 뭐, 예를 들어서 가르치실 때 통일문제라든지 이런 거를 언급하시고 그러셨어요?

김정숙　아, 선생님 수업 안 들어봤어요. 교장 선생님은 그냥 교사 관리만 하시지 수업을 직접 하지를 않으세요. 그리고 또 제가 물었던 게 뭐냐면, 교장선생님, 간첩이 아니시면 거기에 대해 왜 반발을 하지 않으시냐고. 선생님이 당당히 그 자리에서 난 간첩이 아니다, 라고 왜 그 말을 못 하시냐고. 그렇게 그 말을 하셔야만 선생님 누명을 입지 않을 텐데, 선생님은 해봤자 귀에 들어가지도 않을 그런 말들을 쓸데없는 말들을 하느냐 이런 식으로 얘기를 하셔요. 그건 김 선생님이 직접 물어보세요. 저도 그게 참 답답했었어요. 교장 선생님이 왜 신문을 통한다든지 아니면 그때 그거 임시총회를 할 때 당당히 나서셔서 나는 간첩이 아니다, 라고 좀 분명히 하시라고. 근데 모르겠어요. 저도.

김　면　여기 세종학교에서는 주로 뭐를 가르치는 교육이 있어요?

김정숙　여기 세종학교에서는 첫째로 한국어, 말과 글, 그리고 두 번째로는 문화, 문화 중에서도 좀 쉽게 할 수가 있는 것이 뭐가 있느냐면 탈춤이라든지 장구, 사물놀이 있죠. 우리 애들을 위해서 부모님들이 사비로 직접 애들 한국 보내요. 김덕수 학교, 그래서 그걸 가르치기도 하고, 그리고 우리 애들이 여기서 베를린 시에서 하는 외국인음악경연대회 거기서 일등 한 적도 있었어요. 그게 1984년인지 해가 모르겠는데요. 그러기도 하고, 애들 완전히 프로페셔널 해요. 완전 프로에요 애들이. 그리고 뭐 국제박물회 같은 데에도 초청이 되고, 애들 굉장히 한 달에 몇 번 초대되나 제가 한 번 언젠가 세어 본 적이 있어요. 한 달에 애들이 초청되는 것이 한 번, 내지 두 번이 돼요. 아주 크게 잘 되어 가고 있었어요.

김　면　선생님, 이 세종학교는 지금 입학하려면 어떻게 하면 되는 거예요?

김정숙　그냥 오시면 돼요.

김　면　그럼, 독일인들도 입학이 가능한가요?

김정숙 그렇죠. 있어요. 독일 애 하나가 있는데, 걔는 참 희한해요. 엄마, 아빠가 다 독일 사람인데 우리 한국 애들보다 말도 더 잘 해요. 한국말로. 그 애의 열성이라는 것이 말도 못해요.

김　면 그 지금 아무래도 제가 테마가 통일운동이니까요. 이 학교랑 예를 들어서 통일교육 같은 거, 아니면 남·북한 아니면 동질성 이런 거에 대한 교육은 안 이루어집니까?

김정숙 그래서 사실 우리들 욕심이 역사학을 좀 넣자 그랬는데, 우리 능력이 모자란 것 같아요. 그래서 우리가 하지를 못 했어요. 우리가 기껏 했다는 것이 우리가 훔볼트 대학에 계시고 지금은 베를린 자유대학교 교수님으로 한국어를 담당하고 계시는 교수님이 있어요.

김　면 브로흘로스 교수님이요?

김정숙 예, 그 분이 우리 학교 선생님으로 계셨거든요. 오래 계셨어요. 그래서 저희들이 그분한테 한국 역사를 부탁해서 그 뭐 한국 지도책 있죠. 이게 호랑이냐 토끼냐 이런 식으로 그리고 또 한국 절, 절에 대한 이런 것들 몇 번 정도 한국에 대한 소개 정도. 뭐 역사라고 할 수도 없어요. 사실은. 사실 우리 세종학교 시작할 때는 그것도 좋았지만, 한국어를 가르치는 것도 중요하고, 한국 문화도 가르치는 것도 중요하지만, 우리는 베를린 내에 사는 우리 재독교민들을 위한 상담소를 만들자. 그래서 우리학교에서 전문가를 데려와서 무료로 상담할 수 있도록 하자. 이게 우리들의 목적이었어요. 근데 우리가 하지를 못했어요. 좀 아직까지도 그게 정말 답답하지요. 근데 이제 좀 중요했던 게 뭐냐면 사단 법인체이기 때문에 세금을 전혀 내지를 않죠. 그리고 거기에 대한 혜택이 좀 있는 거죠.

김　면 예를 들어 세종학교가 다른 기관들과 협력해서 활동한 것은 없으세요?

김정숙 세종학교가 별도로 협력해서 하는 것은 없어요.

김　면 북한 지원 같은 거는 합류하고 그런 것은 없어요?

김정숙 없어요. 북한이 어떻게 여기에 경제적으로 지원을 할 수가 있겠어요?

김 면 아니, 북한에 지원해 주기 위해서.

김정숙 아, 북한을 지원해 주기 위해서? 한 적도 없고, 우리가 안 하려고 해요. 왜냐하면 교장 선생님, 김종한 선생님이 세 번째인가, 그 전에 두 분이 계셨어요. 그런데 김종한 선생님이, 박현숙, 박용순 그래요. 라이니케 여사, 이름을 잊어버렸다. 박용순인가 그 분도 독일 사람이랑 결혼한 분이에요. 그 두 사람이 2대, 우리 교장 선생님이 3대 교장선생님으로 계셨는데.

김 면 처음에 세종학교 만드실 때에는 그 김종한 선생님은 전혀 관여를 안 하셨나요?

김정숙 관여를 하셨지요. 함께 하시지만, 교장 선생님은 아니었죠. 우리가 이북에 신청할 필요도 없는 게, 무슨 돈이 있어서 이북에서 우리를 후원하겠어요. 우리도 이북에 지원하지 못하지요. 근데 그럴 정도로 세종학교가 튼튼하지도 못해요. 그리고 또 세종학교 들어 있는 회원들을 보면 다른 단체에 많이 되어 있거든요. 그래서 언젠가 이북에 홍수가 난 적이 있죠. 몇 년 됐어요? 한 2, 3년 됐죠? 아님 가뭄인가. 홍수가 아니라 너무 말라가지고. 어쨌든 그런 일이 있었을 때 각 단체 여러 단체에서 보조금, 후원금, 지원금, 그걸 뭐라고 하죠? 그때는 각 개인들이 자기들 하고 싶은 대로 하지, 학교 내에서는 이북을 돕자고 뭔가 한 적이 없어요. 그리고 우리가 안 하려고 해요. 왜냐하면 우리는 아무 것도 하고 있지도 않은데, 사람들이 저거는 간첩학교다 하고 말을 우리한테 많이들 해요.

김 면 왜 그렇죠?

김정숙 김종한 선생님이 계시니까.

김 면 그 분을 진짜 한번 만나 뵙기는 해야겠네요.

김정숙 그래서 언젠가는 제가 우리 부모님은 그러세요. 저한테 이사장님 저 애가 한국여자한테 춤을 배우러 가는데 그 사람이 춤 학원을 가지고 있는 사람이 있어요. 그래서 가는데 학원장님이 왜 그 애를 그 간첩학교에 보내느냐고. 보내지 말라고 그런다고. 그래서 누가 간첩이냐고 얘기하더냐고. 그래서 누구라고는 얘기는 안 하고 그러더라고 해서 그래서 그 학원장한테 마침 그 학원장이 그 대사 문화원에서 전시회 한 적이 있었는데 저도 거기를 가고 그 사람도 가고 있더라고요. 그래서 길에서 우연히 만났어요. 그래서 제가 그 사람한테 물었지. 당신이 말이지 우리 그 학부모님한테 그런 말을 했다고 그러는데, 이사장으로 있는 사람으로서 우리 학부모님을 보호해야 하는 의무가 있다고. 우리학교에 간첩이 있다고 그러는데, 당신이 아는 간첩이 누구냐고. 그래서 만약 간첩이 있다고 하면 나도 내 신변을 보호해야 하고, 우리 학부모님한테도 당연히 알려야 한다고. 그러니까 당신 확실하게 얘기하라고. 누구냐고 했더니. 누군가가 있다고 그러던데요. 이래서 누군가가 아니고, 누구냐고. 확실하게 얘기해야 된다고. 이건 당신 함부로 해서 될 소리가 아니라고. 정종환 선생님 이러더라고. 우리는 김종한 선생님 교장 선생님으로 계신데 그분 말씀하시는 거예요? 했더니 그런 것 같아요. 이래요. 그래서 당신 제발 쓸데없는 소리 하지 말라고. 만약 그 선생님이 그렇다면 확인을 하고 다른 사람한테 얘기를 해야 될 것 아니냐고. 그리고 우리 김종한 선생님이 간첩이 아니라는 것은 내가 우리 교장선생님한테 직접 물어서 알고 있다고, 근데 만일 그 선생님이 간첩이라면 저한테 당장 연락을 해달라고. 제가 그렇게 했었어요. 그렇게 사람들이 베를린 내에서는 세종학교 간첩학교란 말을 사용들을 해요. 그렇지만 저는 항상 그랬었어요. 아무 데도 관심 갖지 말라고. 누가 뭐라고 해도 세종학교는 한국어를 가르치는 곳이고 문화를 전달하는 곳, 그리고 이건 제 욕심이었었어요. 세종학교를 다녀서 오시는 분들은 우리 한국 민주화를 위해서 뭔가 할 수 있도록 뭔가 함께 할 수 있는 기회를 주도록 하자. 그래서 많은 사람들이 모르고 있는 것들이 있거든요. 무슨 학회가 있다든지 아니면 독일 사람들도 통일문제에 대해서 뭐가 있을 때는 부모님들한테는 우리 통일문제, 독일 통일문제 뭐 그런 세미나가 있다. 당신 가고 싶으면 가라든지 이런 식으로 어쨌든 우리는 중립을 지키면서 우리가 좌익 파, 우익 파하면서 많이 싸웠잖아요. 사실 싸우는 일이 많아요. 김대중 대통령 되고 난 뒤에 한국 사람들이 김대중 그놈 때려죽일 놈이다 했던 사람들이 그 사람 대통령 돼서 오니까 저는 김대중 대통령을 사랑합니다, 존경합니다, 이러고 막 붓글씨를 잘 쓰신다면서요. 그래서 그거 써서 받고 그러면서. 우리는 김대중 씨 보지도 못했거든요. 우린 사실 김대중 구명운동 한 사람들이에요.

김　면　아까 안기부 뭐 그 사건 기억나시는 거 있으세요?

김정숙　1991년이나 90년이었을 거예요. 그때 우리 학교가 92년도에 만들어진 거니까. 90년 내지 91년도에요. 혹시 김종한 선생님은 날짜를 확실히 기억할지도 몰라요. 그때 학부모임시총회가 있어서 제가 학교에 갔거든요. 우리 애가 학교를 다니고 있기 때문에 학부모 입장에서.

세종학교와 한글학교

김　면　이 학교는 한글학교죠?

김정숙　한인 학교요. 베를린에 있는 한글학교죠. 그래서 제가 거기에 갔더니 지금 이름이 잘 기억이 나질 않는데, 김 무슨 영사라고 그래요. 그 사람이 와서 앉아 있고, 그때 교감으로 계셨던 분이 김민식 씨라고 있어요. 그분은 암으로 돌아가셨어요. 그분이 와 계시면서 그런 얘기를 하셨어요. 교장 선생님이 간첩이라고. 내보내라고 한다. 그러니까 내보내야 된다. 그래서 임시총회가 있을 때 그때 영사가 와서 앉아 있을 장소가 아니거든요. 학교가 독립적으로 운영해 가는 학교라면. 근데 그때 저는 그거밖에 몰라요. 안기부가 같이 그러고는 제가 김민식 선생님을 잘 알아요. 교감 선생님인데,

그 분이 암을 앓으시면서, 제가 암에 대한 독일 책을 번역한 게 있는데, 백 몇 가지 암 치료법이라는 것. 그리고 그 전에도 제가 암 치료법에 대해 좀 아는 게 있다는 거 아시고 좀 찾아오시기도 하고, 사람 자체는 굉장히 착하고 온순해요. 근데 이분 아버님이 지리산 밑에서 뭐 빨갱이 빨치산한테 맞아서 돌아가셨다든가 그래요. 그렇기 때문에 이 사람은 반공정신이 투철한 사람이라서 이 사람은 한글학교에서 해야 될 것이 반공운동이라 이렇게 말씀하신 분이에요. 근데, 암튼 이분 돌아가셨으니까 뭐.

김　면　이 사건 이래로 교민사회의 그 반응이 아까 같이 그렇게 나왔군요.

김정숙　지금도 그래요. 지금도 우리 정부에서 뭐 크게… 그러니까 우리나라 정부가 좀 달라지지 않았습니까. 그래서 일하는 사람들의 종류들이 좀 달라지지 않았습니까. 그렇지만 구태여 뭐 세종학교에서 우리나라 정부의 뭐 그렇게 하지도 않아요.

김　면　이렇게 힘들게 하시는데도 내가 학교를 잘하고 싶다는 그런 힘은 어디서 나오세요?

김정숙　옳은 일이니까. 그리고 선생님 저는 한인학교 있죠. 현지에 있는 학교도 잘되면 참 좋겠어요. 왜냐면 그 학교에서 일하시는 분들도 사실은 명예직으로 일하시는 분들이에요. 여기도 세종학교도 마찬가지예요. 그래서 두 학교 다 잘되면 참 좋죠. 그런데 문제가 되는 것은 세종학교는 정부 측 간섭을 받지 않겠다는 거예요. 근데 그쪽 학교는 정부에서 운영하다시피 하는 학교인데, 요즘 와서 정부에서 자립해라. 너희들끼리 해라. 그런데도 지금 외교부일 겁니다. 교육부인지는 잘 모르겠는데, 여기 전 유럽교장협의회 같은 것은 정부에서 하고 있거든요. 근데 우리 세종학교에 가입이 되어 있잖아요. 그래서 거기 교육원장님이라는 분이 한국에서 나와 계세요. 근데 저는 그걸 그렇게 나쁘게 보지는 않아요. 왜냐하면 그 분들 하시는 게 교사들 교육훈련, 교장단들 모여서 애로사항에 대한 토론, 그리고 이제 한국에 신청할 게 있음 신청하고, 저는 그렇기 때문에 나쁘게 보지는 않아요. 근데 문제점이 무엇인가 하면 중립적인 입장에서 봐야 된다는 거죠.

김　면　선생님, 한인학교랑 세종학교랑 어떤 게 다른가요?

김정숙　저는 사실 그 학교 운영체제가 어떻게 되고 있는지 잘 모르기 때문에 그에 대해 얘기할 수는 없는데.

김　면　선생님, 그러면 세종학교는 어떻게 운영되고 있나요? 무슨 요일 날 학생들이 오고 그런 것 좀 얘기해 주세요.

김정숙　금요일 날 오후에 학생들이 와요. 오후 4시 문화반이 와서 5시까지 하고, 5시부터 저녁 7시 몇 분까지 언어 반으로 들어가요.

김　면　그럼, 일주일에 세 시간밖에 안 하네요?

김정숙　네, 얼마 안 해요.

김　면　학교 선생님은 몇 분이나 계세요?

김정숙　제가 2005년, 2004년부터 이사직을 안 해서 학교에 잘 가지 않아요.

김　면　그때 당시에는 어땠나요?

김정숙　그때는 여섯 명.

김　면　다 명예로 하신 거예요?

김정숙　전부 다 명예직이죠.

김　면　그 한인학교 가르치시고 여기 양쪽으로 가르치시는 분은 없고요?

김정숙　없습니다.

김　면　서로 간에 대립되어 있는 관계인가요?

김정숙　지금은 대립이라고 하실 필요가 없을 것 같아요. 처음에는 대립이었어요. 확실하게 대립이었어요.

김　면　김종한 선생님 사건 때문에 그런가요?

김정숙　그러니까 김종한 선생님 문제도 있었지만 한인 사회에서 세종학교가 좀 이렇게 빼돌린 게 학교가 있는데 뭐 하러 또 새로 학교를 만드느냐. 그러니까 이념을 떠나서 사람들이 이걸 이해 못하는 사람들이 많거든요. 그 이념이 뭐 그렇게 중요하냐고. 학교 있는데 한 학교에서 하면 잘 될 텐데, 왜 두 학교를 만드느냐. 그러면 또 애들도 적고 하니까 서로 운영하기 힘든데, 그게 이제 이유였죠. 사실 그 당시에는 김민식 선생님이 굉장히 반공운동 하신 분이에요. 그렇게 되면 저는 정말 애를 그 학교에 보내고 싶은 생각이 없었던 사람이에요.

김　면　그 이념이 어떻게 틀린 거예요?

김정숙　반공이라는 것은 저는 그렇게 생각해요. 모든 세계가 평화롭게 되려고 하면 그 민족주의라는 것이 없어져야만 세계평화가 이루어지는데, 너무 나치도 마찬가지 아닙니까. 그것도 민족주의에 들어가지 않습니까. 모국을 잊자는 게 아니에요. 모국의 문화와 모든 것을 이어 받으면서 그렇지만 다른 것도 존중하자는 거죠. 다른 것을 짓밟으면 안 되는데, 우리 그쪽 한인학교 나오는 부모님들 중에서는 어느 정도인가 하면, 그 2세들이 터키 애들하고 같이 놀려고, 무슨 청소년 애들이 단체를 학교 내에서 하려고 할 때, 부모님들이 터키 애들이 오냐? 터키 애들 온다고 하면 장소를 빌려주지 않으려고 해요. 왜냐면 터키 애들은 여기서 좀 미움을 받는 나라 애들이잖아요. 터키 애들 나쁜 애들 아니거든요. 그 애들은 악조건에서 사는 애들일 뿐인 거예요. 이런 악조건에서 사는 애들에게 도움은 주지 못할망정 그 애들을 배척한다는 것은 저는 도저히 용납할 수 없는 일로 보기 때문에 우리 애들이 거기 가서 그런 걸 배우게 하고 싶은 마음은 전혀 없어요. 그리고 우리나라 역사를 왜곡해서도 안 돼요. 근데 그 광주항쟁만 해도, 광주사태라든지 광주항쟁을 달리 이해하는 사람들이 많지 않습니까. 근데 그쪽 학교에 있는 대부분의 사람들이 그렇게 이해를 했거든요. 지금은 달라졌을지도 모르겠습니다. 그렇게 되면 저는 거기서 오는 차이점이 크다고 생각해요. 그리고 우리 세종학교 부모님들이 굉장히 비판적이에요. 굉장히 비판적이기 때문에 무슨 일을 할 때에 우리는 학부모 회의를 통해서 결정된 일을 실행에 옮길 수는 있지만, 그쪽 학교에서는 교장이 하라는 대로 하는 거예요. 그건 완전 독재에요. 민주가 아니에요. 애들이, 그런 일의 진행 사이에서도 애들이 많이 배우거든요. 그게 실교육입니다. 그리고 우리가 조금 다른 것은 학부모님들이 거의 다 운영을 함께 해요. 학부모님들이 뭐 이사장이라는 것은 하나의 직위지 그건 일의 분담이 들어가는 것뿐이지 다른 게 아니에요. 근데 그쪽 학교에서는 관료의식이 굉장히 강해요. 그래서 교장선생님은 우대 같은 것을 바라고. 우리 학교에서는 그런 게 없다는 거. 근데 지금은 많이 달라졌을 겁니다. 지금 교장 선생님은 다른 분이에요. 여자 분인데. 저는 그분에 대해서 전혀 모르는데, 그냥 신문을 통해서 대한 인상은 많이 달라진 것 같아요. 그리고 우선 살아가면서 사람들이 많이 달라졌어요. 우리 자체가 많이 민주화가 되어 갔죠. 사실 우리가 민주화될 수 있었던 동기가 옛날에는 물론 그 동학이라는 것도 우리나라에 역사상 있었지만, 민주항쟁 아니었겠어요. 그렇죠? 사실 광주항쟁이 큰 역할을 한 거예요. 저는 제 개인으로는 광주가 없었더라면 한국 역사에 대해서 전혀 관심이 없었을 겁니다. 그리고 제 자신도 비판적이지가 못했을 것 같아요.

김 면 다른 질문인데요, 만약에 독일에서도 다른 나라에 독일인 학교 운영하는 것도 비교해 보신 적 있으세요?

김정숙 독일 학교는 비교할 수가 없어요. 왜냐면 독일 학교는 정규학교 아닙니까. 그러니까 이 학교는 일주일에 다섯 번을 가지만, 우리 애들은 한글학교는 한 번밖에 가지 않지 않습니까. 그렇기 때문에 우리 딸애가 그래요. 엄마, 나는 불란서 말을 학교에 가서 배우니까 불란서 가서 그냥 얘기하게 되는데, 한국말은 나는 맨날 배워도 한국말이 안 된다고. 그래서 독일에서는 다섯을 배우는데, 한글학교는 일주일에 하루를 그러니까 1/5 밖에 못 배우는데, 그것도 1/5이 아니라 1/10이에요. 그것도 세 시간 배우는데 그렇죠?

그리고 불란서 말은 말을 직접 할 수는 있지만, 한글은 엄마하고도 물론 조금 하지만, 엄마가 사투리를 쓰니까 학교 선생님이 저보고 말을 못하게 해요. 애가 자꾸 학교 와서 사투리 사용한다고, 결국 글만 가르치고 말은 가르치지 말라고, 학교 선생님이 그러시대요. 그러니까 우리 애가 저한테 말을 안 배우려고 해요. 제가 경상도 사투리가 하도 심하니까.

김 면 지금 세종학교는 어떻게 운영되고 있어요?

김정숙 아직까지도 이제 학비죠.

김 면 얼마씩 받나요?

김정숙 세종학교 학비가 아주 쌉니다. 지금 한 달에 13유로. 정말 싸요. 그런데다 애가 둘, 셋 있는 사람은 또 반씩 절감해 주거든요. 그 대학생들 있죠. 그 애들 6유로밖에 안 받아요. 그 대학생들도 싸게 해주죠.

김 면 지금 학생들 몇 명이에요?

김정숙 한 40명밖에 안 돼요. 실업자들도 반 아니면 안 받거나. 정말 그런 사람이 있었어요. 자기는 학교 올 버스 값도 없다는 사람도 있었거든요. 그러면 그 사람들한테는 그럼 좋다. 돈을 안 받고 학교 와라. 그러니까 다른 사람도 막 신청을 하더라고요. 그래서 우리가 그때부터 아 이래서는 안 되겠다, 규정을 해야 되겠다, 그래서 무조건 실업자 반, 대학생 반. 이렇게 해줬어요. 근데 선생님들 월급으로 우리가 한 시간에 30유로를 드리거든요. 그러니까 운영상 쉽지가 않아요. 근데 우리가 그런 거는 있었어요. 회원비, 학부모가 아니면서도 세종학교를 위해서 세종학교 회원이 되어 준 사람들, 정회원 회원비가 한 달에 6유로예요. 그것도 얼마 안 되지만 많은 사람들이 있으면 그것도 모이는 돈 아닙니까. 그리고 개교기념일 할 때 보면 많은 사람들이 참석해 줘요.

김 면 몇 월 며칠이에요?

김정숙 아, 그건 정해져 있는 건 아니고, 해마다 그때그때 환경, 조건에 따라서 날짜가 바뀌어져요. 책자가 있는데, 좀 보여드릴 수도 있는데. 우리 세종학교 애들은 항상 그 5월 민중제, 선생님 아시죠? 5·18추모식을 독일에서는 해마다 하고 있지 않습니까? 항상 우리 애들 거기에 참석을 하죠. 그래서 토론도 하고, 거기서 또 우리 학교 애들이 문화를 담당하기도 하고.

김 면 그러면 한인회 학교는 5월 민중제에 안 가나요?

김정숙 전혀 오지를 않죠. 그게 차이점이에요. 큰 차이점이죠. 한인회에서 참석하는 사람은 한 명도 없어요.

김 면 거기 한인학교는 지금 몇 명 정도인지, 그때 당시에 몇 명 정도였나요?

김정숙 그때 처음 시작할 때는 200명이 됐었는데, 지금은 한 60명으로 줄었다고 그래요. 근데, 선생님 그게 줄 수밖에 없어요. 왜냐면 애들이 그때 우리 세종학교 시작했을 때, 전부 대학생이 돼서 다른 도시로 간 애들도 많고, 또 그 밑에 애들은 고등학교 졸업시험(아비투어) 준비하느라고 바빠서 못 오는 애들도 있고, 또 애가 태어나지 않지 않습니까. 그러면 한 2, 3년 있으면 이제 우리 2세들이 놓는 애들이 유치원에 들어올 거예요. 그래서 지금 조금 공백기예요. 그래서 그 학교도 마찬가지일 겁니다. 요즘은 우리 학교 유치반이 있어요. 그 애들 대부분은 유학생 애들이에요. 유학생이 여기 와서 결혼해서 애 가진 사람들.

김 면 근데, 한인학교하고 그 유학생들도 한인학교, 세종학교 구분해서 보내나요? 혹시 그분들한테도 지금까지 여파가 있나요?

김정숙 그분들은 잘 모를 거예요. 옛날에는 한 십 몇 년 전에는 유학생들 사이에 세종학교가 더 많이 알려져 있고, 세종학교를 다 잘 알고 계셨을 거예요. 독일로 유학 오시는 분들이 미국으로 유학가신 분들하고 좀 다른 분들 아닙니까. 그렇죠? 그렇기 때문에 이분들은 미국으로 가는 사람들보다는 의식화가 되어있는 사람들이 더 많았죠. 그래서 그 사람들은 많이 알고 왔었는데, 지금 유학을 오는 사람들은 제가 왜 그걸 아는가하면, 2000년이죠. 1980년 광주니까 2000년도에 광주민중제를 할 때 제가 가지고 있는 자료를 전시했어요. 그랬더니 유학생들이 어머나 우리나라에서 이런 일들이 있었어요? 이러더라고요. 그러니까 걔들이 1980년도에는 한살 두 살 된 거예요. 그렇게 되죠. 겨우 한, 두 살 때였으니까 엄마들이 얘기를 안 해주면 모르는 거예요. 제가 깜짝 놀랐죠. 그리고 나니까 참 아 가능한 일이다 싶더라고. 그러면서 보니까 애들이 아주 다 열심히 읽고 있더라고요.

김　면　교재 같은 거는요. 한인교회, 한인학교 우리나라에서 보내주는 건가요?

김정숙　그렇죠. 교육원에서 보내주는 거 사용하죠.

김　면　그럼 세종학교는 어떻게?

김정숙　우리는 교사들이 직접 만들기도 하고, 우리가 항상 인터넷 같은 데 들어가서 어디 한국 책이 새로 나온 게 있나 아니면 고려대나 연세대나 서울대, 성균관 대학에서 한국으로 오는 학생들을 위해서 가르치기 위해 나온 교재들이 있어요. 근데 여기 애들한테 다 맞지가 않아요. 근데 이제 우리 교사들이 조금씩 고쳐서 쓰죠.

김　면　그래도 좀 통일교육 같은 거는 안 하세요?

김정숙　통일교육이라는 것은 2세들끼리 옛날에 했죠. 근데 그게 세종학교가 주최해서 하는 게 아니고, 민주항쟁모임을 갖는다든지, 그리고 이제 세종학교 처음에 온 학생들이 대학생들 나이가 되잖아요. 그러니까 걔들이 자기들 스스로가 의식화가 되어있기 때문에 자기들이 주제를 찾아서 해요. 그러니까 애들한테 뿌리는 내려준 거죠. 근데, 그거를 세종학교에서 무슨 행사로 한 건 없죠. 세월이 지나면서 부모님들 한 일을 보면서 배운 거죠.

김　면　그때 김 선생님 사건이 오히려 세종학교의 이념적으로 뭐 이런 것을 상당히 위축시켰군요.

김정숙　조심했죠. 우리가 굉장히 고민했어요. 교장선생님으로 김종한 선생님을 모실 때도 굉장히 고민한 거예요. 왜냐면 학교를 운영하려면 학생이 필요하지 않습니까? 근데 의식 가진 사람 몇 명이나 있다고 우리 세종학교에 구태여 보내는 부모가 몇 명이나 되겠어요. 그러다보면 학생이 없으면 학교가 아무 소용이 없지 않습니까? 그래서 굉장히 고민을 했어요. 우리가 정말 교장선생님으로 김종한 선생님을 모셔야 될 것인가. 근데 교장 선생님이 한국에 계실 때 고등학교 선생님도 하셨고, 연세도 좀 있고, 그리고 선생님께서도 하고 싶어 하셨고.

근데, 지금 2세들이 작년, 재작년에도 광주항쟁민중제 할 때 주제가 통일이었었어요. 그리고 여기서 보면 6·15, 거기서도 통일문제를 많이 다루죠.

김 면 여기는 지금 순전히 문화교육과 언어교육만을 하고.

김정숙 박순이 씨 아십니까? 그러니까 이영빈 목사님 며느리. 아십니까? 그 사람이 통일문제에 대해서는 협회장으로 일을 하죠. 6·15남·북통일협의회.

근데 저는 이렇게 생각해요. 우리가 통일문제를 놓고 그걸 교재로써 애들 교육을 시킨 적은 없어요. 한 과목으로 넣어서 한 적은 없지만, 항상 우리가 하는 얘기는 그거였으니까 애들이 옆에서 듣고 배운 거죠. 그러다보니까 이 통일이라는 것이 2세들한테는 자기 가업으로 되어 버린 거예요. 그러니까 지기들끼리 모임을 우리 1세들이 만들어주지 않았습니까. 그러니까 2세들의 모임에는 우리가 통일에 대해서 얘기를 해야 될 것 같다. 하자.

김 면 제가 억지로 통일에 대해서 자꾸만 묻게 됩니다.

김정숙 그래서 선생님 오실 때 그게 고민이었거든요. 저는 세종학교는 광주항쟁이 동기가 돼서 만들어진 것은 확실하지만 그 이후에 제 자신이 통일을 위해서 그렇게 열심히 한 것이 없었죠. 사실 저는 수동적이었죠. 통일에 대한 주제가 되는 강연회는 항상 찾아 갔죠.

김 면 세종학교와 재독여성모임회 이외에 무슨 단체에 가입하신 거는 없으세요?

김정숙 외국인자문위원회, 그건 독일에도 있어요. 그리고 요즘은 '코윈' 세계한국여성네트워크. 그게 여성부에서 하는 거예요. 코윈이라고 써요. 코리안 오가니제이션 위민 인터네셔널 네트워크.

김 면 선생님, 편하시게 그런 얘기하실 것 있으시면 부탁드립니다.

김정숙 저는 답답한 게 이곳에 와 계시는 재독한인교포죠. 그분들의 일상생활이 너무 협소한 것 같아요. 그래서 여기서 좀 사회참여를 많이 했으면 좋겠다는 거. 여성들은 많아요. 남성들이 없어요. 남성들은 항상 한국 남자들 사이에서 자기들끼리 골프를 한다든지 우정회를 한다든지 이런 식으로 하지 제가 알기로는 사회적인 역할을 많이 하는 분이 없어요. 한, 두 사람 씩 뭐 의학박사라든지 아니면 또 이런저런 그런 거는 있지만, 크게 뭐 다른 사회단체와 연관해서 네트워크에서 일을 하시는 분이 꽤 없거든요. 근데 우리나라가 장차 통일을 하려고 하면 통일이라는 것이 저는 한 번 보세요. 독일의 통일이 될 수 있었던 게, 사실 위에서 한 것이 아닌 밑에서 한 통일이 아닙니까? 밑에서 통일되려고 하면 사실 모든 국민 개개인이 의식화가 되어야 하거든요? 근데, 그 의식화를 어디서 어떻게 할 것인가. 독일이란 나라에서 살면서 하면 쉬운 일이거든요. 근데 독일 사회에 참여를 안 하면 의식화 될 수 없지 않습니까. 그래서 저는 가끔씩 그게 답답해서 이것을 우리 한국 정부에서 진정으로 원한다면 외국에서 사는 동포들에게 사회참여를 하려고 하는 사람들에게 도움이 될 수 있도록 협조적인 태도를 취해줬으면 좋겠어요. 근데 요즘 보면 독일 베를린에 있는 한국문화원은 참 잘 되어있어요. 그 한국문화원이 한국대사홍보문화원이 아니에요. 순전한 문화원이거든요. 근데 그 문화원 역할을 잘하고 있어요. 옛날에는 홍보문화원이었어요. 그래서 홍보문화원이라는 것은 영사뿐 아니었지만 홍보를 하다가 그러니까 우리나라 홍보 활동을 많이 하려는 욕심이었지 우리나라 홍보하고 문화는 다르지 않습니까. 홍보도 물론 알림인데, 문화를 알릴 수도 있고, 또 다른 정치를 알릴 수도 있고, 또 경제를 알릴 수도 있지 않습니까. 근데 지금은 완전히 하나의 문화원이 됐거든요. 그래서 정말 진정한 의미에서 여기 재독동포들에게 같은 위치에서, 위에서 아래로 내려보는 위치가 아니고 같은 위치에서 서로 상담할 수 있는 서로 상의해 가면서 우리 한국문화를 보존하는 데 노력하시는 것 같아요. 지금 오신 문화원장님 저는 그냥 전시회 가서 보기나 하지 개인적으로 만난 적은 없는데, 아주 좋으신 것 같아요. 그래서 저는 우리나라에서 할 수 있는 게 사람을 채택할 때, 그러니까 뭔가 직책을 맡길 때 그 사람이 맞는 사람, 지금 선생님만 해도 일에 열중하시잖아요. 옛날에 보면 5년 전만 해도 직책을 가지고 오신 분들 대부분이 와서 놀고 갔지. 그래서 무슨 글들을 썼는지 전 모르겠어요. 그리고 아시잖아요. 그리고 보면 와서는 어떻게든 자기 개인적인 이익을 위해서 뭔가 구멍을 뚫을 생각을 했지. 뭔가 직책의 사명감은 없었던 거 같아요. 근데 지금 사람들이 많이 달라졌어요. 그 사명감. 그 한 인간으로서 가진 사명감도 있지만, 자기가 속하고 있는 그 사회에 대한 사명감, 그래서 저는 좋은 세상이 될 수 있도록 많은 사람들이 참석할 수 있는 자리, 그래서 저는 좌측이든 우측이든 인간적으로 서로 투쟁하고 토론할 수 있어요. 그렇지만 어느 한 쪽을 밟아서는 안 된다는 거. 생각이 다르다 뿐이지. 그래서 제가 요즘 하는 일은 대부분 암 환자를 위한 일 그리고 여기서도 소수 단체, 소수에 속하는 사람들을 위한 일. 저는 그렇게 생각해요. 작은 단체가 큰 단체보다 더 중요하다고 생각합니다. 단체가 크다보면, 그 앞세워진 원래의 자기가 하고자 했던 일에서 떠나게 되는 수가 많은 것 같아요. 그렇지만 작은 단체들은 아직까지도 자기들의 일에 집착을 하지 않습니까. 그렇기 때문에 작은 일에 많은 사람들이 가입을 했으면 해요.

김 면 여러 말씀 감사합니다.

9. 김종한

세종학교 교장

김종한 세종학교 교장

김종한 교장은 베를린으로 유학을 와서 철학, 정치학을 공부하고, 주체 등의 잡지를 발간하며 사회운동을 하였으며 민주사회건설협의회의 설립에도 관여하였다. 1990년 교포2세들의 교육을 위해 한글학교 교장으로 재직 중 민족교육이 문제시되어 대사관으로부터 공산주의자로 평가되어 한글학교에서 축출당해 세종학교를 설립하기도 하였다. 현재 베를린에서 야채도매상을 하고 있으며, 친북인사로 인식되어 한인사회에서도 교류가 거의 없는 상태이다.

한글학교로부터의 축출

김　면　세종학교가 세워진 경위에 대해 듣고 싶습니다.

김종한　세종학교가 세워진 경우는 1990년에 계기를 두게 됐어요. 90년에 내가 간첩이라는 누명을 뒤집어쓰게 됐어요. 그건 한 친구가 이북에 갔다가 다시 돌아왔어요. 돌아오면서 그 친구가 내가 자기를 소개했다고 하며 이렇게 얘기가 돼서 내가 간첩으로 하나 등장하게 돼요. 글쎄 그 당시에 여기에 베를린 내에 또 한 가지 한글학교가 있어요. 그 한글학교에 내가 교장으로 있었는데, 그 당시에 영사관에서 나를 거기서 몰아낸 것입니다. 그게 한국 관리가 하는 일 중에 많아요. 그런 여러 가지 역사적인 얘기를 하면 수없이 많아요. 수없이 예는 들 수 있지만, 그다지 얘기는 하고 싶지 않습니다. 그때에 내가 거기에서 나오게 되는 구다우셍(수강생)이죠. 수강생 때문에 그 학교 교사가 12명이었는데, 9명이 같이 나오게 된 겁니다. 그 다음에 거기에서 그 학교를 보다 더 좋게 하려고 나도 노력을 많이 했던 사람 중에 하나인데, 그때 많은 학부형이 그 일로 패싸움이 된 겁니다. 그러니까 내가 그 학교에 해되게 할 게 없지요. 그런데도 불구하고 그와 같은 일이 있었습니다. 그래서 결국은 그 학교에서 나오면서 세종학교 막 세워지는 하나의 계기가 거기서부터 시작된 거예요. 그 학부형들이 주동이 돼서 학교를 세우게 된 게 지금 세종학교예요. 그러니까 세종학교는 그와는 다르게 하려고 했던 거죠. 무슨 뜻이냐면 한글을 가르치는 것은 하지만 그러나 학교 학생들을 가르치는 교사들이 한국이 남쪽만 있는 것이 아니고 북쪽도 있다는 것을 인정할 수 있는 그런 교사가 한글을 가르칠 수 있는 사람이 되는 이런 거예요. 그게 이제 기본입니다. 그러니까 그건 중요한 문제 중에 하나예요. 남쪽에서는 혹은 존재하지 않는 겁니다. 민족도 존재하지 않는 거라고요. 그러니까 내가 학교에서 어떤 통일운동을 한다든가 그런 건 없어요. 할 수가 없는 거라고. 다만 한글을 가르치고 거기 있는 교사가 머리가 이렇게 일방적이지 않은 사람을 뽑아서 한글을 가르친다. 이제 이게 중요한 일 중에 하나라는 거죠. 그 역사가 오늘날까지 13년이라는 역사를 가지고 있는데, 그 가운데 지금 한국에 막 돌아가는 많은 교사들이 있죠. 그러니까 나름대로 그 사람들도 다 긍지를 가지고 그 세종학교에 교사로 있던 사람들입니다. 그게 하나고. 그 세종학교는 여기 그 한글학교하고는 달리 학교 하는데 어려움이 있기 때문에 문화반을 설치한다는 거예요. 그러니까 학교뿐만이 아니라 문화를 향유할 수 있는 학교가 있다는 건. 거기서부터 시작된 거예요. 그래서 문화반을 차렸어요. 첫째 독일 전체에서 제일 먼저 시작한 겁니다. 그래서 그 학생들이 베를린뿐만 아니고 서독 각지에 다니면서 공연을 많이 했어요. 그래서 그게 유명해서 한국까지 그 학생들이 가게 된 거예요. 그래서 세종학교가 그런 의미에서 아주 상당한 역할을 하게 되는 거예요. 그러니까 그 학교에 학생들 그러니까 세종학교의 학생들은 한글학교 학생들하고 좀 달리 80% 이상이 한·독 가정이에요. 여기 그러니까 한글학교는 80, 90% 이상이 한국 가정이에요. 그 다음에 학교를 세울 당시에 영사관으로부터 다시 간섭 받지 않기 위해서 여러 가지 조치를 취했다고. 독일사람 거기에 많이 들어와요, 그렇겠죠. 학교의 운영상에 그와 같은 그쪽에서 압력을 가하지 못하도록 그렇게 학교를 세운 겁니다. 그러니까 그게 한글학교하고 다르죠. 그래서 그쪽에서 한글학교는 공급을 한다든가 이렇게 해서 많은 영향을 받을 수 있어요. 그렇지만 우리는 그런 건 없습니다. 오히려 그 얘기는 또 다른 얘기가 될 수 있죠. 그쪽에서 도움을 받지 못하기 때문에 우리는 너무 궁핍한 거고, 그러니까 한국 사람이 이 사람들 자녀가 우리학교 오는 걸 영사관 쪽에서 얘기를 한다고. 예를 들어서 친북학교라든가. 이런 식으로 매도하는 거라고요. 그렇게 해서 우리는 음으로 양으로 많은 피해를 많이 당했죠. 오늘날도 마찬가지고요. 알려지지 않은, 공개되지 않은 비밀이라고, 그게 현실입니다. 그래서 그 뒤로는 우리는 다른 학교하고는 달리 성인반을 가지고 있기 때문에 성인반은 대체로 독일사람 아니면 여기 입양아, 이렇게 해서 성인들, 대학생들 이런 사람들이 성인반에 많이 들어오거든요. 그게 우리가 가지고 있는 특색입니다. 그건 일종의 존재하기 위한 하나의 수단일지도 몰라요. 학교가 존재할 수 있는 그게 오늘날까지 13년 역사를 가지고 있는 세종학교의 그게 이제 하나고. 세종학교는 이쪽 학교하고 좀 달라요. 양식에서. 예를 들어서, 행사를 할 경우에 여기 한글학교는 한국에서 하는 것과 마찬가지로 국기에 대한 경례 또 영사관 쪽에서 나와서 축사, 우리는 그런 건 없습니다. 거기에 아무런 의미가 있다고 보지 않는 겁니다. 그게 하나고, 또 하나는 기본적인 우리는 학생들이 한글을 배우는 것은 좋지만, 그러나 절대적인 한글, 한국만 아는 한글, 그렇게 돼서는 안 된다고 보는 거죠. 여기 있는 학생들, 그러니까 젊은 학생들은 이 사회에서 적응하는 게 중요한 문제라는 보는 거죠. 그렇기 때문에 그런 모토와 밑에서 한글을 배우는 게 중요하다고 그렇게 봐요. 그런 몇 가지 점이 다른 학교하고 차이가 있다고 볼 수 있습니다. 그 다음에 우리 학교 건물 사용하는 데서, 저쪽 신라학교는 여기 독일 베를린, 여러 가지 잡종이 있어요. 여러 가지 잡종 속에서 외국인 그러니까 Vertretung(대리인)이 자기네들 이해관계를 위해서 그렇게 건물을 빌려서 신청을 할 경우에는 신학교에서 편의를 봐주게끔 되어 있어요. 그래서 매년 다시 가입을 한다고. 우리는 그런 해택을 받지 못해요. 그래서 작년, 재작년에는 독일 장학회가, 베를린 장학회가 돈이 없어요. 그렇기 때문에 건물 사용의 사용료를 달라고 그랬다고. 그래서 우리가 2년 동안 거기에서 싸워서 오늘날 건물 사용료를 내지 않고, 그 건물을 사용하고 있는 겁니다. 그건 이제 하나의 Gegenleistung으로 저는 학교 학생들이 스판다우, 세나테 무슨 행사가 있을 때 우리가 아홉 개에 들어가는 거예요. 그런 식으로 해서 혜택을 받고 있는 거죠. 몇 가지 장, 단점이 있습니다. 그 다음에 학교를 하는 건 재정적으로도 물론 어렵고, 우리는 돈 받고 하는 게 아닙니다. 자기 돈으로 오히려 학교에 돈을 내면서 학교를 하죠. 우리가 학교 창립 5년 때는 그 기념문집도 내고, 10년째에도 냈어요. 앞으로 15년째에 낼 수 있을지 잘 모르겠어요. 다음 올해 내년 그러니까 우리가 일 년에 한 번씩 창립 기념식을 하게 되는데, 올해는 그렇게 하지 않기로 했어요. Benefizkonzert, 자선음악회를 하면서 창립기념일을 한 번에 대행할 수 있는 그런 계획을 지금 구상하고 있고, 계획을 짜고 있어요.

김　면　일본 같은 경우는 보니까 원코리아운동이라고 해서 총련이랑 민단이랑 뭐 이렇게 그런 식으로, 예를 들어서 민족교육도 치우치지 않기 위해서 초대하고 그러던데 그냥 예를 들어서 그거에 비견될 만한 것은 없습니까?

김종한　그렇게 할 수가 없어요. 나는 원래 총련하고 관계를 갖고 싶어 하는 사람 중에 하나예요. 그러니 여기 있는 사람들 여기에 있는 학부형들, 이 사람들이 총련하고는 붙잡지를 않아요. 학부형이 그런데 내가 어떻게 얘기할 수 있습니까?

통일운동에 관한 견해

김 면 아, 그래도 얼마 전에 6·15실천대회도 열리고 그랬었는데.

김종한 그건 또 다른 문제 중에 하나고요. 그런 운동하는 사람들이 자녀가 우리학교에 별로 없어요. 그 사람들은 어디다 봐도 어른들이다 된 사람들인데.

김 면 그럼, 주로 그 세종학교는 유학생들의 자제들인가요?

김종한 그게 앞으로도 문제가 될 겁니다. 유학생의 자녀 그게 문제죠. 여기에 어린 학생들은 두 가지 종류의 지금 학생들이 있습니다. 동네 여기에 새로 그 뭐라고 합니까? 동포? 동포들의 자녀는 지금 거의 없어요. 벌써 끊어진 겁니다. 60년대, 70년대에 여기 온 사람들이 벌써 나이가 30이 넘었으면, 그 자녀가 지금 30이 넘는단 말이야. 그럴 경우에 그 자녀의 손자가 나올 수 있을지 몰라도, 없어요. 그럼 새로 오는 학생들은 두 가지예요. 대체로 여기에 공부를 하러 온 학생들이나, 여기에 공관이나 아니면 회사에서 일하는 사람들의 자제들인 거지. 그렇죠? 그렇기 때문에 그 사람들이 가지고 있는 관심은 여기에 교포 자녀가 가지고 있는 관심하고는 달라요. 그렇지 않겠어요? 한 가지 예를 들어서, 회사에 와서 있는 사람이 한국어를 가르치고 싶은 게 아니고, 독일말 내지 영어를 가르치고 싶을 거 아니에요? 그게 더 관심 있지, 앞으로 2, 3년 있으면 한국으로 돌아가는데 무슨 한글? 그런 관심 없단 말입니다. 여기에서 그렇게 그런 이중적인 모순을 가지고 있어요. 그 대표적인 예가 프랑크푸르트에 있는 학교에서 사업이 일어나는데 그렇지만 우리는 프랑크푸르트 학교보다는 적죠. 적기 때문에 표면적인 현상은 없지만, 여하튼 그런 모순적인 면이 있습니다.

김 면 선생님, 우리 민족을 위해서 남쪽의 한 정부만을 위하지 않은 활동도 통일운동 중에 크게 들어가거든요. 그런 얘기가 있으시면 들려주시지요.

김종한 당신, 김 선생은 내가 무슨 간첩질하는 거처럼 생각하시는 모양이죠? 하하하.

김 면 아니, 선생님도 그러니까 그 시대에 머무르신 거예요. 그런 활동들이 많이 기록이 되어야 된다고 저는 보거든요. 제가 선생님을 왜 간첩으로 생각하겠어요?

김종한 아니, 나는 그렇게 생각하지 않습니다. 어느 제한된 범위 내에서 허용된다고 보는 거죠. 그 한 가지 비견한 예로서, 몇 달 전에 중국에서 무슨 뭐 그 지금 한국에 야당으로 있는 거 뭡니까? 민노당? 무슨 간첩사건이란 게 있었잖아요? 그건 무엇을 의미하는 겁니까? 그건 비견한 일종의 예입니다. 이를 테면 제한된 속에, 허용된 범위 내에서 어떻게 그렇게 얘기할 수 있겠죠. 예전에 총련 사람들 총련에는 두 가지 의미가 있는 겁니다. 총련 사람들이 남쪽에 와서 이렇게 했다고 해봅시다. 그럼 총련 내에서 문제가 있을 수 있는 겁니다. 이 사람이 한국에 와서 어떤 발언을 했는지, 그 다음에 누구를 만났는지, 그런 문제가 총련 내에서도 문제가 되지 않겠어요? 그렇죠? 그러니까 그런 여러 가지 모순이 있습니다. 그럼 이 사람이 북에 가서는 도대체 무슨 얘기를 하고, 누구를 만날 수 있겠어요? 그건 결국은 마찬가지입니다. 남쪽이 오늘날 와 가지고는 앞으로는 모릅니다. 지금 국정원 같은 경우에 국정원이 범위가 앞으로 어느 정도를, 예를 들어 정권이 어떤 식으로 변해서 그 국정원의 이를테면 권력이 어디까지 늘릴지 정확하지 않다고 나는 봅니다. 어느 정도 오늘날은 자유화(liberalisieren)됐다고 볼 수는 있지만, 그러나 이거는 결국은 통일문제, 민족문제가 해결되지 않는 한도 내에서는 어렵다고 보는 거죠. 그렇게 너무 쉽게 생각하지는 마세요.

김 면 네네. 아니, 저는 문화 사업 분야에서.

김종한 문화 쪽도 마찬가지입니다.

김 면 독일 정부라든가 녹색당과 사민당과 함께, 예를 들어 우리나라 통일운동 같은 그런 행사하고 그런 거는 없었습니까?

김종한 무슨 녹색당이 진보적인 정당이에요? 저는 녹색당이 뭐 하는 당인데, 그건 녹색당에 가까이 있다고 하는 사람들이 할 수 있는 얘기겠죠. 그런 사람들이 있지. 그건 다른 문제 중에 하나입니다. 그런 문제에 대해서 나한테 크게 묻지 마십시오.

선생이 제시한 질문의 핀트가 나하고 맞지 않을 수가 있습니다. 그럴 수 있죠.

김 면 여기 독일 지역에서 통일 사업을 위해서 노력했다는 흔적을 남기기 위해서 정리가 되어야죠. 저는 그래서 질문을 하는 거지.

김종한 김 선생님은 그렇게 볼지 모르지만, 나는 이렇게 생각합니다. 오늘 노무현 정권. 노무현 정권이 통일문제를 많이 연구하는 그런 장관들을 많이 만들었어요. 그렇죠? 그 가운데 이런 사람도 있었고, 저런 사람도 있었어요. 그 사람들이 예를 들어서 통일운동을 망치로 그냥 뚜드려 부순 거예요.

김 면 그분들이요?

김종한 그렇죠, 왜 그러냐하면 아, 해외는 오늘날 통일운동을 거의 할 필요가 없게 됐거든요. 왜냐하면 남·북 간의 관계가 더 실질적으로 더 가까워졌으니까. 국내에는 통일운동을 남북이 대화할 수 없는 그런 장으로 그때 존재해 있었어요. 이 당시에 제 3자의 입장에서 해외가 하나의 역할을 본다고 그러면 그게 이를테면 해외운동이라는 중요한 거였어요. 그게 70년대부터 90년대, 2000년대까지 지속되어 온 겁니다. 그걸 통해서 남쪽이 이렇게 움직이게 되고, 북쪽도 이렇게 움직이게 된 겁니다. 그래서 오늘날 대화가 상당히 진척된 것이죠. 그게 앞으로 더 이상 그렇죠. 내가 얘기하면 다르게 생각하실지 모르지만, 이런 문제는 미국을 뽑고는 통일문제를 할 수가 없는 겁니다. 남쪽 정부는. 실질적으로 그런 겁니다. 또 한 가지 보십시오. 예를 들어서 이제 개성공단이 완성과정입니다. 미국에서 어떤 압력을 가하면 더 이상 할 수 없는 겁니다. 그 다음에 미국이 팀 스프리트 한 번만 더 하면 남북 관계의 긴장은 새로운 각도에서 이루어집니다. 그 배후에 이를테면 남쪽정권은 어떤 문제에 있어서 마리오네트죠. 일이 역사적으로 그렇게 되어 있습니다. 그게 사실이에요. 이걸 만약 부정하면 얘기하기가 서로 어려워요.

김 면 근데, 하나만 질문을 드리겠는데요. 민건회부터 유럽연대에 이르기까지 너무 많은 단체들이 이합집산하고 그 사람이 나오면 내가 안 나가는 사람들도 있고요. 그 원인은 어디에 있다고 보세요?

김종한 그건 개개인이 하는 얘기를 듣고, 그런 식으로 해석을 하면 곤란합니다. 큰 범위 내에서 이건 특히 이상이 없다고 봅니다. 이런 사람도 있고 저런 사람도 있지만, 예를 들어 유학운동, 통일운동 거기에서 큰 차이는 없습니다. 다만 있으면 남쪽으로 돌아가서 옛날에 종교에 관한 통일운동, 민주화운동을 오히려 거꾸로 해서 이화선 씨, 이런 사람들, 그런 경우에는 다른 문제입니다. 그 사람들하고는 우리 얘기해 봐야 소용없는 거예요. 그걸 가지고 하나의 예처럼 얘기하시면 얘기하기 곤란하죠.

김 면 그럼 예를 들어 특히 유럽민협이 실질적으로 그 해산 아닌 해산이라고 할 수도 있지만, 범민련을 할 때 여러 가지 갈등 문제들이 있더라고요.

김종한 그건 예를 들면 산모가 아이를 낳는 가운데에서 이렇게 낳는 사람도 있고 여기가 밑이 아픈 사람도 있고, 위에가 아픈 사람도 있을 수 있고 그러니까 그거 가지고 그렇게 크게 신경 쓸 거 없습니다. 하하하. 그걸 마치 그렇게 부각시키면, 문제를 정확하게 본다고 보기 어려운 거죠.

김 면 그럼, 그분들은 왜 또 다른 기독교 단체들이 통일운동이랑은 화합할 수 없는 거라고 보세요?

김종한 그건 얘기했지 않습니까. 큰 줄기 속에 통일을 하고 싶어, 그러니까 통일이 되어야 된다고 보는 사람도 있고, 또 그렇지 않다고 크게 따지면 결국은 양당 다 통일을 해야 한다고 하면서 통일을 반대하는 게 있고, 통일을 해야 된다고 하는 게 진실로 되는 게 있고, 그 두 가지 중에 하나입니다. 그렇기 때문에 그런 잡다한 그런 거 가지고 그렇게 크게 이렇게 저렇게 생각하실 필요 없습니다.

김 면 선생님은 지금 현 시점에서 앞으로 독일 통일운동 단체들이 있는데 실질적으로 세력이 더 약화가 될 거라고 보세요?

김종한 김 선생님도 나는 잘 아시리라고 봅니다. 남쪽 통일은 오늘날까지도 김대중 씨가 얘기하는 햇볕정책 내지 옛날 박정희가 얘기했던 그 선에서 있다고 봅니다. 그러나 북은 보시다시피 자기 생존을 지금 유지하기 어려운 그런 상황 속에 있는 겁니다. 그렇죠? 그렇기 때문에 내가 무슨 더 이상 무슨 얘기를 더 해야 되겠습니까? 북에 대해서 내가 얘기를 하면 잡다한 개인의 의견에 불과할 따름이지 다른 건 없습니다.

김 면 의미 있는 말씀 감사합니다.

10. 오대석

現 한민족 유럽연대 자문위원

오대석 現 한민족 유럽연대 자문위원

오대석 선생은 1965년 파독광부로 와서 초창기부터 기독교통일협의회의 통일운동에 참가하여 북한과 직접적인 대화를 이끄는 중요한 역할을 담당하였다. 프라하 세계교회에 서신을 전달하였고, 비인회담과 헬싱키대회에 기통회의 초대 회장인 이화선, 현 회장인 이영빈목사와 함께 참석하여 초기운동사를 개척한 인물이다. 현재 독일 프랑크푸르트에 살고 있으며, 이번 인터뷰에서 초기 통일운동사에서 북측과의 회담관련 협상이야기를 들을 수 있었다.

북과 해외동포 기독자간의 대화

김 면 언제 오셨죠?

오대석 우리 광부로 왔지. 65년도.

김 면 언제 운동을 시작하시게 되었나요?

오대석 72년도에 프랑크푸르트에 내려왔거든요. 내려와서 72년도에 이화선 목사가 신학 박사학위를 했어. 학위를 해서 연대 라인마인교회를 했는데, 여기 독일교회서 인정을 해준 교회라고. 한인 교회인데, 그래서 이제 목사봉급이 독일에서 나와. 근데 그 교회에서 선거해서 처음 회장 당선된 거야. 그런데 잘 나갔지. 잘 나갔는데 근데 우리가 그때 이미 74년도 민건회 운동 벌써 시작했지. 뮌스터광장에서 했고. 근데 이제 교회는 나가더라도 언제나 우리는 사회문제야. 이것과 교회를 이런 게 중요한데 말이야. 교회가 사회문제를 관심을 갖도록 해야 되고, 근데 이제 이거를 못하게 자꾸 봉쇄하는 거야. 그래서 심지어 예배 끝나면 다과 시간이 있는데, 그때까지 우리가 대화의 장을 좀 만들어서 얘기를 하면, 그걸 못하게 하고, 착착착 노래 부르고 이런 식으로 나가버리니까 75년도에는 내가 안 되겠다, 그래서 그 뒤로 교회를 더 이상 안 나가버렸어. 그래서 지금까지 교회를 계속 안 나갔지. 그렇지만 이제 5년 전에 정현선 목사라고 새로 와서, 그때부터 이제 내가 다시 교회에 나갔지. 2002년부터 내가 다시 교회를 나갔는데, 그러니까 80년도에 기통회, 그때 이제 이화선 목사를 다시 만난 거야.

김 면 기통회 하시면서 어떤 것을 맡으셨어요?

오대석 그래서 기통회 우리 법무가 프랑크푸르트니까. 그래서 이제 내가 편집을 봤었지. 우리 집사람이 타자를 다 찍고. 공명우식 타자로 아직도 있어. 아이고, 그때는 컴퓨터가 없으니까 타자야. 그렇잖아. 얼마나 힘들었어. 우리 사람 일은 없어도 그런 거는 아주 착실하게 잘 했어. 정말 소처럼 꾸준하게. 1차 회담을 빈에서 81년도에 했거든.

김 면 그때 가셨었죠?

오대석 응, 그래서 우리가 기통회를 만들기는 그 전에 만들어서 이북에다 늘 편지를 했단 말이야. 편지를 하는데, 답이 없어. 이제 어디로 통해졌나 하니. 프라하의 뭐 세계평화 무슨 기구가 하나 있어. 프라하에. 이제 그리로 통해 가지고 북으로 갔어. 그래서 아마 78년도부터 그 편지를 보냈을 거야. 그래서 나중에 답이 와서 장소는 이제 빈에서, 그게 81년도 11월 달.

김 면 그때 몇 분이나 가셨어요?

오대석 그때 미국에서도 오고했는데, 전부 다 미국에서도 오고, 일본에서는 하나도 못 나오고, 미국에서 좀 많이 왔어요. 그 다음에 우리 독일에서, 그리고 북에서는 77명 왔어.

김 면 77명이나요? 많이 왔네요.

오대석 이제 청년단체도 각 단체대표로서 많이 오고, 북에서 기독교단체에서 통일하자고 하니까 북에서 전혀 모른단 말이에요. 이 회담에 응해야 할지 안 해야 할지. 그래서 내가 79년도에 북을 한번 갔지. 갔는데, 해야 할 것인가 아니 할 것인가 해서, 해야 된다고. 단체는 기독교 단체지만, 우리 진보 세력들이 다 거기 같이 일을 하니까 해야 된다고. 우리 통일운동에 굉장히 도움이 될 거니까 반드시 해야 된다. 기독교 선교를 같이 해야 된다. 그래서 이제 나도 갔다 왔단 말이야. 그래서 81년에 빈에서 했어. 근데 이제 기조연설을 이화선 목사가 했단 말이야. 우리 의장이니까. 근데 유신이 문제가 됐어. 그러니까 남·북 정권이 통일에 방해되는 세력이다 이거야. 무슨 말인고 하니 정권차원에서는 이 통일을 자기 정권연장에 이용한다 이거지. 북도 그렇고 남도 그렇고. 이제 그것이 우리 자체에서도 문제가 됐고, 북쪽에서도 문제 삼은 거지. 그래서 결국은 그 다음 여기서 임시총회를 하는데, 이화선 목사가 떨어진 거라. 그럼 나는 이화선 목사하고 이 사람은 온건파니까 잘만 밀어주면 열심히 일할 사람이었지. 진보고 보수고 관계없어. 그리고 이제 생각이 과격한 것을 앞세우거든. 그래서 우리 교포사회가 워낙 보수니까 글도 물론 완만하게 절대 막 쓰지 말고, 이화선 목사하고 나는 그게 다 상의가 됐단 말이야. 근데 이영빈 목사하고 그 부인이 여기는 굉장히 그걸 라디칼(radikal)하게 쓴 거야.

기독교통일협의회와 해외기독교연합회

김 면 그럼 이영빈 목사님이 실질적으로 이화선 목사님을 재낀 거네요?

오대석 그렇지, 이제 그쪽에서 사람들을 동원해서 이화선 목사를 하고, 그 다음에 이영빈 목사가 회장을 한 거지.

김 면 그 다음에 회장하신 거군요. 처음부터 이영빈 목사님이 회장이 아니네요?

오대석 아니지. 처음에는 이화선 목사가 회장이었지. 그러니까 이화선 목사가 그렇게 되어 놓으니까 이 사람들은 나를 또 이화선 목사랑 동일시하는 거지. 그러고는 이제 82년도에 제2차 회담이 헬싱키에서 하기로 했어요. 근데 그때는 준비를 이제 1차 회담을 이화선 목사하고 나하고 그 준비회담 나가서 이북에 박영수 씨라고 서울

불바다에 대해서 쫙 한 사람 있잖아요. 그 사람이 거기 조국통일 평화위원회 부위원장이기도 했다고. 근데 그 사람이 머리가 전금철 씨보다 잘 돌아가. 머리가 아주 비상해. 전금철 씨는 외교관 타입으로서 그런 사람이고, 박영수 그 사람은 머리가 아주 빠른 사람이야. 이제 그 사람들하고 갈라고 1차 회담 다 했다고. 이제 2차 회담은 이영빈 목사가 의장이니까 이영빈 목사가 준비를 다 했지. 헬싱키에서 했지. 근데 그 무렵에 자기도 이화선 목사도 자기 나름대로 기독교연맹인 기련, 이걸 만든 거야. 그러니까 목사 되면 자기가 뭘 하던 장자를 해야 돼.

김 면 선생님, 그럼 지금 두 그룹에 다 속하신 거예요?

오대석 나? 나는 기련에는 안 속했지. 기통회는 이제 그 이후로 나는 기통회에 나가지도 않았지만, 나는 기련은 안 나갔어. 근데 2차 회담은 가야 되는데, 이영빈 목사가 나보고 같이 가자는 거지. 그래서 지금 기련 사람들이 저렇게 있는데, 나는 저 사람들하고 가겠다. 그리고 우리 집사람은 이영빈 목사하고 같이 갔단 말이야. 하하하. 그러니 나는 일부러 갈 수 있지. 그러나 그 사람들을 떼어 놓고 갈 수가 없어서. 그래서 이화선 목사한테 그랬지. 기련 사람도 가야 된다. 다 같이 참여해야 된다. 나는 과격하고 보수에 이해심 없어. 전부 화합주의야. 그런데 갔단 말이지. 이제 헬싱키 공항에서 갔는데, 거기서 나오지를 않아. 그래서 전화를 했지. 밤이 깊어 가는데, 전부 기련 사람들은 공항에서 기다리고 있고, 이제 나도 기다리고 있는데 차를 보내주지를 않아. 그래서 나중에 내가 또 전화를 했지. 밤은 깊어 가는데, 차도 진작에 보낸다더니 지금 몇 시간이 지나도록 안 보내고 있느냐. 보내라고. 그러니까 나한테 뭐라고 하냐면 이화선 목사하고 나만 둘만 들어오라는 거야. 다른 사람은 들어오지 말고. 그러니까 이화선 목사는 그러면 자기도 못 들어가겠다고 말했지.

김 면 그때 가족들이 있으니까.

오대석 그러니까 나는 기린 사람도 아니고, 그러니까 나까지 안 들어갈 필요는 없기 때문에 나는 그냥 혼자 들어갔지. 그러니까 그 내부에서는 선우학원 씨라고. 그 사람이 그러는 거야. 아니, 오대석 부인도 여기 와 있는데 말이지, 본인이 못 들어오고 있으면 되냐고. 이제 선우학원 씨는 잘 알지. 잘 알아. 그래서 들어갔어요. 2차 회담도 이렇게 하고.

조명훈. 그 사람도 2차 회담에 거기 왔었거든. 이건 재밌는 이야기니까 역사기록에 들어갈 만 하겠는데. 그런데 조국통일 북한에 들어갔어요. 재입북 할 때 나도 거기 들어가고, 조명훈 씨도 거기 들어가고, 최덕신 장군도 오고, 그 다음에 서기국장, 대학 교수라고 그 이름이 뭐야. 이름이 기억이 안 난다. 그리고 허정숙 씨. 그리고, 오석근 씨라고 알까 모르겠네? 그러니까 이제 거기서 자꾸 주체사상 강의를 하려고 한단 말이야. 오석근 씨가. 근데, 일본에서 온 사람들은 자꾸 주체사상 강의를 하려고 한단 말이야. 우리 다 알고 있는데. 그러니까 사람들이 자기들이 왔다고 하는 것을 아주 열심히 선전하는 거야. 성실해, 좋게 해석하면 너무너무 성실해. 거기서 한 치도 벗어날 수 없어. 사람들이 그 만큼 성실해. 근데 오석근 씨는 또 우리 주체사상 교육 받으러 왔잖아 우리보고, 그런데 조명훈 씨가 심각한 얘기를 한 거예요. 다 좋다. 이북이 사회주의는 자료로 하던 뭐든 하여튼 다 좋다. 하지만 후계자 문제만큼은 이 서방 사람들이 도저히 그거를 이해를 못한다 이거야. 그러니까 나도 주체사상은 그만큼 많이 공부를 했고, 다 했지만 후계자 문제만큼은 이해가 안 간다. 서방의 학자들도 이제 다 그렇게 알고 있는 식으로 그랬단 말이야. 그러니까 전금철 씨가 당연히 주체사상 공부를 더 해야 되겠소. 이렇게 된 거야. 또 이제 발언권을 얻으려니까 그 사이에 또 사연이 많거든? 그러니까 발언권을 전혀 안 줘버린 거야. 하하하. 그래서 나와 버렸어. 그리고 이제 다시 독일에서 시작 됐어. 이제 그때 내가 발언을 했지.

그때 이제 이북은 북하고 미국하고 평화협정, 미군 철수, 평화협정, 이 두 개가 대론전략입니다. 그 당시에. 그때 전두환 시대에. 그걸 내가 지적했지. 이북은 통일전략을 평화협정, 미군 철수. 이거를 앞으로 50년간, 100년간 부르짖고 있을 것이다. 국제정치도 국내정치도 정치라는 것은 변화를 이끌어 냈어요. 그 상황을 조성해 나가면서 해야 하는데, 그렇게 못 하고, 밤낮 일생동안 그것만 하고. 그때는 카터가 돌아섰을 때야. 그때 북이 양자회담 할 때, 카터가 그 당시에 3자회담을 주장했다. 남쪽을 포함해서, 그때 그걸 북은 거절했다. 내가 생각하기에 왜 그걸 거절했느냐 이거지. 어차피 남쪽 하나를 참석시키는 그게 싫어가지고, 그 3자회담을 거절해 버렸다고. 지금은 미국에서 회담에 대해 전혀 말을 하지도 않고 있지 않느냐. 그리고 이제 어차피 그때는 남쪽에서 전두환 대통령에 대한 데모가 굉장히 심할 때예요. 그래서 남쪽의 정권이라는 것은 언제 어떻게 될지 모르는 것이고, 미국하고 남쪽을 포함해서라도 평화협정을 맺어 놓으면 그때 미군의 철수도 주장할 수 있지 않느냐. 그러나 또 미국이 평화협정을 맺어 놓고도 미군 철수를 안 할 수도 있다. 왜냐하면 대소전략 때문에. 그럼 그때는 또 그때 가서 우리가 데모를 해서라도 철수를 하도록 운동을 하고, 이런 식으로 상황을 이끌어 나가야지. 매번 평화협정, 미군철수, 그러면 안 된다. 지금 만약에 이북이 3자회담을 주장해도 그때는 카터 지나고 다음다음이 언제지? 81년도. 레이건 전이니까. 그래서 지금은 이미 이것은 시효가 지나버린 제안이기 때문에, 지금은 북이 제안을 해도 미국이 응하지 않을 수 있다. 그러나 시도는 한번 해 볼 필요가 있다. 그랬거든. 그리고 하여튼 이런 식으로 해서 분과토론이 끝났어. 그리고 이제 84년도에 남쪽에 홍수가 있었거든. 그래서 이북에서 10만 톤 쌀을 지원해줬어. 그러니까 81년도 빈에서 하고, 82년도 2차 회담을 헬싱키에서 하고, 83년도 한 번 빼먹었어. 그리고 84년도 12월 달에 또 빈에서 하기로 했다고. 그런데 84년 1월 10일자로는 북쪽에서 3자회담 제안을 했다고. 그러니까 내가 말 한대로 그 사람들이 다 한 거지. 그래서 편지가 왔더라고. 이 사람들이 그동안 시간도 오래 걸리고 했지만, 결국 하기로 했구나. 그리고 84년 10월 달에 회담에 또 나갔단 말이야. 그래서 그때 거기 복도에서 정윤재 씨를 또 만났잖아. 그래서 내가 그 분한테 큰일 했습니다. 첫째는 쌀 지원해 준 것 하고, 두 번째로는 3자회담 제안한 것 하고, 두 가지 큰일을 했습니다. 이렇게 내가 말했어요. 그리고 이제 3차 회담 끝나고 그 다음에 이제 북과 남과 기독자회담 일을 없애버리고, 무슨 연합으로 이름 명칭을 바꿨어. 그리고 나서는 실질적으로 그렇게 적극적으로 북과 만나서 하는 회담이 없어져 버렸어. 3차 회담 끝나고 우리가 한 것도 명칭을 바꿔서 그때 내가 구라파 대표로 선출돼서 갔었는데, 그때 한 분인가 두 분이서 만나고 헤어졌어, 없어지고. 여기서는 우선 재력이 없으니까 1차 회담도 우리가 돈을 다 모았거든, 회담 장소가 귀해서. 500마르크 낸 사람, 1,000마르크 낸 사람, 또 2,000마르크 낸 사람 다 이렇게 해서 했는데도 경비가 부족해. 부족하니까 이화선 목사가 경비가 부족하다고 2만 마르크까지 적자야. 그래서 북에다 얘기를 한 거예요. 그러니까 북에서 나한테 귀띔해 주더라고. 재정이 정말로 부족하냐고. 그래서 부족하다고 말이지. 그래서 나는 그때 아마 북에서 협조해준 것 같아. 2차 헬싱키에서 할 때는 북에서 전적으로 다 부담하고.

　그때만하더라도 북이 좀 괜찮았거든. 90년도 중반 들어가면서 자율제어 그때부터 곤란해졌는데. 그래서 기통회는 사실상 해체가 아니고 마찬가지예요. 그리고 이인규 박사가 지금도 기통회 회장이야. 공식적으로는 다 그렇게 되어 있어. 근데 사람은 아무도 없어. 총회도 없고.

김 　 면 회장님만 계시는 거예요?

오대석 어, 이름만 그렇게 걸고 있어. 아무도 없어. 내가 생각할 때 이화선 목사가 쭉 회장 했더라면 아마 그대로 존속했을지도 몰라. 그리고 우리가 기관지도 꾸준히 내고. 이화선 목사가 혼자서는 할 그런 능력이 도저히 없어.

김 면 기련은 좀 잘 됐었나요?

오대석 기련은 나중에 이화선 목사가 거기도 사람은 몇 사람 안 되는데, 『화해』라는 잡지를 꾸준히 냈죠. 그런 것은 기독교 냄새만 풍기기 때문에 통일운동에 별로 도움이 안 되는 거고. 그러니까 나중에 이화선 목사가 점점 북으로 이렇게 돌아가는데, 말하자면 민중 신학, 한국 남쪽에 『민중 신학 비판』이라는 책도 냈잖아요. 근데 남미에서는 해방신학이고, 우리 한국에서는 민중 신학인데, 이걸 비판한 거라. 그 책을 쭉 읽어보니까 이건 도대체 말이 안 되는 거라. 이 사람이 말하는 민중 신학 비판의 출발점이 뭔가 하니 신본주의와 인본주의, 우리 인간이 하는 것은 전부 인본주의다. 우리 인간은 늘 과거를 잊고 늘 잘못을 할 수 있고, 잘못 판단할 수가 있고, 신본주의 입장에서 보면 인본주의는 완전히 죄악시 되는 그런 행위 밖에 안 되는 거죠. 구원을 받지 못 하는 그런 행동. 그러니 존재하지 않는 신을 신본주의로 해서 그걸 책을 쓴다고 하는 것은 그거야 말로 관…(해독불가)주의지. 그래서 어떤 사람은 이화선 목사 그 책을 보고, 만나면 때려 죽여 버린다고 그렇게 욕하는 사람도 있었다고 해요. 우리 격동기에는 기독교가 민중 신학이다, 이래서 사회 참여를 하고 말이지 얼마나 귀중한 거예요. 이걸 신본주의 입장에서 비판하고 나와 버렸으니 말이 될 말이에요?

김 면 선생님이 보시기에는 이제 기통회하고, 기련하고 갈라졌었잖아요. 실질적으로 두 측에서 화해라든지 화합하려는 움직임은 없었습니까?

오대석 전혀 없었어요. 원래 그 둘은 친구사이예요. 근데 원수 같아. 지금도 거의 연락도 없고, 그래서 이영빈 목사가 괘씸하지만 내가 금년 초에 그래도 나보다 연장자고, 과거에 우리가 광부 생활 했을 때 투혼의 목회 생활도 했고, 그래서 내가 인간적으로는 정말 꼴도 보기 싫은데, 그래도 내가 참고 고개 숙이고, 예의를 갖춰야 되겠다고 해서, 설날에 인사를 했어. 전화를 했어요. 요즘 가끔 이화선 목사 만나요? 이렇게 물어 봐요. 나도 작년에 이화선 목사 한 번도 안 만났거든. 어쩌다 한 번 만나고 그렇게 자주 안 만난다고. 만나면 나한테 안부나 전해주십시오. 그런 안부는 직접 하십시오. 직접 전화하라고. 얼마나 교만하고, 자기 자존심을 세우는 사람인가.

김 면 이화선 목사님이랑 어느 정도 노선을 비슷하게 가르치신다고 그랬는데, 이화선 목사님 이야기 중에 보면 북한의 독재 문제를 상당히 강하게 비판하시는 것 같더라고요.

오대석 강하게? 그렇죠. 이화선 목사는 뭐 이 사람은 신본주의자니까.

김 면 통일에 대해서는 다른 견해를 갖고 계시지요?

오대석 전혀 다르고, 그 전에 신학적인 거 얘기하잖아요? 어쩔 때는 이화선 목사 말이 막혀서 얼굴 빨개질 때가 많았어요. 신학적 입장으로도 나는 신학을 아는 사람이지만, 신학 서적도 많이 봐요. 책도 많이 보고, 내가 현재 교회 가는 곳도 목회, 나하고 전혀 맞질 않아. 그래서 내가 책을 많이 봅니다. 문제는 내 주장의식, 종교든 개인구원이라는 이거는 아주 바탕은 이기주의입니다. 이기주의가 깔려있어요. 그래서 사회구원. 그러니까 해방신학에서는 민중 신학은 사회구원을 이야기 하고 있는 거예요. 그러면 그 종교는 제대로 된 종교예요. 예수도 그렇고 전부가 사회구성원이에요. 그래서 예수도 결국은 개인구원 아니에요. 그러니까 현재 기독교는 예수가 완전히 없는 기독교가 되어버린 거죠. 이것은 다시 한국의 기독교가 살아나기 위해서는 종교개혁이 한국에서 일어나야 된다는 거죠.

이후 운동에 대하여

김 면 그러고 나서 선생님은 유럽 민협이고 이런 데는 가담하지는 않으셨어요?

오대석 민협은 내가 언제 구성한지도 모르고, 범민련이 언제 구성한지도 모르고 나한테 전혀 알리지를 않았어요.

김 면 그러니까 기통회라든지 기련 때문에 그런 건가요?

오대석 그러니까 모르겠어요. 근데 이영빈 목사는 참석했거든.

김 면 예, 처음에 참여하셨죠.

오대석 이희세 씨. 알죠? 이 사람도 나한테 전혀 민협이고, 범민련이고 조직할 때 나한테 전혀 알리지 않았다. 그러니까 이영빈 목사가 중간에서 잘못 전한 거야. 이영빈 목사가 일부러 연락을 안 한 거야. 나는 그래서 지금 이영빈 목사, 김순환 씨라면... 빼고서라도 인간적으로라도.

김 면 실질적으로 범민족대회 이런 데 참여 못 하셨네요?

오대석 그럼요, 그때 나는 공백기였죠.

김 면 오히려 그 전에 처음에 연 것은 선생님이셨는데, 그 북한과의 만남을 처음 여신 분인데, 실질적으로 범민족대회에는 참석을 못 하셨네요.

오대석 못 했지. 범민족대회?

김 면 네, 범민련 앞서기 전에 민협에서 이제 제1차 범민족대회라고, 90년에 북한에 가서 회담한 게 있거든요. 거기에 참석을 못 하셨네요.

오대석 못했죠. 전혀 나한테 연락을 안 해줬으니까.

김 면 처음에 선생님 노련은 가입하셨어요?

오대석 노련도 내가 처음 창단 때 몇 번은 나갔었죠. 그 다음에 내가 노련 회원은 아니었어요.

김 면 실질적으로 한민련이라는 게 만들어지잖아요? 거기서 보니까 노련도 들어가고 민건회도 들어가고 이러면서 실질적으로 통일에 대한 이야기들을 해보려는 모임인 거 같은데, 그때 당시에 기억나는 그 시절에 이제 77년이거든요. 혹시 생각나시는 거 있으시면.

오대석 전혀. 나는 77년 벌써 난 운동했을 때, 그러니까 박정희가 죽을 때까지는 민건회가 존재했죠. 박정희 죽고 나서부터 민건회도 이제 거의 없어졌다 싶었거든요. 그리고 통일운동, 기통회 그거 참여했고, 그러니까 나는 성격이 그때 그 상황에 적절하게 띄울 때는 내가 참여를 하는데, 술에 술 탄 듯, 물에 물 탄 듯. 뭐 이런 거는 내가 별로 관여 안 하는 것 같아. 내 성격이.

김　면 북한에서 혹시 선생님한테 통일 때문에 처음 참석하셔서서 좀 적극적으로 회담하려고 그러셨잖아요. 근데 선생님이 또 안 하시게 되시니까 북에서 또 연락 같은 건 없으세요?

오대석 전혀 없어요. 그 사람들 개인한테는 연락을 안 해요.

김　면 그럼 통일운동이 범민족대회 이전에는 거의 답보상태네요.

오대석 그래서 이제 84년인가 85년도인가 일본에서 그 곽동의 말고, 그 전에 유명하신 그 돌아가신 분, 지금 기억이 안 나요. 그 양반 살아계실 때. 그때 동포대회 있었거든.

김　면 정규명 선생님 말씀하시는 거예요?

오대석 아니, 일본에. 곽동의 선생 그 전. 그 유명하신 분. 그건 나중에 찾아보고. 그때 한민련에 그때 구라파를 정선대? 씨가 의장 할 때야. 그래서 갔지. 가서 토론을 했어. 그래서 거기서 나보고 또 한마디를 하라고 해서, 즉석으로 뭘 했지. 이 구라파는 조총련도 없고 하지만, 일본은 조총련도 있고 하니까. 조총련하고 앞으로 모든 것을 잘 화합해서 나가는 것이 좋지 않겠느냐. 그리고 박정희가 7·4공동선언, 이 사람은 원래 반공을 불신한 사람이기 때문에 회담은 형식으로 한 것이고, 자기 권력기반을 강하게 하기 위해서 형식으로 한 것이고, 했지만 절대 그것은 성공할 수가 없었다. 기본 사상이 반공주의고 그랬기 때문에. 그래서 내가 신문을 발행할 때, 사설을 한 번 쓴 적이 있거든. 우리나라 국시가 반공 아닙니까? 그래서 이 국시를 반공이 아니라 통일로 바꿔야 된다. 그래서 내가 그 얘기를 했었거든. 그랬더니 그때가 4월 달이었어요. 근데

8월 달에 유성환 국회의원이 민주당이었을 거예요. 이 사람이 국회에서 그 얘기를 해버렸어요. 우리나라 국시를 통일로 해야 된다. 그리고 이 사람 들어가 버렸잖아요. 그래서 어떻게 이렇게 나하고 똑같은 발상이 있을까. 그렇지 않으면, 내가 일본에서 한 말이 한국에 들어간 건 아닐 테고.

김 면 근데 통일운동 하시다가 어려운 점은 없으셨어요?

오대석 전혀. 여기서는 당한 적 없고. 문민정부 들어서고서 이제 들어갈 수가. 그때는 이제 미국으로 해서 들어갔어. 우리 집 사람도 같이. 그때는 아무것도 물어보지도 않아. 그래서 95년도 그때는 2월 달에 들어갔는데, 미국에서 다시 독일에 오고, 그 다음에 8월 달에 혼자 들어가는데 그때 출입국 관리국에서 물어보더라고. 가면 어디 가 있을 것이냐. 주소 알려주고 가라고. 그래서 내가 생각할 때 이 사람들도 리스트를 볼 때, 미국에서 오면 미국 쪽 리스트를 볼 텐데, 거기에는 내 이름이 없을 거 아니에요. 그럼, 내가 여기 독일에서 루프트한자 타고 들어가니까 여기에는 나올 거 아니에요? 그때에는 물어보더라고요. 내가 그렇게 생각했다니까요. 하하하. 그러니까 이해가 안 가지 않겠어요? 그리고 내가 가면 절대 아무 일이 없는데, 그때는 아무런 일도 없었거든.

김 면 이화선 선생님도 제가 한 번 비슷한 질문을 했거든요? 혹시 그 국가기관으로부터 뭐 이렇게 제대라든지 압력행사를 받은 적이 없는지, 라고 물어보는데, 전혀 없다고 하시더라고요.

오대석 그 사람은 이규호 씨 알죠? 이규호 씨하고 통하잖아. 그리고 또 이화선 목사는 기통회 회장하고 했다하더라도, 여기서는 빨갱이 목사라고 소문이 났지만, 벌써 위에서는 볼 때는 성분분석이 제일 중요하거든. 이 사람 마음 속 깊은 곳에 무엇이 들어 있느냐가. 이걸 안기부에서는 본단 말이죠. 이 사람은 전혀 그럴 사람이 아니야. 아니 신본주의자인데...하하하.

김 면 그럼, 요즘에 한국 코리아협의회, Korea Verband 뭐 이런 데는 관여 안 하셨어요?

오대석 거기도 내가 관여 안 해요. 내가 매년 기부는 하는데, 그 곳은 내가 가서 할 일이 없죠. Korea Verband는 일 년에 잡지 한 번 내는 거 그거밖에 없어.

김 면 그래도 동포 사회에 독일어로 출판된다는 게 상당히 의미가 있는 거 같아서.

오대석 그게 이제 거기 쓴 사람들은 전부 학자들이에요. 내용이 어려워 독일어가. 굉장히 어려워. 근데 그걸 보려면 사전 찾아가면서 공부할 시간이 없어.

김 면 아, 대중적이지 못하군요. 굉장히 한정적이겠네요.

오대석 독일 사람도 아주 인텔리 관심 있는 사람들이나 보지, 보통 사람들은 흥미도 없고.

김 면 범민족대회에 관해 들으신 적은 없으시고요?

오대석 전혀. 나중에 보니까 범민련도 막 복잡해서 내부에서 싸움 많이 하고, 내가 관여 안 하기 참 잘 했구나. 나는 그런 게 정말 싫거든. 나는 누가 이렇게 언쟁이 벌어지면 내가 포기해 버리는 사람이에요. 싸우기 싫어하는 사람이야.

교포사회와 통일운동

김 면 처음에 1차 회담 하시고 이럴 때 그때 당시에 시대적으로 통일문제를 이해하기가 상당히 힘드셨잖아요.

오대석 어디, 교포사회에서? 교포사회에서는 일체 그 어떤 그런 통일문제를 교포들이 그걸 받아들이지 못해. 아주 보수적이야. 그러니까 여기 운동권은 항상 고립되어 있는 상태야.

김 면 독일만 그런 건가요? 독일만 더 그렇지는 않죠?

오대석 역사로 볼 때 특히 독일이 그런 것 같아. 미국은 지금 이북에 갔다 온 사람이 만 명이 넘는다고 하잖아. 미국에서 오히려 안 갔다 오면 바보취급 당한다고 그러던데. 하하하.

김 면 만 명이나요? 정말 많이 갔다 오셨네요. 혹시 그때 당시 주로 통일운동 하는 방식이라는 것은 예를 들어, 여기서는 주로 세미나 같은 것을 하셨나요?

오대석 세미나 같은 거 좀 했었고, 그리고 이제 우리 기통회가 이화선 목사, 이영빈 목사, 이렇게 할 때 우리가 이제 그 잡지를 냈거든. 『통일과 기독교』지를 냈죠. 그것도 거의 한정되어 있으니까. 교포한테 다 돌릴 수도 없고, 또 그렇게 하면 돈 너무 많이 들어가니까 소수로 이렇게 해서 아는 사람 통해서 했는데.

김 면 무슨 서명운동, 모금활동, 이런 거는 통일운동에서 없었나요? 여기 독일 정부에다 좀 지원해 달라는 이런 얘기도 전혀 없었나요?

오대석 전혀 없었지.

김 면 재정적으로나 여러 가지로 상당히 열악했겠네요.

오대석 그래도 그 당시에 내가 직장 근무할 때고 하니까 왔다 갔다 여유, 그런 거야 문제가 안 되는 거고. 또 큰돈이 들어 간 것이 아니었기 때문에.

김 면 그때 당시 북한을 지원해 주거나 그랬던 활동은 없었나요?

오대석 우리가 북한에다? 전혀 없었고. 아니, 그러니까 1차 회담, 2차 회담도 우리가 오히려 북한에서 도움을 받을 정도였으니까. 그리고 그때는 북한이 살기가 괜찮았고.

김 면 그러면 북한을 방문한 게 한 세 차례 정도 되시네요? 그 이후에 못 가셨어요?

오대석 내가 방문한 게? 그러니까 북한에 방문한 게 내 개인적으로 방문했다기보다는 내가 제일 처음에 76년 도인가? 그리고, 79년, 그 다음에 85년.

김 면 겁나지 않으셨어요? 70년이면 가장 유신 뭐라고 할까요. 첨예화 됐을 때인데요.

오대석 그때 내가 국적도 한국 국적을 가지고 있었고, 지금은 내가 독일

국적이거든. 91년도에 내가 독일 국적을 가졌어요. 근데 나는 여기서 사니까 어차피 내가 들어가지도 못 하니까. 근데 문제는 이거예요. 박정희가 사회주의자를 양성시켰어. 오히려 박정희 덕택으로 자생적 사회주의자들이 많이 생겼어. 이것들이 전부 미국하고 연결이 돼서 이러기 때문에, 우리가 이제 반독재 투쟁을 하면서부터 생각이 어떤 생각이 드느냐하면 우리 민족의 살 길이 그렇게 없느냐, 우리 민족의 자주. 그러다 보니까 주체사상이 이렇게 부각되는 거예요. 그러니까 이제 북한에 대한 관심을 갖는 거예요. 솔직히 말해서 해외 운동을 제대로 한 사람들은 북한하고 관계없는 사람이 없어요. 그렇게만 아시라고. 거의 아마 다 관계있을 거예요. 왜냐면 우리가 무슨 정신적으로 출구를 찾아야 하잖아. 남쪽은 꽉 막혀서 독재하지만, 우리 민족이 살 길이 어디 있느냐 말이지. 그러니까 민족의 자주를 지켜 나가는 북에 대해서 관심을 가지게 된단 말이야. 이래서 사람들이 북도 가 보고. 겁나는 게 뭐예요. 사실은 다 그렇게 된 거예요. 그래서 박정희가 공산주의자들을 대량생산 해낸 거예요.

김 면 그러니까 그때 당시에는 민주화를 바라는 게 통일운동이 되어 버렸군요?

오대석 그렇죠. 근데 이화선 목사가 미국에서 초청해서 한 번 방문한 적이 있었거든요. 이제 기통회 회장이니까. 이화선 목사가 뭐라고 했냐면, 통일운동이 민주화운동의 가장 빠른 길이다. 이것이 박정희를 타격하는 데 더 강한 방법이다.

김 면 아, 통일운동이 최대의 민주화다. 그럼 교민 내에서 그런 아까 얘기했듯이 운동을 소수만 했는데, 당시에 일반인들에게 홍보하려는 움직임은 없었나요?

오대석 기간지 발행한 거 그 이외에는 일반인들하고 통일문제를 가지고 세미나를 한다던지 이런 것은 없죠. 우리가 통일세미나를 하면 우리 운동권 사람들만 다 모이지. 일반 교민들은 참석하고 그런 일은 거의 없죠. 그러니까 완전히 양극화 사회지.

김 면 그래도 뭔가 통일운동 하시면서 보람을 느끼신 적은 없으세요?

오대석 그러니까 이제 내가 제일 보람이었던 게, 우리가 반독재투쟁 한 거. 우리가 굉장히 보람을 느끼고, 그 다음에 우리 기통회, 북하고 세 분이 회담한 거. 이게 결국은 남쪽 기독교에 영향을 준 거예요. 원래 남쪽 기독교가 굉장히 보수적이었거든요. 그리고 이북에서 기독교가 들어와서 남쪽 기독교를 전부 장악하고 있고, 이런데 여기서 우리가 회담함으로 인해서, 이것이 남쪽에 들어가서 남쪽에 그때서부터 통일에 관심을 가지게 된 거예요.

김 면 그때부터구나. 그때 당시 기통회가 인원이 전부 몇 명이나 되셨어요?

오대석 우리 독일만 해서 전부 합치면 한 30명 정도 됐죠.

김 면 아, 그럼 해외에도 그 정도 규모가 있었나요?

오대석 그 다음에 이제 우리 기통회에 대해서 관심을 가지고 있는 미국에서 사람들이 굉장히 많고, 뭐 선우학원 씨 기타 등등. 미국에 저명한 운동가들 다 우리 기통회에 관심 많았었고, 우리가 회담할 때, 그 사람들 다 참석도 했었고.

김 면 이화선 목사님이 뉴욕이라든지 이런 데 갈 때 같이 가셨어요?

오대석 같이 안 갔어. 혼자 갔어.

김 면 그럼, 전금철 선생님이랑 통화하실 때 통일문제를 좀 심각하게 둘이서 얘기 해보신 적은 없으세요? 솔직하게 그런 것을 얘기할 때가 있지 않았나요?

오대석 그런 것은 없고, 다만 우리 회담에 절차상의 문제, 준비 문제, 정말로 통일사상을 가지고는 얘기할 수 있는 기회는 없어요. 솔직히 말해서 우리가 그런 거 하려고 해도, 그런 북쪽에서 사람들은 회피하려고 하고.

김 면 처음에 통일 심포지엄인가 일본에서 했을 때도 참석을 하셨나요? 1978년에. 79년인가.

오대석 아, 그때는 한민통에서 초청을 했는데, 나 그때 안 갔어. 나 그 때 초대를 안 받았어. 그때도 나는 원래 여기서 교회를 다니면서 민건회 참석을 했잖아. 그런데 여기서도 보면 학생들도 진보적인 학생들이 그런 사람들만 초대를 받았어. 그러니까 예를 들어서 이삼열 박사 알죠? 이준모 이 사람도 한신대 교수하잖아요. 그리고 숭실대 이삼열 선생님, 이 사람도 또 한민통에서 초대할 때 초대를 못 받았어요. 그러니까 거기서부터 이 사람들이 기분 나빴던 거야. 자기 사람, 자기 가까운 사람만 초대하는 것, 그리고 이쪽을 분열시켜 버린단 말이야. 나는 그거 싫거든요. 같이 어울려서 가는 거 그래야 그 힘이 강하지. 분열되어 버리면 이것도 죽고, 저것도 죽고. 나는 그런 게 싫거든요. 그래서 내가 일본의 초대를 솔직히 말해서 민건회 활동 할 때 정말 적극적이었어요. 내가 말 잘한다는 것은 소문이 났어. 난 평소에는 A형이야. 순한 성격이야. 근데, 불의에 대해서는 불 같은 성격이 일어난다고.

김대중과의 인연

김 면 그 당시 혹시 김대중 대통령 구명운동 하고 그러지는 않으셨어요?

오대석 했죠. 우리가 막 단식투쟁 3일간 하고, 니콜라이 교회라고 시청 앞에 조그만 교회에서.

김 면 아, 프랑크푸르트에서요.

오대석 그 교회를 우리한테 빌려줬어. 포스터 붙여 놓고, 여기서 악수를 굉장히 했죠. 우리 같은 고향 목사였는데.

김 면 고맙다고 연락 안 오시나요?

오대석 연락이요? 아뇨.

김 면 여기 독일에 오셨을 때도 연락 안 하셨어요?

오대석 연락이 없고, 그래서 결국은 대사관 직통으로 가잖아요. 그러면 김대중 씨 빨갱이라고 한 사람만 초청 받아 갔다고. 그런데 독일 왔을 때, 김대중 빨갱이라고 전부 욕한 사람들이 대사관에서 초대 받아서, 프라하도 초대 받아서 다 갔거든. 그래서 김대중이 거기서 거기 시장이 여자거든? 내가 지금까지 본 여자 중에 제일 예쁘다. (웃음) 이러고.

근데 욕한 사람들은 다 가고, 구출하려고 한 사람들은 한 사람도 간 사람이 없어. 그리고 김대중 씨가 해외 이런 데 왔어도, 내가 어려서 날 구해주려고 한 교포들 고맙다고 이런 말 한마디 해야 되는데, 안 했다고.

그리고 김대중 씨하고 나는 또 6·25사변 때 특별한 인연이 있는 사람이야. 같이 형무소 들어갔어. 목포형무소. 거기는 선박회사 했거든. 그러니까 그쪽은 중산층으로서 잡혀들어 간 거고, 나는 기독교 청년이라고 해서 잡혀들어 갔어. 그래서 9·18인천상륙할 때 좀 후퇴하자고, 그때 목포에서 트럭 네 대를 대 놓고, 전부 총살 시켰어요. 근데, 두 대가 하다가 싸운 거야. 근데 그 두 대가 갔다가 다시 돌아 온 차야. 그래서 우리를 싣고 가려고, 근데 차는 안 온단 말이야. 근데 밤은 깊어가지 그러니까 인민군들 다 후퇴해 버리고, 지방좌익들한테 적당한 시기에 당신들이 알아서 처치 하시오, 하고 다 새벽에 후퇴해 버렸어. 그리고 밤 3시나 됐는데, 지방좌익들이 우리 문을 열어 줬다고. 그래서 우리가 다 나온 거야. 그때 김대중 씨 다 같이 살아 나왔다고. 집에 오니까 멀지 않아요. 집이. 전부 나가니까 우리 어머니가 내 이름을 부르고 그 차를 쫓아 나간 거야. 가다 기진맥진 쓰러져 버렸어. 우리 임문식이 이웃집인데, 대석이 죽었다고 이제는 천당 가서 만날 거라고. 한숨 푹 쉬고 있는데, 새벽에 내가 와서 대문을 두드리더라. 그러고 보니까 내가 살아 왔거든.

김 면 놀라셨겠네요. 아, 김대중 대통령하고 인연이 각별하시네요.

오대석 근데, 조금 있으니까 우리 집에 왔단 말이지. 근데 아직 조금 있

어야 동이 틀 무렵인데, 김대중 씨하고, 둘이 우리 집으로 쑥 들어
온단 말이야. 그래서 그 동생하고, 그 동생은 김대중 씨 대통령 당
선되기 그 전인가 죽었어. 그렇게 왔단 말이야. 그러니까 이 사람
도 목포시내로 들어오면 위험하니까 우선 아무 데나 들어온 거야.
그래서 나도 방금 왔다고. 그러면서 자기 집에도 놀러 오라고 그
러더라고. 근데, 내가 한 번도 안 갔어. 나도 군대 가고 그래서.
우리는 인민군한테 죽으려다 산 사람들이야. 그래도 내가 그것 때
문에 이북에 대해서 적대감정은 하나도 없어. 민족 문제가 크지
개인 문제는 아무것도 아니거든. 그리고 김대중 씨도 6·25사변
다 이렇게 했고 하니까 결과적으로 다 좋은 일 한 거예요.

김　면　그럼, 북한에 또 혹시 친척 분은 없으세요?

오대석　아무도 없어요. 내가 85년도 때 마지막 가고, 그 후로는 안 갔어
요.

김　면　그리고 나서는 이제 기통회 이외에는 통일운동을 특별하게 하신
거는 없으세요?

오대석　없어요. 나는 이제 85년도 이후로는 전혀 관계를 하지 않았으니
까.

통일관

김　면　지금 선생님, 통일에 대해 이렇게 생각한다. 이런 식으로 끝으로
한 말씀 해주십시오.

오대석　나 같은 사람이 그런 민족의 큰 문제를 내가 도움이 될 만한 자
격도 없고, 어쨌든 간에 6·15선언 이후로 남·북이 가급적이면
평화를 유지하려고 노력하는 것은 아주 좋은 일이라고 보고, 앞으
로 계속 그렇게 나가야 되고, 완전 통일이 언제 올는지. 그것은 시
간이 상당히 걸릴 거예요. 문제는 제가 볼 때 그래요. 남쪽 정세
가 어떻게 변할 것인지 이것이 문제라고 봅니다. 북은 그대로 꾸

준히 통일을 지향해서 가고, 근데 남쪽이 보면 민노당 안에서도 NL이다 PD다 해가지고 서로 싸우고 있잖아요? 이런 것이 내가 볼 때 남쪽 현실에서는 그런 문제가 필연적으로 그렇게 분열이 될는지 모르겠지만, 내가 볼 때에는 좀 이렇게 거시적으로 보면, 계급문제고 민중문제고 우리가 다 같이 안고 있는 문제란 말이죠. 이것 때문에 자꾸 이렇게 분열이 되는 것은 좋지 않다고 보는 거죠. 하여튼 어떻게 되든지 남·북 간의 평화가 유지되어야 되는데, 혹시 한나라당이 정권을 잡게 되면, 남쪽 정세가 어떻게 반북으로 나가려는지, 또 미국하고 손잡고는 어떻게 이북말살을 하려고 할까 이런 것이 굉장히 염려가 되고, 6·15선언에서 한 발자국이라도 후퇴를 해서는 안 되는데, 전진을 못할망정 후퇴는 안 된다는 말이야. 그것을 위해서 우리 국민들이 정말 좀 각성해야 되고, 나는 이북의 체제 문제가 어쨌거니 논할 때가 아니라고 봅니다. 지금 북·미 관계에서 싸움 나면 우리 민족이 우선 살아야 되잖아요. 체제가 좋건 마음에 들건 안 들건 간에. 그 점에서는 당연히 우리 민족 입장에서 서야 되잖아요. 민족 문제가 해결된 다음에 체제문제, 이것은 복잡한 문제죠. 그러니까 우리는 민주주의를 위해서는 반대하고, 이것은 어차피 박정희도 독재를 했고, 독재라는 것은 좋은 것이 아니야. 어떤 식의 독재든 좋은 게 아니야. 프롤레타리아 독재는 막스의 그것이 국제노동자단결 하라니, 그래서 프롤레타리아가 정권을 잡아서 독재하기 마련인데, 이것은 과도적인 독재한 건데, 일단 프롤레타리아가 성공하고, 정권 잡고, 자본주의계획을 다 청산하고, 사회주의 체제가 다 갖춰지면, 나는 그때부터는 민주사회주의로 나가야 된다고 봅니다. 독재가 아니라. 그런데, 동부 사회가 이 독재를 너무 잘못 보고 했다고, 여기서 인민들의 불만이 커진 거야. 인민의 불만이 있으면 국가는 오래 존속할 수 없어요. 그래서 자본가 계급이 청산되면 사회주의체제를 구축하고, 빠른 시일 내에 적당한 시기를 봐가면서 민주사회주의로 해야 된다는 거. 그리고 빨리 인민들이 자유롭게 살 수 있고, 그래서 그 사람들이 자유롭게 국가에 공헌할 수 있도록 이런 체제로 바꿔야 된다고 난 개인적으로 보고 있습니다. 그래서 어떠한 독재든 그 독재가 장기화돼서는 안 된다. 자본주의를 청산하기 위해서는 프롤레타리아한테도 그건 필요해요. 그러나 그것이 다 청산되고, 체계적 확립이 되면 서서히 민주화해야 됩니다.

김 면 선생님, 귀중한 말씀 감사합니다.

11. 이영빈 · 김순환

現 기독교통일협의회 회장 · 총무

이영빈 現 기독교통일협의회 회장과 **김순환** 총무 ______

이영빈 회장은 1955년에 독일로 유학을 와서 이승만 정부시절 민주화운동을 시작하였다. 63년엔 파독광부, 간호사를 위해 노동자권익을 위해 노력했고, 이후 민주사회건설협의회와 재독한인노동자연맹에서 조국의 민주화를 위해 힘썼다. 1981년엔 부인 김순환 총무, 이화선 목사와 함께 북과의 해외기독자간 대화를 직접적으로 열었다. 오늘날까지 기독교통일협의회 회장으로서 꾸준히 통일운동에 힘써 왔다. 친북인사로 평가되고 있고 직접적인 방북을 통한 통일운동을 벌이고 있다.

이승만 정부 시절 초기 민주화운동사

김　면　귀중한 시간 내주셔서 감사드립니다.

이영빈　김 선생님이 우리 민족의 통일이라고 하는 것에 대해 적극적으로 기여하시겠다는 의미에서 일하신다는 것을 우리가 신뢰하게 되면, 우리는 김 선생님을 계속해서 여러 가지로 도와드릴 겁니다.

김　면　감사합니다. 여기에 처음 오시게 된 이야기를 간략하게 부탁드립니다. 그리고 나서 민주화운동을 시작했던 이야기부터 해주시면 감사하겠습니다.

이영빈　좋습니다. 그렇게 갑시다.

김순환　지나간 역사를 정리하신다니 저희도 참 기쁩니다. 그래서 오늘은 다름이 아니고 그 지나간 역사, 현재의 역사가 정말로 올바르냐, 하는 게 중요한 거 아니겠습니까? 그러니까 여태 말씀하신 것처럼 지금까지 일어난 풍토가 통일운동을 하지 못하게끔 되어 있었는데, 그 동안 통일운동을 했다고 하기 때문에 고향에도 못 가보고, 또 그렇게 강요하는 사람도 있지 않았나 하는데 이렇게 세월이 좀 지나고 우리가 통일운동의 역사도 정리할 수 있게 되어서 상당히 반가운 일입니다. 아까 민주운동 이야기가 나왔지만, 사실 그 민주운동이 진짜 민주운동으로서 정하려면, 옛날은 통일이 안 되어가지고 진짜 민주운동도 없죠. 그럼 그때 민주운동을 어떻게 결말지었는지 모르지만, 사실 통일운동 하는 사람들은 전부가 민주운동으로 고쳐서 민주운동을 하다보니깐 우리나라가 분단되어 있는 한은 우리 민주도 진짜 민주도 있을 수가 없다는 것 입니다. 그런 의미에서 통일운동을 시작을 할 수밖에 없었고, 우리가 또 어떻게 행위 해서 산다고 하는 여러 가지 호조건을 이용하여 낙조로 사는 사람들은 우리보다 몇 배 생활비가 오고 막 그 의지를 가짐이 아무리 있어도 할 수 없으니깐, 그래서 감옥살이도 많이 했지만, 감옥을 안 간 사람들 가운데에도 얼마나 지쳐하는 사람이 많았겠어요. 그러니까 그렇게 되어야만 우리 조국에 사는 사람들이 조금 더 앞장서서 우리를 감옥에 갖다 넣지 못하지 않습니까. 결국에는 이런 각오 밑에서 80년도에 통일운동을 시작한 거죠. 이제 이 목사가 얘기를 하겠지만, 제가 보기에는 그래요. 먼저 4·19운동을 시작했을 때로 거슬러 올라가야 해요. 통일운동이 그냥 갑자기 생긴 것이 아니니까요.

이영빈 제 사람으로는 왼손처럼 같이 아내뿐만 아니라. 신학도 같이 하고, 통일운동도 하고 하니간 자꾸만 한 사람이 얘기하지만, 서로 이제 더 보좌하면서 그런 것이 좋아요.

김 면 처음에 목사님 오셨을 때 그때가 몇 년도였지요? 처음 독일에.

이영빈 55년 10월입니다.

김 면 그때는 교민들도 많지 않으셨겠네요?

이영빈 그때는 독일에 33명이 있었습니다.

김 면 그럼 처음에 어느 도시로 오셨었나요?

이영빈 Erlangen(엘랑엔). 신학부로.

김 면 엘랑엔요. 그러셨군요. 신학 공부하러 오셨군요.

이영빈 물론 제가 목사니간 신학 공부하러 오는 것이고, 한국전쟁 끝나고 휴전한 다음에 바로 왔거든요. 그러니까 이제 저한테 중요한 문제는 분단된 우리나라의 비극이라고 하는 것을 극복하기 위해서, 똑같이 분단되어 있는 독일에서는 교회나 신학이 어떻게 이것을 극복하고 있는지에 대한 것이었습니다. 그렇기 때문에 저는 목적이 분명했었습니다.

그러니까 제가 목사로서 여기 오는 것은 한국전쟁의 비극을 분명하게 겪고 나서, 우리 기독교인들이 민족의 화해를 돕고 통일을 위해서는 어떻게 해야 되겠느냐 하는 아주 심각한 반성에 들어갔었습니다. 제가 대전에 교회 목사로 있다가 우리의 전쟁을 겪고 나서 이제 독일에 오겠다고 하니깐 한국의 우리 교회에서는 보통 목사는 전부 미국으로 가는데 왜 하필 독일로 가냐고 묻더라고요. 그래서 제가 그런 과거에 Mission(선교) 관계가 아니라 지금에 있어서 분단국가인 독일에서는 싸우지 않고, 신학적으로 많이 대화를 하고 거기 가서 배워서 우리나라도 이제는 피를 흘리지 않고, 화해하고 통일하는 데 분명하게 할애하겠다는 목적 가운데에서 가겠다고 한 거죠. 제가 한국 목사로서는 독일에 온 것이 처음일 겁니다. 그 당시에 미국하고만 관계가 있지 독일하고는 관계를 지닌 교회가 가톨릭을 제외하고는 없었습니다. 그래서 제가 여기 와서 하는 게 특별히 동독과 서독이 분단된 여기를 화해시키고 극복하는 교수들을 찾아서 그 밑에서 신학적으로나 또한 그들이 말뿐만 아니라 독일에서는 실천을 늘 동쪽에서 서쪽에서 동쪽으로 찾아가고 오고 서로 만나고 하는 대화를 하면서 신학을 했습니다. 그러므로 저한테는 별세계인 겁니다. 여기서는 가능한데 우리 한국에서는 왜 안 되느냐 말이야. 그러니까 그런 의미에서 저는 독일에 잘 왔다고 생각했습니다. 저는 거기에서부터 북과의 화해를 통해서 통일이라고 하는 기초를 만들어야 된다는 구상이 있어서 이리로 왔던 거죠. 그런데 와서 보니까 민주주의가 문제란 말이에요. 4·19가 발생하자마자 매년 안겨서 우리 남쪽에 이승만 독재에 반대하는 학생운동이 시작되었습니다. 결국은 독일 사회가 우리한테 물어보니 한국 학생들이 하는데, 너희들은 여기에서 어떻게 보는지에 대해서 독일의 텔레비전에 나와 예술계도 있었는지 모르지만 인터뷰를 처음으로 인터내서널 후루쇼펜(International Fruehschoppen)이라고 하는 것이 있어요. 그것이 쾰른에서 12시 마다 국제 주간에 일어난 것을 국제 기자들을 모아 놓고 하는데, 그때 우리 한국 기자들이 여기 없을 때 아닙니까. 그래서 저를 대사관에서 초대해서 당시에는 여기 대사가 이승만이가 보낸 대사인데, 손원일 씨라고 한국에서 해군장관도 하신 분이 여기 대사로 계셨는데. 그 분이 우리가 잘 알지만 자기가 추천할 수 없었죠. 그 양반은 이승만이가 보낸 대사인데. 그 분의 독일 비서가 저를 알기 때문에 쾰른의 방송국에서 좀 소개해 달라고 하니깐 이영빈 목사는 그 문제에 대해서 아마 얘기할 수 있습니다. 그렇게 해서 처음으로 제 평생에 처음으로 국회기자회에 나가서 4·19학생운동이 왜 일어났느냐 하는 문제를 제 관점에서 얘기해야 되니깐 우리나라에 있는 민주운동을 하는 것이 방관하지 못하고 결국 거기에는 Involvieren, 연대해야 되겠다는 그런 식으로 시작했죠. 저도 공부만 하려고 왔지 국가에 대하여, 우리나라에서 일어나는 데 그렇게 직결될 줄 알았나요? 근데 그때 거기에 나가면 여권이 없어진단 말이죠. 그래서 각오해야 되는 거죠. 그때부턴 정치 마음이에요. 나가기 전에 제 교수하고 여기 나가야 되겠다는 얘기를 했단 말이죠. 제가 나를 침몰할 수는 없으니깐. 우리나라에 4·19학생들이 왜 Gegen 이승만이냐(왜 이승만을 반대하느냐) 하는 얘기를 해야 되겠는데, 하게 되면 제 여권이 떨어진다고 하니까 "Mach' nichts, das sorgen wir dafuer!(괜찮습니다, 그건 우리가 알아서 처리하겠습니다.)"라고 말했어요. 그러니까 그때부터는 그런 말을 한 마디 하려고 해도 자기 목숨을 내놓고 해야 될 형편이었단 말입니다.

김　면　큰 용기가 필요하셨겠습니다.

이영빈　그래요. 결국 저한테 있어서 Lernprozess(배움의 과정)이었습니다. 저는 그냥 책만 보고서 얘기할 줄만 알았는데, 소위 시작하게 되면 무엇인가 더 희생해야 할 각오를 해야 된다는 것을 비로서 처음 알게 된 것이죠. 그때 아내가 4년 동안 있다가 4년 만에 떨어져 있어서 돌아가야 되는데, 제가 Doktorarbeit(박사논문)가 끝나면 새로운 Aufgabe(임무)를 본 대학에 국제기독교원구원의 총무를 맡기로 되어 있었고, 제가 4년 후에 한국으로 돌아간다고 아내와 약속을 하고 떠나왔는데 그렇게 되면 제가 더 있어야 된단 말이죠. 그러니까 교수가 그러면 당신 부인을 데리고 와야 됩니다. 그래서 그때 마침 한국에서 왔을 때란 말이죠. 4·19사건이 일어나서 이 사람하고 그 이외에는 아이들 둘을 서울에다 두고 올 수밖에 없었죠. 제 아내도 그렇다하더라도 그거는 나가서 얘기해야 된다고 해서 그때 우리 아들들을 희생하더라도 공적인 문제는 나가서 해야 된다고 생각하고 이렇게 시작이 된 거예요. 그 다음에는 학생들을 모아서 회의를 하는 것도 제가 시작을 했습니다. 쾰른하고 본 대학에 있는 학생들 30명, 40명이 끝나고 나서 이승만이가 무너졌단 말이죠. 일주일 만에 무너졌습니다. 그래서 대사관에서 제가 새로운 대사라고 하니까 이승만이 반대하고 그랬는데, 그 뒤로는 학생들이 용기를 냈어요. 그리하여 쾰른하고 본 대학에서 공부하는 30여 명의 학생들이 모여서 자, 그러면 우리 공부만 할 것이 아니라 우리 국내에서 지금 반독재 민주화운동을 해야 하지 않겠느냐. 그럼 좋다. 모두 얘기해 놓고, 데모를 하자고 해서 했지만 본 대학에 나가니깐 그건 안 된다고 하더라고요. 왜냐하면 우리가 지금 한국에서 매달 150달러씩 환금을 하는데, 그렇게 되면 환금이 중지되어버린다는 거죠. 둘째는 이승만 정당에 국회의원 2세들이 많이 있단 말이에요. 그러니까 아버지 반대해서 할 수 없다고 하고 나니 두 사람인가 세 사람이 난 하겠다고 하는 거예요.

김 면 민주화운동으로 시작하셨군요.

이영빈 문제제기는 옳습니다. 그 통일운동이라고 하는 것이 하늘에서 뚝 떨어져 되는 것이 아니라 우리나라의 역사 발전과 마찬가지로 그러한 흐름 가운데에서 우리도 저도 아내도 결국은 하나씩 하나씩 거기에서 진전된 것이니깐 그건 빼놓을 수 없어요. 민주운동을 한 문제부터 해야 되는 것이고, 아직까지 민주운동 선민후통이라고 얘기한단 말이죠. 그것은 우리 남쪽에 역사적인 발전과 의식발전에 단계로 봐서 마땅한 일이라고 봅니다. 누가 먼저 알고 누가 먼저 행동하는 데 있어선 차이가 있지만, 대략적인 흐름이라는 것은 옳습니다. 우리가 그 민주운동에서 학생모임을 모아서 그렇게 하려고 했는데 잘 안 됐었습니다. 안 되고, 쾰른 방송 West Deutsche Rundfunk(WDR)에서 국제기자회에 나와 달라고 그랬었습니다. 그것 때문에 데모하는 것보다 더 그때 당시에 그 프로그램인 인터내셔널 후루쇼펜(International Fruehschoppen)을 보는 사람이 약 800만 명이 본다고 했으니까 그것 이상의 데모가 없었던 거죠. 참 운이 좋았거든요. 제가 책에도 쓰고 그랬는데 Engel(천사)이라고 해요. 누가 저를 보내서 그런 좋은 자리에서 그때 당시에 UP, AP, 일본 마이니치신문 등 합해서 일곱 명의 기자들이 늘 모여 하는 것이, 제가 얘기해서 이승만이 반대한다고 하는 문제는 거기 한국에 가서 있던 기자들이 다 증명하고, 그 다음에 학생들 문제를 제기하고 그랬습니다. 그러고 나니까 제가 기자가 아닌데도 나중에는 잘했다고 편지들이 Sack(자루)으로 오고 용기도 주고 해서 큰 용기를 받았었습니다.

김순환 그러니까 이제 중요한 논의를 얘기했죠. 또한 독일에 가니까 그 기자가 당신이 한국에 있었더라면 어떻게 했겠느냐고 묻더라고요. 이제 여기다가 정치적인 발언에 대해 위험을 무릅쓰고라도 바른 얘기를 할 수밖에 없지 않아요? 그때 다 배워 가지고 얘기할 수가 있지 않겠습니까? 만약에 제가 한국에 있었더라면.

이영빈 모든 학생들도 같이 우리 앞으로 나갔을 것이다.

김순환 그렇게 얘기하니깐 만일에 이승만 씨가 몇 년이라도 더 있었으면, 우린 뭐...

이영빈 그럼, 대사관도 몰라. 그렇지. 그러니깐 Klare Position Ziel(분명한 위치목표)가 있는데 왜 그러느냐. 이승만 대통령이 그렇다 믿어 가지고 이유를 내렸어요. 우리 학생들이 한 게 제가 한 걸로 되어 버렸어요. 그렇게 결국은 제가 뜻하지 않게 저 혼자만의 행동이 아니라 여기 와서는 유학하는 학생들이 우리도 돌아가서 민주화하는 마음씨로 여기에서 훈련해야 되겠다. 그것이 이제 우리 유학생이 잡은 민주화운동의 기회였거든요. 아무튼 민주사회건설이라고 하는데 우리가 배운 것을 어떻게 거기 가서 이용하느냐 하는 게 우리의 과제라고 생각했던 거죠. 결국은 그렇게 시작이 되었습니다. 왜냐하면 우리가 먼저 왔기 때문이죠. 먼저 왔다고 하는 것이 다른 게 아닙니다. 그것은 할 수 없이 주어진 운명이니까 먼저 온 사람이 하면 그 후배들에게 해야 된다는 것이죠. 그게 결국에는 유학생들을 조직하는 것입니다.

김순환 62년도에 학생들 중심으로 해서 공부도 하지만 실질적으로 우리나라 문제는 같이 걱정해야 하니깐 그때 그렇게 시작한 것입니다. 그래서 각 분야에서 끌어와서 일도 하고, 돌아가면서 간호 일도 하고 그랬습니다.

이영빈 그러니까 세미나를 해야 하는데, 알다시피 우리 학생들이 주머니 사정이 넉넉하지 않잖아요? 그래도 하려고 하면 전부 경비로 해야 하잖아요. 그때 당시에 제가 독일교회에 청년부 감사로 일을 시작하고, 그렇게 하면서 Doktor 하다가 갑자기 교수님이 뇌출혈로 죽었어요. 그래서 결국에는 제 박사논문 결말에다 올려놓고, 이제 독일교회 청년부에 감사로 가 있기 때문에 독일교회를 통해서 우리 학생들 연구회 퇴수회에 경비를 짜냈던 말이에요. 매년 두 번씩인데, 대략 80명에서 100명씩 모였었습니다.

김 면 많이 모였네요.

이영빈 여기 다 줘야하니까 거기에 사흘 동안 하는 것을 해야지. 선생이라면 이제 그런 것도 해야 되잖아요. 그 다음부터는 저도 생각하지 못하는 짐이 위에서 그대로 주어진단 말이죠. 그래도 다행히 이제 제 아내가 편지 쓰는 것부터 전화해주는 것까지 해줘야 되겠죠. 그것도 여기에 자서전 경계선을 넘어 다니는 사람 가운데 다 있습니다. 얘기하는 가운데 머리를 정리하기 위해서, 퇴수회를 만들어서 몇 번 했는데 이승만 정권이 새로 하고 나서는 그 다음 장면 정권이 1년 동안 했지요. 근데 이 대사관이라고 하는 것이 문제입니다. 우리나라가 민주주의를 하는데 대사관이 자꾸만 우리 해외에 있는 동포들을 지배하려고 한단 말이에요. 그게 심부름을 하고 그런 것이 아니라 우리 동포들을 컨트롤하고 지금도 그럽니다. 왜 그러냐면 우리가 아직도 민주적인 훈련이 안 돼서 서양 사람들이 하는 Buergerliche Gesellschaft(시민사회)의 주인이 우리라고 하는 의식과 Praxis(실행)가 없기 때문에, 자꾸만 중앙 정권이 우리에 위해를 한단 말이죠. 그 다음에 박정희 대통령이 여기 나타나기 시작하는 거죠.

민건회와 한민련

이영빈 그러다가 송두율 선생과 어수갑 선생이 나타납니다. 이제 그 다음부터가 2단계죠. 그러므로 민건회 전 것은 제가 지금 얘기하는 4·19에서부터 이제 퇴수회까지의 역사이고 다른 사람들이 모르는 역사입니다. 저 혼자서만 알고 있는 것입니다.

김　면 그럼, 민건회가 그냥 나온 것이 아니네요?

김순환 아니죠. 지금 얘기한 데까지는 여기에 동포들은 학생들이었습니다. 근데 60년도 중반서부터 간호원, 광부도 없었단 말이죠. 그러니까 또 민건회에는 다양해졌단 말이죠. 광부, 간호원, 목사, 학생 등 여러 층의 사람들이 민건회를 하게 되었고, 물론 거기에서 다는 아니지만 비판적이고 민주사회에 대해 관심 있는 사람들이 민건회라고 하는 것을 발족하는 데에 참여했단 말이죠. 발족했던 때가 언제였죠?

김　면　연도는 74년 3월 1일에 민건회가 처음 열렸을 때입니다. 민건의 창립부터 듣고 싶습니다.

김순환　독일이 운동으로서는 아마 제일 먼저 해외에서 시작하지 않았을까요?

이영빈　74년 그때 당시에는 그렇게 한국에서 젊은 학생들이 오면서 그 중에서 학생운동을 한 사람들이 점점 왔단 말이에요. 이제 와서도 국내에 민주화 투쟁이라고 하는 데에 연대를 하고 있지만 박정희 유신체제가 더 압박을 줘서 3월 1일 날 우리가 본에서 데모를 하고 창립을 시작했는데, 그때 당시에 Vorstand(간부)가 Korea Verband(코리아협의회)를 지배하는.

김순환　아니 Korea Komitee(한국위원회).

이영빈　Korea Komitee라고 하는 독일연대그룹이 거기에 동참했습니다. 그래서 거기에 돈을 내준 프로인덴베르크(Freudenberg)씨가 나오고, 그 다음에 윤이상 씨가 처음 나왔습니다. 그래서 처음으로 각처에 숨어 있던 음악 하는 사람, 학생들, 목사들이 거기에 나와서 서로 알게 된 것입니다. 그래서 우리가 하루의 한 번의 데모가 아니라 계속적인 연대구조가 되려면 강령도 있어야 하지 않습니까? 그래서 이제 제가 소개해서 학생회 목사로 있었으니깐 본(Bonn) 학생회 목사사무실을 빌리고 거기 모여서 발족을 시작하지 않았어요. 중요한 얘기는 그렇게 됩니다. 아시다시피 박정희 대통령이 오래 살고 그 다음에는 전두환 대통령까지 지독한 군사독재정권이 되었죠.

김순환　박정희시대는 얼마나 무서웠습니까. 암흑시대였었지요. 그런데 우리 민건회 회원들은 사상에 있어서는 굉장히 어려움을 많이 받았습니다. 제가 기억하기로는 어수갑 선생은 우린 나타나지는 않았지만 상당히 후기였었습니다. 시작할 때는 물론 송두율 선생님이 광부로 오셨다가 지금 남아 있는 분들 가운데 더러 있지요. 그리고 학생 분들은 거의 다 한국으로 돌아가셨어요. 그러니깐 민건회에 대해서 좀 더 구체적으로 아는 사람은 별로 많지 않습니다.

이영빈 다음으로는 '동백림사건'입니다. 74년도에 터질 수밖에 없었던 것이고 동백림 사건 때 윤이상 선생하고 얼마 전에 돌아가신 정규명 박사하고 끌려가서 사형선고까지 받았었지만, 결국에는 독일이 강력하게 반대해서 살아서 돌아왔었죠. 그렇게 하면서 이렇게 해서 여러 가지 피를 흘리면서, 해외에서 우리가 먼 거리에 있다 하더라도 참을 수 없게 된 것이 74년에 좀 늦게라도 그렇게 시작된 거죠. 반독재운동이라고 하는 것이 굳어지면서 어려워지고 학생들이 이곳으로 정치망명을 하게 된다든지 다른 곳으로 간다든지 그렇게 되었습니다.

김순환 근데 민건회가 완전히 바뀌게 된 것이 아마 70년인가요? 저도 정확하게 기억이 나질 않네요.

이영빈 아니, 80년 후에까지 가요. 우리가 민건회에서 쫓겨나지 않았습니까? 통일운동을 한다고 해서, 이제 그 얘기를 해야 하거든요. 그 다음에는 독일에서 뿐만 아니라 미국과 일본에서 '김대중 구출운동' 하는 본부가 일본에 있었습니다. '한민통'이라고 해요. 한민통이 주동이 돼서 미국과 유럽에 있는 반독재 운동하는 단체들을 모아서 해외민족민주주의연합회라고 하는 것을 조직했어요. 그것이 77년도에 한민련이었습니다. 동경에서 있었단 말이죠.

김 면 그럼 한민련이 나온 뒤부터 이어서 부탁드립니다.

이영빈 그 다음에는 해외에 굵직한 민주운동에 연합을 한 가지 기획했었죠. 그 당시에 중요한 것은 '김대중 구출'을 중심으로 해서 세계에 있는 연대를 얻어내는 데에 중요한 발자국이 되었다는 것입니다. 특별히 사회주의 인터내셔널(Sozialistisch International)의 브란트가 이제 우리의 한민련을 연대해주는 것이 되었고, 브란트는 사회주의 인터에 있으니깐 그것의 회장으로 있었기 때문에 윤이상 씨가 주자에 서서 브란트와 관계하면서 확대해 나갔습니다. 우리

로서는 우리에게 주어져 있는 조그마한 인력을 어떻게 하면 최대
한으로 강화시키느냐에 대해 머리를 맞대고 대책을 강구했죠. 그
런데 그 다음에 터진 것이 광주사건입니다.

김 면 그 전에 민건회에서 어떻게 나오게 되셨는지 좀 말씀해 주세요.

이영빈 민건회를 창립할 때, 우리를 빼놓고서는 생각할 수 없는 거였습
니다. 저희들이 경비라던가 교회장소는 매 교회에서 합한 것이었
고, 저는 독일교회에서 프랑크푸르트 목사로 있었는데, 거기에서
매주 사람들이 모여 있었습니다. 거기에서 먹고 자고 끓여 먹고
하니깐 그런 의미에서 저희들이 산파 역할을 할 수 밖에 없었죠.
이런 얘기는 거기에 필요 없지만, 우리 입장에서 앞으로 발전되어
나가는 것을 봐서 하는 얘기입니다.

김순환 77년도에 조금 복잡했었지요. 복잡해졌었는데, 민주운동이라고
하면 고생들을 많이 하면서 해야 옳지만, 우리나라가 서로 분단되
어 있는 이상은 안 되겠다고 하는 사람들은 많지는 않았습니다.
그러니깐 77년도에 한민련이 저지를 하고 나서, 이제는 이래서는
안 되겠다고 해서 78년서부터 우리가 통일운동을 어떠한 식으로든
지 해야 되겠다고 해서 저희들이 미국, 캐나다로 가서 동지들을
구하러 한 바퀴 돌았습니다. 그래서 돌아다녀보니 많은 분들이 통
일을 해야 되겠다고 했었습니다.

이영빈 한민련의 강령에도 두 개가 들어가 있어요. 민주운동과 민주, 민
족통일이라는 것이 강령에 들어가 있음에도 불구하고 실천을 못하
고 있었습니다.

김순환 강령에 들어갔지만 민주운동도 다 될라고 하는데, 통일의 '통'자
도 얘기 못하던 때라고요. 우리가 통일운동을 어떤 식으로든 해야
하겠다고 하니까, 한민련에서도 통일운동을 하겠다면 우리 기구에
서 나가시오. 이렇게 된 겁니다.

이영빈 강령을 써 놓고 말이죠.

김순환 언젠가는 앞서서 통일운동을 해야 되겠지만, 지금 우리가 통일의

'통'자도 얘기 못할 시기에 통일운동을 하게 되면 남쪽에서 토대하는 민주인사들에게 도움을 준다. 그러니깐 우리는 먼저 해야 한다.

김 면 이적단체.

김순환 그렇죠. 그래서 78, 79년도에 민건회가 조직된 거잖아요.

이영빈 그럼 우리가 쫓겨났던 얘기를 하죠. 우리가 민건회를 조직한 위에 성원이 하나고, 또 한민련을 조직할 때에도 거기에 조직하는 조직위원 가운데 하나로 윤이상 씨, 저, 그 다음에는 송두율 선생도 일본에서도 같이 가고 했었습니다. 그래서 강령에도 다 쓰여 있습니다. 돌아와서 가만히 보니깐 우리 입장으로 봐서도 민족화해, 민족통일이 정말 안 되면, 남쪽에서는 자꾸만 민주세력을 가지고 반공세력이라고 하니깐 그 떼거리를 없애지 않으면 희생만 된다는 말이에요. 다른 사람은 "남쪽에 있는 우리 민주세력들의 학회가 돌아오니깐 안 된다."고 하니 "그럼, 좋소. 우리가 기독교인으로서 희생할 테니 우리는 사회주의자들하고 화해해야 될 특별한 의무가 있으니깐 목사와 기독교인의 입장에서 깃발을 들고 살았소."라고 하니깐 나가서도 몇 번 만났지요. 만나서 제발 하지 말라고. 한민련에 남아 있으려면 당분간 하지 말라고 했지만, 저는 개인적인 것보다는 전체적인 것이 더 중요한 것 같아서 우리가 78년부터 한민련에서 나오고 민건회에서도 우리 몰래 자기들끼리 모여서 우리를 하룻밤 사이에 탈퇴시켰어요. 그 다음부터 우리 운명이 또 새롭게 시작된 것이죠. 민건회 운동을 같이 하던 민주운동 동지들한테서도 쫓겨났으니 말이에요.

김 면 나오실 때 감정이 좀 많이 상했겠어요.

북과의 기독자간의 대화

이영빈 그건 각오 했었으니깐 괜찮았습니다. 만일, 그런 거에 대해서 미리 아버지 같은 감정이 없었다고 한다면 섭섭했었겠지만, (그래도)

그 사람들은 못하지만 우리는 해야 되겠다고 하는 그런 각오를 가졌었기 때문에 그런 것은 없었습니다. 윤이상 선생하고는 개인적으로 많은 얘기가 있었지요. 그때 당시에 윤 선생은 한민련의 유럽 의장으로서 있었기 때문에 그 분하고는 얘기가 통했죠. 저도 이 목사가 그렇게 하려하는 것과 같은 심정이 있는데, 한민련 전체의 상태로 봐서는 지금 그렇게 못하겠소. 그러나 이 목사하고 부인이 기독교인의 입장으로서 그리고 단체로서 북과 대화를 시작한다고 하면 저는 찬양합니다. 그래서 동경에 가서 좀 해보려 했지만. 거기서는 안 되고 윤이상 선생이 나중에 나와서 통일음악회라는 것을 하게 되었지만, 우리가 기독교인으로서 먼저 개척을 해야 되겠다. 화해, 대화를 해서 79년도에 편지를 썼어요. 그 편지는 저희 집사람이 얘기 한대로 우리가 미국, 캐나다를 돌아다니면서 대화하는 데 같이 가는 사람이 몇이나 되나 했더니 33명이 나왔습니다. 북에 있는 기독교인들과 조국이 분단되어 있는 우리 기독교인들이 앞장서서 우리의 죄를 회개하고 화해하자는 편지를 썼어요. 그렇게 하자고 한 뒤에 일 년이 지나도 대답이 없었어요. 그때는 어떻게 보냈냐면 유럽의 프라하에 기독교인들이 모이는 세계평화협회라는 것이 있었습니다. 유럽에 있는 기독교인들이 모여서 하는 것인데, 거기에 이북에 있는 교회가 observer(감시자)로 늘 나왔답니다. 그래서 저희가 그 편지를 프라하에 보내서 전해달라고 했는데, 편지는 전해주었는데 평양에서 대답이 없었습니다. 알아보니까 기독교인끼리 모이는 것은 우리가 신용하지 못한다. 우리는 단계적으로 하려고 했는데, 그럼 직접 집권하고 있는 사회노동당하고 사회주의자들 하고 대화를 해야 되겠구나 해서 다시 편지를 썼습니다. 평화통일위원회에다가 직접 썼습니다. 그때 7 · 4 공동성명이라고 있지 않았습니까? 7 · 4공동성명을 우리가 지지하는 사람들이었고 게다가 기독교 입장에서 사회주의자들과 서로 화해하고 할 그런 의무가 있다고 했더니 두 달 만에 대답이 오더라고요. 그 다음에는 우리는 점차적으로 하려고 했는데, 평양에서는 하려면 우리하고 직접 화해를 한다고. 그래서 결국 우리가 81년도에 얘기하자고. 그래서 여기에서 조직한 것이 조국통일대회기독교입니다. 제가 회장으로 아직도 있고, 제 집사람은 총무로 있습니다. 그렇게 조직을 먼저 만들어 놓고 대표자로 저하고 또 이화선 목사라고 하는 분이 계시는데 그 분이 초대회장을 역임하고, 우리 세 사람이 평양에서 만나서 얘기해 보니깐 저쪽에서 우리가 속셈은 없고 그야말로 순진한 기독자와 사회주의자들의 화해라고 하는 것이 있었고, 그것이 통해야만 남쪽과 북쪽이 화해하는 데(있어서) 기본적으로 이데올로기적인 극복을 한다고 생각했기 때문에 그 자리에서 금방 합의가 되었습니다. 그럼 우리 대화하려면 빨리 합시다, 하고 했었습니다. 그런데 어디서 하느냐? 이게 문제란 말이죠. 다 모일 수 있는 곳은 서구라파밖에 없었어요. 북에서도 나오고 미국에 있는 기독자들은 이북에 못 들어가기 때문이죠. 이북에 들어가면 미국에 다시 못 돌아간단 말이에요. 미국에 있는 참가자들은 이북에 안 가고 이북 사람하고 만나자. 그렇다면 서유럽인거죠. 근데 거기서도 이북이 들어올 수 있는 나라가 세 나라인가, 네 나라 밖에 없었습니다. 스위스, 스웨덴, 오스트리아, 핀란드 이 네 나라 밖에 없어요. 그러니까 그 네 나라에서 회의를 해야 하는데, 그 회의는 누가 준비합니까? 우리가 시작했으니 우리가 주선해야죠. 그 다음에 81년 5월에 평양으로 가서 약속하고 돌아왔습니다.

김순환　81년 6월에 평양에 갔다가 돌아와서 81년 10월(또는 11월로 추정, 녹취상태 불량) 3일부터 5일까지.

이영빈　통일대화를 빈에서 했어요. 그리고 나서 잘 되니깐 맨 처음에는 북쪽에서 60명이 왔었는데.

김　면　유럽으로요?

이영빈　그럼요. 비행기 하나를 타고 오니깐 그 다음에는 100명이었습니다.

김순환 제1차 때는 북에서도 처음으로 유럽에 나온 것이고, 남쪽사람들을 처음 만나는 것이니깐 우리 남쪽사람들을 먹이겠다고 음식재료를 70가지나 준비해 가지고 왔었어요. 그때는 이분들이 처음 만난다는 것에 흥분해서 다 좋은 걸로만 갖고 왔습니다.

이영빈 해외에서 고생하는 거지들이라고 잘 먹여야 된다고.

김순환 그런데 그런 걸 전부 처음 보지 않습니까? 그런데, 그것들이 그렇게 몸에 좋답니다. 통일운동 하는 사람들이 건강해야 되니깐 먹어둬야 된다 하면서.

김 면 첫 번째 만남이네요.

이영빈 그러니깐 만나 가지고 울기만 했단 말이에요.

김순환 45년에 해방이 돼서 분단되고, 한국전쟁, 그 전에도 벌써 분단이 되었잖아? 그러니까 50년도부터 치더라도 30년이니깐.

이영빈 무풍지대로 있다가 저쪽에서도 허헌 씨의 따님 허정숙 선생이 단장으로 왔었습니다. 모두 대단한 분들이 왔고 국회의장이셨던 분도 오시고 다 굵직한 분들이 왔지만, 결국은 모두 만나서 울고 하니깐 독일 사람들이 오스트리아에 있는 아카데미를 빌렸는데, 통일하겠다는 사람들이 어떻게 울기만 하냐고 하며 시작을 했었죠.

김순환 이 글이 대략 20년 것을 맞추는데 날짜도 없어요. 언제 쓴 것인지도 모르고.

이영빈 이렇게 두 사람의 글이 있고, 두 개로 이름을 따오고, 제가 쓴 것이지만 뒤에다 제 집사람의 글을 한, 두 편 넣고 그랬습니다. 이렇게 놓고 김 선생님이 물어보실 것 있으시면 물어보세요.

김 면 근데 이화선 선생님은 왜 탈당되셨어요?

이영빈 이화선 선생은 노선 문제 때문이죠. 그 분도 이제 목사이시고, 이화선 목사는 이론적으로는 중립적인 입장을 가진 사람이에요.

김순환 근데 우리 이화선 목사는 그것을 절대 지지해야 된답니다. 그때는 그게 우리 노선 문제지요. 반대투쟁을 하는 건데 전두환 현 정권은 인정을 못하고, 또 우리는 그렇게 하지도 못하게 되어 있는 데.

이영빈 근데 그 분은 한국 기독교 장로교 출신인데, 그 분의 동창생이 그때 당시에 전두환의 문교부장관을 하던 이규호 씨입니다. 그러니깐 우리가 하고 있는 일의 비밀이 자꾸만 이규호 씨한테 알려지고, 노선에는 전두환의 통일안을 지지해야 되고, 두 번째는 반공도 나쁘지만 반미도 나쁘다. 그게 자기가 말하는 중립적이라고 하는 것이 바로 그 얘기였어요.

김순환 요새 한국에도 그런 사람들이 많지만은 남쪽이 비판을 하면 북쪽도 똑같이 비판해야 한다는 양비론이 있잖아요. 아마 이화선 목사는 꼭 그랬어요. 그러니까 우리가 남쪽이 정말 민주적이라고 한다면 북쪽도 해야 된다는 거죠. 어려움은 그거였습니다. 1차를 하고 나서 직접적으로 어려움이 생겼습니다. 그것은 북을 30 몇 년 만에 초대를 했는데, 그 사람들을 앉혀 놓고 입으로 깠다고요. 그러니깐 북에서 오신 분들이 상당히 놀랐지요. 화해를 하자는 사람들이 상대방을 두드려 패놓고, 어떻게 화해가 됩니까. 근데 그런 강연을 했다고요.

김순환 이화선 목사가 첫째 개회사를 그랬죠. 그럼요.

이영빈 그래서 혹시 그럴까봐 우리가 걱정이 되어서 준비하는 와중에 당신이 중요한 시작 얘기를 하니까 당신이 써서 하기 전에 우리한테 와서 토론해 가지고 가야 된다고 말했죠. 근데 안 하고서 마지막까지 끌고 현장에 와서 우리도 모르게 본인이 해놨단 말이죠. 그러니깐 저쪽의 허정숙 단장이 찾아와서 이 회장의 개회사가 여러 분들의 의사라고 하면 우리는 지금 당장 일어나서 돌아가겠습니다. 그래서 그렇지 않다고 우리도 분개하면서 겨우 시작이 됐습니다. 그 양반하고 그 어려운 일을 시작하는 데 있어서 마음과 생각이 같아도 어려울 판국이었는데, 그 사람은 운동한 역사도 없는데다가 매우 추상적이고 이론적인 사람이었습니다. 결국은 자기가 보따리를 싸 가지고 나갔지요.

김순환 그에 대해서 다른 사람들은 아마 다른 식으로 착각할 수도 있겠죠.

이영빈 기통회가 그렇게 난산을 하고 어렵게 되었지만, 첫 번째 난산이 내부적으로 첫 번째 회장과 우리가 너무 허술하게 했기 때문에 한 번 하고서는 갈라질 수밖에 없었습니다.

김 면 그럼, 선생님. 제1차 통일대화 하고 나서 그 다음은 계속 지속되었을 것 같나요?

이영빈 그럼요. 이화선 목사 나가고 나서 계속되었지요.

김 면 북에 몇 십 명씩 오고 그러셨나요?

이영빈 그렇죠. 100명 이상씩 늘 오고 그랬습니다.

김 면 그리고 나서 몇 차까지 통일대화가 이루어졌나요?

이영빈 5차까지 이루어졌습니다.

김순환 또 통일대화 하면서 회의가 많았습니다. 역사, 주체사상 등 여러 가지에 대한 토론이 있었습니다.

이영빈 그 대화라고 하는 것이 5년간 그렇게 계속됐습니다. 이제 그렇게 하고 나서는 다른 방면으로 대화가 분과되면서 5년 동안 남쪽의 정보부에서 우리를 납치해 가려고 한 적도 있었습니다.

김 면 개인적으로 탄압받고 그런 적도 있었습니까?

이영빈 아니요, 제가 독일교회 목사니까 그렇게는 못하죠.

김순환 정말로 그랬다면 어떻게든지 무슨 일이 일어났지요. 독일교회의 목사로서 재직되어 있기도 하니까. 예를 들어서 우리 아버지가 한 번 두툼한 편지가 왔는데, 우리가 뭐를 하고 있는지 구체적으로 모르고 계셨어요.

이영빈 서울에서는.

김순환 그런데 한국에 여러 신문이.

이영빈 중앙일보, 조선일보부터.

김순환 우리 관사를 중심으로 해서 사진을 찍고, 북 교회 이영빈 목사가 이렇게 크게 신문에다 크게 나온 적이 있죠. 그것을 우리 아버님이 보셔서 너희들은 무슨 일을 하는 것이기에 이렇게 써져 있느냐 하셨죠.

이영빈 그건 누구 때문이냐면 국회의원 서모씨라고 하는 분이 독일을 통해서 북으로 넘어갔단 말이에요. 그분이 이리로 돌아갔는데, 그것을 CIA에서 독일에 있는 이 목사가 그것을 다 마련했다고 꾸며 가지고 그런 겁니다.

김순환 그 다음에 국회의원도 남쪽에서 오신 분이 우리를 방문한 사람이 없다고 했잖아요. 그러니깐 전부 다 꾸며서 이영빈 목사가 그 사람을 이북에 보내줬다고 해서 결국은 사건을 또 만든 것이지요.

이영빈 아마 그런 식으로 해서 우리 교회를 사진 찍고 유럽에 목사가 두목으로 되어있다. 그렇게 되니깐 제일 근본적으로 민주운동에서 분과되어 있는 노동운동이니 민주운동이니 하는 사람들은 우리랑 안 만나려고 하지요. 일반적으로 그렇습니다.

김 면 여러 가지 예를 들어 민협이라든지, 그 전에 서베를린 노동교실이라든지, 이런 식으로 5월 민중제에 의거해서 민주화 했던 분들 있으셨잖아요. 근데 아무래도 이분들의 교포 작업에 이런 분들을 통일운동에 합류시키려고 노력하신 건 아닌지 생각되는데요.

이영빈 물론이죠.

김순환 노동교실하고, 노련.

이영빈 그것은 다른 거지요. 그것은 광산출신들이 모여서 노동운동하는 의미에서 노련이고, 노동교실은 그분들이 자제들에게 한글을 가르쳐 주는 것뿐 아니라 그들도 노동운동의 교실이죠.

김순환 그러니깐 결국에는 시간이 갈수록 노동운동도 달라진 거 아닙니까? 노동운동을 중심으로 해서 민주운동, 통일운동으로 나가는 것뿐인데, 물론 통일운동에 가담한 사람도 있지만 그 시기에는 다들 통일운동 하는 사람이 많았어요.

이영빈 그리고 또 핍박이 더 심하니깐. 그래서 핵심적으로 우리 통일운동 하는 데는 발을 들여 놓으려 하지 않고, 거꾸로 자기들 집회할 때 우리 통일운동 하는 사람을 초대를 안 해요. 그러므로 자연스럽게 그런 의미에서 민주운동 하는 사람은 민협은 무엇이냐 하면 소위 민건회 후계자란 말이에요. 그러니깐 민협이 시작할 때에 그 앞에 그 사람이 들어가 나와 어수갑 씨가 나와서 통일운동하고는 되도록 거리를 두려고 한 것인데, 그것이 근본적인 Tendenz(경향) 이죠.

김　면　통일운동하면서 독일 정부라든지 아니면 정당, 사민당 혹시 지원 이라든지 이런 것은 없으셨나요?

이영빈　교회에서 지원하지요. 돌이켜보면 결국에는 교회가 독일교회 목 사뿐만 아니라 독일교회에서 우리나라의 통일이라는 문제에 대해서 적극적으로 부딪치고 지금처럼 이렇게 많이 되어있는 데까지는 독일교회가 공헌한 것이 컸던 것 같습니다. 그 부분을 서로 몇 가지 이야기해봅시다.

김　면　우리나라 교민들이 참석은 많이 못했으니깐 그런 명맥을 어느 정도 하기 위해서는 국제적인 연대라든지 이런 게 필요할 것 같은데요.

이영빈　그렇죠. 그러니깐 그것이 이제 독일의 교회입니다. 제가 이제 독 일교회 목사이고 하니깐 제 교회에서부터 프랑크푸르트에 있는 감 독이라든가 제가 이북을 드나드는 것을 적극적으로 지원해 주느냐 방관해 두느냐, 하는 이 두 가지 길밖에 없단 말이에요. 근데 이 분 들은 모두 동독하고 서독하고 서로 화해작업을 하는 목사들이니깐, 제가 한국사람 출신으로서 우리나라가 남북이 통일되는 것이 바로 우리의 근본적인 동일한 관계였단 말이에요. 그러니깐 제가 하는 일은 자기들이 하는 일이고, 자기가 하는 일은 제 일이 되었단 말 이에요. 그래서 결국은 독일교회에서 특별히 저는 헤쎈지방의 있는 교회의 목사니깐 여기 감독서부터 제가 하는 것을 가지고 근본적 으로 지원했고, 제가 늘 북쪽에 가는 것도 허락을 했고, 또 북쪽에 있는 목사들을 이쪽에 또 우리 독일교회에 초대해서 회의하고, 그 다음에는 Kirchentag라고 하는 것을 들으셨어요? Evangelische Kirchentag라고 하는 것은 매번 2년 마다 evangelische Kristen, Protestant(신교도)가 모이는 신도대회를 그때마다 도시들을 Tenning, Frankfurt, Duesseldorf, Hamburg로 이렇게 돌아가면서 합니다. 거기에는 20만 명에서부터 50만 명까지 모이는데 일주일 동안 합니다. 거기에 반드시 두 개의 교회대표를 통해요.

김　면　독일은 통일이 됐고 우리는 지금까지 남아있지만, 그 움직임이 같이 연계되었을 때에는 그때 당시 상당히 의미가 있었을 것 같은데요.

이영빈　그렇게 해서 제가 시작한 것을 독일교회가 더욱 확대시켜서 매번 Kirchentag할 때마다 미국에 있는 교회의 대표를 초대했고, 그러니까 또 자연히 독일교회의 대표자가 저쪽으로 갔잖아요. 95년에 두 개의 큰 재난이 일어났을 때, 제가 알기로는 독일교회가 약 2,000만 달러를 구제품으로 후원해주고, 독일에 있는 갸코니('갸코니'로 추정, 녹취불분명)교회가 가서는 식량문제, 의료문제 등 이런 문제를 실질적으로 의논하고 해서 독일교회와 북쪽의 교회뿐만 아니라 북쪽의 정부하고도 상당히 가깝습니다. 요번에 또 Messe하는 것도 Korea가 할 때에 북쪽의 대표자는 안 왔지만 북쪽의 기독교 대표자는 왔단 말이에요. 이제는 북쪽하고 이쪽 교회하고는 아주 자연스러운 자매관계가 되어 있다는 것이죠. 그런 의미에서 국제적인 연대라고 하는 것은 정치적으로는 크게 말할 것이 없지만, 교회 방면으로는 북에 대해서 그렇게 됐고, 맨 마지막으로 작년 10월 달에 서울에서 맞이하는 세계 기독교 국제평화대회에도 교회가 우리가 통일하는 문제에 있어서 제일 적극적으로 나오고 있단 말이에요.

김　면　북한을 지원한다든지 구호활동, 기독교 단체 활동 등 기억나시는 것들이 있으십니까?

이영빈　저희들의 모임과 우리의 신과 우리 통일대화 하는 것을 성사시키는 것에 전부 집중이 됐지요.

김순환　그 동안 귀순이냐 장기수이냐, 이게 91년인가 95년 그때에 그 비전향 장기수들을 이북에 보내기 위해서...

이영빈　우리 독일에서 국제연대를 했어요.

김순환　그래서 북에서 그 비전향 장기수들의 자식을 독일에 초대해서 청문회를 하고, 나중에 그분들이 그렇게 된 것이 우리가 해서 그렇게 된 것입니다.

이영빈　노력 가운데 하나지요.

김순환　사실 그 외에도 한다고 한 것이 꽤 있어요.

김　면　여기 임수경 씨가 일할 때 지원해주신 것은 없나요?

김순환　있지요. 그 분이 여기를 통해서 이북으로 갔지요. 그러니깐 직접적으로 그분하고.

이영빈　이번에 초대했잖아.

범민련

김　면　민협과 범민련은 완전히 다르잖아요. 이제 진짜 범민련이 되면 통일운동이 시작되니깐 아무래도 선생님들 같이 처음부터 통일운동을 하신 분들이 많지는 않았기 때문에 어떻게 서로 영향을 주고받았는가 여쭤보고 싶어요.

김순환　뭐든지 감투싸움이 있는 것 같아요. 근데 우리는 감투싸움에서 이길 수가 없지요. 그러면서 범민련이 시작을 하면서 결국 일본에 있는 그 한민련이 제가 단적으로 말씀드리지만 돈도 있고 권력도 있고 하니깐 범민련이 시작하는 것을 자기들이 주동을 해야 되겠다는 내막이 있었던 모양이지요. 범민련이 시작될 때에 이북에서는 우리가 통일운동을 잘하든 못하든 시작을 했고 원로들이기도 하니깐 우리도 거기에 참여해서 범민족적인 통일운동이 되어야겠다고 거기 초대를 하고, 이북에서 반드시 와야 되겠다고 해서 텐닝에서 준비 회담이 있었잖아요. 그런데 일본에서 당신들은 이번에 텐닝에 올 필요 없소. 하여간 이유가 여러 가지 있어서 오지 못하게 했지만, 북에서 꼭 와야 한다고 해서 우리가 가지 않았습니까? 결국에는 우리 없이 범민련이 시작을 했어요.

이영빈 우리가 거기 그 장소에 들어가면 자기들이 간다고, 칼을 대놓고 양자택일하라고 했습니다. 그래서 이틀이면 될 것을 사흘인가 나흘해서 우리가 양보를 했지요.

김순환 하여튼 그 관계를 물으시기 때문에 간단히 지금 말씀을 드리지만, 어쨌든 범민련이 시작하면서 상당히...

이영빈 패싸움이, 패권주의가 벌써 시작되었어요.

김순환 상당히 유감스럽게 생각하고, 고민했기 때문에 얘기를 했어요. 지금까지 통일운동이 무엇 때문에 여태까지 나오지 않았던 분들이 이제 지금 와서 해보겠다고 나왔으니간 그것들하고 전적으로 한패에요. 우리는 우리가 해야 되겠다고 생각한 시기에 했으니간 여러 분들이 하지 말라고 해서 시작 안 하는 것도 아니고 그분들과 함께 하세요. 그래서 저희들이 아마 양보를 안 했다면...

이영빈 그때 깨졌지요.

김순환 정말 어려웠습니다. 그래서 이북 분들도 상당히 가벼운 마음으로 할 수가 있었지. 우리는 이래도 저래도 하는 거니간. 우리가 범민련에 들어가서 하고 안 들어가서 안 하고, 가 아니니간. 우리는 얼마든지 해야 할 일이 많으니간 아무 걱정하지 말고 그분들하고 시작하세요.

이영빈 우리가 지위나 주도권에 욕심이 있었다고 하면, 그때 대답이 곤란했지요. 근데 우리는 대담하게 해서 북에서 지금 전금철이라고 하는 이북의 국회 대표자로서 늘 남쪽하고 합류하고, 여연구 선생이 그때 당시에 두 분이 나와서 얘기하고, 우리가 또 회담실에 들어오지 못하게 다 초대해서 동경에서 온 사람들과 하려면 그분들하고 하세요. 그러면 우리는 갑니다. 그러니깐 그 사람들이 소위 한민통에 있던 사람들이란 말이에요. 지금도 곽공(=뻐꾸기), 곽독 (=꼭두각시)이라고 하죠. 그게 그때 당시 그 친구예요. 그때서부터 자기가 해외에 있는 운동은 자기가 주도권을 줘야 된다고 그래서 우리를 한민련에서 쫓아내고, 또 이번에 범민련을 새로 시작하는데 거기에도 우리 못하게 자기들의 주도권으로 그런 겁니다.

김순환 우리나라 사람들이 더 한 것 같습니다. 우리 한국 사람들이 어떻게 합쳐서 일을 하려 하지 않고, 거기서 하나가 일어나서 하나를 잡아 없애야 하고, 거기에 자기가 올라가려 하고. 이거는 그야말로 여기 사회에서 보면 부끄러운 일이에요. 우리 한국이 이런 것을 청산을 하지 못하게 되면 우리 통일도 문제지요. 우리 한국 사람들이 재간도 있고 열정도 있고 그런데 집단운동 하는 것에는 좀 어려운 점이 있다고 생각합니다. 또한 이런 점이 통일의 길을 방해하고 있다고 생각해요. 작년에 8·15운동 60주년에 참가했었는데, 이렇게 가진 열정을 보면 또 빨리 통일이 되겠구나, 하는 생각도 들기도 했습니다.

통일운동의 어려움

김 면 통일운동을 하시면서 어렵고 힘들었던 점 좀 얘기해 주세요.

이영빈 뭐 어려운 거는 가끔 고독하다는 것. 그것은 다름이 아니라 우리 동포들 가운데 우리를 좋아하고, 우리와 함께 좋은 관계를 지니고 있었는데 통일운동을 하는 날부터는 우리가 외톨이가 된 거예요. 그것에 대해서 이제 조작적으로 한 것과 일반적인 감정에서 나온 두 가지를 얘기해 봅시다. 제가 여기 와서 우리 광부들과 간호원들이 왔을 때 4년 동안 혼자서 독일의 목사를 다 했어요. 그러니까 우리가 이 사람들이 와서 코 닦고, 뒷일들을 다 했지. 그래서 여기 먼저 왔던 간호사들이라든가 광부들은 우리하고 관계가 매우 깊죠. 그 사람들이 광산에서 퇴직 당했을 때도 우리들이 변호사로 대변해줬고, 그 사람들이 어려울 때 개인적으로 우리가 도와줬고, 그런 의미에서 결국에는 그 첫 해 65년도에 와서 4년 동안 그 칠진까지는 우리를 모르는 사람이 없을 정도로 전부 다 알았어요. 비록 지금은 다 흩어져서 살지만. 근데 우리가 평양을 갔다 오고 나니까 우리를 만나면 뒷골목으로 빠져 가더라고요.

김순환 그때 교회 동네는 대학병원 있는 곳이었어요. 우리 간호사들도 있을 때입니다. 가족들도 굉장히 많죠. 길거리에 나가게 되면 뭘 사면서 안녕하십니까, 하고 인사도 나누고 그랬는데, 평양에 갔다 오니깐 저쪽에서 내가 오는 것을 보면 돌아서 다른 골목으로 가고 그러더라고요.

이영빈 그건 대사관과 영사관에서 지령을 내렸다고.

김순환 한국에서 독일로 오는 사람들한테 얘기하기를 당신이 독일에 가게 되면 이영빈 목사랑 만나면 안 된다.

이영빈 아니 이 사람들은 그 전에 온 사람들이 아니에요. 그러니깐 두 가지가 있습니다. 조작해서 우리를 고립시키는 것이 대사관이나 정부의 일이었단 말이죠. 그런 의미에서 그때 당시에 고독하다고 하는 것이 우리가 겪어야 했겠지요. 그때까지 전혀 모르는 사람들이 아니라 우리가 간호사와 광부로 있을 때 같이 고생하고 돌봐줬는데, 늘 우리를 좋아하던 사람들이 갑자기 우리가 통일운동 한다고 하니까 뒷전으로 보지 않게 됐으니 자기들도 얼마나 괴로웠겠습니까.

김 면 그럼, 그분들은 통일운동에 참여를 안 했나요?

이영빈 안 하지. 하면 안 되니까.

김순환 약 2만 5천 명. 그 중에도 통일운동을 하는 사람은 손에 꼽을 정도입니다. 그래서 고독하다고 하는 얘기는 인간적으로 고독하다는 것보다는 운동선상에서 봤을 때 많은 사람들이 거기 가담이 되기도 힘든데, 도대체 몇 안 되는 사람이 이것을 하려고 하니깐, 바로 이런 의미에서 고독이라고 하지 않을까 해요. 우리가 겪고 온 것을 보면 남쪽이 그야말로 독재정치였었으니깐 그런데 제 생각에는 오히려 서울에 남쪽에 사는 사람보다 여기 사는 사람들이 이상하게 더 공포가 많아요.

이영빈 그러니깐 이 사람들은 어떻게 공갈을 하냐면 너희들이 이런 일을 하면 한국에 있는 당신들의 가족들에 대해서 여러 가지 압력을 준단 말이에요. 은행 자금을 주는 것도 고려하라고 하고, 그러니깐 저쪽에서는 내가 뭘 하고 있는 것이기에 우리한테 자꾸 이렇게 되느냐고 그러는 거예요. 그런 식으로 소위 인질을 만들어서 하는 방법을 쓴다고요. 그건 아주 비겁하고 원시적인 방법이지요. 그래서 우리가 그건 섭섭했던 것이 아니라 좀 괴로웠던 것이지요. 그렇지만 저희도 각오는 했었으니까요.

김 면 개인적으로 억울한 사건 같은 것 말씀해 주시면 그게 나중에 진실 화해를 위해서도 필요하니까 얘기하실 것 있으시면 이번 기회에 해주셨으면 합니다.

김순환 저 사진 있잖아요? 그 사람의 사건을 자세히는 몰라도 제가 보기에는 그런 것들이 다 조작되었을 수 있는 것이기 때문에 개인적으론 굉장히 지장을 받은 거지요. 그런 의미에서 저는 여기 독일에서 일어난 것은 다 조작되었다고 봅니다. 하나도 근거가 없는 일이에요. 그러니깐 그걸 각각의 일어난 사건을 분석을 하고 하려면 그렇게 조작된 사건을 가지고 어떻게 분석을 할 겁니까? 근거가 없잖아요. 저도 여기 오래 살면서 일어나는 일을 대충 짐작은 하지 않겠습니까? 근데 제가 보기에는 하나도 근거가 없어요. 근거가 없는데 근거를 만들어서 터진 사건이니깐 거기에 대해서 조금도 얘기할 것이 없어요.

이영빈 우리 김 선생님이 거기까지는 걱정할 필요는 없을 것 같습니다.

김 면 통일을 위해서 지금 우리 정부나 사회가 변화되어야 한다고 생각하시지 않습니까?

이영빈 아무튼 변화는 갑자기 되는 것은 아니니까요. 즉 변화되는 것은 위에서나 아래에서나 결국은 시민들이 주동이 되어야만 되는 것은 사실이에요. 사실 관권을 가진 사람들, 특별히 미국에 잡혀 있는 지금 노무현 정권도 그렇고 앞에서 얘기했지만, 저는 국정원이라고 하는 것이 미국 CIA의 분권이라고 하는 것으로 알기 때문에 독일 사람들에게 한국이 미국에 어떻게 예속되어 있느냐고 항상 설명할 때는 국정원을 얘기합니다.

여러분들의 여정에 길고 참 오래되고, 기다리고, 희생도 많고, 고생도 많고, 지금 교회를 통해서 불씨가 들어와서 교회가 이데올로기를 만들어서 이렇게 만나 가는데, 지금 우리 한국이 미국의 영향에서 벗어난다고 하는 게 상당히 오래 걸릴 것 같아요. 미국의 상교를 받은 게 150년이 되었는데, 그동안 몇 세대를 교대하면서 미국에 대한 세뇌작업이 되어 있기 때문에 저는 이번에 가서 놀랐어요. 한국에 교회는 전부 미국의 성조기를 들고서 하는데, 그럼 아예 한국은 하와이 다음에 미국합중국에 갖다 붙이는 게 나을 것 같네요. 그만큼 친미화가 되었기 때문에 미국의 압력으로써 정권을 패권주의로 하는 이상, 지금까지 노무현 정권이 와서 어떻게 좀 해보려고 애를 쓰지만 결국에는 성공을 못한다고요. 성공하려면 우리 시민들이 선거를 통해서 미군은 나가야 된다고 해야 합니다. 미군이 나간다면 그렇게 해서 얻은 것이 우리나라 민주주의적인 터를 만들 수밖에 없습니다. 시간이 좀 걸리지만 그것밖에는 없을 것 같아요.

김　면 통일운동을 하시면서 교민 사회라든지 이런 데(에서) 통일운동을 지지한다는 출판물이라든지, 혹시 이전 것을 가지고 계세요?

김순환 우리가 사진 찍은 자료가 많이 없어졌지만, 그래도 좀 가지고 있거든요. 근데 그것을 정리하려면 시간이 엄청나게 들 겁니다. 사실상 저도 목사 아내로서 신학을 했지만, 제 시간을 그냥 다 없애지 않았습니까? 그렇기 때문에 앞으로 일이 제대로 되려면 정리

못하고 남길 것 같아서 어떨 때는 조바심이 납니다.

김　면　선생님들이 활동하시는 기록도 중요하고 그렇기 때문에 여쭤보는 거예요.

김순환　지금 하시려는 뜻은 환영합니다. 그래서 아까 말씀드렸지만 정리를 하시는데 거기에 어떻게 협조가 될 수 있을까 하는 것을 저희들 나름대로 고민을 좀 해야 되겠네요.

이영빈　그러면 우리가 자료가 나오는 대로 원본은 못 드리지만, 적어도 복사해서 사진도 그렇고 드리겠습니다. 또 필요하다고 하시면 편지왕래 한 것도 있으니까 정리를 하면 도와드리겠습니다. 여태까지 우리가 김 선생님을 의심했지만 우리 정부와 관권을 통해서 우리한테 겪어 온 사람은 전부 도움이 되는 것이 아니라 우리를 컨트롤 하려고 하고, 우리를 이용하려고 한 것밖에 없단 말이에요. 그렇기 때문에 나가서는 거리감이 많습니다. 통일연구원은 자립적으로서 자기들의 정책적이 아니라 하나의 학문적이라든가 역사적으로 그런 것을 수집하고 남겨 두겠다고 하는 그런 작업이라도 그냥 억제하지 않고, 자유롭게 할 수 있는 것에 우리 자료를 가지고 제공하는 것이라면 그건 할 수 있어요. 우리가 칭찬받기 위해서가 아니라 그 자료를 여러분들이 또 그걸 가지고 여러분 식으로 생각해 본다는, 어떨지에 대한 의미에서 좋은 의미가 되니까요. 지금 우리도 매일같이 산다고 하는 것이 팔십이 넘으면서 삶이라고 하는 것이 이것으로서 이렇게도 살 수 있었다는 것이 감사하다는 의미에서 정리를 좀 해야 되겠어요. 그래서 정리를 하는데, 지금까지 통일문제에 대한 자료들을 특별히 누가 그렇게 기본적으로 요구한 사람이 없었으니깐.

김　면　과거가 없는데 혹은 부모가 없는데 어떻게 자식이 그런 식으로 되듯이 이런 움직임 같은 것들이 역사적으로 잘 남아야 된다고 생각합니다.

이영빈　예. 그렇죠. 제가 아까 하던 이야기를 마저 해드려야겠습니다.

통일신학회라고 하는 게 있어요. 해외통일신학동지회. 그것이 국내에는 문익환 목사가 회장이었습니다. 그런데 우리는 바깥에서 미국과 유럽, 캐나다에 있는 분들이 통일대화를 시작하면서 개별적으로 발전시켰습니다. 통일신학이라고 하는데 발간한 잡지가 2호인가 3호까지 나왔을 겁니다. 그런 것은 만일 우리가 제보한다고 하면, 통일신학동지회는 우리가 시작했던 통일대화에 나오는 신학자들이 따로 모여서 글들을 써서 한 거란 말이에요. 그 부분에서 부분적으로 분과작업을 한 것이지요. 그 가운데 중요한 이치는 그 해외통일신학회의 회장을 하던 분이 김일성대학의 종교학부에 강사로 초대를 받아서 몇 년 동안 강사를 했었습니다. 그 분이 홍동근 목사입니다. 홍동근 목사는 우리 통일신학을 같이 대화하면서 우리 회장으로서 평양에서 몇 년 동안 신학 강의를 김일성대학에서 하셨고 또 거기서 돌아가셨죠. 그것이 또 하나의 통일대화, 통일운동 하는 데에서 발생된 일종의 분과적인 성과라고 할 수 있겠죠. 그 다음에 문익환 목사가 주석의 초대를 받고 각오하고 가서 돌아온 뒤로 몇 년 동안이나 감옥에 있었죠? 2년인가? 그때 가기 전에 서울에서 통일신학동지회에서 회의가 있었어요. 그래서 우리 문익환 목사가 초대를 받았는데 매우 고민하면서 거기를 가야하느냐 말아야 되느냐에 대해서 저희들의 의견을 물어 온 적이 있습니다. 근데 그때 세 분을 김 주석이 초대했는데, 다른 사람들은 전부 안 가겠다고 하는데, 어떻게 했으면 좋겠냐고 해서 그때 당시에 어렵지만 역사적인 의미는 크고 그 후에 영향이 클 것이라고 그래서 저희들이 용기를 북돋아드렸지요. 그러고 나서 한 달 후인가 두 달 후에 북행하셨습니다. 그러니깐 저희들은 그 덕택에 한국에도 들어가지 못하고, 그 동안 부모님이 다 돌아가셔도 장례식에도 못 갔지요. 그리고 이번에도 그렇게 했지만, 지금도 허가를 받아야만 들어가고, 지금까지도 우리의 입국자유라고 하는 것이 허락되어 있지 않고 이런 것을 보면 아직도 그런 맥들이 풀어지지 못한 채 있습니다. 그래서 아직도 섭섭하긴 하지만, 저희들은 이번에 6·15남북공동선언이 2000년에 시작돼서 그 후부터는 여러 단체들이 이것을 끌고 나가고, 6·15공동위원회라고 하는 것을 만들고 해외에서 궁리해서 그렇게 간다는 것은 우리가 예측한 것보다는 좀 빨리 됐다고 봅니다. 그 저력이라고 하는 것이 많이 커졌다고 하는 것을 알았고, 한편 그만큼 한국의 교회가 친미적인 교회로서 반통일적이 되었다고 하는 데에 대해서는 우리들이 또 슬퍼하는 까닭입니다.

김 면 두 분 모두 좋은 말씀 해주셔서 감사합니다.

12. 이화선

現 해외기독교연합회 회장

이화선 現 해외기독교연합회 회장

이화선 회장은 신학을 공부하고자 독일에 왔으며, 1973년 라인마인교회를 맡아 독일 초기 한인사회의 형성과정에 있어 민주화 및 통일운동에 헌신하였다. 특히 초대 기독교통일협의회 회장으로서 분단이후 처음으로 81년 빈에서 제1차 북한과 해외기독자간 대회를 개최하기도 하였다. 이후 82년 북한에 대한 비판적인 견해를 주장하고 노선차이로 기통회에서 나와 해외기독교연합회를 설립하고 독자적인 통일운동을 전개하였다.

초창기 통일운동

김 면 74년에 처음으로 여기 민건회가 나오기 이전에, 혹시 통일운동에 대해서 관심을 가지셨는지 그 얘기를 잠깐만 해주세요.

이화선 그때 제 자신은 통일에 대해서 관심이 전혀 없었어요. 관심을 갖지를 않았어요. 이제 관심을 갖게 되는 것은 통일문제는 여기서 우리가 통일운동 하면서 '선민주 후통일'이라든지 '선통일 후민주'라고 하는 문제로 말이죠. 굉장히 민주화하는 사람들하고 통일하는 사람들끼리 형이 달랐었습니다. 그래서 처음으로 우리가 민주화운동을 시작했음에도 불구하고, 우리가 배제됐어요. 그런 때가 있습니다.

사모님 그때가 74년 이전인가요?

이화선 그러니깐 74년 때는 민주화도 못할 때예요. 민주화도 못할 때인데, 우리가 통일을 얘기할 수는 없죠. 동백림사건이라든지 그런 것은 비밀리에는 얼마든지 있어서...

사모님 그러니까 67년도에 동백림사건이 터져서.

이화선 글쎄, 그런 것이 있었기 때문에 그것이 통일운동에 어떤 영향을 미쳤는지 알 수가 없어요. 우리가 처음에 그쪽으로 갈 때 윤이상 씨 집에서 자고 갔습니다. 윤이상 씨가 우리한테 한 얘기가 무엇이었냐 하면 선구자적인 역할을 잘 해달라고 부탁할 정도니까. 그 사람들이 전부 동백림사건에 관련되어 있거든요. 그 사람들이 우리에게 그런 얘기를 할 정도니까요. 제가 통일문제에 대해서는 구체적으로 얘기한 적이 없어요. 북쪽하고 정식으로 서로 통래한 것은 최홍희 씨가 우리보다 일 년 전에 북쪽에 태권도를 했다고요. 그래서 교류하게 됐어요. 그러니까 이북의 태권도는 최홍희 씨의 태권도입니다.

사모님 그 사람이 최덕신 장군하고 나중에 캐나다로 이민 갔잖아요.

이화선 최덕신 장군 아시죠? 최덕신 장군이 여기 살고 있었잖아요. 그렇지만 저는 그런 정치문제라든지 유도대응은 별로 그렇게 관심도 없었고, 하지 않았으니까 동백림사건과 저하고는 아무런 관계가 없어요.

김 면 알겠습니다. 그럼, 목사님. 기통회에서 북과 해외동포 기독자간 대화를 이제 처음 하려는데, 그때 보시면 세 분이 가신 걸로 알고 있는데요. 그때 어떻게 세 분만 결심을 크게 하셨나요?

이화선 아니, 기통회가 있으니까요. 그 정도는 아니에요. 이거 읽어보시면 그때 상황을 아시겠지만요. 세 분이 아니고, 그 전에 벌써 일본 중심으로 해서 민주화 하면서 통일문제가 거기에서부터 출발을 한 거예요. 거기 뭐가 있냐하면 통일 심포지엄이에요. 통일심포지엄이 일본 동경에서 1차가 있고요. 2차가 1981년도, 그러니까 1차가 언제쯤이냐면 구체적으로 해외 사람들하고 서로 얘기가 된 심포지엄은 1978, 79년도예요. 혹은 더 늦을 수도 있어요. 79년 정도. 그러니까 80년도 정도 되겠군요. 81년도가 이제 워싱턴에서 최홍희 씨하고 최덕신 씨하고 선우학원 씨, 이 세 사람이 중심이 되고 미국에서는 처음이에요.

제3차 통일 심포지엄이 있었어요. 그 다음 통일 심포지엄은 여기 유럽 제네바에서 있었지요. 그렇지만 거기에 제가 초대를 받아서 가게 됐어요. 그런 것이 말하자면 갈 수 있는 준비가 된 거죠.

그렇게 된 겁니다. 그래서 기통회라고 하는 것이 조직된 것은 80년대거든요. 80년.

김 면 목사님이 그 기통회에서 나오신다고 해야 할까요. 갈라지는 사건이었잖아요. 거기에 대해서 잠깐만 말씀 좀 해주세요.

이화선 간단하게 얘기하자면요. 이런 거 보시면 더 간단하게 알 수가 있는데요. 이게 북에서 만든 우리 81년도 처음 만났을 때에 그거고요. 이게 이제 82년도 두 번째 헬싱키에서 있었던 대화예요. 이제 이런 것도 있고요. 이런 거는 전부 북에서 만든 거고, 이제 남쪽에서 우리가 한 것은 다 없어져 버리고 없어요. 이거거든요. 그런데, 이런 사진은 몇 개 카피한 게 있을 텐데.

그래서 이런 것이 있다시피, 문제는 81년도 11월 초에 있었거든요. 근데 한국에서는 조선일보밖에 안 냈어요. 이것이 12월 달에 나온 거예요. 그만큼 거기에서도 굉장히 만족했어요. 그리고 데모가 컸고요. 여기 독일에서는 TV까지 했는데요, 그것은 망가져 버렸습니다.

Brennpunkt. ZDF에서 이 사건에 대해서. 그건 와 가지고 사진 같이 찍고. 그거 ZDF에다 fordern(요구)하면 나올 거예요. 그럼, 요구하면 요구할 수 있겠네요. 이렇게 나오는 식으로요. 우리를 정치적으로 이용당했다고 이렇게 보는 거거든요. 그러나 우리가 주최를 한 거예요. 북쪽이 아니고요. 거기까지도 방해하고 다 방해했지만, 결국 우리가 해냈거든요. 근데 그렇게 하기 위해서는 무수한 방해가 있었어요.

김 면 구체적으로 어떤 것들이 있었나요?

이화선 어떤 방해란 것은 뭐 아시다시피 개인적으로 저한테는. 저는 대사관에다가 우리가 이런 것을 한다고까지 공개적으로 하자는 것이고, 이영빈 목사님은 우리 절대 공개해서는 위험하고 안 되니까 하지 말자고 하는 편이고요. 그때부터 이렇게 노선 혹은 하는 식이 달랐어요. 제가 이걸 왜 보여드리는가 하면요. 이런 식으로 이제 그 당시 통일문제를 취급하기가 어려웠어요. 이렇게 제일 처음에 시작한 것은요. 우리가 왜 이런 생각을 하게 되었느냐면 80년 초에 북쪽이 잘 될 때에 그때 좀 잘 살았어요. 이렇게 되니깐 기독교교도연맹이라는 것이 북쪽에 있거든요. 교도연맹이 WCC라고 있잖아요. 교회협의회가 제네바에 있거든요. 거기에 이제 남쪽 사람들하고 대화하고 싶다. 이런 제안을 했다고 그래요. 실제로 했는지 안 했는지는 확인이 안 돼요. 그런 식으로 얘기가 나오는데, 남쪽에 있는 기독자들이 그것을 반대했다는 거예요. 그래서 결국 만약 그렇게 하면 우리는 탈퇴한다. 그렇게 남쪽 교회가 했나 봐요. WCC 사람들이 그렇게 말하니까 성취가 안 됐죠. 근데 세계평화회의라는 것이 프라하에 있었어요. 프라하라고 하면 동방국가니까 그 사람들이 연락이 많이 잘되고, 또 거기에 그 교도연맹이 기독자 자격으로 참석을 했다고 하는 얘기까지 들었어요. 이런 얘기를 듣고 말이죠. 그러면 우리가 독일에 산다는 것은 여러 가지 굉장히 유리한 점이 있는데, 특히 우리는 이영빈 목사도 그랬고 저도 그랬고. 독일교회에 속해 있었거든요. 그래서 좀 자유로우니까 우리를 도와주면 얼마든지 무엇이든 할 수가 있겠다. 얘기를 해서 용기를 얻은 격이지요. 근데 아까도 얘기했지만, 이영빈 목사는 저보다 먼저 동경에 가기도 하고 그랬어요. 그래서 이제 미국, 캐나다에 가기도 하고, 그래서 이 양반이 제일 처음에 1979년인지 78년도에 북에다가 그 얘기를 듣고 편지를 했어요. 편지를 했는데, 그 편지가 분실이 됐어요. 없어져 버렸습니다. 그러다가 자꾸 시일이 지나니까 80년대 초에는 북쪽이 아주 적극적으로 남쪽에도 그 사람들을 초대하고 이런 식으로요. 해외 있는 사람도 그렇게 하고, 적극적으로 나왔어요. 그러니까 우리도 그걸 이용해서 그러면 기독자 목사 입장에서 원래 그 분단이라는 내용은 따지고 보면 기독자와 남쪽의 기독자하고 원래는 북쪽 기독자들이에요. 북쪽에서 기독자하고 공산주의자가 적극적으로 싸움을 한 거예요.

Machtkampf(권력싸움). 그래서 북쪽 기독교가 거기서 김일성에 패배를 했죠. 그래서 전부 남쪽으로 넘어오게 됐어요. 이렇게 되니까 북쪽 교회 사람들이 전부 남쪽에서 지금 뭐 보수파니 반대하는 사람들 전부 다 그런 사람들이에요. 처음에는 서부청년회하고 해서 아주 격렬했었거든요. 그런 시대가 있죠. 거기에다 6·25전쟁이 또 일어났지 않습니까? 이제 이런 여러 가지 역사가 있으니까 우리가 여기에서 화해 대화도 해서 긴장완화를 하는 것이 우리의 사명이다. 우리가 그걸 해결한다. 이런 정말 순수한 의미에서의 기독교적인 동기에서의 출발이에요. 다른 것은 하나도 없어요. 무슨 우리가 통일을 하는 것도 아니고 말이죠. 그렇게 한쪽은 야단법석인데. 유신체제가 되서, 혁명을 하고, 사람을 죽이고 이런 판국인데 우리가 뭘 하겠어요. 그렇지만 하여튼 우리가 시도를 해보자 해서 기통회를 해서 제가 어떻게 회장이 됐어요. 이영빈 목사가 원칙적으로 되어야 하는데, 이 분은 민주화 하면서 너무 좀 Radikal(급진적)하게 되어 버려서 이름이 알려져 버렸어요. 그러니까 일을 하는데 지장이 아주 많은 거예요. 그래서 일을 못 해요. 근데 이제 저는 그때까지만 하더라도 아무것도 안 하다시피 한 거고, 이제 했다고 하면 교회 안에서 우리가 민주화도 해야 한다 하면서, 우리가 주선해서 74년도 첫 데모를 제가 주동을 했어요. 아까 오대석 씨도 만나러 간다고 했지만, 오대석 씨도 그 중에 한 사람이에요. 여기 또 몇 사람 있죠.

김　면　그 데모한 것이 김성수 간첩사건이랑 관계가 있나요?

이화선　아니요, 그 후인가 전인가. 이 데모는 본에서 막 격정적으로 큰 데모를. 73년도인가 봐요. 그 전에 벌써 우리가 대사관 정보부하고 교회 안에서 서로 대립이 됐죠. 그게 지금까지도 우리 교회가 아까 얘기 한 것처럼 여기 처음 프랑크푸르트에서 있었던 교회에 제가 책임자, 목사였었거든요. 라인마인 한인교회. 그래서 정 목사가 하고 있고. 한국에서 큰 사람들이 또 많이 왔다 갔죠.

김　면　그럼 본에서 데모를 하시고, 그 다음으로 74년도에 민건회가 나온 거네요.

북과 해외동포 기독자간의 대화

이화선　근데, 저는 민건회에 안 들어간다고 그랬어요. 왜냐하면 교회의 목사가 거기 정치단체에 들어가면 교인들의 또 기회를 막고, 그 당시에는 그럴 때입니다. 그렇기 때문에 난 들어갈 수 없다고 해서 저는 안 들어갔어요. 그래서 기통회가 된 거고, 제가 회장을 하게 된 것입니다. 회장이 되면서 이제 그 전부터 이영빈 목사가 생각했던 아까 그 편지 그걸 우리가 연속적으로 하기 위해서 우리가 조직하기 위해서 세미나를 했어요. 세미나를 해서 거기서 기독자와 공산주의와의 대화가 필요하다, 하는 식으로 얘기가 되고, 그렇게 해서 기통회가 조직이 된 건데요. 물론, 조직위원은 그렇게 많지는 않아요. 주로 독일에 있는 사람들 하고, 오대석 씨도 그 회원 중에 한 사람이고요. 김성수 씨도 하나 같이 회원으로 있었고, 그리고 이제 누구죠. 미국, 덴마크, 임민식 씨 이런 사람들이 같이 했었죠. 또 제네바에서.

　　스웨덴의 이미주 씨, 이런 분들이 같이 하다가 또 이 친구들이 84년도에 북쪽으로 가게 됐고요. 저하고 근본적으로 다른 것은요. 이영빈 목사하고 다른 것은 저는 공개적으로 하자는 거고, 그분은 거기에 대해서 소극적이었죠. 그리고 또 하나는 이제 개회사가 문제가 되는데, 개회사 문제보다도 노선 관계를 가지고 얘기한다면 저는 남쪽하고 북쪽하고 동등하게 대화를 해야 한다는 입장인데, 이영빈 목사의 경우는 전두환, 유신체제하고는 절대로 대화해서는 안 된다는 입장이에요. 할 수 없다는 것이 아니고 해서는 안 된다는 입장이거든요. 이제 그러니까 북쪽하고만 대화해서 어떻게 할 수 있느냐, 하는 것이 제 질문이에요. 거기다 또 한 가지 다른 것은, 저는 우리 입장이 아무에게도 영향을 받거나 강제 당하거나 소속, 이렇게 되면 안 된다, 우리는 우리의 독자적인 주장이 있어야 한다. 이겁니다. 그것이 아까 신문이 얘기한 것처럼 우리가 정치적으로 이용당하고 있다는 판인데, 또 실제로 그랬고요. 북쪽이 너무 강력하다 보니 우리가 북쪽에 가서 대화를 한다고 하지만 남쪽은 사사로운 단체하고, 교회하고 할 수가 있어도 북쪽은 교회가 하더라도 그 체제 안에 속해 있는 기독교 연맹도, 원우회도 민주전선도 그렇고 전부가 그 반국가단체거든요. 그러다보니 자유라는 것이 없어요. 지금까지도 북쪽은 없거든요. 이제 이런 입장에서 문제가 생기는 거예요. 근데 이쪽 대화는 제가 그래서 우리가 가서 합의 본 것이 북쪽하고 준비하면서 한 것이 있어요. 서로 이제 헐뜯지 않는다는 것이 조건이었어요. 근데 제가 회장으로서 개회사를 할 수 밖에 없었거든요. 제가 먼저 개회사를 하는데 무슨 얘기를 했냐면 통일에 대해서 방해되는 세력과 요소에요. 세력에 대해서는 국내에 의해서라든지 남·북 정부라든지 이런 얘기를 할 수밖에 없었단 말이죠. 이제 그러면서 또 요소로서는 북쪽에서 나오는 해외로 보내는 신문들이 너무 그렇게 일방적으로 남쪽을 인정하지 않는, 물론 우리도 유신체제는 인정을 안 하고 투쟁을 해서 민주화를 얘기했지만, 그래도 아직도 민주화를 해야 한다는 취지가 다르다는 것은 우리가 인정을 하고 시작을 한 거거든요. 그렇기 때문에 민주화라는 것이 있는데, 북쪽에 대해서는 그 체제를 버려야 한다고 하는 그 주장을 할 수가 없었어요. 해서는 안 되는 거고요. 이제 그것이 차이가 있는 거예요. 그래서 제가 그렇게 얘기한 것을 그 사람들이 어떻게 받아 들였냐면 아까 헐뜯지 않기로 했는데, 헐뜯는 것으로 이렇게 일부가 이해를 했어요. 전금철 씨가 거기 대표자거든요. 회의하는 데서 우리 방으로 뛰어왔어요. 와서는 이렇게 자기들 사이에 문제가 되고 있다고 그래서 좀 생각해 보시라고, 우리가 정치적으로 하는 것이 아닌데, 이렇게 정치적으로 한다고 저렇게 데모를 하고, 남쪽 외무부 장관하고 북쪽의 외무부 장관이 거기서 막 다투었습니다. 그리고 처음에 스위스에서 하려고 했는데, 스위스 교회에서 방해를 해서 회의 장소를 일주일 전에 취소를 시켜버렸어요. 아시다시피 회의장 하나를 얻으려면 굉장히 힘들거든요. 그런데 마치 우리가 항의할 시간도 없이 이유를 물을 시간도 없이 오스트리아에 갔는데 Schweizhaus가 마침 비어 있었어요. 저는 그런 것은 하나님께서 도와주셨다고 이렇게 얘기를 한 거죠. 그래서 얘기가 됐는데, 그것도 중간에서 자꾸 교섭이 안 된다고 해서 마지막 순간까지 실랑이가 굉장히 있었어요. 그 사람들이 마지막에 가서 우리가 강경하게 해서 했어요. 만약 거기서 우리가 못했으면, 할 수 없이 우리는 돈이 없으니까, 근데 북쪽은 돈이 있으니까 호텔에서 하려고까지 계획을 했어요. 호텔은 우리가 개인적으로 갈 적에는 한국교회가 해서는 안 된다고 하니까 쏙 들어가 버린 거예요. 이렇게 돼서 힘이 들었다고요. 그것이 문제고, 실제로 아까 조선일보에서 보셨다시피 최홍희 씨, 최덕신 씨, 허정숙 씨 또 저야 중요한 인물도 아니지만, 회장 때문에 할 수 없이 이름은 들어있죠. 이러한 사람들이 이것을 한 번으로 끝나지 않고, 계속적으로 확대해 간다고 하는 의미에서 이제 북쪽에서는 기독자의 모임은 처음 이것으로서 끝나는 거예요. 2회, 3회부터는 자꾸 전체 범위를 넓힌다고 하는 의미에서 얘기하기 때문에 우리도 ja(동의)했죠. 그러나 그렇게 되면 우리 기독자회담도 여전히 그 중 하나로써 해야 한다. 그런 입장이 우리의 입장이에요. 그래서 했는데, 미국, 캐나다에서 온 사람들이 기독자라는 이름을 뺄 수가 없다 해서 기독자 이름으로 2회, 3회까지 갑니다. 그 이후는 학자 이름으로 바뀌어져 버리는 거예요. 그 이후부터는 문학인하고의 대화 이런 식으로 자꾸 다른 모임으로 확대했죠. 이제 학생들이 가고, 가톨릭 신부가 같이 동행하고, 이런 사건들이 있지 않습니까? 그러니까 이제 그런 것이 사진도 있고 그렇지만

요. 그래서 범민련으로 연결이 되거든요. 이제 이렇게 되면서 한
국하고 북쪽은 완전히 남쪽을 배제하고 통일운동을 한 거예요. 남
쪽 전체를. 정부뿐만 아니라 교회도 자기들에게 합류하지 않는 사
람은 전부 배제시키는 거예요. 저도 그 중에 한 사람이에요. 이것
도 오늘까지 제가 회장으로 했던 처음 그 모임이 말이죠. 걸림돌
이 되어 버린 거죠.

해외기독교연합회

김 면 그럼, 기련 입장의 얘기 좀 해주실래요? 이제 기련을 만드셨으니
까.

이화선 그래서 이제 우리가 회담이 끝난 후에 같이 모여서 얘기를 할
때, 정치적으로 벌써, 뭐 정치하는 사람들 알잖아요. 최덕신 씨는
바로 정치가고, 최홍희 씨도 그런 입장이고. 이제 그 사람들은 주
동을 못했어요. 이영빈 목사 역시 할 수가 없었고요. 그러니까 저
를 무시할 수 없는 그런 입장에 놓여진 거예요. 그렇지만 그렇게
하다 보니까 후담 얘기가 거기서 있었지만 그것은 그렇게 크게 발
전할 수가 없잖아요. 이쪽 대상이 있어야 될 거 아니에요. 그래서
여기로 돌아왔는데, 이영빈 목사 댁이 끝까지 그걸 가지고 문제를
삼은 거예요. 내가 그렇게 개회사를 하고 북쪽이 반대하는데도 불
구하고 그렇게 했다는 둥 이렇게 해서 우리 사이에서 그 세미나를
해 가면서, 그러면 난 안 하겠다, 당신 하시오, 이제 이렇게까지
되어버린 거죠. 김성수 씨, 오대석 씨 이 사람들은 제가 절대로 그
만두면 안 된다고 해서 세미나에서 그럼 그렇게 하자고 했는데,
저를 따돌려 놓고 자기들끼리 한 거예요. 참석은 했어도 회원도
전혀 아니었거든요. 이제 이런 입장에 있었고. 최기환 씨. 그 사람
들은 회원도 아닌데, 불러들여서. 불러들여서 이제 다수결로 결정
하자고. 기통회 회의에서 문제를 삼기 때문에 제가 포기하고 그냥

나가버렸어요.

사모님　그때 제가 그게 이제 걸림돌이라고 그랬죠. 그때 당시 왜냐하면 회장이 회장으로서 붙들고 있어야지 자기 것을 포기함으로써 남한테 그걸 넘겨주는 식이 되어 버렸거든요.

김　면　그리고 나서는 바로 기련을 만드신 건가요? 그러니까 해외기독교 연합회.

이화선　그래서 기련 얘기가 나온 거죠. 그래서 기련이 만들어졌는데요, 북쪽에서 우리를 초대했어요. 우리 아까 어릴 때 82년도에 북쪽에 갔다 왔습니다. 북쪽에 갔더니 처음에 우리가 있었던 호텔이 아니고, 다른 호텔에 넣었어요. 일반 사람들, 해외에서 오는 사람들 아무나 들어가는 큰 호텔이 있어요. 그 대동강 옆에. 그래서 얼마 있으니까 전금철 씨하고 누가 갑자기 와서 사전에 그 사람들은 얘기한 적이 없어요. 우리가 북쪽에 갔는데도 불구하고 뭐 때문에 가는지 왜 가도 되는지 끝까지 불화를 가지고 갈 수 밖에 없는 이런 상황입니다. 비행장에 도착하니까 우리를 이제 제일 마지막에 내리라 하고 나중에 꽃다발을 해서 나오는 거 있죠. 그래서 차도 몇 대를 해서 회장 차, 이제 또 다른 차하는 식으로 바로 입성하는 것처럼 말이죠. 사전에 얘기를 안 해주는 거예요. 그 날도 갑자기 와서는 우리보고 금강산 가자는 거예요. 아, 왜 그런가. 금강산 구경하러 가자는 거지. 그래서 우리하고 갔더니 거기 이영빈 목사가 와 있잖아요. 그러면서 우리를 화해시키기 위해서 온 거예요. 물론 수고도 하고 그랬다면서 우리를 초대했던 거죠. 우리는 단순히 수고했다고 초대했는지 알았더니 중요한 것은 이영빈 목사와의 화해예요. 그것 때문에 오는 피해가 막대했으니까. 그렇죠. 우리 회담준비 할 때는 비엔나에서 전화하죠, 뭐 어디서 전화한다고 해서 전화해 가지고 알지도 못하는 사람이 수없이 와서.

사모님　뭐, 수백 명이 우리 집에 와서.

이화선　하여튼 혼이 났죠. 그리고 제 아이가 81년생이에요. 그때 태어났기 때문에 그래서 통일녀라고 그렇게 사람들이 불렀다고요. 그럴 정도로 그리고 그 이후에 제가 완전히 배제되고 이렇게 되니까 전금철 씨가 여기 세미나에 나왔다가 우리 집을 방문을 했어요. 북쪽 사람들이 개인적으로 방문한다는 것은 있을 수 없었거든요. 물론, 그때 우리 목사관에 있었지만. 그래서 밤중까지 노래를 부르면서 돌아가지를 않으니까 물론 그쪽도 정보원이 꼭 따라다니지만 그렇게 높은 사람 두 사람이 왔어요.

사모님 그때 정 박사, 정규명 박사가 같이 그때 저희 집에 그분들을 모시고.

이화선 아니, 그때 정보원밖에 없었잖아. 정규명 씨 여기는 안 왔어요.

사모님 아니, 그 사람들을 집에 모시고 올 때 말이에요. 같이 왔었다니까요.

이화선 정규명 씨가 와 있었어요?

사모님 아니, 그 분들하고 같이 왔다니까요.

이화선 아니, 그 전에 제가 정규명 씨 집에 갔었지.

사모님 아, 그렇죠. 거기서 당신이 pick up을 했구나. 정규명 씨 집에서 모시고 왔구나.

이화선 그렇지. 정규명 씨는 오지는 않고, 신 누구 그 사람만 왔었지.

사모님 신옥자 씨.

이화선 신옥자 씨는 왔을 거예요. 와서 노래도 부르고. 하여튼 그런 일이 있었는데, 밤중까지 안 가니까 이영빈 목사가 전화를 해서 아 거기 전금철 씨 회의장에서 없어져버리고 하니까 찾고 야단이 난 거죠. 그런 식의 문제가 컸죠. 우리가 헤어진다는 것 때문에. 영향이 컸어요.

김 면 선생님이 느끼셨던 독일지역의 통일운동의 그때 당시의 어려운 점은 무엇이었습니까?

이화선 통일운동에 있어서 어려운 점은 통일이라고 하는 것은 민주화운동 하는 사람까지도 반대했으니까요. 굉장히 소수라고 하는 것 그 영향을 많이 받죠. 그리고 뭐 다 자기 신변, 몸 아끼지 않는 사람이 어디 있어요. 그러니 전부 오히려 정부 편(을)들고요. 이렇게 하면서 거기에 대해서 반대하니까 저는 이중, 삼중으로 배격 당했죠. 남쪽에는 제가 가더라도 다 우리 비용을 썼지 하나도 지원을 받은 게 없고, 북쪽에 갈 때는 비행기 값을 그 사람들이 냈어요. 우리는 낼 줄 모르니까요. 그렇게 했지만 그것도 이제 베를린으로 해서 소련으로 해서 소련에서는 이북 비행기 타고 이랬기 때문에 그렇게 했고. 또 먼저 갈 때는 그 쪽에서 초대했으니까 비행기를 그렇고 그렇게 해서 했지만 남쪽에서 돈은 정말 하나도 받은 거 없고, 물론 가서 초대하고 그러기는 했어요. 가서 잘 먹기도 하고, 이런 건 있어도 없었는데. 여기 사람들은 제가 딱한 것이 이규호 씨가 있었기 때문에 그래요. 저는 이제까지 반성문인가 그거를 안 썼어요. 그거를 안 쓰고 간 사람은 저 혼자밖에 없을 거예요. 정보부. 제가 북쪽 간다면 정보부에서 저한테 와서 기념품 가져다주라고 그래요. 그런 것도 하고 그럴 정도이기 때문에 자기네들의 관심이지 제 관심이 아니었거든요. 그런데 교회 사람이나 여기 갔다 오니까 송두율 씨라든지 윤이상 씨가 마치 언론에 공개되기 때문에 무슨 돈이라도 받아서 한 것처럼 이런 이상한 것을 한 거예요. 또 남쪽에서 91, 92년도에 벌써 은퇴하자마자 한신대학교에 가서 2년 동안 강의를 했어요. 거기 들어가니까 학생들까지도 제가 무슨 연줄이나 있는 것처럼 오해하는 거예요.

사모님 진짜 오해예요.

이화선 지금도 그거는 풀리지가 않아요. 누가 풀어주겠어요. 그런 어려움이라 하지만, 전 그런 걸 어려움이라 생각지 않고 으레 그럴 것이다 하는 거니까요. 우리 사이에서 그렇지만, 우리가 전금철 씨랑 화해를 시켰기 때문에 선우학원 씨하고, 이영빈 목사님 하고 이 세 사람이 거기 헬싱키 제2차 회담에 참석을 결정하는 사람들이에요. 근데 기련이 선우학원 씨하고 이쪽은 ja(긍정)하는데, 이영빈 목사하고는 얘기 안 했죠. 그러나 화해를 시켰으니까 하기로 다 되어있어서 우리는 우리 돈으로 비행기표를 다 사서는 헬싱키 참석하기 위해서 몇 명이었죠?

사모님　한 10명쯤 됐나요?

이화선　저기 스위스, 불란서 다 하면…

사모님　한 열 명 정도 되겠네요.

이화선　그 정도 참석하기로 거기 표도 보내오고 그랬는데, 떠나려고 하는데 갑자기 모스크바에서 전금철 씨가 전화를 했어요. 그 이영빈 목사가 자꾸만 틀어서 문제가 있다는 거예요. 그러나 뭐 가서 설명할 수도 없고 하니까 여기서 하면 되겠지? 되겠지 이렇게 해서 우리가 비행장까지 갔잖아요. 비행장에 갔는데 아무 연락이 없는 거예요. 우리는 열 사람이나 가서 기다리고 있는데, 갑자기 전화가 왔어요. 전화가 왔는데, 우리만 들어오라는 거예요. 우리 식구만요.

사모님　오대석 씨하고.

이화선　오대석 씨는 아니지.

사모님　아. 그렇지.

이화선　오대석 씨도 아니죠. 우리 식구만 오라고 하잖아요. 그래서 그것도 전금철 씨가 하는 거면 하는데, 다른 사람 시켜가지고 형식적으로 차 보낼 테니까 우리만 오라는 거예요. 그리고는 연락을 안 시켜줘요. 그 회의장소는 먼데, 어딘지는 모르고 제가 거기 지리를 어떻게 알겠어요? 그래서 실랑이를 하다가 저는 여기다 우리 회원들만 두고 갈 수가 없다. 차라리 참석을 하려면 전부가 참석을 하든지 아니면 전부 참석을 안 하는 방향으로 하겠다. 그럼 꼭 차를 보낸다면 한 번 생각을 해보자고 하는 정도로만 얘기를 했죠. 그래서 차가 왔어요. 할 수 없어서 오대석 씨보고 당신이 그럼 들어가서, 우리 애를 데리고 들어가서 비행기에서 이렇게 자게 생겼으니 어떻게 해결이 안 되겠냐고 인간적으로 생각해서 다른 건 두고라도 그렇게 했는데, 이 친구가 가운데 보스처럼 들어가서 무소식이에요. 물론 하지 못했겠죠.

김　면　결국은 이영빈 목사님 때문에 참석 못 하신 거네요?

이화선　그래서 비행기표를 갑자기 바꾸려고 하니까 그것도 아시다시피 좀 다음 비행기 비어 있어야 되잖아요. 그러니까 다음 날 오후인지 비행기 표가 돌아오는 비행기 표가 됐어요. 그만큼 시간이 생긴 거예요.

사모님　비행장에서 자고.

이화선　회원들이 그러지 말고, 시간이 있으니까. 버스를 타고 간 거예요. 갔더니 안에서 우리하고 그렇게 친하던 사람들이 말이죠. 뭐라고 했냐면 데모하러 왔다는 거예요. 좀 말이 안 되는 거죠. 이제 그렇게 하면서 그 누구야 선우학원 씨하고 전금철 씨가 나와 가지고 미안하다고 자꾸 이제 이렇게.

사모님　우리가 들어오니까 다른 사람들이 나간다고 하니 그 사람들은 할 수가 없는 거고.

이화선　이렇게 사정을 얘기하면서 기통회가 자기네 둘이 우리가 만약 들어오면 기통회가 그냥 가겠다는 거예요. 그렇게 한다고 해서 우리가 못 들어갔어요. 미안하다고 그러면서요.

김　면　전금철 씨가 미안하다고 그래요?

이화선　전금철 씨는 뭐 미안해가지고 죽겠죠.

김　면　아니, 기통회에서는 북한 때문에 자세를 그렇게 취한 거라고 했을 거 아니에요.

이화선　아니, 그게 아니고. 우리 회원들 가운데 그렇게 얘기를 한 거예요. 그래서 설마 제가 그렇다고는 말 못하지만, 그렇게 얘기가 된 거니까. 그 어머니가 아파가지고 갔다 온 사람이 있거든요. 바로 아까 얘기하던 그분이에요. 민주화하면서 그렇게 같이 하던 동지들이라고요. 그러니까 인간적으로 그런 것 때문에 뭐 그리 대단하다고 말이죠. 그렇게 일을 하니까 북쪽도 제가 그래서 빤하지요.

제가 북쪽에 대해서 북쪽은요, 남쪽도 그렇지만 아주 강경파하고 온건파가 있어요. 전금철 씨 같은 경우는 온건파에 속하지만 어떤 자기 책임 문제가 나오면 그 분도 강해집니다. 그러나 아주 강경파가 있어요. 그 강경파는 이렇게 정말 위에 사람이 나인(nein, 아니) 이상은 손대면 안 된다. 이렇게 하지 않으면 별일 다 할 수 있는 사람들이에요. 무서운 사람들이에요.

사모님 사실은 참 그 시대가 굉장히 무서운 시대였어요. 겁도 없이 이북에 갔다 오고 이렇게 했지만, 사실 오히려 주위에 있는 사람들이 더 벌벌거렸거든요.

이화선 아, 또 옛날에 얼마나 많은 사람들이 죽었어요.

사모님 그러니까 저도 남편이 그때 당시 혼자 이북에 갔을 때, 그리고 빈에 저기 이북 사람 만나러 갔을 때, 이제는 뭐 과부가 되는 건가, 하고 그럴 정도로 그랬어요. 왜냐하면 너무 모르는 세계이기 때문이죠.

이화선 빈에는 더 그랬어요.

사모님 우리 반공교육 얼마나 철저해요. 그 생각하면 진짜 이건 돈 사람들이 아니면 그런 일을 시작할 수 없는 거예요.

이화선 그러니까 우리가 그 덴마크에 있는 임민식 씨. 거기에 미국 대사관에 있어요. 거기에 전해달라고 했죠. 그게 이제 북쪽에 전해졌어요. 그러다보니까 거기서 두 사람을 Wien으로 보낸 거예요. 그러면서 뭐라고 했냐면. 제가 그리로 와서 만나달라는 거죠. 그때 가서 만나는 처소가 바로 대사관을 찾아가라고 하면 되는데, 그러면 아주 공식으로 좋은데 말이죠. 그렇게 와서 전화번호를 주면서 백 씨라고 하는 사람을 찾으라는 거예요. 그렇게 설명하지를 않죠. 남쪽 같으면 대사관 찾아가면 공적이니까 저거 하잖아요. 그러니 개인을 전화로서 하라고 하는데 그 사람이 정부관계의 사람이었던가 봐요. 그러나 뭐 그것도 이영빈 목사보고 가자고 그랬죠.

사모님 혼자 무서워가지고. 같이 가자고. 하하하. 아니, 좀 모르니까. 옛날 경험 있는 사람하고 같이 가고 싶어가지고.

이화선 아니, 그쪽은 무슨 경험이 있어? 좀 같이 가자고 그랬더니.

사모님 이북에서 혼자 오라고 했으면 혼자 가야 된다고.

이화선 그것도 맞지 않는 말이에요. 저는 또 그런 줄 알았죠. 이제 그렇게 아무것도 몰라야 그런 일을 해요. 너무 많이 알면 못 해요. 그게 이제 제 경험이에요. 그렇게 해서 가서 오면 제가 지금처럼 말이죠. 하고 싶은 얘기를 다 하죠. 그렇게 해서 그 사람들도 자기들은 심부름하러 왔다는 이런 입장이었기 때문에 우리 하는 말을 전한다는 거죠. 그러면서 그 사람들은 괜찮다고요. 남쪽 사람들처럼 자기들을 막 설득시키려고 하지를 않아요. 그렇게 해서 제가 하고 싶은 얘기(를) 하면서 이렇게 전해달라고 말이죠. 그래서 그게 2월 달이면 3월 달에 또 워싱턴 가는 거예요. 워싱턴 가서는 더 재미있어요. 뭐냐 하면 김재준 민주화하는 사람들, 김재준 목사파하고, 누구 파하고, 두 파가 갈라져서 싸울 때에요. 그러니까 거기 회의를 그 사람들이 와서 처음 말이죠. 열어줘야 하는데 무소식이에요. 근데 오늘 가서 아무리 기다려도 열지를 못하는 거 있죠.

사모님 그래서 호텔에서 그렇게.

이화선 서로 싸우면서. 다 가버리고.

사모님 또 밖에서는 데모하고 있고.

이화선 하여튼 그래서 뭐 얘기가 형편없어요. 그러니 이제 제 차례가 왔죠. 거기 몇 사람 정치학 하는 사람이 와가지고 정치 이론을 많이 강연을 했다고요. 나중에 시작이 돼가지고 늦게 시작이 됐지만, 헤어질 수도 없고 말이죠. 안 온 사람은 안 온 사람이고 그, 지 박사라든지 거기 몇 사람은 참석을 아예 안 해버렸어요.

사모님 나중에 이제 우리가 개인적으로 집에 가서 방문을 했죠.

이화선 이래서는 제 차례가 돼서 북쪽 가는 얘기를 했죠. 우리 때가 됐다. 북쪽에 이제 가서 우리 기독자들이 이렇게 모여야 되겠다. 하는 얘기를 하니까 굉장히 활발해져 버렸어요. 그렇게 누가 있었냐 하면요. 우리 후배 중에 그 홍근수 목사라고 아세요? 지금은 교회 그만두었을 거예요. 그 분이 보스턴에서 목회를 하고 있었다고요. 그러면서 통일문제에 대해서 임재준 목사하고 제가 다른 게 뭐냐고 하고 그런 질문도 하고 그랬어요. 그래서 자기 교회에 와서 이러 이러한 소개도 하고 해달라고 해서 또 거기까지 가게 되는데, 가는 것도 극적이에요. 하여튼 그렇게 하는데 우리 기통회의 회원 한 명은 시카고에서 하는 김현환 목사라고 아는지 모르겠어요. 그 사람도 안 왔어요.

사모님 오시기로 해 놓고.

이화선 아니, 그 사람은 다른 문제 때문에 안 왔어요. 이제 돈이라든지 뭐 이런. 고지식한 목사도 있잖아. 그 사람 대구사람인가 그럴 거예요. 아주 고지식한 사람입니다. 그래서 최홍희 씨, 최덕신 씨 그 사람들이 이제 재정적인 후원을 했거든요. 그래서 선우학원 씨는 순서 뭐 좀 저거 하고, 그러니까 그거 보기 싫어서 참석을 못한다는 거죠. 그래서 할 수 없이 우리가 시카고를 방문했죠. 그런 일도 있었고.

사모님 그런 사건 속에서 인간적인 문제들이 굉장히 얽히고설키고 해서 참...

이화선 그래서 우리가 LA에 갔어요. 거기 갔더니 거기도 거물이 하나 있었지. 서울 시장이었나? 제가 이름을 잊었어요. 그 사람은 북쪽에서 온 사람이에요. 그러다보니까 김일성에 대해서 굉장히... 아... 김일성하고 만나야 한다고, 그런 소리를 하고 했으니까요. 그래서 샌프란시스코 갔을 때는요. 아닌 게 아니라 정보부가 알아가지고 우리가 집회를 하는데 자꾸만 다른 방해공작이 들어왔어요. 그래서 거기서도 한바탕 하게 되고, 이렇게 해서 필라델피아까지 갔죠. 필라델피아 가고 이제 워싱턴 갔는데, 우리는 캐나다

비자는 받지를 않았어요. 그때 저는 한국 PASS를 가지고 있었거든요. 비자를 얻어야 하는데, 갈 생각을 여기서는 못하고 갔죠. 그렇게 돌게 되는 것도 알지도 못하고 비행기표를 여기서 각 도시를 그렇게 하면 오히려 싸다고 해서 쓸 수 있는지 없는지도 모르고 그렇게 갔던 거예요. 거기 가서 보니까 다 쓸 수 있잖아요. 이렇게 해서 이제 사방에서 오라고 하고, 그래서 이제 샌프란시스코 갔다가 다시 워싱턴 시로 가서 최덕현 씨를 만나니 최덕현 씨가 꼭 이제 캐나다로 가야 한다는 거예요. 그래서 캐나다 비자를 얻어서 가려면 이러면 시간이 걸리고 하니까 자동차를 샀어요. 이 사람이 우리를 위해서 자동차를 사서 자동차를 몰고 캐나다를 간 거예요. 캐나다에 가서 토론토에서 모임하고, 김재준 목사는 LA가고 없다고 해서 못 만나고요. 김재준 목사는 왜 우리가 어떻게 LA에서 만났지?

사모님 김재준 목사를 우리가 그때 거기서 만났나요?

이화선 내가 만났어요. 만나서 북쪽 가자고 그랬어요. 그랬더니 이 양반이 가고 싶은 생각이 많았었다고요. 왜냐하면 선우학원 씨는 돈을 저거 하려고 했지만, 저는 그렇지 않다는 것을 알거든요. 여기 옛날에 민주 할 때도 제가 목사로 있을 때 여기 강연하러(오라고) 우리가 초대를 했거든요. 그때도 방해를 해서 열쇠가 없어가지고 그런 극적인 장면이 하나 둘이 아니에요. 김재준 목사하고 우리가 들어갈 때는 좀 시시하게 들어갔지만 학부가 생기고 이러면서 월반을 했거든요.

사모님 그러니까 신학 1회에서.

이화선 1회에서 잘 알아요. 또 1회고, 1회가 8명밖에 안 돼요. 이런 여러 가지 그런 걸 잘 아는데.

사모님 근데 그때 김재준 목사님 사위, 그 분하고…

이화선 그래 가지고 했더니… 그러나 자기가 3월, 4월, 아니 5월일 겁니다. 그때 서독으로 올 일이 있다고, 거기 무슨 동지회가 있어요.

삼일 저거 한 게 있어요.

사모님　삼일잡지를 그 분이 내셨잖아요.

이화선　그 동지회가 그 분이 하면 여기 정하은 목사, 여기 김창낙 씨, 송규태 목사, 그리고 캐나다에 자기 사위, 이상철 목사 또 이제 그런 사람들이 있어요. 그래서 여기 온 거예요. 오면 그 사람들하고 의논을 해야 돼요. 그러니까 특별히 북쪽 가는데 대해서는 이상철 목사가 허락 않는다고요. 그래서 저한테 연락해준다고 하고선 이 영감이 그냥 몸이 아프다고 해서 끝나기도 전에 가버렸어요. 나중에 알고 보니까 그 사람들이 못하게 해서 반대해 가지고 화가 나서 그런 일도 있어요. 그래서 토론토, 밴쿠버로 해서 보스턴에 일요일 날은 12시까지인가? 거기서 예배보기로 했는데, 어떻게 먼저 말이죠. 이래가지고는 도저히 들어가지를 못 하겠어요. 그래서 제가 타고 속력제한이 되어가지고 벌금 무는데 한번 들킬 뻔 했죠. 이 사람들이 숨어 있어요. 이제 이렇게 해서 겨우 시간에 도착했죠.

사모님　보스턴 가서 굉장히 인기가 좋았죠.

이화선　보스턴 가서 낮에 예배보고, 저녁에 청년들 위해서 청년헌신이네 뭐 해서 통일집회가 있었다고요. 거기에 누구야 나중에 알고 보니까 거기에 친구 하나 있잖아. 거기에 참석을 했었다고.

사모님　캐나다에서 전 그 양반이 신문사 했었잖아요.

이화선　아 그 양반이 신문. 이렇게 해서 이제 캐나다, 미국을 돈 것이 나중에 회의 하는데 명단이 다 있으니까 말이죠. 안 온 건 자기네들 마음이지만, 큰 준비죠. 이거를 하고 싶어도 못하는 거예요. 그것이 저절로 주어졌으니 생각을 해 보세요. 그렇게 해서 이 모임이 성립이 되는 거예요.

사모님　아니, 원래 그러니까 통일 심포지엄에 초대를 받으셨을 때는요. 우리가 거기 참석했다가 플로리다에 가서 나도 그러면 제 자비로 해서 플로리다에서 여행이나 하고 오자고 이렇게 떠난 건데, 심포지엄에 참석을 하니까 한국 사람들, 이런 분위기는 우리 그때 처음이거든요. 이건 정말 미국, 캐나다 전 지역에서 거기 오신 분들이 전부 초대를 하는 거예요. 그래서 전부 그분들하고 연결이 돼서는 이제 말하자면 준비 과정이 된 거죠. 그래서 스위스에서 하려고 했다가 못한 것도 빈에서 이제 다들 또 비행기 불편한 거 저거 하면서 거기에 참석할 수 있는 이런 저기가 된 거예요.

이화선 그 사람들도 개인적으로는 정보부가 막 전화를 해서 협박하고 그랬어요. 나중에 듣고 보면. 그러니 협박은 난 한 번도 받아 본 적이 없어요. 이영빈 목사도 수없이 받았는데.

사모님 아니, 공개적으로 한다고 하면서 좀 알리니까요. 이 사람들이 주시해서 하기는 하지만.

이화선 그렇지. 저는 이제 정체가 불분명하기는 해도 이제 자기네도 무턱대고 그러지는 않아요. 어느 정도 근거가 있는 조그마한 무엇이라도 근거가 있어야 그렇게 하지. 그래서 제가 가끔가다 정보부가 무조건 그러는 거 아니다, 하는 식으로 하는 것도 경험에서 하는 얘기기도 하죠. 그리고 걸핏하면 또 남쪽 간다는 것은 생각하지 못했죠. 우리가 세미나하고 기련 할 때, 그 스웨덴, 스톡홀름 가면, 이남 대사관뿐만 아니라 이북 대사관도 방문을 했어요. 이제 이 정도로 양쪽을 해야 한다면 실제로 그것을 실현에 옮겼으니까 말이죠. 이제 그런 특색이 좀 있죠. 그걸 기련이 그래서 그런 역할을 많이 한 셈이에요.

사모님 사실은 너무너무 힘들었죠. 그 화해하는 게 독일교회에 실무하고 계시니까 조금 그런 시간적인 여유가 있고 하지만, 그게 오히려 자기 전업처럼 되어버리는 그런 관계였으니까요.

김 면 그럼 그 북한 쪽에서 기련의 입장이고 뭐 이런 것들이 나쁜 건 아니네요?

이화선 처음에는 그랬죠. 근데 자꾸 달라지죠.

사모님 시간마다 달라지죠. 따지고 보면.

이화선 그게 이제 82년도죠. 82년도에 벌써 81년도에 기련이 만들어 졌으니까.

사모님 아니, 81년도 11월에 그 행사가 있었잖아요.

이화선 아, 82년도구나.

사모님 그러니까 82년도 9월에 우리가 이북에 갔었잖아요.

이화선 아, 그렇지. 그러니까 82년도에 3월인가 4월에 『화해』라는 잡지를 냈어요. 이 『화해』라는 잡지도 정말 그때만 해도 화해라는 말을 정말 많이 안 썼습니다. 근데 우리 잡지가 나오니까 이건 문제가 컸었죠. 이렇게 돼서 북쪽도 좋아는 했는데, 거기에다 제가 갈라질 수밖에 없는 사항이라든지 이런 것을 다 그때 참 아직 컴퓨터가 없던 시대가 돼가지고.

사모님 그래서 부인이 이거 일일이 다 타이프 쳤잖아요.

이화선 나중에는 다른 사람도 치고 그랬어요.

사모님 아니, 그분이 열심히 쳤었다고요.

이화선 오대석 씨는 끝까지 냈는데, 같이 있었죠. 기련으로 있으면서 헬싱키 갈 때도 기련 입장에서 갔다가 그렇게 된 건데, 그런 얘기하면 끝이 없어요. 하여튼 중요한 것은 그렇게 해서 북쪽이 무슨 일이 있었냐면 부산미문화원방화 사건이 일어나고 그래요. 그래서 반미사상이 그렇지 않아도 북쪽은 반미주의가 대단히 강했기 때문에 남쪽 반공주의하고 북쪽 반미주의를 없애야 한다는 것이 제 주장이었습니다. 그런 것이 이영빈 목사는 반공주의(를 없애야 한다는 것에)는 ja(찬성)이지만, 반미주의(를 없애야 한다는 것에)에 대해서는 nein(반대)예요. 늘 그런 것 때문에 문제가 되는 거죠. 그래서 저는 뭘 주장했느냐면 반미하고 반미주의를 구별을 한 거예요. 반미는 좋다. 그러나 반미주의라고 하면 그걸 절대화한다든지 제도화하면 안 된다. 반공도 거기서는 불가피하다. 저도 공산주의는 싫다 말이죠. 왜냐하면 현실적으로 안 되니까요. 현실적으로 하면 이상주의인데 기독교 이상주의라고 하면 물론 성경 가운데에도 공산주의가 있고 그렇지만 그것은 이상이고 나중에는 다른 거 팔아서는 나란히 숨겼다고 해서 바로 즉살시키고 하는데 말이죠. 그것은 현실하고는 다른 문제이기 때문에 순수한 이론하고 실천하고는 두 개를 구별을 해야 하고 이렇게 해야지 정치를 한다는 사람들이 반미주의를 하면 반공주의도 우리가 허용을 해야 하지 않느냐 하는 그런 입장이에요. 그랬더니 그때서는 반미주의는 이제 같은 민족이 아니고 이제 공산주의자는 같은 민족인데, 물론 그런 구별은 있을 수 있죠. 이것이 하나고요. 또 두 번째 문제로 저는 북쪽을 우리가 인정을 하려면 남쪽도, 남쪽정부도 우리가 인정을 해야 한다. 독재든 어떠하든 간에 그리고 우리 내부의 문제이기 때문에 외부에서 인정을 하고 온 세계에서도 인정을 하고 독일도 박정희를 인정해서 한다. 거기에다가 미국과 서방국가도 다 인정하는데, 동·서가 인정한다고 해서 우리가 어느 block에 속하느냐 하는 것은 각자의 문제이기 때문에 우리 시민이 혼자서 거기에 가타부타할 것이 없고, 안 하려면 망명을 하든지 다른 나라로 가든지, 북쪽으로 가든지 하면 되는 거고. 자기가 있는 이상 거기에 속해 있으니까 그 속에서 싸우는 건 좋단 말이죠. 싸울 수는 있지만 자기가 말하자면 다른 나라에 저곳에서 속해서 하면 완전히 입장이 달라져 버리니까 그것은 구별할 줄 알아야 한다는 의미에서 제가 북쪽에도 그렇게 얘기를 했거든요. 오히려 북쪽이 자꾸 민주화하는 사람들을 끌어다가 자기편 만들고 이러면 오히려 우리 민주화 운동에 지장을 주지 절대로 도움이 안 된다. 그렇기 때문에 전두환하고 대화를 해야 한다. 이 주장이 제 주장이었어요. 그게 이제 두 번째고요. 세 번째는 우리가 통일을 하려고 하는 게 아니다. 이것은 대립된 사람들이 대화를 하는 것이지 대립하고 싸우고 있기 때문에 충돌을 하고 있기 때문에 화해가 필요하고 협상이 필요하고 대화가 필요하지, 같은 말하고 같은 입장에서 여기 앉아 가지고 얘기할 바에야 그걸 누가 대화라고 할 수가 있느냐, 그건 대화가 아니고 그냥 앉아서 얘기하는 거다. 그걸 구별해야 한다고 하는 것 그래서 중립이 되어야 한다. 남쪽편도 들어서는 안 되고 북쪽편도 들어서는 안 된다. 또 북쪽하고 대화를 한다면 남쪽하고도 대화를 해야 된다. 이래서 우리는 84년도에 정보부하고 얘기해서 허용이 돼가지고 남쪽정식대화를 들어간 거예요.

남측과의 대화

김 면 남한으로요?

이화선 대화하고 했거든요.

김 면 근데 아까 얘기하시던 이 교수님의 역할이 있었나요?

이화선 역할은 없어요. 단독으로 한 건데. 그러니까 다른 사람들이 마치.

사모님 다른 사람하고는 전혀 접촉이 없었거든요.

이화선 접촉이 없었던 게 아니라 접촉을 안 했지. 그 문제에 있어서 접촉을 안 했고 84년도에 갔을 때, 6 · 25와 함께 그때 이 교수가 처음으로 청와대 비서도 하고 한다고 해서 말이죠. 개인적으로 한번 물어봤죠. 우리 이렇게 중요한 일을 해야 하는데, 이것에 대해서 좀 도울 수 없겠느냐. 어떻게 돕느냐는 우리가 연구해서 서로 얘기할 수가 있는데, 도울 수 없겠느냐 했더니 아, 지금 대한민국에 나처럼 북쪽에 갔다가 온 사람이 남쪽에 들어올 수 있는 사람이 어디 있느냐는 말이죠. 그것만 해도 너무 큰데 이런 식으로 얘기를 하잖아요. 그래서 결국 거기에 대해서는 더 이상 얘기가 없었다고요. 그랬지만 그때 어떤 일이 있었냐면 바로 84년도가 우리가 9월에 들어갔으니깐 남쪽에 태풍 피해가 있어가지고 북쪽에서… ('쌀 지원'으로 추정, 녹취불분명) 줄 때에요. 그래서 그것을 받느냐 받지 않느냐는 얘기가 심할 때예요. 그래서 결국 받기로 하고요. 그것이 결국 이산가족 재회까지도 계속되어 있다고요. 이렇게 우리가 갔을 때에 말하자면 역사가 말이죠. 우리가 강제로 해서 왔지만 말이죠. 정보부에서는, 정보부는 북쪽하고 달라서 북쪽도 우리 소원을 얘기해서 가능한 것을 한도가 있지만 강요 프로그램이 들어 있다고요. 그런데 남쪽도 포항을 가야 한다는 거예요. 왜냐하면 시일이 정해져 있기 때문에. 그 사람들이 시일을 짠 거예요. 이렇게 되어있어서 아니, 포항도 좋기는 한데, 보기는 봐야 하겠지만, 특별히 광주를 봐야하겠다. 왜냐하면 광주사건이 있었거든요.

김 면 84년도에 광주를 방문하셨어요? 전두환 대통령 때?

이화선 그렇죠. 81년도 우리 갔을 때 벌써 전두환 때예요.

김 면 광주를 방문한다고 했을 때 정부에서는 어떻게 반응하던가요?

이화선 오케이 했어요. 그럼요. 정보부가 안 따라오죠.

사모님 알고는 있던데요.

이화선 어디로 가는지 알고는 있죠.

사모님 저는 그때 같이 안 갔었어요. 그때 돌아가신 스웨덴에 그 선생님 하고 같이 가셨었는데, 그분을 특별히 더 뒤따라 다녔었죠.

이화선 아니, 그 양반은 제가 있는 동안에는 다 편안히 있었는데, 제가 먼저 나왔거든요. 제가 나오자마자 정보부가 괴롭혀서 비행장 속까지 막 저거 했다고 그러더라고요.

사모님 비행기 안까지.

이화선 그러니까 이제 저는 정보부하고 대화하자고 하면서 갔죠. 그건 순서에 없었거든요. 근데 정보부가 갑자기 만들어 놓은 거예요. 통일 뭐 하고 만나서 얘기해야 한다고 하면서 갔더니 말이죠. 하는 얘기가 대한민국에 그 통일정책에 대한 얘기를 꺼냈잖아요. 그래서 우리 다 연구해서 알고 있다. 근데 당신들은 북쪽도 가지 않고, 가지도 못하고, 우리 갔다 왔으면 북쪽이 어떻게 했느냐고 좀 물어보고 알려고 하지를 않고, 오히려 우리한테 정책 얘기하려고 하느냐고 제가 그랬었습니다. 근데 저를 데리고 갔던 정보 거기 밑에 일하는 사람이 나중에 저를 데려다 주면서 아, 통쾌했다고 그런 일도 있어요.

김 면 하긴 한국 방문하시면 북한이랑 대화가 그 다음은 좀 어려웠겠네요?

이화선 아, 그때부터 글쎄 그러니까 북한에서 신문지상으로 '누구를 대변하고 있는가.' 하는 김남철 씨라는 이름으로 우리 '화해'지에 실린 제 글을 아까 그 세 가지 있잖아요. 그 세 가지를 공개한 거예요. 그러니까 자연히 자꾸 멀어지죠. 전금철 씨만 저를 굉장히 이해해주고 말이죠. 이렇게 했기 때문에, 그 사람도 피해가 있었어요. 전금철 씨야 남쪽하고 대화할 때마다 나온 사람인데.

사모님 그때 당시는 나오셨었죠.

이화선 그 뒤에도 이름까지 바꿔가지고 나왔다고요.

사모님 이름이 수시로 바꿔진다고...

이화선 아니, 수시로는 아니지만.

사모님 아니, 그때 이북 정보부 와서는 그러잖아요. 처음에 자기들 이름을 안 말하거든요.

이화선 그래서 정대철 씨가 북쪽 가고 싶다고 그래서 제가 이건 다른 데 얘기하지 마세요. 주선을 해 본 일이 있어요. 편지를 보낸 일이 있죠. 근데, 대답이 없어요.

사모님 벌써 다 끊어졌죠. 다 잘라낸 거예요.

이화선 거기서 뭐라고 했느냐, 제 사진이 어떻든 간에 그렇게 나가면 민족 반역자로 굴러 떨어진다고 하는 이런 표현을 했었다고요. 그러니까 그것을 제가 공개적으로 또 비판했죠. 여기 또 제가 그걸 인용했고요. 이렇게 됐으니까 알만 하잖아요. 그 뿐만이 아니고 여기 교회에서도 입회를 하면서 세미나를 하면서까지 저를 초대하지 않았어요. 그러니까 의식적으로 공적 교회가 오늘까지 이 모임을 가지고 어디 얘기를 하면서 말이죠. 마치 없었어야 할 일이 있었던 것처럼 굉장히 불쾌하게 표현을 했더라고요. 그래서 제가 여기 누가 오면 좋아하지 않아요. 그래서 제가 이것을 처음으로 이런 식으로 쓴 거예요. 도대체 이런 시작이 없었다면 우리 그렇게 지금에 와서는 뭐 반공주의 평통이 정말 아닌 게 아니라 이건 친공도 아니고 공산주의 평통처럼 되어 버렸으니까 말이죠. 거기 평통 대표되는 사람이 바로 그 당시 우리 카인… 김 누구지? 김 총무였다고요. 이제 그런 사람이 지금은 평통에 들어가서 그렇게 하고 있거든요. 그러니 한번 생각을 해보세요. 알만 하죠.

김　면　이삼열 선생님 아세요?

이화선　이삼열 선생님 잘 알아요. 그 양반은 원래 괴팅겐에서 개인적으로도 잘 알고, 여기 있기 전에 그리고 의견이 다르다고 할 것 같으면 처음에 장성환 목사하고 이삼열 씨가 주동이 돼서 물론 박종화 씨하고 지금 경동교회 가 있는 사람이고. 기장도 했고, 여기도 오래 있었고. 그런 사람 있어요. 여기 박사학위 하고.

사모님　유명한 사람이죠. 박종화 씨. 그때 모임에 갔을 때도 초대받아서 오서가지고 만났잖아요.

이화선　근데, 이 분이랑 같이 뭘 했느냐면 기독자의 민주화회를 하려고 했다고요. 이제 그것을 우리가 반대한 거예요. 이영빈, 이윤도 목사하고 저하고. 그때 이윤도하고 저는 단짝이었으니까. 그래서 기독자가 정치단체를 만들 필요가 없단 말이죠. 기독자가 정치단체를 만들어진다고 하는 것은 서로 수도 적고, 약화되는 것을 의미하는데, 또 경우에 따라서는 이견이 생겨서 다르게 될 수도 있고, 싸울 수도 있고 이렇기 때문에 그렇게 꼭 나눠서 만들 필요가 있느냐. 처음에 우리가 다 같이 출발을 했는데, 이런 일은 있었어도, 그 뒤에 판문점에 갔던 얘기 그때 이삼열 씨가 서울에서 한독협회에 있었다고요.

사모님　한국기독자협회.

이화선　마침 모이고 있는 그 순간에 우리가 북쪽에서 판문점을 간 거예요. 그런데 판문점에 가니까 정보부가 알아버린 거예요. 정보부가 금방 알아버리니까 거기 모임이 있는 줄 알고, 거기 와서 서독일의 두 목사가 지금 북쪽에 와 있던데 아십니까? 하고 얘기를 한 거예요. 그래서 문제가 돼서 거기에서 독일교회가 같이 했으니까 독일교회 사람들이 서로 긴장을 위해서 여기는 동독에도 약했지만 교회가 있었거든요. 그 교회를 우리가 늘 서독 교회가 도와주고 그랬어요. 그 뿐만 아니라 화해활동, 대화활동 이런 정치적인 활동 같은 것도 많이 했죠. 그렇게 해야 한다는 것을 강조한 거예요. 그렇게 해서 그 안에 통일위원회가 만들어졌어요. 그렇게 하면서도 이영빈 목사가 대표로서 국제회의 할 때 여기 한국인의 대표로서 인천국제회의 그게 88년도에요. 88년도에 초대를 했거든요. 그러니까 저는 거기에서 완전히 배제되어 버렸지요. 한 번도 뭐 집회가 있어도 강연시킨 적도 없고, 참석도 안 시켜줘요. 제가 그냥 예배 본다고 하면 예배까지 못하게 하는 거고. 참 재미있는 것은 88년도 이영빈 목사는 공항까지 갔는데, 입국이 허락이 안 됐어요. 근데 저는 개인적으로 거기에 참석을 한 거예요.

사모님   89년이 아니었나요?

이화선   88년, 올림픽 할 때. 그래서 그게 이제 넌센스지.

사모님   아니, 그때 가서는 참석이 불가능한데 이삼열 씨가 도와줬잖아요.

이화선   아, 그때 이삼열 씨가 마침 지나가기에 난 초대를 안 받았으니까 회의장 들어가려고 하는데 신분 문제가 있었고, 그때 정보부 방해도 있고 내가 어떤 사람인지 모르니까 그래서 아마 안병욱 씨도 있고, 그래서 안병욱 씨 부르려고 하니까 이삼열 씨가 이리로 오고 있잖아요. 아, 그래서 이삼열 씨한테 여기 내가 참석하려고 하는데 얘기 좀 해달라고 그래서 그 분이 얘기해서 이 사람하고 제가 참석을 했었지요. 뭐 참석한다는 것은 듣기만 하는 거지만요.

사모님   아니죠. 그때 제가 먼저 한국에 갔는데 갑자기 인천 모임이 있다고 듣고 하니까 남쪽 정보부에서 정보를 준 거예요.

이화선   아니에요. 남쪽 정보부에서는 내가 떠난 후에 사전에 전화를 해서 가기 전에 언제나 허락을 받아야 해요. 왜냐하면 공항에서 무슨 일이 생길까봐 공항에 직원을 내보내거든요. 그러면 제가 쉽게 도움이 되더라고요. 그래서 그렇게 했는데, 가만 보니까 이영빈 목사도 온다지, 이 두 사람을 또 독일사람 하나하고요. Freudenberg(프로이덴 베르크) 그 사람하고 참석을 안 시키려고 하는데 제가 간다고 하는 얘기를 허락을 해 놓았단 말이죠. 그러니까 안 갔으면 좋겠다고 갑자기 집에 전화를 한 거예요. 그런데 저는 벌써 떠나고 없는 거예요. 그래서 전 참석을 했죠. 그렇게 아주 극적인 일이 하나 둘이 아니에요.

범민련 및 여타 단체와 관계

김　면　보시면 범민련 탄생되고 나서 범민련이랑 관계가 별로 안 좋으시죠?

이화선　전 범민련하고는 아무런 관계가 없어요.

김　면　실질적으로 교회 단체와 범민련 간에 왜 갈등이 있는 거죠?

이화선　그건 순전히 이영빈 목사의 개인적인 문제 때문에 그래요. 이영빈 목사가 사람은 좋은데, 자꾸 나서고 또 그 부인이 너무 나서서 하다보니까 북쪽에서도 자꾸만 이영빈 목사를 그렇게 바르게 평가를 안 하고 이렇게 하다 보니 북쪽에 가는 사람들이 자꾸 늘어지면서 그 상황을 아는 거예요. 그렇게 돼서 이영빈 목사하고 공항덕 씨하고도 크게 싸웠지요. 공항덕 씨가 한동안 이쪽 북쪽에 구라파 전체 대표를 맡았거든요. 이영빈 목사가 맡아야 할 것을 난 없고 하니까 이제 이영빈 목사가 맡아야 하는데, 이영빈 목사는 기통회 회장으로 있으니까 말이죠. 그런데 이영빈 목사를 자꾸 저거 하는 거예요. 그러다보니까 공항덕 씨를 시켰다가 그 뒤에 오대석 씨가 된 거예요. 그래서 이제 공항덕, 오대석 씨가 대표를 하기도 했었던 거죠. 제네바에 최기환 씨 그 분도 조금 했습니다.

그게 문제가 그래서 범민련하고 자꾸 갈등이 생긴 거예요. 또 정규명 씨도 이영빈 목사를 싫어해가지고 싸우고 거기도 이제 그런 사람들하고 같이 해야 하는데, 민건회 회장을 정규명 씨가 하고 있을 때거든요. 이제 이영빈 목사하고 그렇게 둘이 안 맞는 거예요. 그것이 갈등이에요. 그것이 외부적으로 무슨 기독자하고 마치 안 맞는 것처럼 말이죠.

김 면 이영빈 목사님도 계속 배제된 것 같더라고요? 그럼 기독교 단체에서는 거의 범민련이랑 연관이 없는 거네요?

이화선 아니, 그러나 그 뒤에 저거 할 때는 이영빈 목사가 또 들어가죠. 요즘까지도 북쪽하고 관계가, 요즘은 그 며느리가 하고 있어요.

사모님 아니, 기독교하고.

이화선 그게 다 같은 거 아녜요? 지난번에 그거 30주년 기념할 때 봤었잖아요. 민건회.

김 면 선생님도 여기 5월 민중제에 참석하세요?

이화선 아, 그건 다른 문제예요. 그건 무슨 특별한 거 아니고요. 문화행사 비슷한 것이고.

사모님 광주사건하고 관계된 거죠?

이화선 아니.

사모님 5월 민중제, 그래서 5월 달에 한 거라고요.

김 면 6·15공동선언 실천을 위한 자문위원단에 들어가셨죠? 아니신가요?

이화선 아, 그건 자기네들이 이름을 넣은 거예요. 그래서 제가 항의를 했죠. 그거 하려면 저한테 물어보고 해야지. 그냥 그렇게 할 수 있느냐고.

김 면 지금 아무래도 독일 지역 기독교 단체 통일운동과 미국이나 일본 기독교 단체들의 색깔이 어느 정도 다를까요? 뭐 이들만의 독일지역이라든지, 유럽지역의 기독교 통일운동을 그 전에 처음 여신 아무래도 목사님이 보시기에는 다른 지역과 다른 어느 정도의 특수성이 있다고 보세요?

이화선 여기 교회가 우리가 처음에 기통회 할 때에 아무래도 교회라는 것은 아시다시피 목사가 주동이 되잖아요. 목사가 강하다 보니까 그렇게 되는데요. 여기 그때 송규태 목사가 있었어요. 제가 독일 교회 온 이후로 송규태 목사가 후임이거든요. 베를린에 정하한 목사가 있고, 이제 그런 사람들이 교회의 대표만 아니라 독일에 있는 교포들 교회로서는 아주 주동적인 입장에 있는데, 기통회를 하니까 같이 하자고 했더니 안 한 사람들이에요. 오지도 않고, 나중에 개인적으로 와서 한 사람들이에요. 그러니까 정식 교회는 아예 참석을 못 하고, 이제 저는 독일교회에 있으니까 완전히 다르죠. 그러니까 이영빈 목사도 독일교회고요. 한국교회에 사람들은 전혀 관계가 없어요. 그러다가 84년도부터 아까 그 얘기한 통일 기련회가 생기고 그랬잖아요. 그 전에 우리가 갔다 오니까 미국에서 미국 장로교회가 북쪽에 사람을 보낸 거예요. 그리고 또 독일교회도 선교사들을 보내고요. 이제 이렇게 갔다 오고 이렇게 되니까 북쪽하고 자꾸 대화가 성립이 되고, 84년도에는 동경에서 그 저거 한 사람들이 그런 영향을 받아서 같이 하는 거예요. 물론 하는 사람들 주동된 사람들은 몇 사람 안 돼요. 근데 그래서 처음으로 북쪽하고 남쪽 교회가 대화를 시작하는 거예요. 처음에 이 사람들은 우리한테 굉장히 반대했던 사람들이에요. 다들 친한 사람이고 그렇지만, 아주 반공주의자들이에요. 강한 반공주의자들. 왜냐하면 지금 연변인지 거기에서 다시 한 사람들이에요. 그러고 나서 나중에 졸업을 못해가지고 우리 한심('한심'으로 추정, 녹취불분명)에 들어와서 같이 졸업하고 그런 사람들이거든요. 강원영 씨 이런 사람들.

김 면 처음에 기통회에서 만나시려고 하셨을 때 문익환 목사님 이런 분은 반대하셨군요?

이화선 아, 그 사람들이 와서 우리 국적 입환 안 한다고. 그것은 물론 개인적으로죠. 나중에는 열렬해도 그렇게 김일성 가서 만나고, 지금은 추모회를 인터넷에서 우연히 봤더니 추모한다고 사람들을 영웅시해서 그런 거 보고, 세상이라는 건 이런 거구나. 그거예요. 저는 원래 그런 거 좋아하지 않는 사람이고 하지만요.

김　면　나중에 『화해』지 좀 여분이 있다면 한 편이라도 얻어갈 수 있을까요?

사모님　있을 거예요. 그러니까 지난번에 오신 분들한테 그런 재료들을 많이 드린 것 같아요. 그러니까 다 그냥 없어져서 이번에는 화가 나서 이번에는 아예 막… 사실은 그냥 이 글을 일단 그냥 이해하시면서 좀 보세요. 이거 내가 이분들 만나봐야 너무 실망만 시키고 내가 배고픈 일이다. 그래서 지금 이런 글을 차라리 내가 이런 글을 써서 드리는 것이 내가 속이라도 좀 시원하겠다는 이런 것도 좀 있을 거예요. 저는 이런 것들 쓰시지 말고 옛날 그런 일들 다 없애버리라고 이런 식으로 좀 그러는데… 혹시 『화해』지가 여분이 있으면… 한번 이번 기회에 찾아보죠.

앞으로의 통일운동

김　면　마지막으로 독일을 포함한 유럽 지역의 앞으로의 통일운동이 어떤 식으로 전개될 거라 보세요?

이화선　그러니까 요새 그렇게 '민건 30주년 기념' 해가지고요, 그 문제 때문에 앞으로 할 수 있는 일, 할 일에 대해서 그런 식으로 그 모임을 했었습니다. 너무 준비하는 사람들이 일방적인 사람들만 가져다 했어요. 그래서 제가 굉장히 비판했죠. 여기 우리가 서방국가에 있으면서 한쪽 사람들만, 같은 말 하는 사람들만 모여서 같은 말만 하고 있는데, 이것은 통일문제나 우리 운동에 있어서 바른 것이 못 된다. 이런 입장이었죠. 근데 그때 만들어진 것이 뭐냐면 주로 통일문제에 있어서 6·15선언실천을 하겠다고 해서 단체가 하나 만들어졌어요. 근데 이제 그게 그 다음 해에 말이죠.

6·15대회 있을 때, 북에서 행사한다고 해서 가려고 했을 때 단체가 두 개가 생긴 거예요. 하나는 이영빈 목사 며느리가 회장이 돼서 하는 단체 하나 하고, 다른 하나는 독일 사람하고 결혼한 이지숙이라고 하는 의사가 있어요. 그분이 좀 적극적인 사람으로서 단체를 하나 만들었어요. 그래서 여기서 한인회하고 해가지고 하나는 베를린에서, 하나는 프랑크푸르트에서 각 단체하고 한인회하고, 이쪽에서도 한인회하고 프랑크푸르트는 지금 한인회도 둘로 나뉘어져 있습니다. 하나로 같이 하기 위해서 하도 많으니까 노력을 하고 있는 상황에 있죠. 이제 이렇게 했는데 그러니까 베를린에서 할 때는 아니 프랑크푸르트에서 먼저 했구나. 여기서는 이지숙 씨 측과 한인회가 했어요. 그렇게 하면서 북쪽 편에서 와서 같이 하고 그랬나 봐요. 근데 베를린에서 이영빈 목사 며느리가 할 때, 하려고 하니까 이제 먼저 북쪽 사람들이 먼저 하느냐, 남쪽 대사관 측에서 말을 먼저 하느냐가 서로 의견 충돌이 생겼단 말예요. 그래서 하도 서로 신경을 부리니까 이쪽에서 둘 다 하지 말라고 그랬나 봐요. 이게 사실인지는 몰라도 그렇게 해서 좀 불협화음이 있었던 거 같아요. 그래서 북쪽에서 이 일에 관련해서 전체 모임이 북쪽에서 있었거든요. 남쪽하고 해외하고 북쪽이 6·15를 기념하기 위해서 이제 모이는데, 거기서 참석을 하는데, 이쪽 그룹은 무사히 들어갔는데, 저쪽 베를린 그룹은 북경에 갔을 때 아까 예상했던 것처럼 들어갈 수 있다 없다 실랑이가 생겨서 못 들어간 사람들이 많은가 봐요. 이런 식으로 하는데 아직도 그렇게 하고 있죠. 문제는 두 그룹으로 나뉘어졌다고 하는 것이 실제 있어서 좋은지 나쁜지 모르겠어요. 노선 차이가 아니고, 순전히 인간 개인적인 감정이나 그런 것을 자기에게 유리하게 이용한다고 하는 이런 식의 사고방식을 가지고 운동을 한다고 하면 제가 보기에는 그렇게 좋은 의미로 볼 수가 없다고요. 그렇게 유리한 발전을 할 수 없을 거예요. 또 제게 있어서는 6·15라고 하는 게 의미가 사

실은 적어요. 왜냐하면 거기도 제가 좀 더 6·15를 직접적으로 쓰
지는 않았지만, 이게 상당히 본래 진보와 보수라는 것은 정말 표
리 관계거든요. 민주주의라고 하면 그게 없으면 성립이 되지 않잖
아요. 국회도 그렇고 야당이 있으면 여당이 있는 것처럼 여당이
진보라든지 야당이 보수라든지 그런 상태만은 아니거든요. 거꾸로
될 수도 있고요. 지금은 또 실제로 거꾸로 되어 있기도 하고요.
이것이 정치인데 말이죠. 운동의 경우에는 특별히 그래요. 대다수
는 무관심이에요. 정말 이렇게 해도 못 할 사람이고, 안 할 사람이
고. 대중이라는 거 아시잖아요. 이렇게 하면 이렇게 몰려가고, 몰
려가는 게 대중인데, 물론 대중이 또 민주주의의 약점이면서 또
장점이죠. 그러니까 그것을 그렇게 생각하는 사람이 적어요. 그러
다보니까 하여튼 그것을 이용하려고 하는 사람들은 진정한 의미에
서 하는 게 아니라고요. 다 이제 정치적으로 이용하고, 개인적으
로 이해관계로 이용하고, 통일도 그런 모양으로 통일운동이 지금
도 굉장히 그렇잖아요. 정치적으로 이용하는 거예요. 북핵 문제가
그렇고, 또 실제로 6·15도 그렇지만 정상회담이라는 것이 그런
것으로 지금.

사모님 오늘 뉴스 들으니까 그래도 성공했나보던데.

이화선 아, 6자회담. 성공했다고 그래?

사모님 뭐 말하자면 이북도 저거하고 오늘 아침 뉴스에...

이화선 굉장히 막대한 것을 하는데, 이 나라들이 그것을 과연 감당하려
드느냐는 이런 문제가 있습니다. 기름을 막대하게 달라는 거 하고
요. 근데 일본은 도저히 안 된다고 하는 식으로 벌써 나오고 있기
때문에, 그렇게 되면 남쪽의 부담이 너무 크게 가는 거예요. 그러면
남쪽 자체가 해낼 수 있느냐 하는 것은 또 다른 문제일 겁니다. 하
여튼 그것은 정부가 할 일이고, 자기 능력 속에서 하는 얘기니까.
그래도 그런 것을 모두 고려한다고 했을 때, 정상회담이 정말 거
기에서 자유로울 수가 있느냐 하는 이런 문제가 여전히 깔려있고,

북쪽이 또 그것을 협박 수단으로 삼고 있잖아요. 그것만은 아니겠지만 말이죠. 그러나 그렇게 한다고 했을 때도 문제가 있는 거고, 이래서 앞으로 통일문제가 여기서도 그렇고 여기서도 통일하면 너무 일방적이에요. 다른 사람들은 아예 관심도 없어요. 그러다보니까 소수라도 소수가 또 둘로 나뉘어져서 이해관계 따지고 있고요.

김　면 통일 얘기를 하기 전에 우선 통일운동 하는 단체들이 통일되어야겠군요.

이화선 그렇죠. 그건 한국도 그렇고 다 그런데요. 또 사람이라는 것은 정치뿐만 아니라 개인적으로 나뉘게 되어있어요. 우리 가정도 그렇잖아요. 부부도 나뉘어져야 할 때는 나눠지고, 합쳐져야 할 때는 합쳐지고 그런 건데, 그렇게 해야 아까 보수와 진보처럼 말이죠. 이제 여와 야처럼 서로 대화하고, 화해하고, 협상하고, 이래서 통일이거든요. 평화라고 하는 것은 현실적으로는 없어요. 평화를 향해 가는 것은 혹은 평화라는 것은 목표이기 때문에 거기에 이르러 버리면 끝나는 거죠. 통일도 되면 끝나는 건데, 되지도 않으면서 통일했다는 이런 분위기가 지금 현실 분위기라고 저는 보거든요. 그러니까 그것부터가 벌써 대화가 안 되는 거죠. 대화가 안 되고 있다는 얘기예요. 다시 말해서 운동이 안 되고 있다는 겁니다. 운동이라는 것은요. '모택동'이나 '칼 막스'가 얘기한 것처럼 반대가 있어야 돼요. 여기 없으면 한 발자국도 더 나아가지 못 해요. 노자도 그랬지만 반은 이제 도의 용(用)이라고 그랬거든요. 그 작용이에요. 그리고 약은 약한 것이 도의 용(用)이라고 그랬어요. 그러니까 우리는 강이 아니고 약이에요. 근데 전부 강자거든요. 약자가 되어야 하는데, 그래야 이제 쓸모가 있고 그게 무기인데, 핵이나 로켓 같은 그런 강한 것은 파괴를 위한 것이지 통일을 위한 것은 아니에요. 평화를 위한 길이 될 수가 없죠. 마지막으로 한 거죠. 협박이나 그런 것에 지나지 않는 거죠.

김　면 오랜 시간 좋은 말씀 들려주셔서 감사합니다.

13. 이주희

前 범민련 총무

이주희 前 범민련 총무

이주희 총무는 1981년 마부르크대학의 정치학전공 유학생으로 와서 베를린대학교에서 평화연구를 전공하였다. 초기 이화선, 이영빈 목사님의 1980년대 기통회의 통일운동에 자극받아 사회과학자 세미나를 중심으로 진보적 통일운동을 시작했으며, 중심활동이었던 범민련활동으로 입국이 불허되어 1996년부터 독일 망명 중이고 슈투트가르트지역에 거주하다가 2009년 갑작스럽게 타계하셨다. 마지막 증언이 된 구술에서 주요 간첩단 사건의 정치적 배경 및 한민족단체의 현황을 진술하였다.

독일 정착

김　면　어떤 운동단체에 가입하셨나요?

이주희　관계한 것은 범민련이지.

김　면　그럼, 여기 처음에 어떻게 언제 오셨어요?

이주희　처음 81년에. 마르부르크 대학에 정치학 공부하러 왔어요. 정치학, 사회학.

김　면　마르부르크에 계시다 또 어디에 계셨어요?

이주희　마르부르크에 있다가 나중에 90년대에 초반에 베를린에 박사과정 때문에 난 주로 Friedensforschung(평화연구)를 전공했죠.

김　면　여기 지금 슈투트가르트 오신 것은 언제지요?

이주희　이건 96년에 내가 망명을 신청해서 독일 정부에서 이쪽으로 보냈다고. 그래서 나도 우연히 이상하게 이 근처로 오게 됐다고.

통일운동으로의 입문

김　면　처음에 그럼 선생님이 여기 통일운동과 관계되는? 어떻게 처음에 된 거예요?

이주희　통일운동하고 관계되는 것은 마르부르크에 있으면 소식이 들려
　　　오잖아요. 그때 이제 내가 들은 얘기는 이미 예를 들어서 이화선
　　　목사님, 이영빈 목사님 얘기를 내가 듣기 시작했다고. 80년대 초
　　　반에. 왜냐하면 그분 자녀분들이 우리 동료이기도하고, 같이 마르
　　　부르크에서 공부하다 그래서 당연히 자연스럽게 알게 됐죠.

김　면　그럼, 기독교 단체의 통일운동을 도와주셨어요?

이주희　아니죠. 나는 기독교하고는 관계없지. 하지만 이분들은 이화선
　　　목사님이라든지 이영빈 목사님은 기독교 신자잖아. 그리고 목사
　　　고, 그러니까 이 분들이 기통회 통일을 위한 기독자 모임을 만들
　　　어서 처음으로 80년대 초반에 이미 북한하고 기독교인 대화를 시
　　　작한 사람들이니까 통일역사로 보면 이분들이 가장 선두적인 위치
　　　에 있었다고. 근데 그런 얘기들이 이제 우리 다 들었지만, 당시에
　　　는 겁이 나는 거지. 이미 80년대 초반만 해도 빨갱이라고. 그래서
　　　우리 동료의 아버님이지만 직접 관계는 못하는 거지 겁이 나서.
　　　그분들이 상당히 의미가 크다고.

김　면　당시에는 공안정국도 있고 그래서요.

이주희　아니, 그거 광주. 그러니까 완전히 빨갱이에다 국가 전복하는 사
　　　람들인데. 그러니까 우리도 겁나지. 우리도 공부하지만 서울에서
　　　왔지만, 나는 서울에서 태어나고. 이름은 다 들었지. 이 사람들이
　　　뭐 한다는 거. 그 다음에 우리가 관심이 있었던 것은 사회과학자
　　　들. 이미 80년대 초반부터 우리가 그걸 조직해서 운동에 관심 있
　　　는 사람들인 유학생들이 아마 처음 들었을지 몰라.

김　면　처음 듣는 얘기군요.

이주희　하지만 당시 어수갑 선배, 뭐 그 다음에 이화선 목사, 이영빈 목
　　　사의 자녀분들, 그 다음에 정치학, 사회학 하는 사람들, 그 다음에
　　　한국에서 운동하던 사람들이 1년에 한 번씩 모여서 세미나를 했다
　　　고. 유학생들이. 그러니까 각 지역에서는 일종의 사회과학자 세미
　　　나를 하고, 1년에 한 번씩 모여서 토론하고, 하지만 의식적으로는

똑똑한 영어는 못하지만, 독일의 진보적인 운동, 세력에 대한 관심
들을 우리가 갖고 토론을 하고, 그러면서 이런 얘기를 선배들한테
다 듣는 거지. 예를 들어서 어떤 분들이 그 당시 사회과학자 일을
누가 했냐면 지금 우리 경기도 도지사 분이 있는데. 손학규 선생
이 영국에 있을 때 이제 오시고.

김　면　그러셨어요?

이주희　이종오 선배라고, 노 정부 지원했던 분. 그분들이 여기서 우리
선배들이고. 지난 번 노동부 장관했던, 경제학 교수하던 분. 그 누
구죠? 그 분들하고 우리가 토론하고 그랬지. 그분들은 옥스퍼드
대학에서 유학하고.

범민족대회

김　면　선생님도 범민족대회에 참석을 하셨었어요?

이주희　우리야 뒤에서 support만 하고, 참석한 분들은 이제 독일비자 가
지신 분들. 독일시민인 사람들이 가기가 편하잖아. 우리는 하여간
북한에 가면 그 다음에 한국 못 갔잖아. 그러니까 우리는 이름은
드러내지도 않고, 뒤에서만 일하는 거지. 하지만 이제 이준식 선
배, 어수갑 씨, 송두율 선배, 뭐 이런 분들, 장일중 선생 이런 분들
이 핵심에서 한 거지. 북을 왔다 갔다 하고. 되게 용감한 사람들
이죠. 90년대 초니까. 90년 초만 해도 아직 아니거든. 이제 범민
련이라고 하는 것은 이제 황석영 선생이 여기 오고, 당시 윤이상
선생님 계시고.

김　면　황석영 선생님이 오셔서 하신 거예요?

이주희　황석영 선생님이 오셔서 불을 붙였지. 이제 황 선생님 같은 경우
는 싫어하지. 왜냐하면 자기가 감옥에 있을 때 여기 있는 사람들
이 많이 도와주지 않았거든. 우리는 뒤에서 다 알지. 그분들이 다
나중에 역사로 돌아가면 다 알아요. 안 드러나지만. 다 드러난다

고. 예를 들어서 황 선생이 오서서 또 윤이상 선생 만나고, 홍 선생 만나고, 그 다음에 한국 얘기하고 그러니까 그 다음에 한국에 그 누구야 조성우 선생. 당시 이제 한국에서 오신 분들이 지금은 민화협 의장이죠. 그 사람이 상임이사인가 그렇잖아. 그분들이 오셔서 감옥에 간 거예요. 북에서 전금철 선생 오시고. 서울에서는.

김　면 여운형 선생님 따님도 오시고. 그분 성함이?

이주희 여원구. 그 분들 다 중앙위원도 한 사람들이죠.

김　면 지금 보니까 범민련 출범이, 제2차 범민족대회 때문에 아무래도 더 자극을 받아서 (범민련이) 결성이 된 거 같거든요?

이주희 근데, 자극은 이제 서울에서도 오고 북에서도 오고, 여기서도 오고. 그러니 이미 80년 초반에 기통회라든지 이런 게 있었잖아. 그 다음에 여성회 이런 분들이 운동을 하면서 87년이 뭐야. 대변혁이 잖아. 대변혁이니까 이제 노동세력이 전면에 나타나고 민주화 세력들이 나타나니까 그 다음 과제가 나오는 거야. 통일 과제들이 80년대 후반부터 화두로 오르지만 이미 여기 유럽에서는 그 전에 이미 10년이라는 세월동안 그 전 작업이 있었던 거지. 그런 작업이 없이는 민주화라는 과제가 어느 정도 1단계 과제가 접어지고 그 다음에 나오는 게 뭐야. 내적민주화? 그 다음에 통일평화 이게 화두로 올라오는 거지. 그 다음에 서울에서는 한편은 노동운동으로 가고, 다른 한편은 민주화한테 내실화 쪽으로 가니까 당연히 시민운동이 한편에 생기고 또 한편에서는 여전히 북하고 직접 대화를 해야 한다는 주장이 자연스럽게 나오는 거지.

범민련

김　면 유럽민협도 어느 정도 역할을 충분히 했다고 보는데 그 범민련 단체가 생김으로써 그때 그 내부적인 갈등이 어떤 것이 가장 컸지 요?

이주희 그러니까 이제 그거는 우리가 한민련하고 갈등이지. 한민련이 만약에 일본에서 곽동의 선생이 일본에 앉아 가지고 유럽을 좌지 우지하면, 여기 윤이상 선생도 있고, 정규명 선생도 있고, 최기환 선생도 있고, 이희세 선생도 있고, 유럽에 원로들이 있거든. 근데 그 중에 곽동의 선생이 정규명 선생, 이희세 선생 싹 데려가 가지 고 일본이 중심이 돼서 운동을 하면 기존에 있던 사람들이, 나이 든 사람들, 이 분들이 실망하는 거지. 오히려 본인들도 포함을 시 켜야지. 누구는 포함하고, 누구는 포함하지 않으면. 그러니까 난 오히려 이영빈 선생이라든지 이화선 선생이라든지 곽동의 선생의 갈등, 갈등 같은 거 그것이 오히려 방해 요인이었다고 보는 거지.

김 면 그럼, 곽동의 선생님과 내부적인 세력 다툼이었네요?

이주희 내가 보면 세력다툼이지. 지금도 이쪽에 있는 거지. 6·15 안에 서도 여전히 해외가 왜 꼭 주동이 일본이 되어야 돼. 그렇잖아. 나 같은 생각은. 아까 내가 범민련이랑 6·15랑 의식은 똑같아. 뭐야. 각자가 중심이 되는 거야. 북은 북대로 중심이 되는 거고, 미국은 미국대로 중심이 되는 거고, 유럽은 유럽이. 이제 누구나 할 수 있는 거야. 교포도 할 수 있는 거고, 그러면 다 열어 놓고 포함해야지. 난 그것을 만약에 또 배제하면 난 그건 잘못됐다고 보지.

운동 안에서는 항상 조금 진보적인 측면이 있는 것이고. 자기 운동 고유의 목적을 더 충실화하는 쪽이 항상 있다고. 그러니까 유럽민협이라는 것이 그중에 지붕 역할을 하지만, 그 안에서 또 그 밖에, 근데 민협은 또 통일운동 하던 사람들을 이미 80년 초반 부터 올라 온 사람들을 끌어안지 못했거든. 민협이 그러니까 이름 은 지붕이지만 그 안에 이 사람들이 또 이쪽에 배제되어 있는 거 죠.

당연히 민협하고는 어느 정도 거리가 있는 거지. 이 분들은 통 일운동을 이미 80년대 초반에 하자고 한 사람들이고, 민협 사람들은 우리는 통일 얘기를 할 때가 아니다. 우리는 민주화 쪽으로 계속 해야 된다. 또 민주화보다 더 중요한 것은 노동운동. 윤운섭 선배는 노동자들이잖아. 장일중 선생, 뭐 그 다음에 운동권 안에서의 지식인 안에서도 또 분파가 있단 말이야. 노동운동 쪽으로 해야 한다는 쪽이 하나있고, 민주화 쪽으로 해야 한다는 쪽이 있고, 한 쪽에는 또 나 같이 평화운동을 해야 한다는 쪽이 있다고. 나는 벌써 한참 앞서 있는 거지. 평화운동은 벌써 그때, 남북 간의 무기 감축해야 되고, 대화해야 된다는 거, 그러니까 평화의 개념으로 보면 내가 가장 전면에 있는 거지. 이 사람들은 그 얘기는 꺼내지도 못 하는 거지. 그렇지만 우리는 벌써 알지. 다음 방향은 어디로 가야 되는지. 항상 그런 운동 세력 안에서도 일종의 중점을 어디다 둬야 한다는 것에 대해 의견 마찰이 있는 거지. 그것을 잘 고려하면 유럽운동이 왜 자꾸 갈래가 있는 거, 갈등이 있는 것이 이해하게 된다고. 근데 그것을 밖에서만 쳐다보면 이해가 나도 초반에는 잘 안 됐다고. 우리가 진보적인데 그 안에서 왜 사소한 것 가지고 서울에서는 이미 막 치고 나가서 되게 앞서가 있는데 오히려 여기서는 서울의 운동을 따라가는, 뒤쳐져 있는 거지. 오히려 나중에 가만히 보면. 그러니까 운동의 주동 세력들이 오히려 남한 쪽에서 오는 거야. 왜냐하면 여기서는 항상 그 운동인자가 많지 않거든. 이미 인적자원은 제한되어 있고, 그 다음에 또 유학생들이라고 하는 것은 진보적인 사람들은 아무래도 운동을 하다가도 본국에 돌아가야 된다는 생각을 하거든. 그러니까 항상 일종의 그 하더라도 뒤에는 돌아가야 되니까 내가 적극적으로 못한다고.

김 면 아무래도 북과의 관계 때문에.

이주희 예를 들어, 어수갑 선배가 간첩단 사건에, 또 임수경 씨 북한 방북 시킨 것 때문에 만약에 북에 공작원을 대면 그 당시만 해도 못 가는 거지. 하지만 벌써 그 당시만 해도 이미 임수경을 이쪽으로 보낼 정도로 이미 운동이 서울에서 앞서간 거죠. 하지만 유럽에 예를 들어 어수갑 선배라든지 이종현 선생이라든지, 이런 또 민협 사람들, 또 범민련의 초기 세력들이 없이는 임수경을 우리가 보호 못 하잖아. 근데 그분들이 보호해주고, 도와주니까 또 가시잖아. 왜, 그 이전에 이미 북한하고는 80년대 초반부터 통로가 이미 나졌거든. 그러니까 이미 80년대 말 90년대 초반에 임수경이 와도, 문익환 목사님이 북을 가도 충분히 이쪽에서는 받아들일 수 있지. 왜. 이미 문익환 선배보다 선배인 이영빈 선생, 이화선 선생들이 다리를 놨잖아. 기독교회가. 그 얘기를 문익환 목사, 그 다음에 여러 민중 신학 하시던 분들, 이런 분들이 다 듣고 있는 거지. 이화여대 교수하던 박 교수님. 이분들이 다 이영빈 목사하고 다 동배들이거든. 소위 말해 우리나라 민중 신학을 전면에서 하던 또 교수님 한 분 계시지. 그 분도 이런 분들하고 다 통로가 있는 거지. 그러니까 문익환 목사도 북에 가시는 거지. 우리가 조감하는 높은 위치에서 보면, 가만히 보면 다 연결되어 있다고.

김 면 이제 범민련이 출범을 하면서 선생님이 그때 거기서 맡은 역할은 어떤 것이었어요?

이주희 그야 뭐 유학생이니까. 전면에서는 못하고, 뒷면에서 신문, 뭐 문건을 써야 한다든지 범민련만 해도 전 세계적인 조직이잖아요. 일본본부도 있고, 또 북에도 있고, 서울에도 있고, 미국에도 있고, 유럽에도 있으니까. 그걸 다 통신해야 되잖아요. 통신하면 다 문건 써야 되고, 그런 건 우리 젊은 사람들이 했지. 선배들은 이제 조직하고 활동하고 대중들을 모아야 되잖아. 그러니까 여기 교포님들도 상당히 보수적이거든. 그러니까 통일 뭐 이런 데는 오지도 않는다고. 근처에도 오지 않는단 말이야. 그러니까 그런 것을 무마하기 위해서 유학생들이 아무래도 여기 같이 다 벌써 연결되어 있거든. 사회과학대회를 통해서 같이 독일뿐만이 아니라 유럽까지 다 연결되어 있었으니까. 그런 사람들끼리 통일에 대해서 겁을 좀 안 먹고, 진보적이고 북하고도 좀 겁을 안 먹는 사람은 우리가 포용을 해서 토론이나 세미나 있으면 초대를 하고, 유학생들이, 그렇지만 유학생 안에서도 이미 또 분파가 있는 거지. 진보적인 중에서도 노동 쪽으로 관심 있는 친구가 있고, 나같이 북하고 대화를 해야 된다는 쪽이 있고.

독일 내 단체와 연계

김 면 그럼, 범민련 운동 방식은 주로 어떤 거였어요? 아무래도 아까와 같은 유인물로 하는 것도 있고, 어떤 독일 단체와 연결돼서 하는 것도 있나요?

이주희 당연히 연결이 되죠. 왜냐하면 통일운동을 하면 1차 목적은 저희 교포들의 인식을 좀 깨우치는 거고, 그 다음에 또 하나는 유학생, 더 나아가서는 독일의 진보적인 단체하고 연대하면서, 예를 들어 녹색당, 녹색당 같은 경우는 지금은 여당이 됐지만, 그 당시에는 상당히 소위 중도좌파라고. 그런 분들하고 연결이 되고, 또 외국인운동 하는 사람들 있잖아. 지금은 한국에서 이주운동, 외국인운동 하지만, 이미 여기서는 노동운동 하던 사람들이 외국인운동하고 연결이 되어 있다고. 그분들하고도 초대하고. 그 다음에 독일 안에서도 KoKoKo(코레아연석회의)라든지 송두율 선생, 최현덕 선생이 일하는 Korea Verband(코레아협의회), 그게 상당히 뿌리가 깊거든.

김 면 원래 Korea Komitee(한국연대위원회)라고.

이주희 그렇지. Korea Komitee. 그 이전에. 지금은 Korea Verband, 그 다음에는 Asia Stiftung이지만, 당연히 연결되죠. 왜냐하면 윤이상 선생, 송두율 선생이 이미 아시아 재단 이사장 그 분들하고 연결되어 있고, 그 다음에 Reiner Werning(라이너 베르닝)이라든지. 독일 안에서도 상당히 진보적인 사람들이라고. 아시아 운동의 진보운동하고 열려있는 사람들하고 우리가 연대를 한 거지. 일종의 역할분담이 그 안에서도 다 있는 거지. 그렇지만 우리가 넌 이걸 이렇게 해라 얘기는 하지 않지만, 다 자기가 치중하는 운동의 분야들이 있는 거지. 그러니까 어떤 사람들은 이쪽 연대 부분에 중요한 관점을 둬야 한다. 그게 되게 중요하지. 왜냐하면 독일에 한국문제를 대중화시키는 거니까. 여론화시키는 거고. 송두율 선생님 같은 경우는 글을 통해서, 또 우리 간호사분들은 남편을 통해서, 그 다음에 윤이상 선생님, 지식인들은 이 안에서도 지식인들이 있잖아요. 예를 들어 귄터 그라스, 그분들 많이 연대해 주셨어요. 그 다음에 루이제 린저, 그 다음에 돌아가신 윤이상 선생의 친구분, 프로이덴베르크 교수님. 이런 분들이 연대해 주지 않았으면 동백림 사건을 누가 구원했으며 여기서 이미 뿌리로 가면 동백림 사건까지 더 거슬러 올라가는 거야. 윤이상 선생, 돌아가신 정규명 선생, 지금 유럽의 노인네들, 이희세 선생님, 불란서의 이희세 선생님의 삼촌인 이응로 화백, 통일운동의 전면에 섰던 최규환 선생, 그 분들이 당시 다, 또 덴마크의 임민식 선생, 아직 동백림에 관계된 분들이 아직도 못 들어가고 계시잖아요. 지금 돌아가시는 분이 계시지만, 윤이상 선생은 그렇게 됐잖아요, 하지만 아직도 그 한국에 못 가시는 분들이 동백림 사건에 관계된 사람들이거든요.

단체운동의 어려움

김 면 보시면 실질적으로 여러 가지 교민사회와의 관계도 또 중요한데, 어느 정도 역할을 하시려고 그래도 교민사회가 그것을 받아들이기가 상당히 힘들었죠?

이주희 그러니까 풀 수 있는 가장 좋은 모티브는 역시 국내에서 진보적인 운동하는 사람들이 오시면. 예를 들어 황석영 선생이 80년 중반에 오시고, 그 다음에 매년 몇 분씩 오시거든요. 그러면 그 분들을 통해서 우리가 세미나를 조직하고, 예를 들어 보쿰에서 한다, 그러면 전국 각지에서 버스타고.

김 면 그러면 전부 몇 분이나...

이주희 그 당시에 전부 모이면 한 몇 백 명은 모이지. 그 지역에 있는 사람들, 그리고 우리 유학생들은 각 지역에서, 나 같은 경우는 마르부르크에서 뭐 일이 있다고 하면 몇 십 명씩 조직해서 버스 대절해서 가기도 하고 차로 가기도 하고. 황석영 선생, 광주에서 우리 문 시인... 문 뭐 시인이 있단 말이야. 그러면 그분들이 오시고. 황석영 선생님이 광주사건 얘기하면 사람들이 다 놀라지. 80년대 중반에 그 얘기들을 하는 거 아냐. 그러니 그럴 때 우리가 젊은 사람들이 조직하고, 또 광부, 간호사 같은 분들은 음식 준비하고, 그런 자질구레한 일들은 다 그 분들이 하는 거지.

김 면 통일운동을 하시다 보면 생업에 지장이 있으시잖아요?

이주희 지장 있는 사람들 무지 많지. 사업 망하는 사람, 이혼하는 사람, 나 같은 경우에도 운동하지만 나중에는 부인하고 의견 차이가 났다고. 이 사람들은 보수적인 사람들인데.

김 면 포기하는 거군요 자기 삶을.

이주희 아, 많은 사람들이 이혼했지. 그 선배들은 통일이 더 중요하다고 몰두하면 당연히 가족하고는 멀어지지. 그 다음에 자기 사업 하다가 자꾸 이렇게 하면 지탱 못하잖아. 그럼 사업을 못하는 거지.

김 면 그래도 실제로 몇 백 명이 모이고 그러면 재정적으로 지원을 좀 받아야 될 것 같은데, 예를 들어 일본 같은 경우는 좀 부유하니까 일본에서 지원을 해주고 그런 건가요?

이주희 지원 같은 거는 그 전이에요. 모인 사람들이 내기도 하고.

김 면 아, 회비로요?

이주희 그 다음에 노동자, 간호사들 중에서도 여기 교포들 중에서도 후원세력이 항상 있잖아. 익명이지만 또 원하지 않고, 그 분들이 후원을 했으니까 이제까지 쭉 가능한 거야. 난 그렇게 보지.

김 면 제가 어떤 분 인터뷰를 하는데, 그런 얘기도 있어요. 범민련이 한민통, 이쪽에 의해서 재정적으로 너무 지원을 받게 되니까 그렇기 때문에 유럽민협을 고수했다. 그런 식으로 얘기하시는 분이 있어서 그게 타당한 얘기인지 아니면 좀 근거가 없는 얘기인지.

이주희 왜냐하면, 예를 들어서 일부 민협에서 그 사람들이 다 안 들어온 게 아니거든. 민협의 반에서도 반은 또 범민련에 참가한 거고, 민협을 고수하지 않은 사람들이 그 안에서 있는 거고, 예를 들어 윤 선배 같은 경우는 민협을 우리는 계속 고수해야 된다. 그리고 노동운동을 해야 된다. 통일운동은 우리가 지금 할 시기가 아니다. 그 다음에 한 면에서는 지식인들도 그렇고 이제는 이미 앞에 10년 운동했는데, 더 이상 우리 과제가 뭐냐 이거야. 민주화, 국내에서 지금 민주화는 전면적으로 앞으로 드러나고, 우리가 해외에서 민주화를 더 이상 주동하는 것도 아니고, 왜냐면 국내에서 어려웠을 때는 우리가 여기서 민주화를 후원한 세력이란 말이야. 대중화하고. 그 다음에 감옥에 가면, 후원을 하고, 구명 운동하고, 우리 예를 들어서 홍성담 씨, 거기 왔다가 우리가 광주 알리고 이러다가 우리가 다 조치한단 말이야. 우리 최현덕 선생님하고, 홍성담 선생님 오시면 우리가 조직해서 전시회도 하고, 광주를 알리고.

홍성담 사건

김 면 근데 왜 간첩사건에 연루되는 거예요?

이주희 간첩사건에 연루되는 것은 당시만 해도 내가 생각할 때는 안기부라든지 이쪽에서는 계속 견제하는 거거든. 견제라고 하는 것은 다른 게 아니거든. 적어도 국내하고 유럽이라든지 이렇게 해외하고 연결되는 고리를 끊는 것이 난 제일 목적이라고 봐요. 그러니까 계속 문제를 일으켜야... 난 그렇게 보지.

김 면 근데, 그 분이 화가시잖아요. 화가인데도 어떻게 간첩이라고.

이주희 네, 그렇지만 오히려 홍성담 씨 그런 책임을 전가했지만, 예를 들어 그걸 도와 준 옆에 있는 사람, 그 당시 또 한 분이 목사 분이지. 그 분이 오히려 공작원으로 몰렸고, 홍 선생은 그 공작원의 일종의 지령을 받은 입장이 된 거죠. 왜냐면 홍 선생 그 그림이 뱀 그림이잖아. 그걸 사진을 찍어서 북으로 갔단 말이야.

김　면　범민련대회 할 때 가져가신 거죠?

이주희　통해서 갔잖아. 그러니까 그게 이제 유럽을 통해서 갔으니까 그 고리를 끊어야 되잖아. 그 당시부터 가까워지고 있거든. 하지만 여기가 더 여유가 있잖아. 그걸 보내고 받고 하는 건. 홍 선생하고는 이미 연결되어 있고. 그러니까 내가 보기에는 고리를 끊기 위한 목적이 더 컸다고 보지. 실은 내가 볼 때 홍 선생님, 그 사람은 예술인이에요.

김　면　그런 것 같아요. 제가 볼 때 예술인이라고들 그러시는 것 같아요.

이주희　물론, 광주운동을 판화로 했다라고 하는 것은, 판화 운동가가 그 분만 있는 게 아니야. 뭐 이현수. 또 많잖아. 하지만 그 분이 적극적으로 해외에 나와서 알렸다는 의미에서는 상당히 중요한 역할을 했지.

범민련과 연계 단체

김　면　그 범민련 여러 가지 활동들을 알고 싶은데요. 그 장기수 귀향이라든지. 그리고 재독협이라고 있더라고요?

이주희　그건 나중에 생겼지. 재독협은 왜 생겼냐하면 범민련이라고 하는 것이 남쪽에서 너무 이적 단체라고 하니까 여기서도 범민련이라고 하면 또 교포들이 안 나타나잖아. 그러니까 그거는 어는 정도 중화를 시켜야 하잖아. 재독협이라는 것은 약간 친목단체 비슷하게.

김　면　그러면 저는 탈 범민련이라고 저는 알고 있었는데, 그러면 꼭 그런 건 아니군요?

이주희　실은 다 범민련 사람들이지. 하지만 범민련 사람들이 범민련이라고 하는 것이 너무 이적 단체로 몰리니까 그걸 중화하기 위해서.

김　면　활동할 때 너무 축소가 되니까?

이주희　좋잖아. 친목. 그러니까 운동도 항상 현장의 요구, 운동의 요구에 따라서 자기 변신을 해야 되거든. 그런 그 변형이 없이는 조직이 적극적으로 뭐랄까 효과를 낼 수가 없잖아.

범민련의 통일운동

김　면　범민련에서 나온 잡지 같은 것들은 뭐가 있었어요?

이주희　범민련에서는 90년대 초반부터, 92년부터 '조국은 하나다' 그게 이제 90년대 말까지 우리가 편집한 거지. 나랑 또 친구들 몇이서. 다 모아놨어. 여러 분들이 자료 드리려고 다 모아놨어.

김　면　그래서 '조국은 하나다' 그 잡지 같은 경우는 전 유럽에 다 홍보가 됐나요?

이주희　유럽이 아니죠. 전 세계에 다 뻗치죠. 국내 보내지, 북에 보내지, 미국 보내지, 일본 보내지.

김　면　미국이나 일본에서는 안 나오고요?

이주희　역량이 안 되니까. 할 수 있는 사람이 있어야 하잖아. 그러니까 우리가 여기 교포 운동이 그 노동자, 간호사, 광부들만이 할 수가 없잖아. 지식인들이 있어야 그런 작업들을 해내잖아. 여기가 유럽이 이념적으로 잘 아시겠지만 열려 있잖아. 미국보다 여기가 훨씬 더 여유 있고. 사회민주주의. 우린 '사'자만 들어가도 당시. 하하하.

김　면　아니 그런데 미국에서는 우리 북한 갔다 온 사람이 만 명이 넘는데, 여기 독일에서는 북한 간 사람이 적잖아요.

이주희　내가 그랬잖아. 여기가 오히려 보수적이라고. 그러니까 여기서는 운동의 선진군자들하고, 대중들하고, 그런 거리감이 있고, 항상 사건이 유럽에서 터졌거든.

김　면　아니, 그러니까 왜 이렇게 유럽에서 그런 거예요?

이주희　그러니까 안기부가 가장 싫어하는 게 국정원이, 중앙정보부가 유럽이 제일 이념적으로 앞서있단 말이야. 그러니까 그걸 제일 두려워하는 거지. 여기서 터진 게 뭐야. 동백림 사건 터졌지. 그 다음에 몇몇 간첩사건 계속 터지는 거야.

김　면　오길남, 최혁배 간첩사건, 맨 마지막으로 임수경 사건도 그리고 범청년대표도 연관이 되어있나요?

이주희　그럼 당연하지. 우리 박성희, 성용승도 관계 되지.

김　면　이분들 국내에 들어가셨다면서요?

이주희　당연히 들어가지. 그 사람들이야. 여기 못 살지.

김　면　아주 나쁘게 얘기하시는 분들이 있더라고요?

이주희　나는 그렇게 보지 않아. 나는 후배들이지만 그 사람들이 할 역할이 있잖아. 역할을 다 한다면. 중요한 거는 그분이 그 당시 그런 역할을 했다는 것을 평가해야지 그거를 들어갔다는 것 때문에 나쁘게 얘기하면 안 되는 거지. 나는 그렇게 좁게 보지 않아. 하지만 걔네들은 중요한 역할을 했다고. 임수경, 성용승, 박성현 등… 이런 사람들이 없이 어떻게 국내의 젊은 대학생들이 평양대학들하고 자매결연을 어떻게 해? 이 사람들이 다 맺은 거야. 한총련 대표들이잖아. 전대협 대표잖아. 임수경.

김　면　임수경 그분이 오셨을 때, 좀 만나고 그러셨어요?

이주희　나는 이제 거리감이 있으니까.

김　면　이영준 선생님이 많이 도와주셨다고.

이주희　뒤에서는 실무한 거는. 오 선배가 총 책임 한 거야. 왜냐하면 민협 사무국장이니까. 유학생이 운동의 전면에 나서면 못 가는 거야. 범민련 들어가면 이미 그 순간부터.

김　면　어느 정도 각오하셨어요?

이주희　당연히 각오해야지. 안 하고 어떻게 해. 어느 유학생이 그 역할을 하니? 자기하고 가족하고 이미 떨어져 있는데. 나야 뭐 우리 가족이 많으니까 나 하나 없어도 상관없지만. 내가 막내니까.

김　면　무슨 말씀을 그렇게 하세요. 이제 들어가셔야죠.

이주희　아니, 나도 이제 들어가고 싶어. 이제 할 일 다 했잖아. 이제 자네들이 하면 되는 건데, 내가 이제 왜 하나.

김　면　통일운동 하시면서 기억났던 사건 같은 거 있으시면, 예를 들어 90년부터 뭐 중반 여러 가지 사건들 기억나시는 거 있으세요? 국내에 문민정부 들어설 때 혹시 뭐 관계된 사건이라든지?

이주희　아니, 뭐 문민정부 들어서면서야 이제 많이 풀렸지만, 그렇다고 우리가 김영삼 정부 때도 그렇고, 김대중 정부 때도 그렇고, 내가 김영삼 씨가 들어왔을 때 바랐던 거는 90년대 초반이잖아요. 그럼 최소한 이분도 우리 야당, 우리가 말하는 민주당이라는 것은 야당 골수거든. 그러면 적어도 자기네들도 야당운동하면서 많이 탄압받았잖아. 기대했던 것은 최소한 해외에서 고생했던 사람들 이제는 우리가 다 받아들여야 된다. 이런 목소리 정도는 있어야 되잖아. 그렇지만, 잘 아시겠지만 지금 우리 신한국당의 뿌리인 단결, 우리 노태우 정부하고 결합을 하면 하기 힘들지.

김　면　그것뿐만 아니라 김대중 구명운동 하시던 분들은 한 분도 초대를 안 하고, 그러니까는 김대중은 빨갱이다, 라고 했던 분들은 대사관에서 초대를 했대요.

이주희　그러니까 우리가 생각했을 때는 이게 역사의 아이러니란 말이야. 그 사람이 감옥에 있을 때, 하나도 도와주지 않던 사람들만 다 초대받고, 운동 그때 죽어라고 몇 년 동안 싸움한 사람들은 초대 못 받고. 그러니까 그것도 난 실수지. 그러니까 김대중 씨가 들어오자마자 해외에서 날 도와줬던 사람들 이제 다 들어와 이랬으면 이 사람들 신나는 거지.

이종현 선생님도 민협 대장인데 당연히 초대하기를 기대했지. 왜냐면 그분 같은 경우도 운동 역사가 오래되잖아. 이제 그런 자잘한 기대감과 실망들도 있어요. 그 다음에 우리 노 정권이 들어와서, 완전 우리 정권이잖아. 우리 세력들이 다 한 건데, 근데 아무 말도 없잖아.

김 면 섭섭하시겠네요.

이주희 당연하지.

김 면 운동하시면서 가장 힘들었던 것은 어떤 거예요? 그런 점인가요?

이주희 최소한 좀 바뀌었으면 그게 모습이 드러나야 되잖아요. 그럼 최소한 그런 제스처들. 좀 별 거 아닌데, 지나고 나면 뭐 초대 안 하면 어때, 이렇게 생각할 수 있어. 하지만 그 본인들은 되게 서운하지. 뭐 나 같은 경우야 이제 젊은 사람이니까 그런 생각 안 하지만. 나이 많이 드신 분들은 되게 섭섭해 하지.

독일 망명

김 면 이 선생님, 망명 그 얘기 좀 해주세요.

이주희 망명은 예를 들어서 이미 범민련을 했을 때는 못 간다는 것을 전제한 거거든. 그러니까 96년만 해도 아직도 김영삼 정부 말기거든. 그렇지만 그 사람 같은 경우에는 나중에 북에 대해 나쁜 말 아주 많이 했거든. 북에 대해서. 그러니까 우리 같은 북하고 교류해야 된다는 세력으로 볼 때는 저 사람이 상당히 야당하던 사람이 아니라 완전히 돌아선 거지. 민정당? 그러니까 난 기대하지는 않았어. 내가 들어가도 좋은 대우를 받으리라고는 기대하지도 않았고. 또 좀 늦기는 했지만, 이미 망명이라고 하는 느낌은 이미 80년대 초반부터 한 거지. 왜냐면 광주 때 난 왔으니까. 국내에서 이미 그걸 다 봤잖아. 그러니까 "아, 저 정권들하고는 더 이상 관계해서는 안 되겠다"라는 이미 일종의 뭐라고 하나 상당히 벌써 거리감이 있는 거지. 그러니까 그런 의식이 깨지고 있고, 그 다음에 우리는 앞서 있잖아. 그러니까 90년만 해도 국내가 만약에 변했다면 그때 망명할 필요가 없는 거지. 하지만 그때 상황은 아직도 민정당이 누구야. 바로 전두환이 그런 세력들이 만든 정권이잖아. 그건 우리가 반대하던 세력이거든. 그러니까 그런 의미에서 이념적으로 같이 할 수가 없는 거지. 늦기는 했지만, 이미 독일에 대해 잘 아시겠지만, 독일 사람들이 여기서는 좋아하지 않잖아. 그리고 매년 일 년마다 서명 받고 도장 받아야 되잖아. 그리고 오래되면 보내잖아. 근데 이미 통일운동에 난 끼어들었는데, 가라 그래도 난 갈 수가 없잖아. 그 유일한 방법은 독일 여자랑 결혼을 하든지 망명하는 거 말고 나한테 뭐가 있어. 물론 난 독일 여자 친구가 있었지만, 나는 내 정치적인 이념 때문에 내 친구랑 일종의 뭐 결혼을 꼭 해야 된다는 의식은 없었거든. 나만해도 의식적으로 상당히 앞서있기 때문에 그렇게는 못하지. 차라리 정치적으로 내가 왜? 독일 헌법 16조에 있는데, 정치 운동하던 사람이 이념적으로 만약에 돌아갈 수 없다고 하면 나는 망명권을 받으면 되지.

통일세력의 약화

김　면　그 범민련이 세력이 많이 줄고 있어요. 그러고 나서 보니까 요즘에 한민족유럽연대도 나오거든요? 혹시 그 이게 왜 그렇다고 보세요?

이주희　이유는 다른 게 아니죠. 이유는 거기에 핵심은 난 북이라고 봐요. 나는 운동적으로 보면 북을 가장 앞서서 교류하자는 사람이고, 정치행태로 볼 때 지금은 약간 거리를 두고 있단 말이야. 나도 정치학을 하는 사람이고 하니까 잘 분석하잖아. 운동하는 사람들의 일부는 북을 전적으로 옹호하는 사람들이 있어. 그 다음에 항상 거리감을 두면서 북을 보는 사람이 있고, 운동하는 사람 안에서 북을 거부하는 사람이 있다고. 그러니까 통일운동 안에도 그런 부류가 있는 거야. 그거 자세히 봐야 된다고. 그래야 그 차이가 날 때마다 이해가 간다고. 그러니까 그러면 만약에 북이 운동을 주도한다, 남·북 해외통일운동을 주도한다고 입장이 들면 나 같은 경우는 거리감이 들고. 왜? 그게 아니거든. 우리가 범민련을 할 때의 정신은 북한, 남한, 해외의 모든 한국인, 조선인, 한민족의 자손들이 결합을 해서 분단을 극복하는 게 1차 문제죠. 그러면 북이라든지 누가 일부가 주도하면 안 된다는 말이야. 합의를 해야지. 그러니까 주도를 하느냐 합의를 하느냐. 누가 어떻게 하느냐라는 약간의 차이가 있지만, 거기에 따라서 거리감이 있단 말이야.

김 면 그럼, 요즘에 유럽연대가 새로 나왔잖아요. 이제는 범민련이 좀 아무래도 지금 북한이랑 가까웠기 때문에 중립적인 입장에서 하려고 생긴 건가요?

이주희 이제 유럽연대도 마찬가지지. 한국이 자꾸 문민화 되니까 통일운동을 더 이상 할 필요가 없다고 하는 사람도 또 나온다고. 그 다음에는 뭐야. 국제 연대를 하든지. 더 이상 할 일이 없는 거야. 그러니까 찾아야 되잖아. 이제 뭐를 해? 통일이라고 하는 것은 이제 국내에서 다 왔다 갔다 하고.

김 면 6·15실천도 됐고.

이주희 어. 그럼 뭘 할 거야. 기념만 할 거야? 광주를 기념할 거야?

여러 운동단체의 현황

김 면 5월 민중제는 잘되는 것 같아요.

이주희 어, 5월 민중제는 원래 자체가 느슨하니까. 거긴 이념이라든지 뭐 이런 거 앞세운 게 아니잖아.

김 면 그럼, 모임 단체에요?

이주희 아니, 광주를 거부하는 사람이 어디 있어. 당연하잖아. 이제는 김대중 씨가 대통령이 됐는데. 광주 때 탄압받은 사람이 대통령이 됐는데, 그러니까 다 욕하지. 교포들도 아무 문제없는 거야. 춤추지, 노래 부르지, 뭐 침묵하지, 뭐가 거부감이 있어. 국내에서 손님 오지. 돈 다 지원 나오지. 뭐가 걱정이야? 느슨하지. 하지만 그것도 정치의식이 문제가 있는 거야. 광주기념은 다 국내에서도 하거든. 광주기념단체 생겼잖아. 근데, 여기서 뭐를 해. 그러니까 뭘 할까 그러는 거야 지금.

김 면 거기 지금은 선생님도 유럽연대에는 가입 안 하셨어요?

이주희 나는 이제 조직에는 범민련을 했기 때문에, 그리고 망명을 했기 때문에, 더 이상 조직에 가입할 게 뭐가 있어. 우리는 이제 범민련은 가장 앞선 조직이었거든. 그거보다 더 앞선 조직이 어디 있어? 근데 지금은 6·15가 있으니까 범민련은 당연히 하강할 수밖에 없는 거야. 왜? 북도 6·15 해야 하지. 범민련을 내세워봐야. 문제만 생기는 거야 자꾸. 그러니까 범민련을 할 사람은 계속 가고, 아까 말했잖아. 또 조직이 필요한 거야. 여기다가 있잖아. 민협도 들어와 있지. 시민단체 다 들어와 있지. 옛날에 민정당 하던 사람까지 다 들어와 있는데. 그러면 범민련보다는 오히려 옛날에 민주화운동을 계속 하자는 사람이 오히려 더 주도할 수가 있는 거지. 그건 당연히 유럽연대 이게 느슨하잖아. 연대 뭐야? 솔직하게 얘기해서 내가 볼 때 하는 거 없어. 그냥 홈페이지 하나 만들어 놓고. 그 다음에 그런 사람들이 예를 들어서 어수갑 선배, 뭐 국내에 재외동포대회에 누가 가. 그 민협하던 사람들이 다 가지 우리 같이 통일운동 하던 사람들은 근처에도 못 간다고. 왜? 이미 또 인적으로 다 선별되어 있단 말이야. 그 사람들도 우리보고 또 오라고 그러지도 않아요.

김 면 그럼, 범민련에 지금 남아계신 분들은 많지 않네요?

이주희 아니, 뭐 범민련 회원은 있지만, 실제적으로 범민련이 하는 건 없잖아. 그러니까 예를 들어서 이준호 선배는 아직도 뭐 범민련 유럽연합 의장이지만, 이미 6·15상임위원인데 뭐. 6·15공동의장이고. 그러니까 자연스럽게 범민련이 더 이상 역할을 할 게 별로 없는 거지 뭐. 그러니까 내가 만약에 설명하면 그런 부분들이 조금씩, 조금씩 다 해소될 거란 말이야.

김　면　그럼 6·15 실천 이 단체들이 많아서.

이주희　아니, 뭐 다 서로 연결되어 있지.

김　면　한민련은 아직도 있습니까?

이주희　한민련에 없지. 조직적으로는 이미 없는 거야. 왜냐면 그거는 예를 들어서 70년대 어려울 때, 그러니까 1차 목적은 김대중 씨 구명운동에서 시작된 거거든. 민건회, 노련, 여성회, 기통회, 이런 것들을 합치자는 게, 이제 그게 한민련이라고. 근데, 그 주도는 일본에서 했잖아. 그러니까 그때부터 싸움을 하는 거야. 그거 주도를 왜 일본에서 하냐 이거야. 유럽인데.

김　면　아, 그래서 지금 이제 거의 허울뿐이다 이거죠.

이주희　아니, 이제 조직이라는 게 없지. 이미 그 누구야. 곽동의 선생님이 그 하던 사람들이 다, 그 사람들 다 지금 6·15잖아. 실은 이 분들은 다 직책만 가지고 있는 거야. 조직이 뭐 활동을 하는 건 아무것도 없지. 하지만 역사로 보면 다 이 사람들이 대표야.

김　면　이영빈 목사 같은 해외기독자통일협의회도 거의 지금 어떤 역할을 하시나요?

이주희　하는 거 없지. 6·15에서 다 하는데 무슨.

김　면　이 귀향촉진회도 지금 운동되고 있나요? 정리를 할 때 제가 참조를 하려고.

이주희　아, 귀향촉진회의 목적은 우리 장기수들. 이인모('이인모'로 추정, 녹취불분명) 선생, 그분은 이제 도와드린 거. 그 다음에 이미 50년대부터, 정부에 항거하던 사람들 있잖아. 그분들을 최소한 인간적으로 가족한테 보내야 된다는 게 목적이지. 넓은 의미에서는 통일운

　　　동의 한 분파지.

김　면　세종학교가 통일운동 한 게 무엇이지요?

이주희　김종한 선생은 뒤에서 했어. 그 선생님이 성격이 원래 좀 괄괄하다고. 그건 좀 이해하세요. 하지만 그 선생님은 마찬가지로 간첩으로 몰려서 못 가시잖아요. 하지만 뒤에서.

김　면　내가 보니간, 간첩으로 몰린 김영모 선생님은 뭐 하시는 분이세요?

이주희　김영모 선생도 간첩사건 때문에 못 들어간 거지. 70년대부터.

김　면　우리나라 실질적으로 보시면 두 사람이 못 들어가는데, 송두율 선생님하고, 김영모 선생님이 지금 국내에 못 들어가요. 다른 분들 다 지금 내가 보면 본인들이 쓰지 않으려고 해서 안 들어가는 건데.

이주희　김영모 선생님은 아직도 그분 자신이 70년대에 유럽 유학생간첩단 사건에 주동으로 몰려서 못 들어가는 거죠. 뭐 쾰른에 있는 유학생들하고 만났다는 것 때문에. 이분도 마찬가지예요. 여기 있는 운동하는 사람들하고 진보적인 분들하고 유학생들이 연결되는 것을 막아야 되잖아. 그러니까 그런 사건들을 만드는 거야. 그 다음부터 몰린 거지.

김　면　그거 해명 기회도 없었네요. 본인한테도.

이주희　해명할 기회가 없는 거지. 그러니까 그분을 우리가 다시 고립되어 있으니까 6 · 15는 넓잖아. 김영모 선생을 우리가 모시고 이제 자문도 하시고 하시라 거지. 하지만 본인이 이제까지 자기가 이념적으로 쌓아온 게 있잖아요.

김　면　그럼, 6 · 15공동선언실천에서 통일운동은 특별하게 뭐 이렇게 유럽에서 하는 게 있나요?

이주희　하는 거야 뭐 행사하는 거지. 6 · 15때. 굉장히 좋지. 왜냐하면 이제 북대사관도 오고, 작년에는 그렇게 했잖아? 북대사도 오고 한국대사도 오고. 지금은 뭐 차장인가 됐다고 그러데? 국정원 차장. 그 대사하시던 분.

김 면 이제야 많이 달라졌죠.

이주희 참 여기 대사하던 사람이 이제 국정원 차장하고. 초대를 내가 이제 처음 했지. 작년부터 계속 오시라고. 그러니까 대사는 첫 번째에는 안 오고, 영사를 보낸 거지. 그러니까 총무사 오면 그 다음에는 대사 오는 거거든. 작년에 대사 오신 거지. 당연하지. 이제는 평양 직접 가지, 북경에서 만나지, 여기를 왜 못 와.

김 면 김일성 주석 사망이 통일운동에 미치는 영향이 있나요? 그 이후에? 그 전과 좀 다른가요?

이주희 아니, 이제 뭐 의식적으로 보면 아마도 연로한 분들은 김 주석에 대한 존경의 뜻이 더 강하고, 우리 같이 젊은 사람들은 잘 모르지. 하지만 세대교체하면서 "아, 저쪽은 세대교체 되는구나."라고 우리가 인식하고, 그리고 저 사람들이 적극적이잖아. 그거를 우리가 받아먹기만 하면 돼. 그럼 자연스럽게 되는 거야. 내 말은 그렇지만 그럼에도 불구하고, 정치에서는 "누가 주도한다."라고 하는 것이 되게 조심스러워야 돼. "누가 주도한다."라는 것보다 항상 합의를 해야 된단 말이야. 합의정신만 있으면, 남·북, 해외 아무 문제 없고, 미국하고도 우리 관계설정은 난 쉽다고 보지. 왜? 합의된 대로만 하면 되잖아. 하하하.

통일정책에 관하여

김 면 과거나 현재나 남·북한 통일정책에 대해서 한 말씀 좀 해주세요. 어떻게 생각하시는지.

이주희 통일정책이요? 나는 제일 중요한 것은 그 미국이라든지 해외 여러 세력에 의해서 영향을 받으면 안 돼. 역시 우리 문제거든. 난 원인이 누가 됐던 더 이상 상관하지 않아. 중요한 것은 결국 우리 문제란 말이야. 그러면 우리가 더 적극적으로 나서야 된다. 그러니까 기회만 있으면 하여간 이용을 해야 하고, 대화를 해야 되고, 왜 많이 주냐 이런 거 좀 차치하고, 그게 중요한 게 아니거든. 없으면 도와주면 좋잖아. 장기적으로 보면 우리로 볼 때에는 투자야. 난 그렇게 생각해. 그러니까 너무 짜잘하게 굴지 말란 말이야. 그러니까 남쪽이 북을 도와주면 도와줄수록 남쪽에는 좋은 거야. 왜? 지금 보라고. 독일통일 잘 보라고. 엄청난 돈이 흘러가잖아. 15년이 지나도 안 돼. 독일은 이미 70년대부터 작업을 했는데, 20년 뒤에도 문제에 봉착했다 이거야. 근데 우리가 쌀 주냐 마느냐? 이건 나는 짜잘한 차원이라고 보지. 그렇게 하면 안 되고, 남쪽에서는 적극적으로 북이 원하는 대로 주는 거야. 난 그게 장기적으로 볼 때에는 북이 더 열리고, 남쪽하고 북이 상대 중간으로 오는데 연방이라든지, 난 시스템이 어떻든지 상관없어요. 그게 작업하기 더 편하지. 난 좀 그 정책하는 사람들이 실용적으로 해야 된다고 봐. 여러분들이 그런 정책 공부를 해야 되고, 기회만 있으면 우리는 만나서 그 어려운 의사소통을 자유롭게 해야 된다는 말이지.

김　면　북한 가보신 적 있으세요?

이주희　나는 못 갔지. 왜냐면 나는 한국 사람이니까. 북한 가면 또 공작원으로 몰리고 그러니까. 그걸 아예 피해야 되니까.

김　면　범민련 일을 하시면서 갈 기회는 없으셨어요?

이주희　갈 기회도 많이 있고, 초대가 오죠. 해외에서 초대도 오고, 북에서도 초대가 오고. 초대지. 왜냐하면 이제 오시라고.

김　면　범민련에 파트너는 어떻게 됐었어요?

이주희　북에 범민련이 있잖아. 그 분들이 지금 다 전금철 선생, 이런 분들이 범민련에서는 의장, 그 다음에 외무부 장관하시던 백낙준 선생, 이런 분들이 범민련. 얼마 전에 돌아가신 분.

김　면　얼마 전에 불바다론 때문에 유명해지신 그분도 관계 안 하셨어요?

이주희　그분이. 그 작가? 극작가인가 그 책임자. 아니 그러니까 북에서도 실질적으로 업무는 좀 세세하지만 달리 보면 다 그 세력이야. 항상 지금도 6 · 15 그거 자세히 보면 범민련 하던 사람들이야. 그러니까 이 사람들 전면에 있던 아까 말했던, 70년대, 80년대, 밑에서부터 올라온 사람들이야. 이미 30년 되니까 가장 전면에 나선 거지. 우리는 이제 못 간 사람 다 같이. 지금 들어간 사람도 있지만, 북에서는 아주 실무에서는 그 사람들이 쭉 올라가는 거지. 그러니까 그런 면에서는 북이 훨씬 남쪽보다 더 일관성이 있지. 우린 계속 바꿔야 되잖아.

김　면　아까는 운동하면서 어려운 점만 물어봤는데, 지금 보람되시는 것은?

이주희　보람되는 것은 이제 아무도 안 할 때, 우리가 전면에서 남북회의가 모이고 대화하고 이럴 때, 그거를 전화라든지 잡지라든지 사람의 얘기를 통해서 그 분들이 다 얘기를 해주잖아? 그러면 우리는 기쁘지. 당연하지. 왜? 만나고 교류하고 또 풀어지고, 만나면 똑같거든. 조선말하고, 한국말 하잖아. 뭐가 문제야? 약간 저쪽에서는 이념적으로 아무래도 경직되어 있지만, 그거 딱 벗어버리면 똑같지 뭐. 그러니까 그런 거를, 예를 들어서 이인모 선생님이 북에 가셨다 그러면 우리는 축하주를 하는 거지. 너무나 좋은 일이니까. 그 다음에 누가 감옥에서 풀렸다, 그러면 좋은 거고. 난 귀향촉진회. 조직은 다 알지만 실질적으로 사람은 다 비슷비슷하거든. 그거 우리 사람들이 한 거거든.

김　면　조직이 별로 의미가 없는데요.

이주희　이름은 다 있지만. 실제적으로 다 사람들이 그 사람들이야. 무슨 소리인지 아시겠어? 하지만 그 안에서도 역사적인 시점마다 의견 차이가 있는 거지.

김　면　해외통일운동사에 대해서 정리를 하고 있거든요. 어떤 점을 어떻게 해야 되는지 조언 좀 해주세요.

이주희　아니, 조언이라는 거는 이거 민감한 사람들이 있거든. 자기가 어떻게 비춰지느냐. 이런 게 이제 객관화되는 상황이잖아. 그럴 때마다 인적관계. 그런 것들을 어떻게 섬세하게 객관적으로 묘사하느냐. 서로 다치지 않고.

난 간첩도 아니고, 북쪽 가지도 않았고, 그래도 어 선배는 북이라도 갔다 왔잖아. 범민련 때문에. 조심해야 될 것은 기술과정에서. 그렇지만 나는 중요한 것은 비판보다 그 시점, 시점마다 그 조직이 했던 긍정적인 역할을 좀 부각시키면 칭찬받지. 욕을 왜 먹어.

김　면 앞으로도 교포 운동이 지금과 같이 계속적으로, 지속적으로 갈 수 있을까요?

이주희 아, 이제 통일운동이 대중화 됐으니까. 대중화라고 하는 것은 이제 과제는 나 같은 경우는 내가 전공이 평화운동, 그 다음에 있던 군사적인 비중을 줄이는 것, 그 다음에 남북이 결합을 해야 되잖아. 그러기 위해서는 아직도 대중들, 많은 사람들은 북에 대해서 몰라요.

김　면 유럽이 특히 그런 것 같지 않아요?

이주희 오히려 국내에서는 '남북의 창' KBS에서도 하고 그러니까 북에서 돌아가는 거 다 알잖아. 노동신문 같은 똑같은 얘기 나오는 그걸 누가 봐. 우리야 그거를 어려움을 무릅쓰고 직접 평양에서 받아보고 그러지만, 지금이야 뭐 그렇게 안 해. 하지만 여기 있는 교포들은 안 그래. 아직도 뭐.

김　면 그러니까 70년대에 오신 분들은 그때 이상으로 안 되시는 거죠.

이주희 의식적으로 오히려 국내에는 자주 가지만, 북에 대해서는 모르지.

김　면 6·15운동 이러는 거 실천 있는 거는 아시나요?

이주희 다 알지. 우리가 뭐 교포 신문, 광고하고 다.

김　면 그럼, 일부러 멀리하시는 건가요?

이주희 그러니까 아직도 사람들보고 나 같은 경우에 과제는 아직도 이해를 시켜야 되는 거죠. 이해를 시켜야 되는 측면에 하나가 있고, 그 다음에 6·15 같은 조직이 그런 거 하면 참 편하지. 더 적극적으로 해야 되고, 나 같은 경우는 남·북·해외들이 방문을 하지만, 좀 이제는 조직은 섬세한 연결이 되어야지. 우리 통일운동 연구하는 사람들은 이제 소위 북의 통일연구원하고 만나서 자주 얘기해야 되고, 북의 민족통일업무에 대해서, 그 다음에 전문인들은 전문인들끼리 하고, 또 일반 노동자들은 노동자끼리 하고, 이렇게 섬세하게 분과 부분들이 만약 교류되면 나는 그 작업이 아직도 필요하다고 보죠. 그런 의미에서는 아직도 과제들이 많아.

독일 통일운동의 성격

김 면 독일의 통일운동의 특징이 다른 지역보다 어떤 것이 있다고 보세요?

이주희 다른 점이라고 하는 것은 운동에 순진한 사람들은 역시 여기서 공부를 했기 때문에, 여기 앞선 이념을 우리가 흡수를 해서 사고가 경직되지 않아. 하지만 우리가 문제가 있을 때에는 지식인하고, 또 우리 광부 노동자하고 의식 차이가 있다고. 노동자 하신 분들은 더 독자적인 입장을 취하실 수 있지만, 우리 지식인들은 그렇지 않거든. 항상 반성을 해야 되기 때문에 그런 점에서 약간 갈등이 또 있어. 그러니까 내 얘기는 무슨 얘기냐 하면 우리는 가장 선진적인 독일의 정치의식을 가지고 있다고. 그러면서도 그런 입장을 보면 우리 북에 대해서 상당히 비판적일 수도 있고 어떻게 보면 아주 오픈할 수도 있다고. 반면에 우리 노동운동하고 이렇게 좀 많이 경도됐다, 하면 그 사람들은 많이 힘들 테죠. 경도되지. 그럴 때에 영향을 받는 측면에서 우리는 항상 지적으로 생각하기 때문에 중화를 시킨단 말이야. 우리가 신문을 봐도 금방 지루하단 말이야. 우리가 신문 한, 두개 읽어? 지식인들 신문 수십 개 읽잖아.

　미국에는 국내에서도 앞선 사람들이 갔잖아. 중산층 이상들. 거기에 노동자가 언제 가. 노동자가 왔다는 거는 여기야. 그러니까 아까 내가 갈등이라고 하는 측면 속에는 그런 것도 있다고. 지식인하고 노동자의 의식적인 입장. 그 다음에 급진성에서의 그 상황에서 급진적이 되는 거야. 아니면 네가 급진적으로 갔을 때에 대중운동은 어떻게 할 것이냐. 지식인들은 조심해야 된단 말이야. 경도되면 대중운동도 못 하잖아. 그러니까 우리는 자꾸 주지시킨단 말이야. 그렇게 하면 안 된단 말이야. 그러면 어떻게 여기도 5만, 7만이 있는데 이 사람들 못 모으지. 그래서 많이 소외되는 거야. 이 운동의 앞선 분들이. 우리 같은 경우에는 자꾸 대중화시켜야지. 뒤에서 음악회도 하고, 연주회도 하고, 약간 좀 오픈하고, 대중적으로 사회과학, 사회과학은 노동자들이 와서 서로 그럴 수 있는 거예요. 자기가 지식인이 아니더라도. 그런데 국내에서 왔다. 딱 좋지. 이 사람들은 올 수 있잖아. 그러면 우리들이 다 조직하는 거야. 그때는 열리지. 그럴 때마다 많은 사람들이 다시 깨우친단 말이야. 왜? 의식이 깨우친다는 것은 교류를 통해서, 만남을 통해서 선진적인 입장을 가진 사람들의 현장의 목표를 통해서 깨우친 거지. 그럴 때마다 그런 것을 만들 때, 운동을 좀 경도하는 분하고 우리 같은 사람들하고 마찰이 좀 있지. 왜? 그러고는 당장 북의 조종을 받는다. 이러면 우리 운동 못 해. 그러니까 우리는 얘기 마시고. 그러면 또 다 이름 분다고 또. 그럼 우리 운동하기 힘들지. 근데 그런 경우도 많아. 그러다 우리 같이 선진적인 사람은 하다가도 포기한 사람도 많고. 우리 선배들 중에. 안 되지. 그렇게 하면 못 하지 않나. 중요한 것은 우리는 유럽에서 공부할 때만 운동하는 게 아니잖아. 우리가 국내에 가면 또 해야 되잖아.

김 면 유럽에서는 왜 독일이 중심이 되지요?

이주희 독일이 중심이지. 왜냐하면 여기서 불란서만 해도 노동자 없어.

불란서만 해도 지식인이거든. 여기는 인적자원이 가장 풍부하지. 유학생, 한국 간호사, 노동자도, 지식인도 여기 머문 사람들, 북한 대사관, 그 다음에 역사도 오래 됐어. 유학 역사로 보면 아주 오래 됐지. 독일, 불란서만 해도 벌써 지식인들 중심이지. 임민식 선생 같은 경우는 예외지.

동백림 때문에 도망간 거라. 덴마크 갔다가 우연히 덴마크 여자 분을 만난 거지. 그러니까 할 수 없이 거기 살게 된 거지. 이희세 선생님이야 당연히 이응로 선생의 조카니까 삼촌이 공부하러 오라 니까 온 거고. 그러다 우연히 불란서 여자 분 만나서 또 그렇게 된 거고.

김　면　저는 인위적으로 지역 담당 책임자를 설정한 것인가 했지요.

이주희　아, 우연히 된 거지. 하지만 그 원인은 동백림에 있는 거지. 동 백림 때문에 다 도망가고 못 가고, 또 최기환 선생님은 스위스에 계시지만, 그분도 도망갔는데, 또 스위스에서 여자 분 만나가지고. 외롭지. 거기 혼자잖아. 그러니까 매년 오는 거지.

김　면　언제 제일 많이 모이세요?

이주희　그러니까 회원들은 조직 모임 있을 때마다 모이고, 또 조직에서 세미나, 일 년에 한 번씩 하거든. 그때 모이고.

김　면　6·15때 이럴 때가 제일 많나요?

이주희　6·15때는 다 모였지. 우리가 6·15 하기 이전에 준비작업 했잖 아. 그때는 뭐 다 오지. 예를 들어서 민건회 창립 그거를 내가 했 지. 30주년 기념을. 나는 민건은 아니잖아. 이건 민건 후배지. 선 배들이 다 한 거지. 정신은 우리가 가지고 있는 거지. 그러니까 30주년기념 준비는 또 후배들이 해야 하는 거지. 지금 다 연로하 시잖아. 이화선 목사, 다 민건 하던 사람들이잖아. 윤 선생, 송 선 생, 이화선 목사, 이영빈 목사. 우리 김 교장. 30주년을 하니까 해 외에서도 국내에서도 다 왔잖아. 그러니까 크잖아. 수백 명이 왔 으니까.

김　면　이번에 지난주 토요일에 김정일 위원장 생일 때문에 베를린에서 모이는 거 같던데요?

이주희　아, 그건 계속 했었으니까.

김　면　아, 계속 하셨어요. 이영빈 목사님은 거기 참석하세요? 그 생일 거기에?

이주희　원래는 참가하셨지요. 왜냐하면 가장 선진적인 사람들이잖아. 제일 먼저 그 대사관에 들어 간 사람들이, 문을 연 사람들이 그 사람들인데.

김　면　이화선 목사님이랑 이영빈 목사님이랑은 친구이면서 거의...

이주희　친구는 아니죠. 북하고의 관계 때문에 기통회가 북한하고 어떤 위상을 취하느냐. 이미 80년대 갔다 온 다음부터 이미 거리감들을 둔 거지. 기독교운동 안에서 통일운동을 계속해 나갈 것이냐 아님 가만히 보니까 너무 한 쪽으로 경도된 것 같거든. 그러니까 이화선 목사 같은 경우는 오히려 남쪽하고 더 적극적으로 가깝고 그런데, 또 돌아가시려고 이럴라고 하니까. 그 안에서도 약간 차이가 있는 거지. 그 차이는 오히려 예를 들어서 이영빈 목사 같은 경우는 그 아버님이 북에 목사님으로 계셨었으니까 오히려 더 가깝지. 그러니까 아버님을 만나기 위해서라도 적극적으로 관계를 가졌던 거고. 그러니까 더 가까워지지.

　크게 보면 자잘한 문제야. 근데 또 나 같이 위에서 쳐다보면 큰 흐름 속에 있는 거야. 그렇지만 그 인자들은 그때 이런저런 계기마다 약간의 이념적인 갈등, 또 인간관계, 그 다음에 편들기, 이런 것들이 참 미묘하게 있는 거야. 그 다음에 누가 주도하느냐. 그것 때문에 하여간 독일은 복잡하다고. 그래서 내가 하여간 똥밭이라고 그런다고.

김　면　여러 사료들을 가지고 계시나요?

이주희　각 조직의 역사들. 조직에 누가 활동을 했었고, 그리고 이 사람들이 뭘 했었고, 다 있지. 아 뭐 다는 없지만, 거의 다 가지고 있지. 예를 들어서 기통회는 이영빈 목사한테 다 모으면 되는 거고, 그 다음에 민건은 송 선생한테 모으면 되는 거고, 민협은 어수갑 선배하고 이종현 선생한테 모으면 되는 거고, 유럽연대는 이종현 선생님한테 모으면 되는 거. 그 다음에 한민통 이런 거는 곽동의 선생이라든지 이회세 선생. 그 다음에 범민련은 우리가 가지고 있으니까.

나는 이제 내가 여유만 있으면, 도서관을 만들면 거의 80년대 초반부터 운동 자료를 내가 다 가지고 있지. 거의 뭐 20년 이상 모았으니까. 나는 뭐 그 당시 조직에서 나왔던 문건들은 우리가 다 가지고 있는 거지.

김　면 여기서 보면 그래도 역사적 흐름이 있을 때, 민건회 자료도 가지고 계세요?

이주희 민건회 자료는 내가 지난번에 30주년 하면서 준비 다 했지. 사진 다 찍어 놓고.

김　면 범민련 자료는 처음부터 끝까지 다 가지고 계신가요?

이주희 범민련 자료는 뭐 다 가지고 있지. 물론 범민련 자료는 지금 이준희 선생이 의장이잖아. 그러니까 그 분한테 요구하면 돼. 그리고 그 다음에 범민련에 안 낀 사람은 없거든.

다 있지. 왜냐하면 저쪽하고 연결되어 있으니까 좀 꺼려하는 거지. 만약에 꺼려한다면. 우리 같은 경우는 뭐 사진은 다 있지.

김　면 오랜 시간 인터뷰 감사드립니다.

14. 장일중

現 재독동포협력회 회장

장일중 現 재독동포협력회 회장

장일중 회장은 1970년도 초반 교회중심의 반유신독재운동에 참여하면서 민주화운동을 시작하였다. 83년도에 노동자들의 권익을 옹호하는 노동연합운동에 투신하여 노동교실 초대회장을 역임하였다. 84년도 분열된 유럽 내 운동단체를 연합하기 위한 동학제를 준비하였고 본격적인 통일단체인 범민련의 성립에 기여하였다. 현재 범민련의 제한된 활동규제로 인하여 재독동포협력회를 만들어 통일운동에 전념하고 있다. 범민련의 성립배경과 향후 진로에 관하여 진술하였다.

노동운동

김　면 범민련의 성립배경에 대해 말씀을 해주십시오.

장일중 근데, 그 전에. 그 범민족 연합에 대해서 통일운동 한다는데 무슨 통일운동, 무슨 해외 통일운동 역사를 정리하신다고 하셨는데, 그럼 우리 한국에서 지금 범민족 연합, 그러니까 조국통일 범민련에 대해서 이 어떤 입장들인지 내가 그걸 잘 모른단 말이에요. 왜냐면 일방적으로 아직도 반국가 단체다 이렇게 놓고, 그것을 지금 통일연구원이나 이런 데서 다룰 수 있는 문제인지. 예?

김　면 제가 보기엔 민건회에서부터 유럽 민협, 범민련, 한민족, 이런 식으로 쭉 계보의 흐름 같은 것들을 전반적으로 정리하는 것이기 때문입니다. 범민련이 통일운동을 위해서 북쪽과 더 가까웠다고 하더라도 있는 그대로 정리하고자 합니다.

장일중 통일운동이라면서, 예를 들어서 민건회다, 민족, 민주사회건설협회다. 그 다음에 한민족, 이 한민련이다. 이럴 때는 통일운동이라고 볼 수 없단 말이에요. 그거는요. 한국의 민주화 운동이란 말이에요. 예?

김　면 그렇죠.

장일중 근데 우리 김 박사도 그걸 잘 인식을 가지고 해외통일운동을 다루어야 됩니다. 해외통일운동의 본격적인 시작은 광주를 지나서 80년대 말 남쪽에서 우리 통일을 운동할 수 있는 남북해외 단체를 만들자 그래 가지고. 남쪽에서 제안해서 만든 것이 범민족연합이죠, 범민련이라고 그러죠. 남·북·해외 이렇게 나가죠. 그때부터 통일운동은 본격적으로 시작이 되죠. 민건회에다가 그분들을 이제 그 반박적인 활동을 열심히 잘 했죠. 그러나 거기서마저도 민족의 자주 통일 얘기는 못했단 말이죠. 하면 지금 우리는 통일단계가 아니고, 통일문제를 여기서 꺼낼 게 아니라고 거기서 막았단 말이에요. 그 한민련에서도 마찬가지였고, 그러다가 정식으로 90년에 범민족연합이 생기고, 그렇게 나서 그때부터 본격적으로 남북해외 통일운동을 시작하게 되는 거지요. 그 전에 그 고비들을 대강 짚어가면서 연구하시면 좋을 거예요. 그래서.

김 면 언제, 어느, 처음부터 동포운동들 중에 어디어디 처음에 먼저부터 가입하셨었어요? 처음 민건회 때는 안 하셨나요?

장일중 저는 민건회 때는 다른 민건회(에) 가 있었어요. 그 이삼열 교수 알죠?

김 면 네.

장일중 그 분이 또 하는 뭐 한민건(한국민주사회건설협의회), 저는 처음에 교회에 있었죠.

김 면 기통회 이런데?

장일중 기통회는 직접 참여를 안 하고. 장수환 목사가 하는 교회(에서) 그 반유신 투신을 많이 했죠. 그 교회에서 1970년대 초반에 같이 하다가 그 다음에 1974년에 민건회는 그때 창설이 되었죠. 그때 직접 참여는 안 하고 우리 교회에서 이제 그 반독재를 했죠. 그러다가 80년대 중반에 84년인가 그 당시 여기 베를린에서 만든 것이 노동교실이죠. 노동교실 들어봤어요?

김 면 통일연구원의 황병덕 박사님이 여기서 유학을 하셨을 때 초창기

멤버시거든요.

장일중 그 사람 또 다른 것 했지. 노동교실 하다가 노동교실을 여기 대사관에서 이북의 빨갱이들이라고 탄압하니까 그 사람들도 다른 거 했지. 하여튼 83년도에 해가지고 84년도에 그 노동교실을 처음에 만들 때 그 당시에는 우리 그 김세균 박사가 여기 와 있었기 때문에 김세균 선생이 같이 많이 공부하고 그랬지. 그렇게 해서 처음에 노동 교실의 초대 회장을 했고. 지금도 윤운섭이라든지 그 사람들이 노동교실의 이름을 가지고 있죠. 근데 그 사실은 해체된 게 그때였어요. 시대적으로 맞지가 않다고 해체되었는데, 몇 사람들이 이름으로 계속하고 있어요. 그런 과정에서 여기에 분열이 상당히 많습니다. 그렇게 되다가 민건회가 생기고, 그래서 84년도에 여기서 유럽에서는 제일 큰 동학제를 하게 되지요. 동학제. 동학농민혁명. 그때가 90 몇 년인가 아마 그걸 거예요. 그거를 하면서 제가 그 준비 위원장을 맡아가지고 한 2년 동안 최대로 많이 동원되었죠. 그때 금강 연극도 하고. 그래서 한 400여 명이 참여했죠. 그래서 신동엽의 금강을 홍세화 씨가 파리에 있으면서 여기 와서 시도했어요. 그래서 나는 2년 동안 뭐 준비하느냐고 사람을 끌어들여야 하니까 교회, 뭐에 뭐 해서 자꾸 했지요. 그래서 한 2년 동안 그거 하느냐고 뽕 빠졌지요. 그거 해서 그래서 84년도 11월 달에 동학제를 하면서 그동안에 해왔던 민건회다, 뭐다, 뭐다 해서 운동이 다 뿔뿔이 산산조각 되었었어요. 그런데 광주를 맞으면서 더 하고, 또 광주 이후에 뭐 그거 뭐야 전두환 정권이 들어서면서 해외 운동 다 말살하려고 많은 암투를 그동안에 했지요. 그래 가지고 다 뿔뿔이 해체되었던 운동이 동학제를 통해서 다 만나죠. 거기는 윤이상까지 다 들어오죠. 그 저 윤이상이 나타나 줄 사람도 아닌데. 그땐 워낙 중요하기 때문에. 그때의 그 기운을 가지고 만든 게 민협이지요. 재유럽민족민주 사회가 민협이라고 하지요. 거기에 그 우리 저 어수갑이가 총무를 하고 있었고, 그게 진행되다가 89년도에 저기 그 수경이가 이리를 거쳐서 북에 들어가게 되고, 그렇게 되어 그런 과정을 거쳐 오고. 그 다음에 90년에 범민족대회가 있었고, 그 해 가을에 여기서 범민족 3자, 그니까 남쪽, 북쪽, 해외 대표들이 베를린 시청역에 만났어요. 네, 여기 이쪽이 옛날 시청이잖아요. 여기가요. 가 봤어요?

김 면 네. 지금, 1970년대에 광부시절 때에도 어떤 모임이 있었나요?

장일중 없었죠. 74년도에 처음으로 민건회가 만들어졌죠. 그 담에 나는 그때 당시에 교회에서 반유신 투쟁을, 장성환 목사님이라고. 그 지금은 캐나다 쪽 계시지. 그분이 역할을 많이 했어요, 그 당시에 반유신 투쟁. 그러니까 광부다 간호사다 또 한국에서 출장나온 사람들 교육시킬 때 어떤 무슨 교육이라고 하지? 그 당시에 안기부에서 그 교육을 시켜요. 그때는 중앙정보부이지, 중정에서 나와서 그때 교육을 시킬 때. 독일에 가서는 장성환 이를 만나지 마라. 그 교회를 나가지 마라. 빨갱이다. 그게 장성환이가 누구냐 하면 북에 인민정권이 들어설 때에 신의주 학생 사건이 났지요.

지주들 자식들이 반대해서 일어난다고. 그 담에 이쪽에 함흥에 함흥학생사건이 난다고. 함흥학생사건이 난다고. 함흥에서도 일어난다고. 장성한은 자기 집이 일류부자라고. 그런데 중학교지, 그때 중학교 제도일 거예요. 17, 18살에 학생회장을 했다고. 선두자야. 반김일성, 반정권에 들고 데모를 한 추모자야. 철저한 반공주의자야. 이 사람은. 이게 유신 반대했다고 빨갱이라고. 하하. 그런 역사가 있어. 그런 70년도에는. 우리 교회가 80년도 광주까지 역할 많이 했어요. 여기 올라와서 한인교회가 선두가 서서 80년대 김대중 사형선고 받고, 광주 있을 때 교회가 첫 번째로 일어났죠. 이런 여기 단체는 겁나서 일어나지도 못하고, 교회는 독일교회가 지원해 주니까. 독일교회가 너무나도 잘 아니까 독일교회가 적극 지원했어요. 한국의 민주화에 대해서.

김 면 이영빈 목사님의 움직임과는 다른 것 같아요.

장일중 그거는 이영빈 목사님은 또 나름대로 했는데. 이영빈 목사는 81년인가 잘 모르겠는데. 처음으로 북에서 종교인들을 데리고 나와서. 그 저기 스위스 어디서인가에서 대회를 했지, 통일대회를 했지. 기독자, 북과 해외기독자 통일대회를 했죠. 그분은 아주 선구자지. 선구자고. 그분은 그쪽으로.

김 면 지금 얘기하시는 것은 독일 쪽에서.

장일중 독일 아니. 우리 한인교회. 여기 지금 교회가 스무 개인가 몇 개 되는데 동백림에도 한인교회 하나만이 그 당시에 김대중 사형당하고 했을 때 광주 알리고 하는 작업을 나하고 그리고 돌아가신 정한 박사님인데 그분하고 했지. 아무도 못 나왔어. 학생들은 나왔어. 여학생들은 참가했다가. 여학생들 다 참가했지.

김 면 아, 의미 있는 움직임인데.

장일중 민건이 아니고. 민건은 그때 이미 없어졌고.

김 면 선생님이 쭉 활동을 하신 것 중에서 어떤 식으로 발전되나요?

장일중 원래 70년대 독일 방적사건이다 이럴 때에는 여기 여성회가 재독한국인여성회가 활동을 많이 했습니다. 그리고 교회도 같이 하고. 한인교회, 여기 교회가 많지만 한인교회만 했습니다. 한인교회라는 것은 입지가 좋았던 게 한인교회만이 독일 종교청이 정식으로 인정해서 목사를 데려온 교회예요. 그래서 장성환 목사가 루르 지역에 있었죠. 여기는 정한 목사. 장성한 목사 전에 했던 것이 이영빈 목사라고 그전에. 이영빈 목사가 하다가 독일교회 전담해가 버리고 장성한 목사가 오게 되었지.

김 면 그때 이제 한인교회나 여성회 활동에서 동포운동 같은 것은 어떻게 하셨어요?

장일중 그 당시에는 전부 남쪽 지원이지. 왜냐면 남쪽이 맨날 노동운동 탄압받고, 민주화운동 탄압받고, 전부 다 그쪽 지원이지. 통일운동은 '통일'자도 못 꺼내고.

김 면 아, 80년대 전은요?

장일중 어어. 통일만 꺼내면 빨갱이라고. 같이 하면서도 통일이다, 민족이다, 하면 빨갱이로 지목되니까. 어이고 저놈 봐라, 저놈 이상하다, 저놈 같이 있으면 안 돼.

김 면 민주도 힘든데. 통일 얘기는?

장일중 우리 바로 이상한 사람으로 취급돼 버리지.

김 면 그럼 5월 민중제. 81년 그 이후로도 통일 얘기가 아직 힘들었나요? 81년도 이후에도?

장일중 그때 아직 그때까지는 초창기에는 그랬지만 점점 통일이 아니면 우리나라 문제 해결을 할 수 없다는 거. 이거 광주의 80년 광주항쟁은 통일을 위한 항쟁이었다는 거. 우리가 그렇게 하고, 국내에서도 그렇게 나오고 그랬죠. 그러니까 그게 문제란 말이에요. 이십 몇 년이냐, 지금 27년째인데 아직도 제사만 지내겠다는 거 그게 문제란 말이에요.

통일운동

김 면 범민련 처음 결속할 때 그 범민족대회에는 여기서 어느 단체가 참석할 수 있었나요?

장일중 범민족대회 참석하게 되는 것은 민협이 중심이 되어서 민협이 중심이 되고, 노동교실, 그 당시에는 노동교실이 셌지요. 노동교실이 내가 하다가 그 다음에 지금 현재 윤운섭에게 넘겨줬죠. 그러다가 그 두 단체하고 여성회. 그때에 우리가 간 게 54명이 갔어요. 54명 기록이 다 있어요. 지금 정확하지는 않은데. 굉장한 숫자에요. 굉장한 숫자죠. 그때에 아직 독일이 통일이 안 되었기 때문에 89년, 아 90년이다. 90년에. 통일은 되었지만 아직도 이쪽에 쇠네펠트 거기에 저 그 당시에는 조선민항이죠, 지금은 고려민항이라고 하는데 이북비행기를. 조선민항이 거기 특별히 나왔어요. 우리가 천 마르크씩 차비를 냈죠.

김　면　자비로 가셨나요?

장일중　그럼 자비로 갔죠. 그럼.

김　면　대단하네요. 전부 54명이 자비로요?

장일중　어 그럼. 비행기 값 천 마르크씩. 근데 말이 어떻게 나갔냐면 전부 이북에서 돈 대준 것으로, 천만에요. 우리가 다 냈다고.

김　면　처음 들어가지고요.

장일중　응, 천 마르크씩. 그런데 우리가 갔다 오니까 벌써 여기, 그것도 같이 운동한다고 했던 안 간 놈들이 뭐라고 했냐면 돈 받고 다 돈 비행기표 해서. 비행기표 다 사가지고 갔는데. 그때 저쪽에서 비행기표만 사오면 거기 체류, 행사기간에 체류는 자기들이 부담하겠다고 그래 가지고 갔지요.

김　면　그랬군요. 여기 그, 고 전에 우리나라 올림픽 하지 않았습니까? 올림픽 할 때 여기 보니까 독일에서도 예를 들어서 반대하시는 분도 있고, 아니면 여러 가지 있었는데. 그때 당시 통일에 관련해서 그런 것은 없었나요?

장일중　없었죠. 그때 노태우 때 아니야?

김　면　네. 그럼 범민련 이후에 통일 이야기가 나오는군요.

장일중　범민련 통일 이야기가 나오지. 광주를 겪고 나서 범민련이 생기고, 그 다음에 통일 얘기들이 나오죠. 그 당시만 해도 통일 이야기가 나오면 같이 운동하던 사람마저도 이상한 눈으로 봤단 말이지. 그래서 범민족 연합이 결성되고. 범민련을 하는데 물론 우리 내부에서도 문제가 있었겠지만 결국은 남쪽의 범민련이 문제가 생기잖아요. 그래 제일 문제를 일으켰던 게 지금 민화협의 의장하는 누구야, 조성우 그 자는 지가 만들자고 여까지 나와 가지고 해 놓고는. 범민련을 만들어 놓고는, 또 들어가 가지고는 범민련 가지고 안된다고 그래 가지고는, 뭐 또 혼란을 일으키고, 거기다가 문익환 목사님 저기 갔다 오셔 가지고는 그분들도 똑같은 얘기하고, 뭐 굉장히 혼란하지 뭐. 그러니까 그 당시에 그분들의 말도 일리는 있었죠. 남쪽에서 남쪽 정권이 워낙 탄압을 해버리니까. 그 반 국가단체로 찍어가지고 꼼짝 못하게 만드니까 다 산산조각 나잖아요. 그러니까 그분들도 도저히 안 되니까, 범민련 가지고 안 되니까 다시 뭐를 만들자 그랬는데, 합의를 봐서 해야 하는데. 몇 몇 유명인들이 자기 혼자서 해체해야 한다고 떠들은 거라. 그러니까 누가, 우리가 감옥 들락날락 하면서 왜 해체하느냐, 그런 여파가 여기 다 미쳐요. 여기 다 똑같아요. 지금도, 아까 얘기했는데 별의 별 사람 다 있어. 어렴풋이 알지 모르겠는데 여기서 뭐 열심히 내가 어느 날 싹 들어가서 감투를 쓰고 앉는다. 앉아서는 다른 소리 한다고, 가서 여기 운동 자기가 다 한 거야, 어? 여기 운동 자기가 다 했다고. 그래서 나 이제 아까 그러지. 통일연구 뭐 한다고 그러면 내가 웃는 소리로 그러죠, 통일도 안 되었는데 무슨 연구만 하냐 이거지? 그 다음에 여기 저기, 저기 뭐, 뭐야 저 놈들 박성희하고, 김 뭐지, 박성희 남편 개들도 지금 그 저기 무슨 연구원인가 어디 가 있지?

김 면 저는 잘 모르겠습니다.

장일중 거기 안기부 산하의 뭐 어디 가 있다고. 그런데 이것들도 와가지고 전대협 대표로 왔으면 끝까지 자기 위치를 지키다가 감옥에 살고 나오고 하면 좋은데, 왜 이것들도 가 가지고는. 지 혼자 가면 되는데, 쭈르륵 다 끌고 들어갔잖아요. 왜 누구야. 저번에 전대협 대표들 뭐 많이 나왔잖아요. 그 놈들 때문에 또 몇 년 세월 내가 고생 많이 했어요. 그렇게 했는데 결국은 손들고 잘못했다고 다 들어간 거예요. 들어가 가지고는 지가 입맛에, 지들 잘 맞춰주는 사람을 여기 통일운동 다 하는 것으로 알려준 거야. 뭐 그런데, 그러면 우리는 뒤에서 웃고 있는 거야. 그래서 그러나 통일운동이 언젠가는 그 진실이 밝혀질 것이다. 그리고 지금까지 그래서 우리 해외 유럽 운동사가 밝혀지는 것이 일률성이 없습니다. 자기 입맛에 들어가서 떠든단 말입니다. 이 사람이 진짜고, 예를 들어 장일중이 이거는 빨갱이고, 누구누구는 뭐고 해버린단 말입니다. 지들 뭐, 뭐야 하던 대로 안 할 때는. 그거 굉장히 문제가 돼요. 범민련 하다가 여기도 산산조각이 나는 이유가 걔들이 와서 장난을 친단 말이에요. 장난을 쳐 가지고 특히 박성희 남편이 와 가지고 범민 련 가지고 안 된다고, 저번에 유난히 보니까 미국에서부터 장난을 가지고 왔더구만. 그렇게 해서 그 사람들이 아주 그 젊은 사람들이 고, 가서 뭘 나름대로 하는지는 모르겠지만 그러나 기본은 속지 말 고 해야 될 것 같아요. 그래야지 지들이 전대협 대표로 와 가지고 평양에 들어가서, 아 송영선이하고 둘이 들어갔지. 박성희하고 둘 이 들어갔지. 북에서는 임수경이 생각만 하고 그냥 갖은 정성을 다. 더군다나 젊은이들이 그, 그냥 하늘같이 떠받들어 줬지, 그 놈 들. 예? 그런데 더군다나 전대협의 명령을 받고 갔으니까, 그러니 까 결국은 실망을 많이 하는 짓들만 하고, 결국은 잘못했다고 손 들고 들어왔는데. 그렇지 않은 애들이 있잖아. 황 누구지? 저 열심 히 하고 있는 애들도 있고? 한총련 대표로 왔다가 그래서 90년대 에 범민련이 생겨서 여기 운동이 90년대 중반에 95년도부터 시작 해서 굉장히 분열상을 보이죠. 들어왔던 사람이 다 나가고, 또 뭐 하던 사람들 이래저래 해서 다 갈가리 찢어지는 거죠. 범민련이 얼마 남지도 않고, 지금 여기도 범민련도 우리 사무실 같이 쓰는 겁니다.

김 면 민주화 운동에서요, 유럽 민협은 아무래도 민주화 운동인데, 이 쪽으로 범민련은 통일운동이라고 하는데 결정적인 계기가 있었나 요?

장일중 범민련. 민협에서 범민련으로 넘어가는 그 사이에는 민협이 주 도가 되어서 첫 번째 89년에, 남쪽에 뭡니까 남쪽의 단체, 전민련 이 제안을 해 왔지. 해외에다가. 해외 각 지역에다가. 자 이제는 우리 이 통일운동을 민주, 독재 투쟁만 해서 될 게 아니라 통일운 동하자. 그런데 남·북·해외가 같이 할 수 있는 단체를 만들자.

그래서 제안을 해 와서 우리는 그 당시 민협에서 수차례에 걸쳐서 통일운동을 하고, 또 일본도 가서 그 일본 사람들하고 만나서 대회도 하고 여러 가지 과정을 거치면서, 그래 범민련을 만들어내자, 그래 합의를 다 하고 만든 겁니다. 만들었는데 그 당시에 그 의장을 맡고 있던 이종윤 씨, 이종윤 씨하고 여기서 가기에는 범민련이 이제 원래 통일운동을 제대로 하려면 범민련을 해야 되니까. 그 당시 총무를 맡으면서도 참 범민련에 대해서 그냥 자기 입장 분명히 다 듣지 않았고. 이종윤씨는 범민련 하면 안 된다고 반대한 거죠. 민협을, 다수의 의견이 민협을 없애고, 해체하고, 범민련을 만들자. 그걸 반대한 것이 이종윤이라고. 아까 그 박성희 남편. 성용승이가 그렇게 해가지고 굉장히 시끄러웠어요. 범민련은 첫 만들기부터 굉장히 시끄러웠습니다. 그렇게 되어 가지고 그러나 민협은 자동적으로 해산할 수밖에 없었고, 한 1년간 버텼죠. 민협을 사수 하려는 사람들에 따라서 버티다가 결국은 민협이 해체되고 말았죠. 그리고 범민련으로 들어와서 한 3, 4년 하다보니까 또 시끄러워지니까. 남쪽 혁명의 지령을 받아서 또 시끄러워지니까 또 여기 범민련이 막 이제 도망가는 식으로 하다가. 범민련을 끝까지 지켜온 것이 저하고 몇 분들이죠. 그래서 지금도 범민련은 여전히 굳건히 잘 지켜가고 있고. 그래서 우리 재외독일 동포 협력회는 1996년에 동포협력회가 나오게 되었죠. 동포협력회가 1996년에 나와서 동포협력회가 나온 그 원인은 범민련 이름으로는 여기서도 무서워서 범민련은 겁이 나서 일반 농민들도 상대를 못했어요. 다들 덜덜 떨지. 왜냐하면 우리 여기서 공부를 하셨다니까 잘 알겠지만 독일이라는 동네가 워낙 공안사건이 많았어요. 간첩사건도 많았어요. 윤이상부터 시작해서. 납치부터 시작해서. 그러니까 여기 동포들은 피해의식들이 굉장히 강하다고요. 그래 가지고 운동단체라고 하면 겁(이) 나 가지고 아이, 아 그럼 나 한국도 못 가, 그러고 이런 식이었거든.

김 면 이제 해외 지역들 이렇게 하는데 연대는 잘 되었나요? 연대가 일본이나 미국은 잘 되었는지 모르겠어요.

장일중 우리하고 일본, 미국은 잘 되죠. 우리는 잘 되고. 범민족 해외본부가 일본에 있으니까 범민족 지금도 일본에 있죠. 일본에 해외본부가 있으니까. 우리끼리야 해외본부는 잘 되죠. 그런데 똑같아요. 미국도 일본도 어디도 다 한국에서 똑같이 분파 작용이 나는 거예요. 다 갈려져 나가고. 그 내에서 나는 누구 따라가, 나는 누구 따라가, 나는 문익환 따라가 다 이렇게 갈려져 나가요. 그러나 지금까지 끝까지 지키고 있는 것은 여기죠. 동부협력회가 지키고 있고. 그건 범민련이라는 것은 뭐 유럽이 안 한다고 해서 없어지는 게 아니고 남·북·해외가 약속해서 하는 거니까.

김 면 그럼 여기 독일 정부 같은 데에서는 지금 범민련에 대해서 어떻게 반응하나요?

장일중 초창기에 범민련 우리, 여기 독일 베를린에서 범민련 국제행사 제일 많이 했죠. 89년에 원래 그 서울에서도 오려고 했는데 못 왔죠. 베를린에서 범민족 결성준비를 위한 모임을 했죠. 근데 북에서는 나왔죠. 그러나 남쪽에서는 그때 안 내보내서 못 나오고, 북과 해외 만남이 있었고, 그게 90년이구나. 11월 달에 여기 남·북·해외가 베를린 시청에서 모였고, 그 다음에 91년도 해외본부 결성이 모였고, 베를린에서 국제대회를 굉장히 많이 했죠. 초창기는 여기서 많이 했는데, 독일 사람들은 그 오히려 우리가 하는 데 대해서 시청도 빌려주고 협조적이었죠. 자기들이 분단역사가 있으니까 우리도 코리아 원 하겠다는데 지들이 내용적으로 지원했죠. 도와줬어요.

　순서적으로는 통일운동 발전에서 6·15. 범민련이 남·북·해외를 하다가 남쪽에서 반대해 가지고. 남쪽에서 탄압하니까 안 되어 가지고 지금 이론만 가지고 있는 단체이고, 그러나 남쪽에는 몇 분들 열심히 하고 있죠. 그러나 6·15가 어차피 나왔으니까 6·15

를 살려서 해야 하는데 남쪽에서 또 문제더라고, 보니까. 우리는 철저하고 6·15 시대에서 이것만 밀고가면 앞으로 통일될 수 있다, 10년 정도면. 어느 느슨한 연방이든, 고려 연방제이든, 다 비슷비슷해요. 그 얘기들은. 그 얘기에서는 우리 문익환 목사님이 맞아요. 김 주석하고 만나서 얘기한 게 맞다고. 얘기하신 게. 느슨한 게 거기서부터 나오잖아요. 문 목사.

그래서 해야 하는데 남쪽에서의 문제가 어디에 있냐하면 남쪽의 6·15공동선언실천 남측위원회가 있고, 북측위원회가 있고, 해외위원회가 있단 말이에요. 해외위원회는 각 지역 이렇게 유럽지역 위원회 있고, 미주지역 위원회 있지만. 남쪽의 문제가 어디 있냐 하면 저기 그 누구야, 그 무슨 단체야, 3개 단체 들어 있잖아. 남쪽에. 민화협. 그게 문제더라고. 민화협이 문제야. 민화협이 왜 문제냐. 단일통일연대다 또는 뭐 종교연대다 크게 3개로 보잖아요. 민화협, 통일연대, 종교연대 이렇게 3개로 보는데 민화협이 지금 좌우를 하고 있죠, 남쪽에. 근데 남쪽에 다수의 통일운동세력들이 민화협을 굉장히 좋지 않게 보더라고, 여기가 뭐냐 하면 정부가 통일원이 이 단체를 통해서 허가를 해주고 자금을 대주고 한단 말이에요. 여기 일하는 분들이 과거에 통일운동 했던 분들이고, 거기 대표가 조성우. 저기 뭐야. 남쪽에 위원장이지요. 영창을 한 5년 살았어요. 통일운동 하다가. 여기 와서 나도 잘 알고, 지난해 심양에서 회의할 때도 가서 만나고. 지가 대통령 되어 나보고, 그때 그랬거든 술 처먹고 그랬거든 나보다 댓살 어린데 근데 늙어 보인다고. 난 지금 환갑이 넘었지 예순넷이니까

정부에서는 알지. 우리하고 괜히. 올해 아니 작년에 처음으로 민주평통 북부지역하고 6·15하고 행사를 같이 했지. 거기에 남북 대사를 다 갖다 놓고. 그런데 북에서 데려오는 것은 제독협회 동포협력회가 다 했고. 그렇게 했죠. 강사들 다 데려오고 했죠. 돈은 저쪽에 평통 쪽에 그 무슨 행사 이종수 뭐 어쩌고 했다며 그 사람

이 돈을, 조독 뭐 의료 뭐 조선독일 의사협회인가에서 돈이 나왔어요. 북에 감사들 2명 데리고 온 돈은 그렇게 했죠.

공안사건

김　면 몇 가지 사건들이 있어서 여쭤 보겠습니다. 여기 김형규 간첩사건 혹시 아세요?

장일중 예, 알죠. 여기 간첩 사건이, 김형규는 간첩 아니지, 뭐. 조작된 사건이야.

김　면 이것에 대해서 하실 말씀이 있으시면 좀.

장일중 김형규 사건은 뭐 완전히 조작된 거고.

김　면 여기 뭐 또 오길남 간첩사건. 최혁배 간첩사건, 홍성담 사건. 이런 것도 있거든요.

장일중 최혁배는 거의 훨씬 전이지. 80년대 초에. 그 저쪽에 오석권 씨 그 사람 이북에 가만히 몇 번 들어갔다가 저기 뭐 붙잡혀 가지고 한 한 달 생활하고 왔잖아요. 이북에 간첩, 중국에 간첩으로 들어갔다가. 아 중국이 아니지, 뭐 어디 간첩으로 들어갔다가 그러니까 그거 있잖아요. 저기 저 조선일보, 월간 조선일보 보면 다 나오는데.

　최혁배는 그니까 순서대로 얘기하자면 말이죠. 최혁배 씨는 오석권 씨가 그 당시에 그 오픈바, 프랑크프르크 옆에 있는 도시에 그 이름이 뭐지 이름이. 그 하여튼 도서관을 했어요. 근데 이름이 뭐더라, 내가 지금은 생각이 안 나는데 거기서 일을 했어요. 그런데 그 당시에 오석권은 『주체』라는 잡지를 냈다고요. 거기에 같이 일을 하니까 그건 가면은 간첩이지 뭐. 근데 그 사람은 왜 무슨 여자가 와서 한국을 들어가게 되죠. 그렇게 돼서 간첩사건이. 근데 간첩은 아니고, 간첩은 아니고. 그냥 남쪽에서 만들기 달려있으니까. 그 당시에는 다 간첩이지 뭐.

그 다음에 뭐 누구요? 오길남. 그거는 미친놈이요. 그건 지가 북에 들어간다고 그런 다음에 지는 뭐 송두율하고, 윤이상이 들어가라고 했다고 그러는데 그건 아니고. 나도 윤이상이 얘기 들어봤어요. 윤이상은 나와 친했어요. 나중에 돌아가시기 직전에 저, 저 안기부 애들(이) 데리러 간다고 그리 가지 말라고 했거든. 가지 말라고 그러니까 그때 나하고 어쨌든 사이가 끊어져 버렸죠. 그런데 그 지가 들어간다고 설치고, 그냥 뭐 그냥 책으로만 보고 이북사회가 가면 저를 갖다 뭐 굉장히 영웅으로 받아들일 것이라고. 착각이에요. 이거 미친 사람이에요. 그래가지고 들어갔다가 가서 북에 가서 얘기 들어봤는데 가 가지고 여름에 슬리퍼 질질 끌고 반바지 입고 평양 시내를 활보하고 돌아다닌데. 그래도 거기서 그런 게 전혀 없단 말이지. 그건 저건 미친놈이라고 그런다고요. 그런데 그래도 뭐라고 그래. 저건 서양에 살다 온 풍속이 저런 걸 어떡하느냐. 또 뭐라 그러면 섭섭하다고 그러니까. 놔두었대, 그래도. 그러더니 이 트집 저 트집 나를 빨리 뭘 안 시켜주느냐 뭐 하더니 결국은 여기 갔다 온다고 내보내니까 여기 넘어가서 다시 또 서울에 가 가지고 개나발 부니까 그렇게 된 거예요. 그거는 간첩이. 그건 아마 이중간첩으로 봐야지. 여기서 들어가서도 간첩, 저쪽에 나와서 이쪽 간첩. 그렇게 봐야지. 그렇게 하니까.

김 면 여기 김성수 씨 그분도 어떻게 된 것이지요?

장일중 근데. 김성수가 그분이 나이가 많아요. 지금 70이 넘은 분인데. 그 사람이 그렇게 행동하면 안 되죠. 옛날에 김성수하고 김형규하고 친했어요. 김형규가 하나의 단점이 뭐였냐면 노동교실하고 우리하고 같이 해야 하는데 안 하고 꼭 그렇게 독일에서 혼자 놀다가 말이지. 교회에 나가서도 뭐 이북책 있으면 갖다 돌리고 그러니까 안기부 애들이 그때 강태성이가 여기 공부했단 말이에요. 강태성이 아마 그만두었을 거예요, 안기부에서. 공사하다 관두었는데. 그 친구가 공부하면서 일일이 다 찔렀지. 이건 완전히 간첩이에요. 들어가니까 아버지가 아파서 들어갔거든, 어머니가 아프셨던가? 그래가지고 완전히 아주 잘 걸렸던 거지. 이것이 요놈은 건드려도 누가 도와줄 사람도 없다. 왜냐면 혼자 들어왔으니까, 그래 가지고 온갖(누명) 다 뒤집어 씌어 놓고 그렇게 되서 간첩으로 3년 반 살고 나왔지요. 나하고 제일 친해요. 참 친했는데, 아마 그 얘기는 아직도 절대 안 하려고 그럴 겁니다. 그 친구 사는 게 굉장히 바쁘다고, 장사하는데 잘 안 되어 가지고.

다음에는, 이번에는 열흘밖에 시간이 없어 안 되지만 다음에는 김형규 그 양반 미리 연락해서 식사 한 번 해요. 그래 가지고 사실을 밝혀. 그게 김형규 사건이고.

김　면　홍성담 사건은?

장일중　홍성담은 그 전에 그 80년대 초에. 민협 때야. 민협 때니까 아 그렇게 맞네. 중반 이후. 87년인가 얼마 돼. 내 정확한 기억은 잘 못하니까. 그 사람이 우리가 여기 광주 민주화 이후에 매해마다 저 걸 하지요. 우리가 1년에 한 번씩 지금도 해요. 5 · 18민중제라고 해서, 그리는 행사를 해마다 하지요. 그때 이 사람이 왔어요. 여기에 와서, 모르지 근데 누구를 만났는지, 별 소리가 다 있으니까. 근데 내가 보기에는. 이북사람을 만났는지 안 만났는지는 모르겠는데 그 사람이 여기서 누구를 만났다고 되어있지요? 아마. 거기에.

김　면　아주 정확한 것은 모르겠는데. 무슨 미술 전시회를 북한에 그 문제 때문에 그런 것 같은데요.

장일중　아 이게 그거예요. 이게 아니고. 미술 전시회보다도 그 걸개그림. 걸개그림. 그게 아마, 크기가 아마 이 방만 할 거예요. 거기에 우리나라 지도가 있고, 천지가 나오고, 그 다음에 남과 북의 동포들이 껴안고 춤추고, 그거 있고, 그 다음 그림은 뭐 한국에 들어가서 그린 거지 뭐. 그 다음 그린 것은, 누가 또 훌렸지, 이북에서 밭 갈고 이북은 평화롭고 그런데 남쪽 땅은 미국 놈 군화발이 이

렇게 해놓아 가지고. 그건 서울서 그런거야. 여기서 그 사람이 가
지고 나온 것은 걸개그림. 그것을 우리가 범민족대회 할 때 그것
을 가지고 갔지. 그래서 진짜 백두산에서 펼쳤지. 그런데 내용 아
무것도 아니에요. 근데 오히려 북에서는 싫어해요.

김 면 왜요?

장일중 그림은 그 쪽 사람들은 안 맞는단 말이에요. 추상화 아니에요?
북에서 제일 싫어하는 게 추상화란 말이에요. 북에서는 이런 그림
을 복잡한 걸 거십니까, 하고 싫어했다고. 아니 근데 지금 남쪽에
서 민주 광주항쟁, 거기서 화가가 이 사람이 그린 것인데, 그래서
우리가 막 밀어제치니까 하긴 했는데 저쪽에서 싫어했어. 그 당시
에 싫어했어요. 하하 그 사람들은 그러니까 우리가 도로 갖고 나
왔지. 요새도 5·18 행사 할 때 그림 있어야 되죠? 그럼 여기 있
어요. 우리 여기 있던 거 아 윤현섭이 가져갔구나. 그렇게 되었지.
그 이북사람을 직접 만났는지 아닌지는 나는 잘 모르겠고. 뭐
만날 수도 있겠고, 난 모르지 뭐. 근데 뭐 별 얘기가 다 있더라고.
복잡해. 난 그런 상관 안 하니까. 이북 사람, 뭐 같은 인간끼리 만
났는데. 온 세계의 사람 다 만났는데. 이북사람 만나면 왜 안 돼.

현재의 통일단체 운동

김 면 현재에도 통일운동의 어려움이 있습니까?

장일중 그건 말도 못하지. 어. 지금도 대사관 홈페이지에 들어가면 우리
동포협력회를 친북단체회로 찍어놨다고.

김 면 아, 지금 대사관에서. 친북단체로.

장일중 그래서 외교부 이 사람들은 지금 하나도 변한 게 없다고. 6·15
통일신시대인데도 변한 게 아무것도 없어요. 그 과거식대로 여기
우리 동포들 자기들 뭐라고 하면 말 잘 듣고 그런 사람들 데리고
하지, 무슨 뭐 6·15 행사를 한다. 요번에는 나왔지, 남북대사가

나왔죠. 그리고 이 사람들은 내적으로 들어가면 지금도 가서 뭐 그런데 가시려고 그러십니까, 하고 자꾸 방해를 해요. 그리고 또 몇 사람들은 자기는 자유민주주의 하는 사람이라고 뭐 있잖아, 한국에. 그 무슨 뉴라이트인가 이런 놈들처럼. 그런 것들도 많이 있고, 국정원이라는 데서.

김　면　지원은 전혀 없었고요? 뭐 대외활동이라는 거.

장일중　에, 없죠. 요번에도 오라고 국정원 그놈들까지 전화를 했는데도, 아이고 제가 뭐 올림픽 때문에, 축구 때문에 못 갑니다, 절대 지원을 안 해요. 절대 지원 안 하고 올해 2006년도에 처음으로 남북대사가 여기 북에서 강사 들어오고, 그 얘기는 알지요?

김　면　여기 한민족 유럽연대가 출범했는데, 선생님 여기 보시면 범민련도 생기고, 한민족유럽연대도 2001년도인가요, 나오고 그랬는데. 지금 어떤 입장 쪽 차이가 있습니까?

장일중　한민족 유럽연대라는 것은 일본의 한통련으로부터 나오죠. 한통련, 일본의 곽동의 선생님 그 전에는 배동호 선생님이라고 돌아가셨는데. 한통련에 대해서는 알아요?

김　면　조금 아는데, 설명 좀 해 주십시오.

장일중　한통련은 원래 그분들이 민단에 속한 분들이잖아요. 아주 간단하게 얘기하자면 민단에 속한 분들인데 박정희가 유신하고 나서 유신에 반대했죠. 곽동의, 배동호다. 배동호 선생님은 돌아가시고, 곽동의 선생님은 알죠? 그분들이 유신헌법이 나오니까 반대를 했죠, 그러니까 민단에서 다 쫓아내 버린 거예요. 그래가지고 한국 재일본 한국민주통일 연합이 그게 한통련이에요. 그걸 김대중 선생을 그 당시에 의장으로 모셨죠. 그러다가 일본에 와서 일본에 왔을 땐가 모시게 되고, 그랬는데 김대중은 자기 대통령할 때 한통련 한 번도 안 불렀지. 하하하. 그 이후에 김대중이 대통령 관두고 이 곽동의 선생이 한번 가서 말을 하니까 잘못했다고 말했잖아, 김대중이가. 그랬던 거고.

그래서 그 지부 역할을 한 것이 한민련이에요. 미국도 한민련이 있고, 여기도 한민련이 있고, 한민련이나 범민련이나 똑같은 그런 역할인데, 통일운동은 같은 건데 지금 한민련이라는 단체는 지금은 그냥 명칭만 가지고 있고 활동은 하는 게 없죠. 정규명 선생님이 돌아가셨으니까 이종현 씨가 지금 뭐 그게 뭔지 모르겠는데 누가 이종현 씨가 아마 사무국장일 거예요. 한민족 유럽연대는 한민련하고 달라요. 이종현 씨가 한민족 유럽연대를 하고 있죠.

김 면 서로간의 교류 같은 것은 없습니까?

장일중 우리하고? 한민족 유럽연대하고는 6·15를 같이 하고 있죠. 6·15공동선언실천유럽지역위원회 속에 한민족 유럽연대가 들어와 있죠. 거기 여러 단체가 들어와 있어요.

김 면 범민련과 유럽연대 분들은 서로 왕래 같은 것은 별로 없고요?

장일중 통일운동을 통해서 1년에 몇 번씩 만나고 한민족 유럽연대는 자기들 무슨 일을 하는지 모르겠지만, 자기네들은 처음부터 자꾸 뭐 북한과 같이 하면 대중이 안 모이기 때문에 그렇게 한다 했는데 지금도 그런 얘기를 해서 여보시오, 지금 동포 협력회는 2001년도에 평양에서 예술단 초청해서 했고, 2006년도에 또 초청했단 말이에요. 그러면 이제는 2001년도에도 그렇고. 그럼 우리보고 이북에서 그 사람들 초청한다고 해서 친북단체라고 하는데 지금 친북이고, 친남이고 어디 있느냐. 6·15 시대 통일하자고 하는데. 우리 당신네가 이종현이 보고 내가 그랬지. 당신네가 얘기하는 친북단체인 재독협은 한인회와 같이 이런 행사를 하고, 근데 그건 대중운동이 아니고 뭐냐. 당신 어느 대중을 얘기하는 거냐. 지난번에도 내가 얘기했다고. 그러니까 완전 자기 입장이 없어요. 입장이 없고. 5·18광주 행사를 하는데 광주행사도 문제가 생긴 것이 광주행사도 잘 봐야 해요. 정부가 광주를 지원하데. 돈으로 지원한단 말이에요. 그래서 작년에도 김성택 변호사인가 한국에서 신부도 오고 한 3년 전에 5·18할 때에 박은선 변호사가 와서, 자 이제 5·18 제사만 지내서 되겠습니까? 이 통일운동을 하셔야지요. 그래서 6·15시대이니까 6·15로 합쳐야 됩니다. 그렇게 얘기를 했는데 한민족 유럽연대 계속 5·18 해 가지고. 광주 5·18재단에 서 돈을 많이 받는대요. 받아가지고 크게 한다고 우리보고 하나같이 하자고 했는데, 난 돈 받는 거 반대한다고 그랬어요. 그 돈이 정부가 여기 운동을 인정해서 지원을 해주면 나 받을 수 있다. 그 런데 5·18을 어떤 돈인데. 광주의 영혼들이 아직도 우리나라 통일도 안 되는 이런 마당인데. 그분들의 이름을 팔아서 받는 돈은 반대한다고. 내가 누누이 얘기했어요. 이 사람들 한다고 들떠서 난리가 났어요. 2만 6천 유로가 나온다나 어쩐다나. 광주에서 사람을 초청하고 난리가 났어요. 우리 김박사도 이런 것을 잘 아시고, 나중에 통일문제를 하시는 분들이니까 해외를 잘못 지원하면 돈 때문에 욕먹어요. 아니. 여러 가지 단체가 아니라 광주 5·18 재단에 국가에서 예산을 주잖아요. 근데 그것을 이쪽에 유럽연대나 5·18행사를 한다니까 쥐 놓고는 자기들이 외유 나옵니다. 호텔도 좋은데 잡고 방 안에 모여 5·18 광주에 돌아가신 사람들 이름을 더럽히는 일이잖아요. 대한민국 정부가 시대가 되었으니까 여기서 그동안에 열심히 일해서 온갖 개소리, 빨갱이 다 들어가면서 했어. 한국 정부가 지원을 하면 받자 이거야, 그러나 5·18 팔아가지고 받는 돈은 나는 싫단 말이지. 그렇게 얘기했지. 근데 그 사람들 한다고 난리였지. 그래서 앞으로 좀 기회가 있으면 이런 것도 잘 관심을 가지고. 여기 운동을 오히려 더럽히는 일이에요.

김 면 이 재독협이랑 장기수 귀향 촉진회랑은 다른 그룹입니까?

장일중 장기수 귀향 촉진회. 그 우리가 같이 했지요.

김 면 범민련에서 다 이렇게 같이?

장일중 다 같은 소속이고 지금도 거기에 이영빈 목사, 김순환, 그 다음에 신옥자. 신옥자 그분들이 재독일동포협력회 소속이고, 신옥자 선생은 여기 지금도 재독협의 중앙 상임위원이고, 내일모레에 여기 올라올 거예요. 신옥자에 대해서 얘기 들어봤어요?

　이인모 선생을 북에 연락시켜 준 사람이에요. 병원에서 일하면서 이인모가 잡지에 난 거라고. 이인모의 사건이 그 참. 병나가지고 저기 저 이름 뭐냐 그 분이 보살펴주는 게 나오니까 신옥자가 범민련에 가서 거기서 알아본 거야, 알아보니까 가족이 다 살아있는 거야. 다 평양에, 부인도 있고, 이런 기막힌 일이 어디 있어. 그래서 그때만 해도 그걸 맘대로 서울에 전화를 할 수가 없잖아. 여기서 서울에 전화가 되게 비쌌어. 병원에서 일을 하면서 병원에 일하는 자기 동료 남자 젊은 아이가 전화 같은 것을 잘 이용해가지고 서울에 전화해주고 그래서 연결이 된 거라. 그래서 이인모 선생 딸이 여기 나왔었죠. 그래서 직접 통화를 했었어요. 아버지하고 그런 역할을 해 준 것이 신옥자란 말이야. 그게 다 우리 범민련 같이 협조를 했죠.

김　면　신옥자 선생님이 지금 국내 입국이 금지되고 그런 것은 아니지요?

장일중　작년에 들어갔다 왔지. 오랜만에 30년 만에 들어갔다 왔지. 6·15행사 할 때. 두 번 들어갔다 왔지.

김　면　범민련이고 뭐 여러 가지 합치면서 가장 어려운 점. 내가 이런 말 할 기회가 있으면 하겠다는 어려운 점이 있으면 어떤 것인지 말씀 좀 해주세요.

장일중　어려움이라면 다 어렵죠. 다 어려운 것이. 어떤 때는 이런 힘들 때는 이런 생각이 들죠. 운동을 시작하는 과정이 잘못되었다. 그런데 여기 나와 살면서 우리나라를 들여다보니까 정말 한심하다 말이에요. 쥐꼬리만 한 게 둘로 갈려가지고 그것도 한쪽은 서로 이래저래 손가락질 하고, 여기 와서도 서로 만나지도 못하고, 온 나라 온 세계 사람들 다 만나고 다 왔다 갔다 하는데 거기는 우리 땅인데도 왜 가지도 못하는가, 이런 생각이 들어요. 사람마다 다 든다고, 누구나 마찬가지예요. 그것을 생각을 하면서 과감하게 나

무섭지 않아. 국가보안법도 무섭지 않아. 나 한국 들어가서 잡혀도 좋아. 나 한 번 해보겠다. 이런 사람은 아직 극소수지요. 당연히 자기 일 다 제쳐두고. 우리도 다 알지 우리가 그거 하게 되면 국가보안법에 걸리고 이제 이런 거 그래서 문제는 하루속히 국가보안법 철폐시키고, 우리가 그 통일운동하려고 북에 범민족대회 갔다 오고 그런 것이 왜 죄냐 말이에요. 북에만 갔다 오면 다 간첩이고, 북의 앞잡이고 그런 거냐 말이에요. 북도 이제는 간첩 그걸로 귀찮게 될 것 같아. 옛날에는 그 사람들도 그 낡은 방식으로 간첩 뭐 이렇게라도 해보려고 했는데 그게 되나. 여기 이쪽에 살던 사람은 거기서 못 산다고, 안 맞는단 말이에요. 그쪽 세계하고는 오히려 방해가 되잖아. 그러니까 그 사람들 다 알아요. 그래서 그 제발 좀 이제는 친북이나 친남이다 이런 소리 좀 하지 말고. 하다보니까 어려울 때는 그런 생각이 들어요. 또 제일 문제가 뭐냐면 돈이란 말이에요. 내가 이런 것을 하려고 하면 돈을 많이 벌어 놓든지, 아니면 이사회 들어가서 좀 정치에 들어가서 이 사회를 움직여가지고 우리나라 남북통일 하는데 보탬이 되는 역할을 할 수 있는 그런 위치가 되든지. 이것도 못하면서 내 마음만 가지고 하다 보니까 맨날 돈 때문에 마음만 몸만 가지고 하는 거야. 이것만 하다보니까 나 지금도 택시운전을 하는데 이거 행사 있고 며칠 일 못하면 펑크가 나는 거라. 내 수입이 딱 떨어져 버리는 거라. 그러면 또 돈도 못 버는 그런 후회도 들고. 그래서 처음에는 왜 이렇게 우리와 같은 순수한 노동자들이, 나 광부로 광산에 왔잖아요. 광산에 와서.

김 면 몇 년에 오셨어요?

장일중 74년도에 왔지. 와서 그래도 좀 우리나라가 너무 딱해서 도우면서 이렇게 하는 사람도 봤고. 나뿐만 아니라 여기도 극소수예요. 그렇게 하는 사람들은 좀 하다가 자기 어려우니까 다 물러나고. 그런 사람들이 참 많죠. 그래도 끝까지 지키고 있는 사람들이 몇 있죠. 제발 그런 소리 좀 우리 남한에서 그러지 말고, 북은 안 그러지, 북은 통일하자고 늘 얘기하니까. 그 다음에 여기 어려운 것이 이 운동을 하는데 사람들이 같이 운동을 했다고 하면 뒤에서 또 손가락질을 한다고. 저건 뭐, 저건 뭐. 이제 듣지도 않지만은. 제발 우리나라 남쪽에서, 대한민국에서 제발 그런 소리 좀 하지 말고 사람을 좀 안을 줄 알아야지. 오히려 북은 통일운동을 한다면 아 좋습니다, 선생님 수고하십니다, 하고 그러는데, 남쪽은 전부 뒤에서 손가락질 한단 말이에요. 대사관 놈들 지금도 인터넷 들어가면 아까도 얘기하는데 나도 그 봤지, 친북단체하고 재독협, 범민련 어쩌고... 야비한 놈들 말이에요. 그걸 지들이 이놈들이 맨날 수십 년 전부터 하던 그 식으로 자기들 하던 사람들 그것만 인계해 받는다고, 국정원이고 뭐고, 공사고 대사고 그놈들이랑 상대하기가 편하거든. 그 사람들과 상대하다가 가고, 그 담에 또 물려주고. 그런단 말이에요.

제가 생각할 때는 그런 영향이 여기 사는 동포들한테도 있잖아요. 그러면 운동하는 사람들이 더 어려워지고, 거기서 그렇게 알아 가지고. 그런 문제가 있죠. 와서 다 알죠. 그런 외교부 특히 이 사람들 생각을 좀 고쳐야 되요.

김 면 북을 도와주려고 하는 단체들과 범민련은 또 다른 단체들과 서로간의 관계는 어때요?

장일중 그 단체들, 교회도 마찬가지예요. 그러니까 여기 뒤에서 다 조종하는 거지. 안기부가 나와서, 국정원에서. 우리하고 접촉 못하게 하지. 접촉 못하게. 교회는 뭐 하나의 지금도, 아까도 보니까. 교회 북한어린이돕기 뭐 그런 것을 가지고 맨 그런 것을 가지고 유행이 되어 가지고.

김 면 많이 도와주죠. 지금.

장일중 도와주는지 어떤지는 모르겠는데. 그런 것을 하면, 그게 어떤 면으로는 그게 정말 북한 어린이를 생각해서 하는가, 하는 의문이들 때도 있어요. 뭐 남이 하니 자기도 한다는 식으로다가. 교회에서는 벌써 80년대 중반에 내가 전체 여기 한인교회, 재독 한인교회 연합회 통일위원회를 내가 그걸 만들었어요. 그래 가지고 목사님들하고 같이 했는데 그때부터 관심을 가지고 87년인가 북에서 처음으로 강 누구지 돌아가신 분 강영실 목사 그분들 초청해 가지고 우리가 여기서 행진도 하고 했어요. 우리 한인교회가 처음으로 그런 일도 하고. 그런데 보니까 교회에서 지원들 많이 하고 좋은 일인데. 너무나 흔하게 팔아먹더라고요. 그걸 가지고서 북한이 지금도 다 굶어죽는 것으로 자꾸들 얘기하고 또 여기 법륜스님 정토회의 법륜스님이라고 그 저 옛날에 나진선봉에 지원도 해주고. 그분은 자꾸 300만이 죽었대. 하하. 진짜 얼마나 죽은 거야.

근데 그래서 3만 명이 죽었다고 해도 나라가 난리가 난다고. 죽긴 죽었지. 굶어죽었다고. 저 사람들도 부정 안 합니다. 그런 소리 자꾸 엉터리 같은 소리. 그 아니라고 하면 맞는데 하면 환장하는 거지. 10분의 1도 넘게 죽었다는 건데 그건 말도 안 되는 소리라고.

김 면 아까 얘기했듯이 지원받기가 힘드신데. 생업에 종사하시면서 하기 힘들지 않으세요?

장일중 힘들지.

김 면 사명감 때문에 하시는 건가요?

장일중 어떤 때는 막 쪼들리고 할 때는 당장 때려치고 싶다고. 서독이나 우리 유럽지역, 여기 전화가 딱 와서. 여기 내가 지금 사무국장이잖아요. 유럽위원회 사무국장이잖아. 아 이제 파리에 계신 우리 영감. 이제호가 전화가 온다고. 우리 상임대표 아니에요? 사무국장 바쁘지, 힘들지 사는 게? 괜찮아요, 건강이나 조심하쇼, 그러면. 그 분들이 나를 믿고 또 뭐 계획대로 뭘 하자고 한단 말이야. 그럼 또 안할 수 없는 거라. 이왕 시작한 거, 이왕 잘못 들린 발 뺄 수는 없잖아. 하하하. 그렇게 하고 여기 이영옥 저 분이 나하고 정식 결혼한 사이는 아니죠. 만나서 그분이 많이 도와주고. 그분은 통일운동 이런 거 모르던 분이고. 그냥 순수한. 내가 이혼하고 알게 되어서 우리는 6·15 때문에 알게 된 거지. 재외독일동포협력회는 2001년부터 계속 해마다 행사를 해 왔지요. 2001년도에 처음으로 독일 동포 역사상 처음으로 북에서 예술단을 데리고 오죠. 동포 예술단. 처음으로 데려오고. 지난 2006년도에 또 재외독일동포협력회에 예술단 데려오고. 그렇게 된 거죠.

김 면 여기 선생님, 재독동포협력회 회장님 하시고, 지금은 명예회장?

장일중 지금은 명예회장. 내가 5년 동안 하다가 맨 처음에는 이영빈 목사님하고 그 담에 내가 5년 하고 지금은 이거 지금 하시는 분은 이지숙 박사라고 3년째하고 있는데 관둔다는 것을 5년을 채워야 한다고, 하하.

장일중 범민련 우리 1차 범민련 대회 갈 때 52명이 조선민항에서 찍은 사진이 있을 거야. 조선민항 비행기까지 나왔을 거야. 그런 것 좋지. 백두산에서 찍은 사진도 있고. 어디 지금 모르겠어. 어디 다 처박혀 있는지 찾을 수가 없어.

통일정책에 대하여

김 면 북한과 우리나라의 통일정책, 이런 거 비교하실 때 좀 느끼신 점은 없으세요?

장일중 그렇죠. 그래. 지금 남한에서는 신문이나 모든 언론을 봐도 통일이라는 얘기가 없어요. 통일이라는 얘기 들어봤어요? 없다고. 통일이라는 얘기. 그러나 북쪽에는 화두 자체가 통일이에요. 그게 다르죠. 북쪽하고 남쪽하고. 범민련이 처음에 나왔을 때에 많은 학자들이 나와서 범민련을 이건 좀 우리 해방 후에 처음으로 만든 남북회의 전초기지라고 환영하고 하니까 그에 반대해서 범민련이 좀 시끄러워지고 하니까 범민련이 추구하는 통일정책이 너무 환상

적이다, 통일은 감상적으로 해서는 안 된다. 또 이렇게 나오지. 이래서 또 몰아치지요.

김　면　북한에 무슨, 어떤 행사 때 주로 방문하셨어요?

장일중　범민족대회. 또 6·15 이럴 때, 6·15 대회.

김　면　가셔서 혹시 느낀 소감 같은 것은 없으세요?

장일중　북한에 소감이라는 것이 우선 사람들이 좀 달라요, 남쪽사람들하고. 순수함 그 자체예요. 솔직하고. 우리가 생각했던 만큼 무슨 자기 정치선전 같은 거 없고, 일반시민들 만나서 얘기해 보면, 다 사는 얘기. 뭐 자식들 교육얘기 다 똑같아요. 여기하고 거기도 다 똑같아요. 강도도 있고, 별 못된 사람도 있고. 요새는 그런 것들 다 전부 나와 가지고 탈북자들 저 그 부시가 데려다가 장난치잖아. 돈 떼어먹고, 도망간 놈, 그 강철환이라는 놈도 돈 떼어먹고 도망간 놈이야. 그거 다 그런 거 갖다가 크게 뭐 한 것처럼 해 가지고. 대체적으로 그 그런 범죄를 지고 나간 애들이 많아요. 거기도 눈물이 있고, 거기도 연애하다가 실패도 있고, 이혼도 있고 다 있어요, 똑같아요. 그러나 좀 갑갑하죠. 다 일률적이고, 나올 때마다 위대한 이러잖아. 하하.

김　면　아까 어려운 점 얘기하셨는데, 보람을 느끼신 적은 없으시나요?

장일중　지탱하는 힘이라는 게 발전되잖아요. 얼마나 발전되었어. 네? 얼마나 발전되었어? 나는 한국에 우리 젊은이들. 아 작년에 3월 달인가 벨기에 저기 저거 하러 왔어요. 한 100명 나왔지. 이북 무슨 북한인권대회를 미국 놈들이 거기서 한다고 하니까 그걸 반대하러 데모하러 나왔지. 아. 그런 분들 만나서 대부분 젊은이들이고. 그걸 그분들 보면 희망이 있어. 이 정말 통일 문제없단 말이지. 저런 훌륭한 젊은이들이 있으니까 그분들이 나와서 일주일간 했지. 일주일간 했는데 누가 뭐라고 하지도 않는데 아주 규율적인 생활하면서 장소를 우리가 원래 유치원에다 해서 해 줄라고 했는데 방해가 들어와 가지고, 미국 놈들 방해가 들어와 가지고 그때에 한

80명이 유치원 땅 바닥에다가 이런 것 깔고 자고 그랬어요. 호텔을 어디다 정해놨어요, 싼 데, 그런데 못 들어오게 방해, 딱 끊어져 가지고. 그렇게 고생스럽게 하면서도 그걸 하는데 나가서 시민들 잡고 이 그거 미국이 하는 짓 나쁘다는 선전지 돌리면서 그렇게 하는데 참 기막히더라고. 너무너무 훌륭한 분들, 그런 분들 보면 그러면 아주 좋지요. 내가 이걸 한 보람이 있지요. 문화행사는 길거리 문화행사 해서 시민들 다 구경하고. 여기는 맨날 데모가 있는 나라니까 안 보지, 그런데 문화행사 하니까 사람들 모여들고.

그래서 내가 말씀하신 것과 같이 오히려 한국에서 박정희 때는 민주화 투쟁 반유신 민주화 체제를 했고. 지금은 통일운동을 하다가 감옥도 갔다 오고 이런 분들은 아주 뭐 떳떳하다고. 오히려 그게 자기 삶에서 굉장한 하나의 가치라고.

오히려 지금도 우리 동포사회에서도 저 사람을 이상한 사람, 저 사람은 북쪽 앞잡이 정도 이렇게 생각하고, 남쪽에도 마찬가지로 나 같은 경우도 28년인가 안 들어갔는데 들어가려고 하면 뭐 쓰라고 한다고, 뭐 잘못했다고. 이거는 실제 남쪽에서 운동하다가 야 데모 한 번 하다가 끌려가는 게 몇 번 살고 이런 게 떳떳하지. 여기는 뭐 창살 없는 감옥이란 말이에요. 나 같은 경우에도 들어가려면 뭐 쓰라고 할 거라고. 틀림없이. 난 시도도 안 해봤어.

여기 사람들을 좀 이해를 해야 돼요. 피해의식. 나를 또 무슨 이용해 먹지 않나. 그러고는 지금도 그렇단 말이에요. 그래서 예를 들어서 작년에 8 · 15 때에도 여기 몇 분들이 다 갔죠. 임민식 사무총장 범민련 해외본부, 이 사람은 안기부, 저 국정원에서 끝까지 안 된다고 그랬단 말이지.

김 면 한번 리스트에 들어가면 그냥 그 답습되나 보지요?

장일중 그래서 소위 여기서 운동을 했다가 들어갔던 사람들이 지금 아까도 어수갑이다, 뭐다 얘기했는데. 잘못했다고 쓰고 들어갔단 말이에요. 나는 그거는 하고 싶지 않단 얘기지. 아니 내가 여기 30

년이 넘게 살면서 나 나름대로 살아가면서 우리나라를 보니까 너무 딱하니까 내 보잘 것 없는 힘으로 뭔가 통일에 이바지하고자 했으면 제대로 된 나라 같으면 아이고 그동안 수고했소, 한 번 놀러오소, 그렇게 해야 맞지? 아 그거 했다고 뭐 큰 잘못이라고 지금도 국가보안법 들이대면서 당신은 뭐 잘못했다고 쓰고 들어가라고. 에이 나 안 들어간다고. 안 들어가고, 안 써. 몰라 내가 내년에 들어갈지 몰라. 내년에 내가 안 들어가면 안 돼. 아니 올해 6·15가 아니라 8·15 행사 남쪽에서 할 것 같은데 작년에도 여기 6·15 때 이북에서 행사 나오지, 연예인단 나왔잖아요. 그거 다 여기 내가 없으면 안 되기 때문에 서울에 못 들어갔지. 그런 행사에 들어가기는 들어가는데 나보고 만약에 뭐 잘못했다고 하면 안 쓴단 말이야. 왜 써? 그러니까 북과 남이 다른 게 뭐라고, 북쪽에서는 통일운동 했다고 하면 그 사람이 북을 욕을 하든, 뭘 하든 통일했다고 하면, "그랬습니까. 선생님 해외에서 고생스럽게 살면서 고생 많이 하십니다." 그 사람들은 같이 해 준단 말이에요. 남쪽이라는 나라는 이상한 나라가, 이상한 나라라고 이상한 나라. 하하.

북으로 지원

김　면 요즘 독일에서 북한에 대한 관심이 대단해진 것 같은데요.

장일중 얼마나 관심이 있는가 하면 우리가 독일토끼를 독일에서 공부했으니까 리젠, 독일제 리젠이라고. 저 양반한테 물으니까 한국에는 그런 게 없다고 하대. 우리도 한국에서 온 사람들인데. 그런데 그 토끼를 이걸 좀 가서 퍼트릴까. 토끼가 너무 크니까 1년도 안 먹여서 10kg이 된다고 털도 부실부실하고. 털은 털대로 쓰고, 고기는 고기대로.

김　면 돼지같이 생겼네요.

장일중 어어. 어유. 이렇게 크다니까. 내가 내일 실으러 간다고. 내가 지금. 모레 평양 가는 사람한테 부치려고. 근데 그거를 좀 해주려고 뭐, 갈 때마다 뭐 약품이라도 들고 가야지, 약 많이 부쳐. 계속 부쳐준다고. 그럼 여기 약을 모아요. 이렇게. 약방에다가. 당신네 약, 조금 기한 넘어도 괜찮다. 알약 같은 거는 기한 조금 넘어도 어때? 그럼 많이 준다고. 또 현재 우리 동포협력회 회장이 여자 분이에요. 내가 5년 하다가 이 여자 분이. 이지숙 그분이 의사에요.

김 면 원래 잘 활동 안 하시던 분이 하시는 거예요?

장일중 잘 활동은 안 했지. 옛날부터 우리나라 지원 많이 했어요. 옛날부터 남쪽에서 환경문제 할 때 그 누구야. 별 사람 여기 다 나왔다고. 최열이 또 무슨 목사 있지? 국회의원도 했다가 말 막 하는 목사 있잖아? 박모 있잖아. 그 친구들도 우리 이 이지숙 현 회장은 나타나지는 않지만 뒤에서 많이 지원했어요. 우리 한국에 노동운동 지원 많이 하고, 없는 사람들 많이 지원했어요. 토끼를 좀 가져가려고 했는데 이 대사관 사람들이 우리가 힌트를 좀 줬거든. 가져가려고 그런다. 그러면 우리보고 와서 좀 달라, 그런데 지들이 거기 나타난 거야. 거기 토끼 기르는데. 거기 대사가. 그런데 그 주인새끼가 보니까 대사가 나타나고, 차가 멋있는 게 오고 하니까 이 새끼가 동네신문에다가 불어 버렸어. 기자회견을 해 버렸어. 동네신문에 나니까 여기 지저분한 놈들, 베를린신문 있잖아 독일에 베를린에. 이 새끼들이 가서 사진 막 떠들고, 해버린 거라. 평양을 가게 되었고 말이지. 거기에 대사가 와가지고, 이러니까 방송이고 뭐고 온 독일나라가 다 거기에 관심을 가지고 밤낮 방송에 나와. 지금도 '독일제리첸' 들어가 보라고 다 나와 있다고. 아 그래서 나는 모르고 갔더니 일본기자 새끼들이 막 사진을 찍고, 한 놈은 보니까 청바지 입고 운동화신고 서 있더라고. 독일 놈이. 저건 뭐야. 그래서 내가 당신 클리퍼냐고, 형사냐고 하니까 아 아

니래 자기는 기자래. 왜 이렇게 난리냐고, 왜 나를 사진 찍고 그러
냐니까 당신이 대사관에서 온 줄 알고, 하하. 난 그게 아니고 이런
단체인데 우리가 이북에다가 이 토끼를 좀 보내줄려고 그런다. 그
러니까 아 그러냐고. 그 새끼가 가서 뭐라고 신문에 낸 줄 알아?
물론 그 놈이 안 썼을 거야. 베를린신문에다가 내 사진하고, 주인
하고, 토끼만지는 이상한 사진을 내서, 내가 김정일 저기 뭐야 뭐
라 그래 이 저 있잖아. 그거 그거라고 내 놓은 거라고. 그렇게 시
끄럽게 되었다고. 그래 가지고 내일 우리 갈 때 또 비행장에 나오
고 지랄들이 날 거라고, 기자들이 다 몰려나올 거라고. 그래서 내
가.

김 면 그 얼마나 보내시는지? 많이 보내시나 보죠?

장일중 아 내일 2마리 가지고 간다고. 암놈, 수놈. 북에 대해서 지금까
지는 일방적으로 미국의 다수가 전부 다 미국의 인포메이션 가지
고 그대로 북은 아주 뭐 다른 나라, 못된 나라, 스탈린주의 어쩌고
알아보지도 않고 그냥 일방적으로 했는데, 지금은 부시하고 싸워
가지고 이겨가고 있으니까 이게 보니까 저게 이상한 나라거든요.
조그만 게 어떻게 부시하고 싸워서 이기고 있잖아. 부시가 꼼작도
못하고 당하고 있잖아. 그러니까 이놈들도 이제 북을 다시 보는
것 같아요. 그래서 뭐 북에 들어가겠다고 하는 놈들이 무지하게
많다고. 이놈들도 입장을 다시 정리하는 것 같아요.

김 면 오랜 시간 말씀해 주시느라 수고하셨습니다.

15. 이준식

現 범민련 유럽본부 의장

이준식 現 범민련 유럽본부 의장

이준식 의장은 1977년 독일에 광부로 와서 노동자들의 권익을 옹호하는 노동운동을 시작으로 조국의 민주화운동에 관여하였다. 통일운동사와 관련하여 그는 현재 범민련에서 유럽본부 의장으로 활동하고 있다. 현재 장기수귀향촉진회와 재독동포협력회에 참여하고 있으며, 구술조사에서 는 최창록 사건, 범민련 내에서의 과거갈등문제, 현재 동포들의 통일운 동현황에 관하여 비판적인 진술을 들을 수 있었다.

범민련 입문

김 면 언제 처음 독일에 오시게 되었나요?

이준식 제가 여기 광산에 온 게 1977년 9월 9일입니다. 루르지방의 베켄하우젠 체케에발트라는 광산에 왔습니다.

김 면 어디 근처죠?

이준식 도르트문트에서 얼마 안 멀어요. 여기 와서 있을 때 이미 민협은 결성되어 있었고. 그 동안에 소위 민주운동이라고 한 적이 있었죠. 그래서 저는 그 당시에는 전혀 관여 안 했어요. 그리고 그때까지만 해도 통일이 꼭 나에게 절대적인 것은 없었으니까. 그 이후에 제가 통일운동을 하게 된 것은 저희들이 3년이 끝나면 귀국을 해야 돼요. 3년 계약을 하고 왔으니까요. 77년 9월 9일에 왔으니까 80년 9월 9일에는 가야죠. 이제 불행인지 다행인지는 몰라도. 다행이라고 할 수는 없죠. 80년 5월 광주가 터집니다. 그 터진 속에서 독일의 제이방송인가? 거기에서 광주의 실상을 있는 그대로 방송을 하게 되죠.

김 면 무슨 방송이죠?

이준식 제이 방송이요. 그 당시 제가 기억은 없는데, 한국 특파원으로 가 있던 기자가 그걸 찍어서 전 세계에 공식이 아니고 비공식으로 보내게 되죠. 사실 그 살벌한 상황, 보낼 수가 없는 상황에서 보내서 밝혀지는데, 그걸 보는 저희 입장으로서는 소름이 돋더라고요. 그리고 이 독일의 광산 근로자들은 이런 말 하면 뭐 하지만, 소위 좀 이렇게 많이 배우지 못한 사람들인데, 그 사람들 앞에서 사실 얼굴을 들 수가 없었습니다. 부끄럽고, 창피하고. 세상에 제 나라 민족을 제 나라 군인이 그렇게 짐승처럼 죽이는 그런 광경들을 생생하게 목격했을 때는 정말 치솟는 분노, 민족적인 모멸감, 수치감 이런 것이 막 끓어오르더라고요. 그때부터 다시 조국이 뭔가. 대한민국이 세상에서 제일 좋은 나라고, 내 나라고, 내 조국이라고 이렇게 생각하는데, 근본 문제부터 다시 생각하게 되더라고요. 그리고 제가 근무한 광산에서 왜 남쪽에서 아오지 탄광 하는 그 극명 높은 듯한 강으로 유명하지 않습니까? 소위 독일에서 아오지 탄광이라고 하는 광산은 조건이 아주 나쁩니다. 다른 데서는 기계가 시루떡처럼 내어가고, 탄이 꼭 시루떡처럼 되어있어요. 사실 들어가면, 시루떡이 되어있으면 파실에 깔리고 탄이 그렇게 생겼어요. 한번 딱 파헤치고 나면 그 밑에 돌가루하고 돌이랑 섞여 있고 그 밑에 또 탄이 들어 있고. 이 쪽 좀 내려가서 하나 파먹고, 제가 작업하는 광산은 40도 경사 막장이에요. 그리고 이거는 옛날에 탄이 생길 때, 지진, 화산폭발 일어나면서 탄이 생겨나는 과정에 흐르는 물같이 흘러가서는 높은 데도 있고, 낮은 데도 있고 그래요. 막 복잡해요. 굉장히 위험하고. 그런 지하에서 거의 700미터 800미터 900미터 하는 곳에서 일을 하는데 보시다시피 힘이 없잖아요. 그리고 도급제로 해서 하루에 2미터 50동발 두 개나 세 개의 책임량을 줘요. 그걸 못하면 임금이 형편없어요.

이런 문제로 인해서 그 당시에 보험의 대상이 되는 것이 있었죠. 그 노모라는 친구가 나와 있었어요. 아마 그럴 거예요. 우리가 하소연 할 데는 거기 밖에 없죠. 그럼 이 노모라는 사람은 와서 우리 편을 드는 게 아니라 광산기업주 편을 듭니다. 그 사람들은 나와서 우리 노동자들을 위해서 일해야 될 사람이 오히려 광산기업주 편을 들면서 너희들 자꾸 이러면 북의 사주 받아서 이 짓 하는 거지 이 자식들아, 또 그러면 잡아간다 말이지. 그러면 고향에 있는 가족들에게 불이익 당하게 한다. 이런 그 무언의 압력과 뒤에 그런 투쟁 속에서 겪은 것이 뭐냐. 정말 믿을 놈 참 없구나. 내 나라가 이 모양 이 꼴이구나. 그 당시에 박 대통령 전인가 후인가 그때 와서 눈물을 흘렸네 뭐네 하는 건 전부 다 거짓말이고. 그런 강요 속에서 사실 제가 민중편에서 알게 됐습니다. 그래서 공부를 하다 보니깐 그런 결론이 나오더라고요. 북은 사회지위가 내치고 그 사람들은 과거, 일제를 대항해서 하던 분들이 정권을 잡았고, 남쪽은 정말로 과거 일본한테 결탁하고 비민주적인 반민족적인 사람들이 정권을 잡은 결과가 이렇게 나왔다. 사실 그러면서 민족문제를 다시 알게 되었고. 그런 과정 속에서 제가 일본을 여행하게 됐습니다. 근데 일본을 여행하는데 그 옛날에 하네다 공항인가? 출입국 관리소에 그 젊은이들이 무릎 꿇고 쫙 있더라고요. 그래서 왜 저렇게 있나 하다가. 나가서 저를 마중 나온 사람한테 왜 그러느냐고 했더니, 남쪽에서 온 아이들인데 밀입국자들이라고. 그래서 무릎을 꿇게 하고서 인격적인 모독을 줘가면서 그렇게 하고. 욕을 하면 그 사람들이 우리말을 다 알고 있대요. 그렇게 하면 오히려 불이익을 주고. 그런 것을 보고 나니깐 또 한 번 느낀 것이 뭐냐 하면은 우리나라가 통일을 하지 않고서는 계속 일본의 노예 새끼들이구나. 그런 것을 느꼈어요. 그리고 돌아가서 통일의 문제가 사실 우리 해외동포들이 사는 데 아무 지장이 없지만, 우리 민족 문제만큼은 참 심각한 문제구나. 우리의 소원 통일이 그냥 입으로 부르는 게 아니라 민족 모두가 가슴으로 부르는 노래가 되어야겠다. 그런 생각을 하게 됐죠.

김 면 그럼, 그 노련이고 뭐 그런 데는 가입 안 하셨어요?

이준식 전 안 했어요. 전혀 안 했습니다. 단 가입한 것이 바로 범민련입니다.

김　면　그때 당시에 보면, 여기 서백림 노동교실도 있고 5월 민중제도 있고.

이준식　5월 민중제는 가입을 한 것이 아니라 광주의 그런 참사를 목격하면서 우리가 같은 민족의 동포로서 동포의 아픔 이런 것을 그냥 보고만 있을 수는 없지 않느냐. 우리가 광주 5월의 넋들을 기리자. 그래서 5월 민중제라는 이름으로 그 이듬해부터 여태까지 계속해 오고 있죠. 근데 거기에는 각 단체들 다시 말해서 옛날에 있던 모든 민족문제 통일 단체들이 함께 연대해서 하는 일 년에 한 번 하는 행사이지 어떠한 단체는 아닙니다.

범민족대회

김　면　범민족대회에 참가하시게 된 경위를 말씀해 주시지요.

이준식　김 선생님이 잘 알다시피 우리 분단의 근원인 남쪽을 우리가 모든 정보 차원에서 안 되니까 민간 차원에서라도 통일을 활성화 시켜보자 그런 큰 뜻으로다가 남북회의가 여기서 99년인가 11월 20일에 만나서 처음 결성하게 되죠. 그 당시 남쪽에서 제가 여기는 조용술 목사님, 민화연 상임장을 하는 조성우, 그리고 이해학 목사, 세 분이 오셨었죠. 그분들이 여기서 결성을 하고 돌아가는 김포공항, 옛날에는 김포공항이었죠. 비행기 안에서 잡혀 가면서부터 일이 벌어지기 시작하는데, 사실 그때만 해도 남쪽에서 통일, 하면 굉장히 어려웠죠. '통'자 말도 못 꺼냈었을 때인데요. 그 전에 제가 기억하기로는 세계기독교대회인가가 서울에서 열렸을 겁니다. 그게 기독교계의 소위 진보적인 목사님들 중심으로 해서 나라의 통일을 얘기했고, 거기서 세계적인 차원에서 하기로 했습니다. 그래서 그것이 첫 발단이 돼서 통일문제를 우리 이쪽 요즘 얘기하는 우리 민족끼리 한번 해보자. 처음에 발단이 그렇게 된 것으로 제가 알고 있습니다. 그래서 사실 우리 민족의 소원 통일이라는 말도 있듯이 그 제안을 가지고 남과 북이 해서 이렇게 한번 해보자. 그래서 뜻을 모아서 일 년이라는 준비 과정을 거쳐서 하게 되죠. 그리고 이후에 이제 남쪽 대표들, 청소년대표들이 비행기 안에서 안기부에 구속, 수감되면서 남쪽에서 문제가 불거지기 시작했죠. 기독교계의 진보적인 인사들을 중심으로 해서 이래서는 안 되겠다, 하는 주장과 또 민족 민주운동 통일교에서 했던 주장이 첨예하게 대립하면서 남쪽 남측범민련이 결성을 못하고, 항상 준비 이름으로다가 활동 아닌 활동을 하고 탄압 속에서 이렇게 유지되어 오죠. 그런데도 불구하고, 90년도 처음 평양에서 1차 범민족 대회를 했고, 항상 남측 대표는 평양에 참가를 못 했죠. 사실 그렇게 해왔고. 그게 정리하면 해외에서 우리 조국에서 통일이 되든 안 되든 살아가는 데는 지장이 없습니다. 오히려 안 하면 더 속 편하고 빨갱이 소리 안 듣고. 근데 왜 하냐면 우리나라가 통일되지 않고는 계속 어디가나 천덕꾸러기, 그런 입장이기 때문에 작은 마음에나마 우리 통일에 한번 기여해 보자. 그래서 범민련 유럽본부에 들어왔습니다. 들어오니 사실 알다시피 그때만 해도 언제냐. 제가 제일 막내로 있었습니다.

김 면 그때 의장님이 누구셨어요?

이준식 그때 첫 의장님이 정규명 선생님이셨습니다. 그 결성하는 과정에서 또 이제 남쪽에서의 있었던 갈등관계가 해외에도 그대로 이식됩니다. 기독교계의 인사들과 소위 말하는 헤게모니 쟁탈전이라 할까, 주도권 쟁탈전이랄까. 이제 이런 과정 속에서 그대로 남측의 준비 위원회에 여파가 온다는 것은 통일문제에 있어서 첨예하게 대립되는 관계가 남측에서의 문제이기 때문에 그런 것 같다고 저는 생각합니다.

김 면 그 당시에 범민족대회 상황 같은 것 좀 얘기해 주시겠어요?

이준식 범민족대회 때의 상황 그 당시에 본부사무국이 여기 독일에 있었습니다. 그게 왜 독일에 있었냐 하면, 사실 그 당시만 해도 일본에 민단과 조총련이 있었는데 이번에 하게 되면 또 총련, 총련, 하게 되니깐 베를린으로 하자. 베를린에 북쪽 사람도 있고, 또 여기가 유럽의 중심지고 분단국이고 하니깐 여기서 하자. 그래서 여기서 하게 됐죠. 제가 기억하기로는 1차에 68명이 갔는데, 북에서 경제 사정이 좋아서 큰 거는 아니지만 전세 비행기를 뒀습니다. 그래서 그거를 타고 그 당시에 역사를 좀 더 공부를 했다면, 그때 갔던 길이 일제 때에 우리 조선족이 피난하면서 간 그 길을 역으로 돌아가는 길인데, 그것을 그냥 무의미하게 지나친 것이 아쉬워서 비행기로. 평양에 도착하죠.

김 면 전부 다 그냥 갈 수도 있었는데 일부러 회비를 모으셨다고요?

이준식 네, 그렇게 해서 북에 가서 정말 뜻있게 한 번 해보자. 그런 상징적인 것을 해보자 했는데, 제가 거기에 대한 기억은 없습니다. 제가 돈하고는 워낙 담을 쌓은 사람이라서.

김 면 그래도 일부러 아니면 돈 때문에 간 것은 전혀 아니고 민족을 위해 갔었다는 그 얘기를 하시더라고요.

이준식 네, 맞습니다.

김 면 여기 분들이 다 넉넉해서 운동을 하셨던 게 아니라고들 하시더라고요.

이준식 네. 맞습니다.

범민련

김 면 그래서 범민족대회를 한 다음에 유럽민협이 있었는데 실질적으로 해소가 되고 이쪽으로 계승이 되는 거 같은데, 갈등은 무엇이었습니까?

이준식 그 부분에 대해서는 그만큼 통일문제가 정말 예민한 문제라는 겁니다. 자기 삶과 여기 있는 삶보다도 고국에 남아있는 가족들,

친척들, 부모, 형제들이 실질적으로 국보법이라는 법에 저촉이 되고 그러면 여러 가지로 지장이 많죠. 소위 연전이라는 그런 법규 속에서 극복하지 못하고 한계에 부딪쳐서 그런 결과가 있었겠죠.

김 면 요즘은 한민족유럽연대에도 또 나타났잖아요. 근데 그 범민련이랑 한민련이 또 계승 관계가 아니라 또 다른 그룹처럼 여러 가지 단체처럼 움직인다고 그러더라고요. 모임 같은 거는 같이 안 하시고요?

이준식 그러니깐 유럽연대라는 이 자체가 결성과정이 어떻게 되었냐 하면, 기독교 계통의 온 인사들과 민족적인 갈등이 문제가 있어가지고 범민련 유럽지역본부 내에 갈등이 일어납니다.

김 면 어떤 문제가 있는지 좀 말씀해 주시죠.

이준식 갈등 관계가 이영빈 목사님, 옛날에 기통회 관계로 했던 기독교계 인사들과 돌아가신 정규명 선생님, 이 분들이 주도해왔던 인민운동계통의 사람들과 또 한 번 여기서 서로 화해를 못하는 모습을 보여주죠. 그래서 거기에서 여기에 갈등을 겪는데, 아프게도 그 주역들이 지난번에 송두율 선생 귀국했을 때 문제가 있던, 남측 검사 측으로 나왔던 최창동이라는 친구가 있습니다. 이 친구가 해직교수로서 미국에 있다가 여기 와서 범민련 활동을 했습니다. 그래서 여기 살면서 그런 것을 완벽하게 꾸며내죠. 작은 갈등관계를 가지고 확대시켜서. 이영빈 목사님을 주축으로 해서 정규명 선생님과 파리의 이 선생님의 그런 갈등 속에서 제명이 되고 나오죠. 그런 관계 속에서 정규명 선생님이나 이 선생님을 따라 갔던 분들이 더 이상 범민련 같이 못 하겠다. 그래서 분열을 겪지요. 그러고 나서 범민련과 거리를 두다가 한민련이 결성을 하게 되죠. 정확한 결성년도는 모르겠습니다.

김 면 선생님 또 여쭈어 볼 게 있는데, 여기 재독협이 있고, 장기수 귀환촉진회가 있잖아요. 이게 범민련이랑 어떻게 관계가 있는 건가요?

이준식 장기수 귀환촉진회는 기독교 계통의 인사들이 주축으로 한 겁니다. 이영빈 목사님, 김태환 선생님. 임민식 선생님을 보냈는데, 신옥자 선생님 그분들 몇몇이 이인모 선생님의 수기를 읽고부터 아마 시작되었죠. 그래서 우리가 북에 있는 가족들을 만나게 해주자, 그렇다면 여성들이 앞에 나서서 좀 해보자. 그래서 귀환촉진회를 결성하게 되죠. 그런 모임 속에 이인모 선생님의 가족을 찾고, 신준형 기자한테 주고, 그런 관계 속에서 그게 크게 여론화되죠. 그래서 이인모 선생님이 극적으로 고향에 돌아가시게 되고 그 이후에 그때까지만 해도 없었던 장기수 선생님들 가족들을 찾기 위해 적극적으로 확신을 갖고 추진을 하게 되죠. 그런 관계 속에서 일을 해오시다가 2001년도죠? 9월 달이죠? 당시 돌아가죠? 그 이후에 자기들의 사명은 다 한 거다. 있다 해도 이제 정부 차원에서 남북정상회담에서 진행할 과제이니까. 민간으로서의 역할은 다 했다. 자기 사명을 다 한 거죠.

김 면 재독협은 지금 여기 사무실인데 거기 범민련하고 같이 운영하는 건가요?

이준식 네.

김 면 예를 들어 특별한 역할 분담은 없고요?

이준식 역할 분담은 하죠. 왜냐하면 이 범민련 우리 여태까지 조국통일범민족연합이 남쪽에서 활동이 안 되니까. 그래서 어떤 활동을 대외적으로 할 수가 없는 상황이에요. 범민련 하면 빨갱이 단체로밖에 보지 않으니깐. 고육지책으로 재독동포협력회에 들어갔다가 나오자. 대중 사업은 재독협 이름으로 하고 통일 사업은 범민련에서 하자. 그래서 이런 부분은 해외, 일본을 제외한 해외, 범민련 해외지역본부가 있는 지역은 같은 상황에 놓이게 됩니다. 미국 같은 경우는 다른 명칭으로 각자 지역의 실정에 맞게 역할을 분담하게 되죠.

김 면 실제로 범민련이 결속할 때에 역할 했던 게 일본과의 연대가 넘어가서 그러니깐 재정적인 지원이 많이 있었기 때문에 그런 거에 대해 반감을 가지고 참석 안 한 분도 있다는 이런 얘기를 하시던 데요.

이준식 제가 아까 말씀드렸잖아요. 저는 돈 관계하고는 담 쌓은 사람이기 때문에 그런 거는 알려고 하지도 않았고, 관심도 없고. 왜냐하면 통일운동이 돈 가지고 하는 게 아니라, 있으면 있을수록 불편한 게 돈입니다. 전 재정상의 문제는 떡을 사먹든 빵을 사먹든 신경 안 썼고, 재정문제에는 깜깜하니깐 전 모르겠습니다.

김 면 뭐 때문에 반감을 가지고 있으신지.

이준식 뭐 사람이라는 것이 돈이나 재물에 대해서는 예민한 거니까. 그런 부분도 없다고 할 수는 없었겠죠. 있었겠죠. 근데 제가 모르고 관심 없었으니깐.

김 면 임수경 씨를 범민련에서 후원하셨지요?

이준식 아뇨. 임수경. 그 당시에는 학생이었죠. 그 학생이 간다는 얘기는 들었습니다. 근데 워낙 민감한 사항이다 보니까, 너무나 획기적인 사항이다 보니까 아, 가는 구나, 알았지. 직접 관여하지는 않았습니다. 몇몇 돌아간다는 상황은 알았는데, 결국은 아마 임수경이가 외대 출신이죠? 그 당시에 외대 출신으로 어수갑 씨가 나왔습니다.

선배든 후배 관계든 뭐 어수갑 씨가 민협 총무인가 그것을 했기 때문에 그런 관계가 좀 있죠. 어수갑 씨 통해서 그렇게 하고. 어수갑 씨는 서로 연결시켜주는 역할만 했고. 그 당시에 실제적으로 임수경 학생을 데려간 것은 이영준 씨가 데리고 갔죠. 내가 보기에는 역할 분담을 한 거죠. 그 이후에 문제는 저는 모릅니다. 제가 알고 있는 것은 거기까지입니다. 외대 출신이니깐 서로 선, 후배 관계인지 뭐 그렇게 해서 연락이 돼서 가자 한 것으로 알고 있습니다.

김 면 선생님, 지금 보면 여기 아무래도 독일 지역이니깐 독일 정부라든지 아니면 국제적으로 연대해서 후원을 해준 것이 있었습니까?

이준식 그런 거는 전혀 없었어요. 왜냐하면 그 당시만 해도 우리가 그런 부분에 고민을 하고 다른 데까지 돌릴 여유가 없었고, 또 우리 자체가 우리 민족 문제를 갖고 얘들한테 꺼내 놓고 돈을 받는다든가 아무리 돈이 없어서 자기가 주문해서 10마르크, 20마르크 내서 거기서 우리가 순수성으로 일을 돕지 남한테 받고자 하는 그런 마음은 없었어요. 저도 그렇지만 그 당시에 운동하는 대부분의 사람들이 갖고 있는 생각이었어요. 지금의 이런 연대가 이루어진 게 뭐냐면. 윤이상 선생과 같이 소위 교수 그룹들 속에서 윤이상 선생이 동백림사건에 관련이 되고 이런 정치화 되면서 독일의 진보적인 단체들, 프로이덴베르크 교수를 중심으로 해서 관심을 갖게 되죠. 근데 그분들이 그런 부분에서는 하여튼 제가 알기로는 그렇게 알고 있어요. 그로 인해서 독일에서 여론화되었고, 그래서 광주항쟁으로 이후에 독일에서 그 당시에 수상이 헬무트 슈미트였었는데, 사민당 정권에서 개입이 됐어요. 자기나라 백성들을 저렇게 죽이는 짐승 같은 나라에 여기 남아 있는 광부들은 가기 싫으면 가지 마라. 여기 있게 해라. 제가 여기 일은 한 이유가, 아까 불행 중 다행이란 얘기가 바로 그 얘기였어요. 광주항쟁 이후에 그런 아주 적나라한 분단 모습을 보여준 후에 정부에서 그 당시만 해도 여기 있던 간호사들 결혼한 사람 외에 총각들은 돌아가야 되거든요. 미혼자인데도 불구하고 가기 싫어하는 사람들은 보내지 마라.

김 면 그러면 우리나라의 문제에 대해 독일에서 계속적인 관심이 있었나요?

이준식 그리고 나서 사실 독일 사회에서 관심을 많이 갖지는 않았죠. 다른 나라 문제이고. 뭐 우리나라 문제가 중요한 얘깃거리가 아니었으니까.

김 면 범민련 출범하고 홍보를 한다거나 알리기 위해서 잡지를 출간하지 않았나요?

이준식 그때 만들었죠. '조국은 하나'라고. 집에는 아마 있을 것 같은데 한번 찾아 볼게요. 왜냐면 그런 관계 속에서 최창동이란 친구가 거기에 김일성 주석의 회고록을 싣기 시작했습니다. 회고록을 실어야 한다, 안 된다 편집 방향 문제가 처음 불거지기 시작해서 그 부분을 가지고 확대해서 거기 있는 것을 가지고 오지요. 그래서 그 사람하고는 아주 악연인데.

김 면 결국에는 범민련을 축소시킨 거네요.

이준식 분열, 파괴시킨 거지요.

김 면 그 당시에는 여러 가지 이 분에 대한 역할을 잘 모르고 지지하는 분들도 있으실 거고.

이준식 아 그렇죠. 당연히. 왜냐하면 그때만 해도 우리가 컴퓨터가 없었어요. 그때는 컴퓨터를 만질 수 있는 사람만 다루었지. 지금 같이 대중화나 일반화되어 있지 않았습니다. 그래서 범민련이라는 기구가 반국가단체인데, 해직 교수라는 사람이 자기 스스로가 하겠다고 왔으니 여기 입장에서는 얼마나 고마워요. 그래서 이제 있는 거 없는 거 다 해서 식사 대접하고 생활비 다 대줘가면서. 근데 그것이 우리 통일하는 사람들이 마냥 남쪽 사람이 딱 들어오면 의심하는 것이 아니라 너무 고맙고 귀한 분이라 떠받들고 그랬는데, 이 사람이 회의만 딱 끝나면 사라져요. 저 친구가 참 이상하다. 근데 그런 부분을 가지고 그냥 내색도 할 수 없고, 그렇다고 아무 증거도 없이 얘기할 수도 없고. 결과론적으로 이야기하면 그런 부분에.

김 면 그 최창동 씨 사건 같이 예를 들어 보시면 그 외 힘들게 (일)하신 적 없으세요?

이준식 힘들었던 일이야 뭐 그 자체가 힘든 거니까. 그렇지만 통일은 된다는 확신을 가지고 있었죠. 이건 어쨌든 되는 거니깐. 단 언제 되나가 문제인데, 분명히 온다는 확신 없었으면 못하죠.

그 당시에 문서 활동이라는 것은 성명서 뭐 이런 게 있을 텐데 그건 기억 못 하겠습니다. 제가 그 당시만 해도 사무국에서 거의 다 처리했고, 그런 부분에 있어서는 관여 안 했기 때문에. 아마 성명서 그런 부분들은 나중에 정리하게 되면 나올 것 같습니다. 아마 많이는 안 나왔을 겁니다. 왜냐하면 성명서를 발표해서 공식적으로 반구호단체 이름이 자꾸 나가면 남쪽본부가 오히려 덕을 보는 게 아니라 해롭습니다. 그래서 가능하면 성명서 부분도 조심스러웠고 가능하면 쓰지 않는 방향으로 했는데도 불구하고 성명서는 있을 거 같습니다.

김 면 그 지금 범민련에 활동하실 때 여기 교민들이랑 관계가 원활하게 이루어지지는 않으셨죠?

이준식 물론이죠. 원활하게 이루어지지는 않았고. 그럼에도 불구하고 우리가 통일운동에 진정성을 보여주었다는 것이 큰 소득입니다. 인정하는 게 저 사람들은 남쪽에서는 예를 들어서 민주평통 뭐 그거하고 그러면은 왕복비행기표에다가 가면은 다 대접하고 그러는데 저 사람들은 그것도 아니고. 돈 받냐? 뒤에 자금 받냐? 그래서 그렇게 얘기했어요. 야, 나도 자금 좀 받았으면 좋겠다. 그런데도 큰 것보다 내가 살고 있는 이웃에게 스스로가 보여주는 것이 아까도 얘기했듯이 통일의 순수성, 진정성을 보였다는 것이 그렇구나. 이웃들이나 같이 온 친구들이나 동기들을 보면서 이제는 인정을 하지요. 과연 그 어려움 속에서도 범민련을 지켜 왔다. 그런 자체가 인정이 되죠.

김 면 혹시 역사적으로 기록될 만한 것이 있습니까?

이준식 아니 그 부분은 제가 너무 먼 곳에서 살았었고. 무슨 일이 있으면 쫓아 올라와서 같이 토론하고 그랬고. 그 당시만 해도 모든 것을 여기 베를린 담당했던 친구들한테 맡겨놓고 일했기 때문에 그렇게 관심을 가졌지만 세부적인 내용은 성격상 그렇게 알고 싶지는 않았고. 아는 게 병이고 모르는 게 약이라고.

김 면 요즘에 코레아 협의회(Korea Verband)하고는 연관이 있으세요?

이준식   Korea Verband가 바로 아까 얘기한 프로이덴베르크 교수가 윤이상 선생님을 기리기 위해서 자기가 사재를 털어서 만든 것이죠. 거기서 이제 나오는 재산에서 활동 자금으로다가 자기가 공식적으로 내놓은 것으로 알고 있어요. 그 자금에 의해서 Korea Verband라는 조직이 일을 하면서, 이제 그 부분이 독일에서의 사람들하고 한국 가정들, 독일에 있는 동포들하고의 관계가 유지되고 그랬는데, 사업 관계 그 당시에 아마 송두율 선생님이 아마 관여해서 잘 알 거예요. 확실히 모르겠는데, 제가 알고 있기에는 그렇게 알고 있어요.

김 면   이번에 오니깐 2004년 3월에 그 민건회 30주년해서 민건회 재건 뭐 이런 문제도 있더라고요. 거기랑은 연관성은 없나요?

이준식   범민련하고는 연관이 없지요.

통일운동의 의미

김 면   팸플릿을 한국에서 구해왔는데 6·15공동선언 실천을 위한 4주년 행사 범유럽준비위원회라고 있더라고요.

이준식   아, 이거는 6·15 유럽 지역 준비 위원회를 결성을 하면서 그 동안에 서로 반목하고 했던 단체들이 이 선언만큼은 운동으로 추진을 하자. 그래서 모여서 각 단체가 들어와서 가자. 그렇게 얘기했고. 사실 조국통일범민연합이 남북회의연대로서 그 모진 탄압 속에서도 통일운동만큼은 확신을 가지고 지켜왔기 때문에 통일부분에 대해서는 사실 6·15공동선언을 견인, 이끌어 낸 단체가 조국통일범민연합이라 할 수가 있죠. 왜냐하면 그 자체가 6·15운동이 범민련 운동을 개선하는 거고 실제적으로 범민련 이 단체가 아직도 탄압받는 상황 속에서 전 대중적인 통일단체를 활성화시키기 위해서는 좀 전술적으로 부드럽게 할 수 있는 부분이 있겠다, 하는 고민 끝에서 나온 것이 이거죠.

김　면　6·15 잘 됩니까? 실질적으로 보니간 단체 운영하시는 분이 점점 줄고, 또 교민들은 교민들대로 이제 이전에 주류이셨던, 광부나 간호사였던 분들과 달리 유학생들 자녀분, 그러니깐 그쪽으로 하니간 많은 공감대가 없으신 거 같아요.

이준식　아니 공감대가 없는 게 당연하게 나온 것이, 왜냐하면 통일문제에 대해서 절박하다는 것이 바로 그겁니다. 조국의 통일이 절박한 것은 1세대들이지. 1.5나 2세대들은 관심 밖입니다. 그리고 내 자식도 마찬가지고 여기 사는 아이들이 통일 문제는 아빠 일이지 내 일이 아니라고요. 그리고 여기가 이민사회도 아닌 현 실정 속에서 통일운동이 활성화 된다는 것은 진짜 그거는 바람이지 현실이 아닙니다. 그리고 그 아이들이 자기 여기서 살려면 생활을 해야 하고 그렇기 때문에 직장 따라 가고 그래야 하니간 순리적으로 우리 통일운동이 2대, 3대들이 계승해야 되고 그럴 입장입니다. 그러나 우리가 여기 온 자체가 자의든 타의든 자기가 원해서 온 나라이기 때문에, 이민사회가 아닌 여기는 노동력을 팔러 온 현실적인 조건에서. 역사적인 예를 들어서 일본 같은 경우는 갖고 있는 역사성 때문에 유지되는 아주 강한 응집력 이런 것이 있는데, 여기에서는 우리는 가질 수가 없어요. 그리고 동포 숫자가 그렇다고 수십만 이런 것도 아니고 겨우 3만, 4만이라는 숫자 속에서 과거에 왔던 1세대들은 고령화 60대, 70대가 되어가고 있는 상황에서 할 수 있는 부분, 그리고 통일이라는 절박함, 절실함을 가지고 전 동포들이 같이 공감대를 이루어서 했다면 몰라도 이미 반공법이라는 거 빨갱이라는 첨예한 이념적 대립을 겪은 상황 속에서 그런 희생, 아픔을 가지고 있는 동포사회 속에서 통일운동을 한다는 사람들은 손꼽을 정도로 된다는 것은, 솔직히 말씀 드려서 조국 통일이 나라와 민족을 위해서는 절박하지만 나를 위해서도 절박합니다. 나를 위해서도. 솔직히 이야기해서 왜냐하면 그런 부분들이 계승이 되지 않고, 우리 아이도 "아빠가 사실 때 내가 아빠 하는 것 하지 말라하는 말은 안 하는데 아빠 죽고 나면 안 해요"이래요. 그게 현실적인 문제이고. 그게 가감 없이 제가 솔직하게 말씀드리는 것입니다.

김 면 그런 한민족 통일을 위해서 우리 정부라든지 사회가 어떻게 변해야 된다고 보세요?

이준식 아까도 말씀드렸지만 남쪽의 비자주적인 그런 정책에서 오는 문제입니다. 그리고 북이나 해외나 이 통일에 대해서는 절실한 것은 북쪽이죠. 왜 북쪽이냐 하면 사실상 통일을 절실하게 요구하고 하는 것은 남측입니다. 왜냐하면 저희가 여기 올 때 비행기 타고 옵니다. 아마 김 선생님도 비행기 타고 왔을 거예요. 우리나라는 지정학적인 유리한 조건에도 불구하고 통일이 안 되면 남쪽은 항상 섬나라 아닌 섬나라입니다. 그래서 지금 머리가 돌아가는 사람이라든가 통일은 남쪽에서 절실하지 북쪽에서 절실하지 않습니다. 북쪽이 60년 가까이 봉쇄 속에서도 견디고 오고 이번에 핵실험 때문에 어쩌고저쩌고 하는데 난 그 사람들을 정말 존경합니다. 그리고 그 사람들이 가지고 있는 민족적인 자부심, 자긍심 어렵지만 잘 풀릴 겁니다. 그러면 실질적으로 남측에서 통일을 절실하게 요구해야 되고, 근데 지금 정 반대 아닙니까.

김 면 범민련의 이주희 선생님은 잘 아세요?

이준식 이주희 씨는 범민련 일을 같이 했죠. '조국은 하나' 편집 하는 데도 같이 했고. 이번에 귀국한 박창욱이라고. 지금 정치학 박사죠 이제. 그런 학생들 중심으로 편집하게 되죠. 범민련운동 관계 때문에 그 사람들이 망명을 하게 되죠. 정치망명을 해서.

김 면 그분들 요즘 범민련 활동은 안 하시고요?

이준식 아, 요즘은 안 하고 6·15 처음 결성할 때 참여했고, 요즘은 통신 두절, 연락도 잘 안 하고.

김 면 범민련 역사를 정리할 때, 범민련의 통일에 대한 노력이 남북통일의 문제에서 어떤 영향을 미쳐왔고, 그리고 어떤 성과를 이뤘다고 생각하시는지 말씀해 주세요.

이준식 통일 문제는 제가 보기에는 아직까지 통일에 대한 확고한 입장 정리가 안 된 남측, 그리고 그 남측의 통일운동을 활성화시키고, 북측이 어려움 속에서 꿋꿋이 유지한다는 거. 그 부분을 참 대단히 자부심을 갖고 평가해 봅니다. 그리고 큰 역할 했다는 것은 통일운동에 있어서 범민련이 크게 여태까지 본연의 자세를 유지한 것은 굳건한 남북회의 아래 연대 조직이라는 거, 그것이 없었다면 아마 범민련이라는 것은 존재하지 않을지도 모르는 거죠. 아까도 말씀드렸지만 그런 관계 속에서 아직까지는 좌우지간 남측 반통일 세력들과의 첨예한 대립 속에서 통일운동을 이끌어내고 실제적으로 범민련에서 투쟁해 오신 분들, 그리고 이름도 없이 후원한 분들 그런 부분들이 제가 2005년도 인가 광복절에 18년 만에 조국 서울에 처음 들어갔습니다. 그때 서울 용산 회의실인가 거기서 벌이는 환영회에서 제가 그렇게 얘기했습니다. 제 소원이요. 항상 자책하는 그런 마음을 가지고 범민련에 하나 소원이 있었어요. 내가 남쪽 본부 범민련 분들을 만나면 한잔 한번 해야 되겠다. 그래서 한잔 했습니다. 처음 만나서 한잔하고 그랬습니다. 우리 100년 만에 승리했다. 이제 남은 결과는 이 100년의 승리를 어떻게 마무리하는 것이다.

김 면 한반도 통일이 어떤 방식으로 이루어져야 한다고 혹시 개인적인 신념 같은 거 있으시면, 말씀해 주십시오.

이준식 통일 문제는 우리나라 조국 3대 원칙이지 않습니까? 그 원칙에서 하면 더도 말고 덜도 말고 그대로 하면 됩니다. 자주, 평화, 민족. 그거 외에는 안 돼요. 독일 통일 같은 경우에는 쉽게 얘기해서 완전 서독이 동독을 사 버린 거잖아요. 그리고 나니 여러 가지 부작용이 많이 나오죠. 그리고 동독 사람들은 하나 통일에 대한 기대와 희망이 물거품이 되는 것을 겪었는데, 많은 학자들이 그렇게 얘기하죠. 독일의 통일을 한국은 답습하지 말아야 된다. 이렇게 얘기하는데 그 답습하지 않는 담보가 바로 조국자주정책입니다. 조국통일문제에 미국이나 외세가 끼어들면 온전한 통일이 아닙니다. 그리고 아시다시피 우리 조국 반도가 갈라진 것도 미국의 정책에 의해서 자기들의 전초기지를 만들기 위한 전략 속에서 1945년 8월 5일인가 미 국무성에서 38선 이남이북으로 갈라놓게 되지요. 그렇다면 미국이 개입된 통일이 가져온 결과란 뻔히 보이지 않습니까. 한 가지 부탁드리고 싶은 게 있는데 좀 가서 작은 일이에요. 우리 대한민국 사람들이 민족적 자긍심이 없다는 것을 무엇으로 느꼈냐면 그냥 김밥, 스시 그거 우리가 해방된 8월 15일 하루만은 안 먹으면 안 됩니까? 제가 지난번에 광복 20주년에 가서 보니깐 특히 일본김밥집이 문전성시더라고요. 그래서 기자한테 얘기를 했습니다. 자기들은 늘 보아서 모르지만 내 눈에는 딱 띄더라고요. 그거 하루 안 먹으면 어떻게 되느냐 이 말이지. 먹을 것도 많은데. 통일연구원이 이런 역사만 정리할 것이 아니라 실제 생활 속에서 통일을 견인해내고 이끌어내는 작은 일도 하는 것이 통일을 앞당기는 것이 아니냐는 부탁을 드리고 싶습니다. 그런 운동은 어렵지 않을 거라 생각해요. 우리가 광복절 8·15날 만큼은 김밥 좀 먹지 말자. 그거 무리한 요구도 아니고. 뭔가 할 수 있는 작은 일인 것 같지만은.

김　면　민족의 것과 조금 어긋나는 이런 생활문화도 그냥 생활하기보다는 젖어버리니까요.

이준식　아니 그게 젖는 게 문제가 아니라고. 쉽게 이야기해서 8월 15일은 광복절이 어떤 의미도 없이 말이지. 그렇게 됐다는 자체가 그만큼 정치를 해온 8·15 해방이후에 정치 해온 세력들이 어떤 세력들인지 역설적으로 증명하는 거죠. 그래서 통일운동이라는 큰 대단한 그런 것보다 더 작은 일로써 대중 속으로 들어갈 수 있는 일들은 현재 사시는 분들이 이 땅에 사시는 분들이 서로 간에 노력하고 할 수 있는 이런 것들을 해야겠다. 저는 그게 큰 바람입니다. 기자가 깜짝 놀라가지고 예전에 우리가 보지 못한, 일상 속에서 전혀 보지 못한 것을 보셨다고 그러면서 그리고 북에서 항상 이야기하는 게 그렇죠.

김 면 네, 명심하겠습니다. 감사합니다.

16. 최영숙

現 유럽연대 부회장

최영숙 現 유럽연대 부회장

최영숙 부회장은 1966년 파독간호사로 독일에 왔으며 2000년 이후 사회복지사로 베를린에 살고 있다. 동포운동으로 재독여성모임, 민협, 범민련 및 한민족 여성네트워크 활동에 적극적으로 참여하였고 현재 유럽연대의 부회장으로 활동하고 있다. 특히 독일사회에 한민족의 전통문화를 알리고자 '천둥소리'라는 단체를 만들어 운영하고 있다. 구술인터뷰에서 재유럽 통일단체들의 노선 성향과 운동성격에 관한 구술내용을 담고 있다.

독일입국 과정

김　면　처음에 선생님 언제 오셨어요?

최영숙　저는 66년도에 왔어요. 40년 넘었지. 거의 초기에 온 거지.

김　면　직업은?

최영숙　간호사.

김　면　예, 간호사. 그럼 여기가 아니시겠네요?

최영숙　아니요. 저는 처음부터 베를린에 왔어요.

김　면　아, 이수길 박사님 통해서 오신 건가요?

최영숙　이종수 박사님 통해서. 난 잘 모르겠는데, 일단 국가에서 해외개발공사에서 모집해서 그거 통해서 온 거예요.

김　면　그거 오기 힘들었다고 뭐 몇 대 몇 이라고...

최영숙　아니, 그 당시에는 제일 처음이니까 그렇게 힘들지는 않았을 거예요. 저는 서울에서 직장을 다니다가 여기를 왔었으니까.

김　면　그래서 베를린에 오서가지고, 솔직히 말씀드려서 그때 일하던 시기에는 바쁘셨잖아요. 한인 운동 같은 거 그때는.

최영숙　한국에서 그런 의식 없이 왔었기 때문에 그런 거 생각. 그리고 여기 오니까 동백림 사건이 터졌잖아요. 67년에. 그러니까 너무너무 무서워서 밖에도 못 나가고 막 그랬어요. 얼마나 무서웠는지.

김 면 한국 분들도 안 모이시고 그랬나요?

최영숙 근데 저는 우연히 동백림 사건에 연관됐던 그 한 분이 어떻게 피해가지고. 그 사람을 우연히 알게 돼서, 조금씩 얘기를 들어서도 저는 의식이 별로 없었기 때문에 '아우, 이 사람 왜 이러는가.', 이런 식으로만 생각했었죠. 처음에는 그렇게 왔었어요. 근데 한국에 살았으면 전혀 의식 없이 살았을지도 몰라요. 근데 외국에 나오니까 또 애국자가 되잖아요. 그런 것도 있는 것 같아요. 또 이렇게 자기의 조국에 대해서 더 마음 아파하고 이런 게 있는 거 같아요.

천둥소리 창립과 활동

최영숙 지금은 많이 좋아졌죠. 근데 90년 그때 여기 계실 때 90년 중반에는... 근데 제가 왜 그러냐면 2세들 모아서 우리 전통문화를 했었어요. 저는 민주화운동 통일운동 중에서도 문화운동을 많이 했었거든요. 그랬는데 2세들 모아가지고 우리 사물놀이 했었어요. 사물놀이 했었는데, 그러니까 제가 단장이라기보다는 애들 보살펴주고, 처음 시작할 때 애들 가르쳐주기도 하고, 나중에는 김덕수 선생님이 여기 와서 계속 가르쳐 주셨기 때문에 내가 가르쳐 줄 필요가 없었지만, 내가 단장 비슷하게 하니깐 제 생각에는 공관하고 많이 관계된 거 같아요. 그러니까 그 이름이 천둥소리인데 그 사물놀이 천둥소리를 도와줄 수 있을 텐데. 뭐 그런 것들이 슬픈 일이죠. 그런 것도 많았었어요. 그게 우리 애들이 94년에 결성됐으니까. 94년에 결성되고 여기서 음악경연대회 같은 데서 1등하고, 여기서 활동 많이 했어요. 그래서 사실은 걔들이 시초로 해서 전 독일에 사물놀이가 퍼진 거예요. 그러니까 사물놀이 원조. 저희들이 처음에 시작해서.

김 면 몇 년도에 하셨어요?

최영숙　저희들은 시작을 80년도 그때부터 했는데, 그거는 사물놀이가 아니고 그냥 풍물 그런 식으로 했는데, 그러니까 1세들이 하다가 생각해 보니까 우리가 1세인데 만약 우리 전통문화를 2세들한테 전해주지 않으면, 우리 문화가 없어질 것 같더라고요. 그런 위기의식 같은 거. 그리고 사실은 문화활동을 왜 시작했냐하면, 민주화운동 하면서 이렇게 집회 같은 거 할 때, 문화를 앞세워서 하니까 사람들한테 훨씬 더 어필하기가 좋고, 독일 사람들한테 한국문화를 알리는 게 기분이 좋더라고요. 그래서 이제 시작을 했는데, 나중에 생각해 보니까 우리 애들한테 가르쳐 줘야 되겠다, 싶은 생각이 들어서 애들한테 전통 무용, 사물놀이를 가르치기 시작했어요. 그러다가 이제 본격적으로 90년도 초반부터 김덕수 씨가 여기 와서 애들 가르치고 애들 한국 가서 배우고 이런 식으로 했는데, 굉장히 유명해졌죠. 그래서 여기 독일사회에 많이 알려지고, 그러니까 이제 걔들은 무시는 못 하겠는데, 내가 이제 거기 담당으로 있으니까 저 빨갱이가 들어가 있으니까 도저히 이제.

김　면　빨갱이라고 그랬어요?

최영숙　아, 그럼요. 그러니까 80년대, 70년대 그 당시에 일하던 게 그대로 남아서 사람들한테 잠재의식으로 남아서 없어지지가 않는 거죠. 왜냐면 한국 사회는 빨리빨리 변하기 때문에 사람들이 적응을 빨리 하는데, 여기는 한국에서 올 때 그 사고방식을 그대로 가지고 있기 때문에 그게 변하기가 굉장히 힘들어요. 그래서 90년대 초반부터 범민련 통일운동이 여기서 많이 했었잖아요. 저희가 평양에 갔다 오고 그랬으니까. 그런 것도 영향을 줘서 그런 게 많았어요. 그게 참 슬픈 일이었어요. 저한테는 제일 상처를 좀 많이 받는 그런 거예요. 왜냐하면 한국 내에서도 국가보안법 때문에 어쩔 수가 없었겠지만, 여기 사회에서도 그런 식으로 이렇게 당하니까 좀 슬프더라고. 여기 다 같이 독일에 와서 같이 이렇게 생활하는 사람들인데.

재독여성모임과 동포운동

김 면 그럼 민주화운동 이라든지 한인 단체를 하시게 된 거는 몇 년도 세요?

최영숙 하게 된 거는 한 77년부터인데요.

김 면 그럼 민건회 혹시?

최영숙 저는 민건회에 들어있지 않았어요. 그리고 77년 재독여성모임이라고 들어보셨는지 모르겠어요. 여기 베를린에서는 재독여성모임 시작하기 전에 서로돕는여성회라 그래 가지고 그런 모임이 있었어요. 그리고 그때 거기 들어가서 우리가 한 게 이제 그 당시 간호사들 송환 문제 그런 일이 일어났잖아요. 그니깐 내 발등에 떨어진 불길이죠. 왜 우리가 독일에 자기들이 필요해서 데려와 놓고, 왜 보내는가. 그런 어떤 뭐라고 할까, 화나더라고요. 왜 그렇게 하는가 싶어서.

그래서 간호사송환반대 서명운동에 참가하면서 이제 이렇게 서서히 세미나에도 참가하면서 저희들이 학습을 시작했어요. 저는 또 집안이 굉장히 반공적인 집안이라서 아버님이 6·25때 돌아가시고 그래서 속속들이 그렇게 컸기 때문에 그 당시에 책도 없고 그렇잖아요. 그러니까 해방 전후 사이의 인식 그런 것들을 학습하면서 왜 우리가 그 우리 스스로를 돌아보게 된 거예요. 왜 내가 여기 독일에 오게 된 건가. 왜 우리가 독일에 보내지게 된 건가. 우리나라는 어떻게 살기 때문에 독일에 오게 된 건가. 스스로 이제 물음을 하면서 하나하나 공부하기 시작했어요. 그래서 한국문제 조금이라도 그러면서 동일방직 사건 그리고 YH사건 터졌잖아요. 이제 그걸 여기 사회에 알리면서 차츰차츰 의식화 되어가기 시작한 거죠.

김 면 그때 무슨 학습하는 단체가 있었나요?

최영숙 그게 이제 여성모임회였어요.

김 면 많이들 모이셨어요?

최영숙 그렇게 많이는 안 모이고, 베를린 각 지역에 다 있었는데, 베를린 지역에는 한 15~20명 그렇게 모였는데, 하나는 해방전후사인식. 지금 학교에서 생각하면 너무나 이상한 책들이잖아요. 그렇지만 그때 우리한테는 굉장한 책이었어요. 그러면서 어떤 친구는 같이 공부하다가 왜 우리 대통령 이승만을 욕 하느냐고 뛰쳐나가고, 공부하다가. 그러니까 저도 굉장히 갈등이 많이 생기더라고요. 공부하고 집에 오니까 도대체 내가 무슨 일을 하고 있는 거지. 내가 지금 우리가 소양 교육도 받고 그랬잖아요. 그러니까 내가 빨갱이 소굴에 들어온 거야 뭐야. 하하.

김 면 그런 충분한 오해를 할 수도 있죠. 당시에.

최영숙 그러니까 조금씩 한국 사회 경제, 정치상황을 조금씩 공부를 하니까. 아 내가 왜 여기를 왔는가. 그걸 조금씩 알게 되더라고. 그러니까 그거 아는 재미, 그리고 이제 내 스스로가 조금씩 한국문제에 대해 관심을 갖게 되는 재미 그런 것들이 있더라고요.

김 면 그런 본격적으로 민협이라든지 모임이 시작된 거는 한참 후인가요?

최영숙 그러면서 갈등이 굉장히 심했었는데, 그런 갈등이 없어지게 된 것이 광주항쟁이었어요. 그러니까 8월. 5월 19일인가 18일에 독일 제1방송에서 광주항쟁을 아주 생생하게 한 시간이나 보여줬어요, 그래서 그걸 보면서 광주항쟁 딱 생기고 나니깐 우리가 학생들하고 호소문 만들고 연대해서 학생들은 이제 단식투쟁하고 유학생들은 그랬었거든요. 우리가 뒷바라지 해주고 그러면서 행사를 하는데, 전단 같은 게 어떤 건 내 이름으로 나가는 게 있었나 봐요. 그러니까 막 협박전화가 오는 거예요. 교포들한테서. 그러면서 당신도 얘기 들어보니까 경상도 사투리 쓰는데 왜 전라도 것들 도와주느냐. 그러면서 돈이나 벌어서 한국에 보내. 이런 식으로. 그러니까 막 피곤하고, 막 아파서 누워있는데 그런 전화 오니까 너무나 저는 겁도 나고 무시무시하고 화도 나고, 그러더니 광주항쟁 터지면서, 여기서 우리가 집회를 하고 데모도 하고 그러면서 갈등이 저한테는 없어진 거 같아요. 그래서 제가 무엇인가라도 조금이라도 여기서라도 무슨 일을 해야 되겠다 하는 게 그때부터 서게 된 거 같아요. 그래서 광주항쟁이 여기 사람들한테 많이 의식적인 측면에서 많은 도움을 줬어요. 그러면서 이제 계속해서 저는 우리는 81년도에 미문화원 방화사건 그런 거 문화차원에서 연극으로 꾸며서 여성회 세미나 같은 발표회가 있으면, 사람들한테 보여주고. 그리고 저희들이 간호사로 왔으니까 한국에서는 간호사들이 백의의 천사 이래서 우리가 노동자라고 생각을 안 하잖아요. 그리고 저는 간호대학을 나왔거든요. 그랬으니까 간호사가 노동자라는 생각을 전혀 안 하는 거죠. 여기는 저희들이 사실은 독일 정부에서 간호사들을 불러온 게 개발원조 상대로 불러 왔는데, 사실은 전도된 개발원조였어요. 그러니까 우리가 여기 개발원조 하러 온 거죠. 왜냐하면 그 당시 여기 병원간호사들이 너무 열악했고, 간호사들 수준이 너무 낮았었어요. 그러니까 우리가 와서 그게 이제 증명이 됐어요. 왜냐면 그때 우리가 그런 이야기를 해도 독일 사람들이 비웃고 무슨 소리 하는 거야. 독일말도 잘 못하면서, 이런 식으로 얘기했는데, 지금 독일 간호사들 수준이 굉장히 높아졌어요. 그래서 이런 실습이 높아져서, 지금 동부권에서 온 간호사들이 여기 간호사 자격증을 못 따고 있어요.

김 면 그러니까 여기 수준을 처음 올리신 분들이 한국 분들이셨네요.

최영숙 네, 한국 사람들이었어요. 사실은 우리가 여기 와서 개발원조 한 거죠. 그래서 이제 근데 노동자라는 인식이 없었는데 그런 걸 겪으면서 우리가 한국에 있는 노동자들은 시골에서 밭에 나가는 농부 소시민들이잖아요. 근데 저희들도 사실 한국에서 독일로 돈 벌러 왔기 때문에 우리가 그 사람들과 다를 게 없다, 그런 인식을 갖게 됐어요. 그래서 한국에 있는 여성노동자들하고 연대를 갖기 시작했어요. 재독여성모임에서. 아, 그래서 우리도 노동자다. 그런 인식을 갖게 된 거죠. 그래서 한국 노동문제를 여기 독일에 알려야 되겠다. 그래서 특히 여성노동자 문제를 알려야겠다, 해서 집회를 하면서, 저희들 독일 여성모임에 음악회들이 있었어요. 그래서 한국에서 오시는 분들한테 풍물 그런 걸 배워가지고 탈춤을 무세중 씨 같은 분들한테 배워서 그 행사 같은 거 할 때 문화 프로그램 행사 할 때 항상 곁들여서 하게 된 거죠. 그래서 미문화원에 방화사건 그런 걸 연극으로 만들어서 사람들한테 보여주고. 그러면서 우리가 공장에서 연극을 했어요. 이혜경 씨라고 아시는지 모르겠는데, 한국에 있는 여성기획팀에 일하고 있어요. 여성영화제 주관하는 곳에서. 그때 독일에 공부하러 와 있었는데, 그 사람한테 연출 좀 해달라고 해서 공장에서 연극을 해야 되겠다고 해서 공장에 거기서 불빛연극을 만들었죠. 그러니까 김민기 씨 있잖아요. 그 노래도 연극으로 만든 거예요. 호응이 굉장히 좋았어요. 그러면서 6개 도시 다니면서 순회공연 했었어요. 우리가 연극을 하면서 얼마나 울었는지, 왜냐면 그 상황이 한국여성 노동자들이랑 똑같잖아요. 그러니까 시골에서 서울로 돈 벌러 간 사람들. 우리가 한국에서 독일로 돈 벌러 간 사람들 공항에서 막 붙들려서 돈 벌어 가지고 올게, 엄마 돈 벌어가지고 올게, 하면서 막 눈물을 쏟는 거예요.

김　면　그럼 운동을 하시게 된 다음에 부모님이 걱정을 좀 많이 하시게 된 거네요?

최영숙　그럼요. 아니 왜냐면 집에서 연락 와서 당신 딸, 동생한테는 당신 누나 이상한 짓 하고 있으니까 뭐 그렇게.

김　면　여성모임 다음에 노동교실 하신 거예요?

최영숙　노동교실은 저는 그냥 고문으로 들어가 있었고요. 노동교실은 김세균 교수가 80년대 초에 만드신 건데, 그러면서 저는 전태일 기념 사업회가 있었는데, 거기 들어가서 같이 하면서, 전태일 씨

책을 우리가 읽으면서 한국 여성 노동자들의 실태. 그런 거를 공부를 하면서 우리가 여기서 조그만 힘이지만, 우리가 모여서 뭐를 해야지. 그래서 재독여성모임에서 간호사송환반대 서명운동을 해서 만 몇 개를. 그 이야기는 들으셨죠? 만 천개인가 서명운동을 했어요.

김　면　만 천 명한테 서명을 받았어요? 독일 사람들한테요?

최영숙　서명을 받았어요. 그랬는데 독일 사람한테 받았는데, 독일에서는 연방의회에서… 그래서 만 천 개를 모으면 여기 유럽연방의회에 그 안건으로 상정할 수가 있어요. 그래서 그 안건으로 상정돼서 간호사들 체류문제가 해결된 거죠.

김　면　81년도 그런 이후에 유럽민협이 87년인가요? 그 사이에는 뭐 특별한 거는.

최영숙　그 사이에는 여성모임, 노동교실, 노련 뭐 이런 여러 자생적인 단체들이 많이 있었죠. 통일운동 쪽에서는 기통이라고 그게 결성 돼서, 이화선 목사님하고 이영빈 목사님이 같이 참여했는데, 나중에 어떻게 갈라졌고. 저는 기통회는 관여 안 했어요. 그건 교회모임이고, 통일운동은 아무래도 금방 참여하기가 좀 힘들잖아요. 그 당시는. 그리고 이제 민족운동은 그래도 남쪽하고 일을 하는 거기 때문에 북쪽하고 일을 하는 거는 엄두도 못 내는 거죠.

김　면　그 당시는 정말 빨갱이라고 그럴까봐.

최영숙　네.

김　면　그럼 어떻게 그 이후로 유럽민협 이렇게 넘어가는 건가요?

최영숙　좀 구심점 있는 민주화운동 단체를 만들어야 되겠다. 그렇게 해서 일꾼들의 모임이라고 해서 어수갑 씨도 같이 했는데요. 각 지역에서 몇 사람 씩 이렇게 모여서 그 준비단계를 거쳐요. 그래서 유럽민협이 결성이 되는 거죠. 그렇게 되면서 그러고 나서 임수경 사건 터져서, 89년도에. 그리고 황석영씨가 일본에서 방북했다가 일본에서 거의 쫓기다시피 독일로 들어오고, 그래서 베를린은 완전히 거점이 된 거죠.

김 면 87년 임수경 방북사건까지 쭉 이어지면서 여기 혹시 탄압은 없었나요?

최영숙 표면적으로 노골적으로 탄압은 없었을 거예요. 근데 저희들이 그 사무실에 있었는데 거기 항상 이상한 차들이 서 있고, 그래가지고 저희들이 그, 나중에 여기 있는 그 당시 통일되기 전이었으니까 서베를린 시장하고 만나서 그런 얘기도 제가 하고 그랬어요. 왜냐하면 좀 민협을 보호해 달라. 왜냐하면 이상한 전화들이 오고 이상한 차들이 서 있고 굉장히 우리가 감시대상이 되고 그러니까 우리 민협 서적에 보면 그 당시에 대통령한테 그런 건의사항, 녹색당 같은 데에서 대통령한테 건의사항 하는 거. 독일정부에다 건의사항. 왜냐면 독일 민협을 감시하는 것 같은 거 그거를 해 달라 하는 그런 거 나오는 거 있어요.

김 면 특이하게 뭐 연계가 됐었나요?

최영숙 그럼요. 저도 녹색당 당원이었고. 녹색당으로 많이 일을 했었죠. 녹색당 당원으로 광주 행사에도 참가를 하고 많이 그랬었어요.

김 면 녹색당에서 민주화 운동에 지원을 받았나요?

최영숙 우린 돈 가지고 하는 건 전혀 없었고요. 왜냐하면 운영은 그러니까 각자가 회비를 내고, 돈은 전혀 받을 생각을 못 하죠.

김 면 어려우셨겠네요.

최영숙 자기 돈을 써가면서 일을 해야 되는 거예요.

김 면 그럼 예를 들어 다른 외국, 타 지역에 기관 연대하고 이런 일은 없었나요?

최영숙 아니, 그러니까 예를 들어 큰 어떤 행사를 할 때, 녹색당은 이제 그런데 구 대표 신청을 하면 그쪽에서 이제 행사 지원비가 나오고, 그렇게 했어요.

김 면 힘들게 일하셨군요.

최영숙 그럼요. 그러니까 밤낮으로 사업하던 사람은 그거 했었잖아요.

신문. 그러니까 아침부터 늦게까지. 상근을 하면서 돈은 한 푼도 못 받고. 그때는 컴퓨터 시스템도 없었잖아요. 그래서 오타 같은 거 하나하나 글자 타이프 쳐서 붙이고 그런 작업들 모여서 그랬었어요.

김 면 어수갑 선생님이랑은 어떻게 알게 되셨어요?

최영숙 어수갑 씨는 학생운동 유학생 모임 같은 데서 저희들이 중간에 민협이 생기기 전에 아는 행사들이 있었어요. 84년에는 전태일 추모극 그래서 8인 연출을 해서 하는 행사들 그럴 때는 유학생, 노동교실, 여성모임, 이런 여러 가지 모여서 그 행사를 준비하는데, 거기 어수갑 씨가 참가하고 그랬어요. 그리고 아까 말씀드렸던 민협을 결성하기 전에 일꾼들의 모임 이래서 각 저기 몇 명씩 공개적으로는 아니고 민협을 하는 준비 모임에 어수갑 씨가 같이 참가했었어요.

김 면 자연스럽게 아신 거군요. 그래도 오늘 날까지 인적교류를 많이 하시고.

최영숙 녹색당 당원 중에 하나가 터키 쿠르드 사람인데, 그 사람이 임수경이랑 같이 세계청년축제에 같이 참가 했었어요.

김 면 이영준 씨가 같이 동행했다고 들었는데.

최영숙 네, 이영준 씨가 여행사를 했기 때문에 이영준 씨를 통해서 다 했고, 거기 청년학생들 다섯 명이 갔었는데, 그 외국인 친구 중에 녹색당 당원이 하나 갔었어요. 그 친구가 갔다 와서 저희들을 많이 도와줬어요. 예를 들어서 행사 같은 거 할 때 녹색당 시청 안에 있는 녹색당 방 안에 우리가 3자회담 같은 거 할 수 있었고.

김 면 그 친구는 국적이 뭐 여기 독일이었나요?

최영숙 네, 이제 독일 사람인데. 근데 지금은 그만 둔 것 같아요.

김 면 독일 분들도 많이 도와주셨네요?

최영숙 장소를 항상 제공했었죠. 우리가 행사 같은 거 할 때, 남·북 3자회담도 그렇지만, 여기 범청학년이 독일에 와 있었잖아요. 그 친구들 회의 같은 것도 했고.

김 면 Korea Verband랑은 관련되어 있었나요?

최영숙 코레아 페어반트는 그때 당시에는 사무실은 정하지 않았을지도 모르겠네요. 그리고 코레아 페어반트 이름으로는 94년도부터 됐잖 아요. 그렇기 때문에 그 전에는 프로이덴베르크인가 하는 교수라 는 분이 70년도부터 윤이상 선생님 친구니까 60년 동백림 사건부 터 있었죠. 저희들이 항상 그분한테 뭐라고 했었냐하면 당신은 심 장 한쪽을 한국한테 준 사람이다. 우리가 항상 그렇게 얘기 했었 어요.

범민족대회와 그 이후

김 면 유럽민협에서 범민족대회를 추진했었을 때, 혹시 북한에 갔다 오 셨나요? 몇 명이나 가셨나요?

최영숙 네. 거의 50명이 참가했어요.

김 면 갔다 오시고 나서 범민련이 결성이 됐잖아요. 그 당시에 상황은 좀 어떠셨어요?

최영숙 저희들이 민협은 아시다시피 한국의 민주화운동을 지원하는 단 체였잖아요. 그랬었기 때문에 나는 통일운동도 같이 해야 된다고 했었지만, 민협이 자연스럽게 나중에 해소되면서 왜냐하면 우리들 에게 영향이 있기 때문에 이렇게 해체하고 나니까 여러 일이 너무 많이 생겨 여러 가지 일손이 딸리더라고요. 왜냐하면 범민련을 그 냥 우리 남쪽 사람들만 하는 것이 아니라 남북, 해외가 같이 해야 되니까 아무래도 남북과 다 연대하는 의도로 만든 거라. 해외에서 운동을 하면서 국내문제에도 연관이 되어야 하고, 그러니까 일손 도 많이 딸리고, 의식에 많이 변화가 있어야 하고, 그래서 민협을 하던 나이브한 생각으로는 범민련을 한다고 그렇게 생각했었어요. 그 경우 예를 들어 그 경우는 우리가 똑같이 운동을 해나가야 되지 않느냐. 그래서 범민련이 많이 힘들더라고요. 민협은 결정적으로 지탱하는데 문제가 없는데. 일단 그 재정적인 것도 있고, 일손이 딸리니까 한 사람이 두 가지를 다 할 수는 없잖아요. 저는 그 당시에 근무를 안 했기 때문에 완전히 풀타임으로 일을 했었어요. 같이 자원봉사 하는 게. 그리고 또 말씀드렸다시피 한국에서 그 사람들도 가족까지 다 나왔으니까 케어를 해줘야 하잖아요. 학생들이 또 다 나왔잖아요. 그 친구들도 우리가 또 케어를 해줘야 하고. 그러니까 아침 먹고 나와서 그 근무하는 거예요. 데리고 다니면서.

김 면 도와주시는 거예요?

최영숙 말이 안 통하니까. 통역도 해줘야 하고. 그리고 여기 저기 그런 것들도 해줘야 하고 나중에 체류문제도 많이 있었으니까 이민국 같은 데 가서 통역해야 되고, 그런 것들이 이제 일이 많았지요. 그런 상황은 그러니까 범민련 우리가 꼭 결성을 해야 되겠다, 하는 이런 차원에서 우리가 많은 토론을 거쳐서 하게 된 것이 아니라 그냥 충동적으로 한 거죠. 왜냐하면 범민족대회를 다녀 온 9월 달에 범민련이 결성이 됐는데, 저희들이 범민족대회를 7월 달, 8월 달에 돌아왔었잖아요. 그러니까 시기적으로 제일 굉장히 시기적으로 좀 무리한 거다. 그래서 그 당시에 많은 문제점이 결성하는 데에 있어서 많았고요. 한 1년이라도 토론을 거쳐서 사람들을 더 많이 끌어들일 수 있었을 텐데, 너무 성급하게 한 것도 있었기 때문에 좋은 점도 있었지만, 또 나쁜 점도 그러니까 저 같은 나이브한 사람들은 그냥 민주화운동 했으니까 당연히 통일운동도 해야지 그렇게 거기에 대한 금단의 땅을 갔다 온 생생한 그런 의욕들이 범민련을 만들게 한 그런 원동력이 되었던 것 같아요.

김 면 유럽민협이 이제 해소된 것에 대해서 말은 없었나요?

최영숙 말 있었죠. 그니까 해소된 거에 대해 많은 상처를 받은 사람도 있었고, 그리고 어떤 모든 단체나 조직들이 하나로 다 뭉치는 게 좋은 거는 아니잖아요. 왜냐하면 획일적이 되어 버려서 이런 것들이 조직 내부의 통일운동만을 해야 한다고 시작한 사람들이기 때문에 사실 그런 것들이 굉장히 힘들었어요. 저희들은 범민련 95년까지 하고 나왔어요.

김 면 지금은 안 하세요?

최영숙 네.

6 · 15행사위원회와 유럽연대

김 면 그럼 지금은 어떤 활동을 주로 하세요?

최영숙 6 · 15를 하지요.

김 면 범민련이 많이 축소된 것 같은데요.

최영숙 네네. 뭐 아직도 꾸준하게 하는 사람들 있지만, 저는 그게 여기 있는 사람들의 문제가 아니라 내 생각은 교육을 그렇게 받아 왔고 그리고 남북문제에 걸리면 항상 이렇게 이런 게 좀 있잖아요. 왜냐면 의식 속에서 아직 반공사상이 아직도 벗어나지 못했기 때문에 항상 그런 문제들이 생기는 거 같아요. 그렇게 교육 받아왔고 그렇게 생활해 왔기 때문에 그런 걸 자연스럽게 그러니까 남쪽 민주화 운동 그러면 다 이렇게 아무 문제없이 동참을 할 수 있는데, 통일운동하면 북과 연관이 많이 되잖아요. 그러니까 남쪽에서 온 사람은 우리가 남쪽에서 왔기 때문에 어떤 콤플렉스 없이 동참하기가 힘들었던 거 같아요. 그래서 그런 문제들이 내부 분열, 문제점을 초래하고 그랬었던 것 같아요. 저는 그때는 사람들이 약간 돌아서 왜 저래 막 그랬는데, 지나고 나서 가만히 생각해 보면 우리가 그래서 그런 게 아닌가, 하는 이런 생각이 들어요.

김 면 6 · 15도 지금 좀 나눠서 진행되지요.

최영숙 6 · 15도 두 개죠. 이야기 들으셨어요? 이영빈 목사 며느리가 하는 것도 있지요. 그건 좀 다른 거죠.

김 면 유럽연대에 대한 의식은 어떤가요?

최영숙 유럽연대는 이제 옛날에 활동했던 분들이 민협이나 범민련할 때 많이 좌절돼서 운동 안 하고, 그리고 나이도 들고 해서 그런 분들도 이제 다시 동참할 수 있는 기회를 주자, 해서 만든 거잖아요. 근데 문제점은 뭐냐 하면, 여기 운동들이 젊은 사람들은 어떻게 해요? 학생들은 들어오지 않고 학생들의 관심도가 또 다르고, 그리고 운동방식도 다르고, 또 제일 큰 문제가 한국의 민주화가 이제 그나마 좀 됐기 때문에, 여기는 좀 해바라고 하기에는 그렇지만 한국 상황에 많이 좌우가 되잖아요. 그러니까 한국에 민주화를 위해 우리가 연대하고 그런 일을 많이 했기 때문에 한국에 그나마 표면적으로 민주화가 되었기 때문에 여기 사람들이 할 일이 뭐가 있는가. 이제 그런 생각을 하기 때문에 좌절하고, 그런 분들이 이렇게 좀 공평하게 만들자 그런 취지로 만든 거예요. 주 사업으로 평화선언 1년 후, 한국에 평화 선언이 남북에 꼭 되어야 한다. 좀 지나서였어요. 작년까지만 해도 재작년까지만 해도 그랬는데.

지금은 지나고 올해는 큰 사업이 뭐냐 하면 11월 1, 2일 그리고 12월 6일까지 뭐가 있냐 하면, 한국에 있는 이주민 인권연대라고 공동으로 심포지엄을 해요. 그건 뭐냐 하면 부산에 있고 안성, 뭐 곳곳에 이주민들이 많잖아요. 이주민들이 뭐 40만이라고 하니까 그 사람들을 케어해주는 것. 그러니까 그 사람들이 한국에 들어와서 국제결혼도 하고 국내에 살면서 활동하는 문제들. 그리고 그 여성들이 이제 언어, 문화 그런 것들을 도와주고, 부산에서 이주민 인권연대는 뭘 하냐면, 한국에 온 여성들 한국어 가르치고, 컴퓨터 가르치고, 신고하도록 해서 혹시 남편들한테 매 맞는 사람들 (이야기하도록 하는 거죠). 왜냐면 여권이 없으니까 돌아갈 수가 없잖아. 남편들이 여권을 다 가지고 있대요. 그런 인권문제가 각 지역에 흩어져 있어요. 작년에 제가 갔을 때 자기들이 심포지엄에도 참가해서 그렇게 하자고 얘기를 했는데도, 독일에 있는 파독간호사, 그리고 여기 독일에 있는 이주민단체, 그런 것들을 우리가 발표하고 한국에 있는 사람들은 한국에 있는 이주민 실태, 그리고 정부에 주는 정책, 그런 거 이제 이주민들 정책을 교환하는 거예요. 근데 마침 그렇게 한다고 하니까 국가인권위원회에서 관심을 갖는 거예요. 하루는 국가인권회하고 같이 유럽연대의 주 사업이에요.

김　면　이제 유럽연대는 통일과는 거리가 좀 있네요?

최영숙　아니, 그렇지는 않아요. 왜냐면 5월 민중제를 제가 이제 준비를 공동으로 하고, 근데 올해까지는 광주하고 이번에는 크게 치르지 않았습니까?

김　면　아니 근데 왜 5월 민중제는 잘 되나요?

최영숙　그건 특정한 단체가 아니고 그냥 단체들이 일 년에 한 번씩 만나서 공동으로 준비를 하니까. 그리고 이제 그게 광주가 저희들한테 하나의 어떤 기둥 같은 역할을 하는 거잖아요. 독일에서 유일하게 한 해도 안 빠지고 5월 민중제를 한 게 이제 독일이거든요. 그래서 저는 개인적으로 그게 우리가 항상 문화활동사업 그러면 문화행사라고 그러는데, 저희들이 옛날에 같이 운동했던 사람들, 그리고 올해 못 만났던 사람들 같이 만나서 하나의 만남의 공동체 그런 게 있는 거예요. 그래서 아프지 않고 안 죽고 잘 살아 있는가. 서로를 확인하고 그러는 것도 하나의 그런 거예요.

김　면　그러니까 단체라기보다는 서로 간의 인적교류는 단체를 떠나서 계속 지속되는 게 중요한 거군요.

독일한인사회의 통일의식

최영숙　그럼요. 그래서 그게 굉장히 중요하고요. 지금은 몇 년 전부터는 2세들이 같이 하니까 춤추고 풍물하는 자리를 따로 세미나 해서 하지만, 그래도 우리가 같이 만나서 문화 행사도 같이 하고, 밥도 같이 먹고, 1, 2세대가 같이 만나서 한다는 게 중요한 거죠.

김　면 정체성이 2세대에 제대로 이어지지 힘들지요?

최영숙 그럼요, 독일인이에요. 애들이 모국어는 독일어잖아요. 그거 혹시 아세요? 독일정부에서 한국 2세들이 제일 잘 되는 거예요. 그래서 완전히 어떤 본보기를 내세울 수 있을 정도입니다. 2세들은 모두 여기서 태어나서 독일어를 아주 잘 하죠. 한국말보다 독일어를 더 잘 하죠. 그리고 부모들은 돈들이 많고, 김나지움 아비투어도 공부를 더 잘 하죠. '사'자도 많은 거예요. 의사, 변호사 등 너무 많으니까 자기들이 2세들 세미나를 갔더니 그 얘기를 하더라고요. 여기 있는 한국 사람들한테 상을 주고 싶다고 했다고. 하하.

김　면 남한이라든지 북한이라든지 통일정책 할 때 어떤 식으로 바라보고 계시나요?

최영숙 저희들이 특히 좀 6·15에서 같이 북한을 보면 굉장히 마음 아프죠. 많은 사람들이 굶어 죽고 그러는 경우에 굉장히 마음이 아프고, 그리고, 개방정책을 좀 썼으면 좋겠어요. 그것도 단점이 많겠지만, 그래도 나중에 통일됐을 경우에 남쪽에 나쁜 사람도 얼마나 많아요. 그 사람들이 올라가서 북쪽에 순진한 사람들 다 꼬셔가지고 설득시키면 어떻게 해요. 그런 생각도 좀 들고 그래요. 남쪽에서도 지금 민주시대다. 민주화 됐다고 하지만, 아직 국가보안법도 철폐를 못 했잖아요. 또 국가보안법이 어떻게 적용될지는 모르잖아요. 그러니까 너무 이렇게. 글쎄, 지난번에 송두율 교수 입국하셨을 때 그 난리치는 거 보고, 그런 거 보면. 의식이라는 게 한국에서 그런 게 저는 무서워요. 왜냐하면 너무 이렇게 확 쏠렸다가 또 확 이렇게 되고, 근데 독일은 조금 차근차근하게 가는 게 있잖아요. 물론 독일통일이 흡수통일이라서 우리가 바라는 건 아니지만 그래도 좀 준비된 우리가 통일을 한국에서 했으면 좋겠어요.

김　면 독일에서 최혁배, 김형규 등 여러 간첩사건이 있었는데 들어보신 거 있나요?

최영숙 김형규 간첩사건은 들어봤죠. 왜냐하면 민협에서도 저하고 만났으니까요. 의문스러운 점들이 많겠죠. 민협 부분도 그렇죠. 왜냐하면 민협 임수경이나 그런 친구들은 다 사면이 됐지만, 민협이 반국가단체라는 건 아직도 사면이 안 됐거든요. 그래서 지난번에 과거사 정리하시는 분이 한 분 왔더라고요. 그래서 우리하고 만나서 얘기를 했어요. 그래서 어떤 분 중에는 아직도 한국에 안 들어가려고 하는 분도 있어요.

그러니까 조국통일에 국가 차원, 정부 차원에서 사과의 말이라도 있어야 되지 않겠는가. 우리가 민주화 됐다고 그렇게 좋아하지만, 사실은 하나도 실질적으로 뭐가 이루어진 거는 아니잖아요. 그냥 민주화운동 기념사업도 되긴 했지만, 그런 하나하나 상처받았던 사람들한테 정부가 이렇게 어루만져 줬던 것도 없고요. 통일운동도 마찬가지에요. 통일운동 한다고 간첩이다 뭐다 많이 당했던 사람들, 특히 해외문제를 이렇게 다룬다면 그런 사람들한테 이제 한국에 들어와라, 우리가 사과한다, 그렇게 할 수 있잖아요. 근데 노무현 정부도 그런 거 무시하고 있잖아요.

김 면 여건이 쉽지가 않군요.

최영숙 지난번에 노무현 대통령 독일에 왔을 때 너무 웃겨요. 독일에 왔는데 이제 운동한 사람도 초대해야 되겠다고 생각해야 되는데. 왜냐하면 우리를 전혀 초대 안 했거든요. 김대중 대통령 때도 우리를 전혀 초대 안 했어요. 전혀 안 하고는 우연히 알게 돼서 친구들하고 갔는데, 완전히 감시 대상이 된 거예요.

김 면 김대중 대통령을 만들어주신 분들 아닙니까?

최영숙 그러니까요. 여기 우리 구명운동 하고 그랬는데, 나가서 구명운동 하고 그랬는데. 노무현 대통령이 왔는데 우리도 초대해야 되겠다고 생각을 했나 봐요. 그래서 초대를 했는데, 몇 사람을 골라서 문화하는 사람을 골라서 저 같은 경우는 여기서 문화운동을 많이 하기 때문에, 그리고 한국도 왔다 갔다 하기 때문에 빼놓을 수 없죠. 그러니까 그런 사람들만 몇 명을 초대한 거예요. 다른 분들은 안 된 거예요. 그래서 초대를 해서 갔죠. 갔는데 연합통신 기자가 와서는 나한테 물어요. "분위기가 어떻습니까?", "분위기 좋은데요." 그랬더니 아, 이번에 운동하신 분들 50%가 오셨다고, 그래서 50%요? 제가 손가락으로 몇 사람인지 헤아려볼까요? 하하하. 그러니까 기자들한테 그렇게 발표를 한 거예요. 운동한 사람들 초대했다고. 그래서 더 웃기는 거는 거기 아르바이트 하는 친구들이 있어요. 학생들이.

김　면　아, 통역하고 그런 분들이요.

최영숙　네, 그런 친구들한테 이러한 사람들이 오는데 영사가 나와서 그래도 우리들, 제 이름도 들어가고 요주의 인물이니까 잘 관찰하라고 이렇게. 하하. 창피하죠? 듣다가 너무나 화가 나서, 나하고 잘 아는 친구라 그 아줌마가 여기 와서 뭐할 거 같아요? 그럼 초대를 하지 말지, 그렇게 얘기를 했대요. 거참, 우습고 가슴 아프고, 너무나 시대착오적인 것이죠.

향후 통일운동

김　면　앞으로 통일운동이 어떻게 진행될 거 같아요? 여러 가지 단체에 갈등들이 있는데요.

최영숙　그렇지만 6·15는 올해 행사가 참 잘 됐어요. 왜냐하면 작년까지는 그 강원도에 모여서 그냥 북쪽에서 초대하신 분들 오서서 강릉가고 그랬는데, 올해는 지역적으로 다 간다고. 그래서 사람들이 북쪽에 대한 관심도가 많이 나아지는 것 같아요. 왜냐면 북에 사람들이 어떻게 살고 있을까, 그런 호기심들이 많은 것 같아요. 일단 정부 상황을 떠나서 그리고 또 조금 관심 있는 사람들은 핵 문제는 어떻게 되어가는 거야. 그런 것도 있고. 그리고 여기를 통해서 예술인들이 오잖아요. 홀이 터져나가요. 사람들이 많이 오고. 그렇게 볼 기회가 없잖아요. 북에 가지 않으면 볼 기회가 없잖아요. 그러니까 사람들이 많이 관심을 많이 가지는 거 같아요. 그래서 저는 6·15가 그런 대중적인 운동을 어떻게 단체를 하는 사람들끼리 모여서 하는 게 아니라 대중 속으로 이렇게 들어가는 6·15 행사 할 때라든지 2세들 모아서 통일글짓기, 그림그리기 뭐 그런 거라든지 문화적인 차원에서 쉽게 접근할 수 있는 그런 통일운동을 해야 할 것 같아서 말이에요.

김 면 얼마 전에 위안부와 관련하여 독일 지역에서 한인 단체들이 결집되는 것 같던데요?

최영숙 우리가 정신대 행사도 좀 하고, 한인회도 참가하기도 하고 그래요. 많이 오지는 않지만, 와서 일본 대사관 앞에 가서 좀 몇 명이 참가를 하고.

김 면 이것도 분파되어 있나요?

최영숙 그런 이중성이 없이 좀 나와서 하면 되는데, 아직도 골이 좀 깊어서 한인회가 항상 이리저리 왕따 시키고 그런 습관이 되어있어서, 그래도 요즘은 한인회가 좀 달라진 것 같긴 한데. 근데, 저는 공관이 중요한 역할을 해야 한다고, 왜냐하면 공관이 앞장서면 한인회가 아무 말 안 해요. 그럴 텐데. 그런데, 오히려 서로가 눈치를 보는 거예요. 공관에서는 뭐라고 그러냐면, 그 사람들을 초대하면 한인단체에서 싫어해서, 이런 식으로 나오는데, 사실 그렇지가 않거든요. 이게 서로가 한인 단체에서 하면 공관이 미워하지 않을까, 서로가 그런 거예요. 그러니까 그런 일은 한 사람이 나와서 딱 하면 좋을 텐데, 그게 힘든 거죠.

김 면 실질적으로 화해라든지 아니면 통일을 위해서 뭐 이렇게 모여서 얘기를 하시고 이런 장은 없나요?

최영숙 이제 그 장이 5월 민중제고 그게 이제 모든 사람이 다 올 수 있으니까. 준비 단체들은 거의 뭐 다섯 개, 여섯 개, 일곱 개 단체들이 모여서 준비를 하지만, 그 외에도 단체로 올 수도 있고, 개인으로 올 수도 있잖아요. 와서 그런 자기들 얘기들을 할 수 있는 장이 있고, 저는 그렇게 생각해요. 그런 단체들이 많이 있는 게 나쁜 것도 아니고, 또 단체들이 다 다른 사업을 하는 것도 나쁜 것도 아니고, 왜냐하면 저는 단체가 많은 게 안 좋다고 생각 안 하거든요. 다 다양하기 때문에 자기들이 다루는 핵심적인 사업들이 다 틀리기 때문에 서로 교환을 하고 때에 따라서 연대를 하고, 이제 그게 바람직한 거죠. 아까 말씀하셨듯이 6·15가 두 개로 나눠지는 그런 사례는 없어야 되겠지만, 여러 단체들이 나눠져 있다는 것은 사실 나쁜 것은 아니잖아요.

그럴 수도 있는데, 그분들은 또 이해를 조금 해주시려고 생각을 하시면 할 수 있는 게. 그 사람들은 정말 독일에서 자기 모든 생애를 그 운동에만 바친 분들이에요. 정말 다른 사람들이 놀러 다닐 때 놀러 안 다니고 그 운동을 했고, 그리고 오직 자기들 생애의 내용이잖아요. 그러니까 이해를 해주려고 생각을 하면 할 수 있을 거 같아요. 그리고 그 당시에 그런 단체들이 있었기 때문에 또 새로운 단체들이 나와서 일을 할 수 있는 어떤 여력을 준 점도 있고 그러니까 이해를 해야죠. 물론 저도 저를 보는 사람들이 제가 굉장히 옛날에 과격했대요.

근데 옛날에 일을 할 때는 과격했대요. 다른 사람 보기에는. 저는 전혀 그렇게 생각 안 했는데, 다른 사람 보기에는 그랬대요. 사람이 자기가 일을 할 때는 자기가 모르는 거 같아요. 자기 자신을. 그러니까 지금은 앞에서는 아주 열심히 안 뛰니까 물론 이번에 들어가서 일을 많이 하지만, 그때처럼 한국 상황이 막 급박하지는 않잖아요. 그러니까 조금 물러서서 보면 모든 게 다 보이는 거 같아요. 자기 잘못도 보이고, 그때는 아 저런 사람들하고 어떻게 일 해, 일할 때 그런 생각한 적 많았었죠. 근데 지금 생각하면 이해도 되고 그래요.

김 면 재독동포협력회는 잘 운영되나요?

최영숙 예, 범민련 사람들이 거기 많이 들어 있을 거예요.

김 면 저는 가능한 한 많은 분들을 하고, 과거사 얘기를 했으면 하는데 그 동안에 많은 상처를 받으신 느낌도 들어요.

최영숙 맞아요. 그럴 거예요. 그래서 그런 거 같아요. 그리고 저는 정말 뭐 간첩이니, 뭐 이런 거 씌우는 게 너무 비열한 것 같고요. 맞아요. 그게 사람과 사람 사이를 완전히 갈라놓는 그런 거잖아요. 같은 동족끼리 인간을 부수냐고. 사상이 이상하니깐 그 사람하고 접촉하면 안 된다고, 그게 얼마나 무서운 건지. 그게 우리 1세들한테만 머문 게 아니라 2세들한테도 넘어 갔어요. 그래서 2세들이 예를 들어 우리 자녀들이나 우리하고 이렇게 그거 한 자녀들이 거기 와서 세미나를 하잖아요. 그럼 거기 다른 2세들 부모들이 거기에 못 가게 하는 거예요. "그 애들하고 가면 거기 물들어. 그 애들 다 그런 자식들이야." 그렇게...

김 면 아직도요?

최영숙 예. 그러니까 우리 2세들이 그러는 거예요. 내가 이제 우리가 예전에 누가 그러더라. 6·25 겪은 사람들이 다 죽어야지 통일이 된다고 그러더라. 내가 그랬더니. "여기도 여기 교민들 1세들이 다 죽고 나면, 누가 너희들이 있으면 좀 달라질 거야." 그러니까 그렇지 않을 거 같아. 지금 2세들이나 너희들 1세들은 비슷해. 그러더라고요.

그래서 그런 것들이 얼마나 자기 자식들한테 그런 얘기를. 저 경우에는 우리 애들을 어릴 때 하도 끌고 다니니까 데모할 때 끌고 다니고 하니까 애들이 지겨워서 같이 안 다니려고 하더라고요. 그 다음부터 안 데리고 집에 두고 다녔어요. 근데 애들이 크니까 사춘기가 지나고 그러니까 엄마가 뭔가 의미 있는 일을 했구나. 그 생각을 하는 거예요.

자기들의 정체성 문제, 제가 아까 잠깐 말씀드렸지만 그런 것들이 오히려 우리 운동한 사람들의 자녀들이 정체성 찾는데 많은 도움이 되는 거 같아요. 부모들이 뭐를 했느냐에 따라서. 부모들이 했던 거에 대해서 이해가 가고, 그래도 평생을 바쳐서 부모들이 뭘 했나, 그런 것에 대해 이해가 가고 그러는 거 같아요.

김 면 그렇죠. 귀한 시간 내주셔서 감사합니다.

17. 이영준

민건회 활동

이영준 민건회 활동

이영준 선생은 1965년 파독 광부로 두이스부르크에 취업을 와서 재독민주사회건설협의회활동, 재독한인노동자연맹과 조국통일범민족연합활동 등을 주도하였다. 재유럽민족민주운동협의회 활동당시 북한의 청소년 학생대회 때 임수경을 대동하고 북한을 방문하였다. 인터뷰에서 임수경의 평양축전 참석과 관련한 일화 및 범민련 탄생까지의 통일운동사를 진술하였다.

독일 입국

김 면 선생님은 처음에 여기는 어떻게 오셨어요?

이영준 광부로. 65년.

김 면 65년에 오셨을 때, 그분들 출신이 처음에 노동자들이 아니셨다고 들었습니다.

이영준 대부분 뭐 대학교도 나오고, 뭐 이렇게 하려고 하는 거 봐서는 높은 뭐 그런 사람들이고. 실제로 노동을 해 본 사람은 별로 없었지.

김 면 노동자 계급이 아니고, 오히려 의식이 있으신 분들이더라고요.

이영준 그렇지. 이렇든 저렇든 아주 자기 꾀만 믿고 살아가는 사람들도 있고, 또 뭔가 사회에 대해 생각하는 사람들도 있고, 뭐 그렇겠지. 아주 멍청이들은 아니었어. 처음 온 사람들. 근데 나중에 오면서 광산에서 일할 사람들을 좀 보내달라고 독일에서 한 모양이야. 그런 사람들이 나중에는 많이 오게 됐지. 그러나 일반적으로 봤을 때, 학력이 다 높은 사람들이지.

김 면 선생님, 그런데 여기 베를린으로 바로 오셨어요?

이영준 아니, 여기는 광산이 없어. 베스트팔렌 뒤스부르크지.

김 면 지금 이종현 선생님 계신 그 쪽이죠?

이영준　그렇지. 이종현하고, 나하고 같은 방에 기숙사에서 있었어.

김　면　아, 그러셨어요. 이종현 선생님 잠깐 전에 뵀었거든요. 선생님이랑 이종현 선생님이랑 말투도 그렇고 생각하시는 거랑 상당히 비슷하다고 느껴지고 있어요.

이영준　내가 형제 같이 상당히 좋아하는 사람인데. 정치노선에 있어서는 틀린 거는 아냐. 일하는 방법이 달라. 그 사람하고 나하고는 아주 달라. 그런 데서 요새는 우리가 조금 서먹서먹하지. 그러나 인간적으로는 상당히 가까운 사람이야. 형제 같은.

김　면　요즘은 잘 안 모이시나 봐요?

이영준　응. 내가 노동자연맹이라는 것을 친구들이랑 같이 여기서 만들었거든. 그때 이제 이종현 선생도 위원장을 맡으라고 해서 같이 했지.

임수경 방북사건

김　면　임수경 씨 방북에 관해 묻겠습니다. 요즘 연락은 주고받으시나요?

이영준　내가 연락을 한번 언젠가 어떻게 지내느냐 한번 이메일을 보냈어. 소식이 없어. 그 애는 내가 상당히 마음에 두고 있는 사람이야.

김　면　처음 만나신 게? 임수경 씨 그때 나이가 몇 인데요?

이영준　그럼, 스물 세 살인데.

김　면　어린 나이에 북을 만나러 가다니 대단한 용기를 가진 것 같군요.

이영준　난 그때 수경이보다 전대협이라는 단체를 되게 높이 평가했어. 수경이도 용감했고.

김　면　선생님도 당시 어려운 상황에서 용기를 내셨지 않습니까?

이영준　나야 뭐 이제 다른 사람보다 특별한 사람이니까. 엉뚱한 짓을 내가 자꾸 하니까. 수경이가 요즘 활동을 안 하나?

김　면　안 하는 것 같던데요. 몇 해 전 어떤 일이 있었냐면, 임수경 씨 아들이 사고로 죽은 후 인터넷에 자기의 신분을 밝히지 않고 별의 별 글들을 쓰는 거예요. 당시. 그러니까 가슴에 상처를 너무 받은 거예요. 참 가슴 아픈 거죠. 두 번 죽이는 거죠.

이영준　그런 것만 보더라도. 걔가 임수경으로다가 평양 간 게 아니야. 전대협 대표로 갔잖아. 그럼 전대협이 책임을 져야 돼. 동지잖아 동지. 투쟁해서 운동해서 동지 된 거는 개인적인 정하고는 다른 거잖아. 그럼 전대협이 후신으로 한총련이면 그 단체가 이 사람에 대한 아픔까지도 치유하는 노력이 있어야지. 그건 안 하고, 그 임종석이 국회의원 돼서 어쩌고저쩌고. 몰라 뭐 인간적으로는 어떻게 됐는지 모르지만, 그런 풍토가 나한테 마음에 안 들고, 또 우리나라 사람 정치 풍토가 개인을 항상 부각시켜. 운동단체를 부각시키지 않고. 그러니까 수경이가 갔다 와서 마음 아파서 저렇게 되니까 그 사람이 한 역사적인 그것이 다시 반영이 안 되는 거야. 사회적으로. 그러나 전대협이라는 단체가 그대로 있어서 전대협이 부각돼서 전대협이 싸워 온 목표, 목적 뭐 이런 것이 자꾸 부각되어 봐. 그게 바로 민주화고 통일운동 아니겠어. 그걸 부각시키고 거기에 참여한 사람들은 참여한 사람으로서의 몫으로 얘기가 되어야 하는데, 우리나라는 개인이 항상 중요한 거야. 단체는 저리로 가고, 개인을 부각시키고, 그러다 개인이 변질되면, 아무것도 없어. 우리나라 당정사가 대게 그렇잖아. 대통령 뭐 한다면 지금도 봐, 당이 몇 개가 생겨. 그러면서 하는 얘기는 정당 정치를 한다고들 그랬다고. 김대중 때서부터. 그 민주개혁파가 뭐 한다고. 정치 노선도 없이 뭐 정당을 해.

김　면　선생님, 근데 임수경 씨는 어떻게 만나게 되셨어요? 처음에 여기서 그냥 자연스럽게 만나게 된 거예요?

이영준　그거는 전대협에서, 그거는 지금까지 얘기를 안 했던 것을 얘기하는데, 전대협에서 평축에 대표를 보낸다고 그랬잖아. 근데 그

전에 내가 제일 기대를 했던 사람이 문익환 목사였어. 문익환 목사가 그랬잖아. 판문점을 통해서 넘어온다. 그래서 내가 상당히 아 훌륭한 사람이다, 그랬다고. 근데 그 사람이 안 나왔잖아. 거기 내가 실망을 대단히 했지. 야, 이거 말들만 하는 사람들이구나. 별로 문익환 목사 뭐 요새 통일이 늦고 뭐고 떠드는데, 별로 난 그렇게… 그런데 그때 전대협에서 보낸다고 해서 아 참 젊은 애들이 멋있다. 그래서 이거 준비해 놓아야지. 그래서 지금은 죽었는데 김길순이라고 있어요. 얘기 들었을 거예요. 둘이서 커피 집에서 커피 마시면서, 야 이렇게 됐는데, 어떻게 해야 되겠냐? 애들 가는 건 내가 준비 좀 해야 되겠다. 그래서 노선을 생각을 해봤어. 어디로 갈 수 있는 가능성이 있는가. 미국으로는 절대로 못 가지. 일본도 안 돼. 어, 힘들어. 갈려면 유럽으로 밖에 없다. 유럽으로 할 수밖에 없는데, 내가 준비를 해 놓아야지. 그 얘기 나오자마자 내가 평양을 갔어. 2월 달인가 그래. 거기서 와서 이런 일이 있을 때 당신들이 도와야지 된다. 그래서 왔지. 그래서 이제 돌아와서는 조금 됐는데, 그 얘기 하자면 시간이 되게 오래 걸려서, 이제 근본적인 것만 얘기해서, 그래서 준비하고 있을 때, 뜬다고 그런 얘기가 나와. 그때 민협에서 어수갑이가 운동하고 있을 때인데, 그때도 내가 몇 번 그런 얘기를 했어. 준비를 하고 있으라고. 근데 그 사람들은 북쪽하고 얘기는 좀 겁을 먹고.

김 면 민협에서도요?

이영준 아, 물론이지. 내가 얘기했을 때, 그리로 연락이 오니까 나한테 연결시켜 준 것뿐이지. 민협에서 북쪽과의 얘기는 쉬쉬하고, 도망가고 그랬지. 일이 이렇게 되니까 저희들이 전부 앞서서 나오는 거야. 아유.

김 면 그래서 혼자 다 준비하신 거예요?

이영준 수경이 가는 노선이니 뭐 그런 건 내가 다 준비했지. 저희들은 짐도 안 쌌지. 겁이 나니까. 연결시켜 준 것뿐이야. 근데 어디 나오는 거 보면 저희들이 다 했다고 그러대. 웃기는 거지.

김　면　제가 보면 이렇게 사람들 아는 분들은 선생님이 참 그때 어려운데 그래도 그걸 연결시켜서 참 힘드셨다. 이러거든요.

이영준　그 전에 벌써 내가 준비를 쭉 해 놓았지. 전대협에서 뜬다고 해서 이거 내가 준비를 해야지 하고. 문익환 목사님한테 연세 많은 사람이 그렇게 하는 거 내가 참 존경을 했는데, 거기로 넘어 오실 줄 알고. 그래서 출구를 만들 줄 알았는데, 안 된다고 그래서 가니까 수경이도 그러지. 김 주석님 만나니까 다른 데로 돌아가라. 이리로 가는 건 위험하다 그래서 난 그때 아니다. 다른 데로 가면 어디서 자동차 사고로 해서 널 죽일 수도 있다. 그러면 아무 의미가 없단 말이지. 그러나 네가 이리로 가면 가장 안전한 거다. 왜? 세계 모든 방송매체가 거기로 집중되어 있으니까. 누가 총 쏘면 그건 살인자란 말이지. 미국도 그렇게 함부로 못 하거든. 이게 제일 간단하고, 역사적인 의미도 있고, 죽어도 넌 이리로 가. 그랬더니 아 선배님 어떻게 죽어도 가라는 얘기를 하냐고. 해서 내가 널 좋아하니까 그래. 그랬지. 그런 얘기도 했어.

김　면　연결을 시킨 다음에 그 다음에 선생님은 어떻게 다시 독일로 돌아오신 건가요?

이영준　이제 돌아왔지. 들어온 다음에 걔가 탈진됐다고 해서 또 갔지. 또 가서 이제 넘어 가는 거 보고, 그리고서 왔지.

김　면　그럼 여기 공관이라든지 그런 데서 탄압이 심했을 텐데요.

이영준　우리 집에 그냥 와서는 밖에서 내가 평양에 가니까 수경이랑 처음에 들어갔을 때, 우리 집에 와서 그냥 막 뭐 인터뷰한다. 뭐 한다 하니까 우리 집사람이 깜짝 놀랐지. 그래서 만나지도 않고. 그렇지. 총동원 됐겠지. 나중에 이제 와서는 여기 해외판 한국일보가 있었어. 유럽판. 거기다 내가 수경이에 대해서 느낀 걸 썼어.

김　면　지금도 한글판 찾으면 선생님이 쓴 것을 찾을 수 있을까요?

이영준　유럽판. 그럼 있을 거야. 그리고 있는데, 탈진했다는 얘기를 든고 또 들어갔지. 이게 마음이 약해서 다른 데로 가면 어떡하나 걱정이 되더라고. 다른 데로 가면 그건 아무 의미가 없어. 가다 죽을 수도 있어. 안기부가 전 세계적으로 돈 어마어마하게 뿌리는데. 뭐 미친놈 죽이는 거 전문으로 하는데. 야, 너 애 죽여. 그러고서 자동차 사고 내서 죽었다고 생각해 봐. 아무 의미도 없는 거지. 그래서 내가 이리로 가라고 얘기해야지. 해서 가서 얘기했지. 틀림없이 이리로 가야 된다고. 그런데 내가 얘기한 것을 참조를 했겠지. 결정을 지가 한 거지.

김 면 그래도 그때 당시 통일운동을 그렇게 통일을 위해서 생각들을 했는데도 옆에서 도와주시는 분들이 없었으면…

이영준 그러니까 우리가 함께 가는 거야. 전대협이 선정을 했고. 이 얘기는 나중에 좀 더 시간 가지고, 얘기가 많아. 내가 수경이 남쪽에 갈 때 그런 얘기 있어. 그건 아마 써도 재미있을 거야. 7천 만이 간첩 돼서 통일운동 앞당기자. 그 얘기를 했어.

김 면 추후에 들어야겠군요.

이영준 간첩이라고 하면 전부 도망가잖아. 그러면서 통일은 원하잖아. 아니 이런 병신 같은 놈들이 어디 있어. 그 틀을 벗어나지 않으면, 간첩이라는 문제도 없고, 도망가면 안 돼. 그러는 7천 만이 간첩 돼서 통일 앞당기자는 얘기 내가 수경이하고 같이 얘기를 했어요.

단체운동에 대하여

김 면 그럼 유럽민협이고 그런 것도 다 같이 활동하셨나요?

이영준 민협이 생길 때 난 사실 민협이 생기는 걸 반대했다고. 반대한 이유는 그전에 한민련이라는 게 있었고, 사람이 한번 무슨 이름을 가지고 시작했으면 그걸 계속 해야지. 한국에서 뭐 빨갱이 단체라고 한다고 해서 이름 바꾸고 그러면 사람은 똑같잖아. 안기부가 그런 걸 다 잘 알지. 그럼 이건 뭐 꿩이 독수리가 나타나면 대가

리만 모래 바닥에다 하고선 궁둥이만 내놓는다는 얘기랑 똑같은 거 아냐.

김 면 그렇기 때문에 처음에는 가담을 안 하셨네요?

이영준 안 했지. 같이 하기는 했지만, 그때 이제 여기서 논란이 많았지. 운동을 어떻게 대표를 해야 되는데 어떻게 하냐. 난 이름 바꾸는 거에 대해서는 별로 안 좋아한다. 뭐 그러냐. 그리고 세계혁명역 사를 보더라도 중국 모택동이던가. 공산당을 만들어서 자기가 성 공할 때까지 공산당 이름으로 갔지, 장제스한테 공격 받았다고 해 서 이름 바꿨어? 그건 아니잖아. 지들이 뭐가 있다고. 그럼 우리 가 민주화하기 위해서 무슨 단체를 했으면 그 이름으로 계속 나가 야지. 저 뭐야 군사정권에서 넌 빨갱이라고 했다고 그 소리 피해 가려고 하면 다른 사람은 병신이라는 얘기야. 안기부가 이름 바꿨 다고 해서 너희들 다르다 그러겠어?

그리고 일반 교민들도 마찬가지고. 그 사람들 병신이 아니라고. 그럼 자기 신조를 가지고 나가야지. 그거밖에 없잖아. 근데 그 뭐 민협이라는 이름을 해서 되니까 막 박수치고 그러기에 내 얘기 통 하는 사람들이 없으니까 우리가 같이 해야 되겠지, 하고 같이 했 는데. 그러다 보니까 지금 민주화 됐다고 아무 일도 없잖아. 간판 이 무슨 상관이야. 자기가 그 뜻에서 일을 했으면 무슨 소리를 듣 던 빨갱이 아닌 빨갱이 할아버지라고 해도 그건 밀고 나가야 사람 들한테 믿음을 얻지.

김 면 선생님, 처음에 임수경 방북 후 다음에 범민족대회를 열잖아요. 그때도 같이 참여하시게 됐나요?

이영준 범민족대회가 하기 전에 이런 일이 있었어요. 내가 노동자연맹 을 같이 했다고 그랬잖아. 그래서 우리가 생각한 게 해외운동이란 게 유럽을 위주로 하니까 노동단체가 여기 베를린에 노동교실이라 는 게 있고, 그때 또 그 지역에 전태일 기념사업회가 있고, 그 세 단체가 있었어요. 그런 제안을 했어요. 그래도 우리가 민중이 살아가는 세상을 추구한다면 우리가 좀 통일운동에도 앞장서야 하지 않겠냐. 뭘 기여를 해야 하지 않겠냐. 그래서 우리끼리라도 단결을 해서 북에다 제안을 해 보자. 이북에 그 노동단체가 또 있을 거 아냐. 연맹이니 뭐. 통일에 대한 얘기 좀 나눠보자. 그래서 제안을 해서 북쪽에서 좋은 제안이라고. 그래서 우리끼리 덴마크에 가서 주말을 지나면서 그거에 대한 의견도 나누고 그랬어요. 그런데 이제 남쪽에서 범민족대회 한다고 조성모가 딱 친 거야. 그러니 북쪽에서 그게 더 재밌는 거지. 남쪽에서 직접 그런 얘기가 나오니까. 그럼 우리가 해외에서 제안한 것은 2차적인 거야. 그래서 범민족대회가 이쪽에서도 민협이니 뭐 이런 데 참여했던 사람들이 거기에 이제 가담하게 된 거지. 그 전에 통일 얘기에 대해선 좀 냉소적이었어, 사실은.

김 면 그 전에는 통일을 의식을 안 하다가 그렇게 됐군요.

이영준 아 이북 얘기만 나와도 겁을 내고. 도망가는 거지... 그거 대면 자기 손에 뭐가 붙을까봐. 그런 입장이었다는 거지.

김 면 그러고 나서 범민련이 나오잖아요. 유럽민협이랑 그 과정이 상당히 좀 예민하더라고요. 예를 들어 유럽민협 선생님들과 범민련의 장일중 선생님, 이주희 선생님 얘기를 좀 다르게 보시더라고요. 여러 가지 사건들을요.

이영준 솔직한 얘기가 그 사람들 그 전에 별로 이름 나타나지도 않은 사람들이야. 어쩌고 해서 민간차원에서 어떻게 하다 분위기가 좀 달라지니까 이제 자기들이 속에 항상 통일문제가 있었겠다고 했겠지.

김 면 처음부터는 가담을 안 하시다가 나중에 이제 점차적으로 이렇게 합류를 하신 거로 보신 거군요.

이영준 민협에서 통일 얘기 난 뭐 이제 우리가 좀 공개적으로 하자 그런 입장이었거든. 국내도 아니고. 근데 이 사람들은 국내 가족 있고 왔다 갔다 하는 게 중요하니까 그래서 이 문제를 터치 안 하려고 한 거야.

김　면　못하는 거군요.

이영준　그런 입장이야 누구든지 다 있지. 일제시대 때 뭐 자기 가족이 없어서 해외에서 죽어가면서 싸웠겠어? 왔다 갔다 할 생각하면 뭐는 못해.

김　면　범민련이 나온 다음에 유럽민협이 해소가 되잖아요.

이영준　해소된 건 아니지. 난 이제 붙들려고 그랬는데, 별 서로의 명분이 서지를 않는 거야. 범민련이라는 것도 사실 그렇지. 그것도 범민련을 추진하는데 제일 앞장섰던 사람이 그 당시에 황석영이가 여기 있었거든. 황석영이 영향이 컸지.

김　면　그분이 국내로 안 가시고 여기 계시면서.

이영준　그 당시에 범민족대회가 판문점에서 있었잖아. 그때 이걸 결성한다고 했을 때, 그때 그랬어요. 지금 여기서 결정하지 말자 그 얘기를 하려고 손을 들어서 제안을 하려고 하는데 사람들이 눈이 벌써 싹 가버렸어. 거기서 막 열성적으로 나오니까 독일에서 같이 일했던 사람도 눈이 팽 돌은 거야.

김　면　얘기가 안 되는 군요.

이영준　그래서 내가 손들어서 얘기하려고 하는데, 무시해 버리더라고. 그래서 거기서 결정하고 나와서 자기들 꿈이니까 여기서 운동했던 사람들이 이질감을 느끼잖아. 그래서 이 문제가 범민련하고 민협이 서로 껄끄럽게 되고 같이 안 돌아간 거야. 그래서 거기 갔다 온 사람들이 무슨 장, 무슨 장 그냥 해서 막 붕 떴지. 그것이 일하는 사람들의 자세가, 내가 보기에 그 사람들은 또 그 사람들 나름대로의 설명이 있겠지. 내가 봤을 때에는 마음 아픈데.

김　면　요즘 활동들이 많이 없지요.

이영준　없지. 뭐 민주화 됐는데. 나는 민주화가 안 됐는데, 그 사람들은 민주화가 됐어요. 6·15 밖에 없어. 간단하게 여기 도움이 될지는 모르겠는데, 6·15가 뜬 다음에 6·15를 가장 높게 평가하면서 모인 단체들이 있고, 옛날에 광주에 광주정신에 길해야 된다고 하는 그룹이 있고, 두 그룹이 있어요. 근데 이게 서로가 얘기가 잘 안 되는 게 마음 아픈 일인데, 아까 얘기 했지만, 통일이 따로 있는 게 아니고 민주화가 따로 있는 게 아니라고. 우리 민족이 특히 요즘에는 민중이 인간적으로 사는 그런 세상을 우리 조상들이 물려주신 땅에다 이루기 위해서는 같이 고민을 해야 돼. 근데 그게 아니잖아. 무슨 이름이 나오면 거기에 달라붙고, 또 무슨 이름이 나오면 거기에 달라붙고, 그러니까 뭐야 무슨 잿밥에는 생각이 있고, 뭐에는 생각 없다는 얘기로 같이 고민하려는 자세들이 조금 부족한 것 같아. 특히 고생을 한 사람들이. 고생한 사람들이 가끔 그런 성향이 있는 거 같아. 뭔가 잘 될 것 같은 그런 일들이 있으면 옛날 것을 좀 잊어버리기 쉬운 게 있는 거 같아. 역사 속에도 그런 얘기가 많잖아.

김　면　그럼 그 전에 있던 활동했던 6·15 때와 같이 요즘에는 북을 생각한다든지 통일에 대해 생각하는 단체 역할도 없겠네요?

이영준　두 그룹 있지. 6·15선언이 나오니까 통일이라는 문제에 이제 관심을 집중해야 된다. 그래서 6·15를 막 부르짖고 나오는 사람이 있는가 하면, 이제 광주민주화 운동에 대한 그거를 계속 가야 한다는 두 흐름이 있는데, 사실은 내가 봤을 때는 그거 하나야. 우리 민족사의 흐름 속에서 있었던 하나의 과거로 할 수밖에 없잖아. 역사 속에서. 그거를 하나로 해야 되는데, 지금 이 사람들은 거기에 집착을 하는 거야. 그 두 개에. 그게 마음 아픈 건데. 사람들은 착하지. 뭔가 좀 해보려고 하는데, 철학적인 그거를 묶어주는 이게 없는 거야. 정치사상적으로 하나로 묶을 수 있는 힘이 없는 거야. 운동했던 사람도 그건 없거든. 깊이 생각 안 하고, 민주화다. 국내에서 민주화 하면 내 놓은 거기 그 방향을 그냥 따라가는 거고, 통일이다 하면 거기에 따라가는 거뿐이지. 통일이 어떻게 되어야 하고, 민주화가 어떤 내용을 가져야 되고, 그러한 민족

사회 흐름 속에서 해외에서 할 수 있는 것이 뭐겠다. 자기 나름대로 생각을 해서 거기에 기여하려고, 기여한다기보다 그러한 틀 속에서 자기 삶을 살아가면 그게 기여하는 거지. 자기 삶을 살아가는 데에 있어서 떳떳하게 살아가면 되는 거라고. 난 생각이 들거든. 근데 그게 아니니까 얘기가 잘 안 되지. 그리고 해외에서 살다보면 이 유럽이라는 게 경제적으로는 안정된 곳이니까 그냥 다른 데서 얘기하는 거 그게 좋은 거다. 그거 해야지 이거지. 마음에서 부딪쳐서 하는 건 앞으로도 좀 힘들 거 같아. 국내에서도 마찬가지고.

통일운동에 대하여

김 면 여기 독일이라는 지역이 상당히 특성이 있어요. 이전에 뭐 전 세계에서도 통일이 직접적으로 이루어진 나라도 독일밖에 없고요. 실질적으로 많은 조언을 부탁드립니다.

이영준 통일에 대해서?

김 면 예. 남쪽이든 북쪽이든 이건 좀 반성할 점이라든지 아님 좀 이렇게 했으면 좋겠다, 하는 얘기도 좀 편안하게 해주셨으면 좋겠어요.

이영준 아니, 그거는 뭐 편안하게 되나. 내가 그거에 대해 연구하지도 않고 그랬는데, 난 그냥 내가 살아가는 거뿐인데. 우리나라에서 많은 사람들이 통일을 연구한다고 하면 독일로 오잖아. 독일 오면 지난번에 연구소 수석연구원이라는 사람이 와서 이제 뭐 발표도 하고 그러더라고. 근데 내 생각은 간단한 얘긴데. 남의 집이 아무리 잘 살고, 무슨 수를 해서 가정 파탄 날 경제에서 살아났다 해도 그게 자기한테는 무관한 거야. 사실은 따지고 보면. 문제는 내 자신이야. 내가 이 싸우는 여자하고 같이 살 거냐 아니냐. 내가 어떻게 이 문제를 정리하느냐 이거지. 남의 집에서 어떻게 사는 거 무슨 상관이 있어. 웃기는 일이야 참.

　　싸웠더라도. 그래도 너하고 나하고는 자식도 낳지 않았냐. 우리가 살아가는 방법은 우리끼리 찾아야지 그게 중요한 거잖아. 근데 옆에서 어떻게 했다고 그거 보고 그 식으로 하려고 해봐. 안 돼지. 근데 와서는 항상 통일 비용이 얼마나 들었느냐. 뭐 어쩌고 하는데, 그건 가만히 보면 이 사람 식으로 통일을 하려고 하는 것은 밑에 깔고 나온 사람들이야. 그건 안 돼지. 통일에 하나 기여가 안 돼. 우리 통일에는. 웃긴다고.

김 　면 독일은 외부의 우리나라 같이 통일을 위해 힘쓰는 독일인들의 단체도 없었고요. 우리나라만의 독특한 그게 있던데요.

이영준 독일 사람들은 지들이 통일국가를 가지고 세계를 정복하려고 했던 사람들이고, 우리는 근대적인 통일국가를 그걸 느끼기도 전에 정말로 좋은 생각들만 가지고 마음 편하게 살다가 일본 놈한테 강간 당한 거야 사실은. 강간당했는데, 강간당한 사람이 강간한 사람이 그래도 나를 여자로 만들었다. 이렇게 하는 사람이 있는가 하면, 아니 남쪽 입장이 그렇잖아. 일본 아니면 우리가 경제 발전을 언제 했느냐 이런 얘기가 있잖아.

김 　면 그런 얘기가 있더라고요.

이영준 그게 분위기잖아. 남쪽의 분위기. 근데 북쪽에서는 강간한 놈은 이거 죽일 놈이다 하고 나오는 거야. 이 입장이 다른 거야. 공산주의니 민주주의니 이건 둘째치고, 인간적으로 봤을 때. 그잖아. 강간한 사람이 그래도 고맙다고 하는 사람이 있는가 하면.

　　아니, 우리끼리 살았으면 경제를 오늘 같이 못 만들었을 거 같아? 우리 민족은 능력 있는 민족이야. 사실 북도 봐. 그 어마어마한 상황에서 미국하고 담판을 하는 사람이야. 돈에 물량적으로 생각하면 생각도 못 하지. 미국이 어마어마한데, 그래도 미국한테 받아낼 거 다 받아내잖아. 그렇다고 거기 인민이 다 죽었냐면 그것도 아니고.

김 　면 북한의 과거사 청산에 대해 말씀하시는 거군요.

이영준 일본인들 뭐 아 조센진들 뭐 단결도 못하고 그런다는 얘기를 가
끔 한다고, 옛날에 지들이 식민지들 가졌을 때, 난 무슨 얘기인지.
아 이북 봐라. 거 조선족이다. 왜 미국이 그 사람들 함부로 못 하
냐. 이게 조선족이 너희들이 얘기하는 것같이 단결을 못하는 게
아니라 너무 단결을 잘한다. 너희들 얘기하는 그거는 식민지 지배
하려고 만들어낸 얘기지 조선족의 특성이 아니다. 얘기를 한다고.
그럼 지들도 할 얘기 없지 뭐.
그럼 그 얘기, 두 얘기 중에서 부각되는 게 뭐냐면 대한민국이
라는 게 이 사람들 생각이 없어. 자주국가고 민족이 없어. 지들이
요리하면 다 되는 거야. 그런 얘기 속에서. 그러니까 우리 시대를
우리가 멋지게 정말 자주적으로 힘을 믿고 살아가면 그게 자꾸 누
적되면 그게 통일이고 민주화야. 난 그렇게 생각한다고. 그러니까
민주화니 통일이니 거기서 뭐 어디서 주석단에 앉으려고 하는 사
람을 보면. 요새는 내가 좀 구역질이 나. 하하. 옛날에는 그런 얘
기도 안 했거든.

김 면 요즘 6·15 공동행사 하는 거 보니까 그게 더 심해지는 거 같더
라고요.

이영준 난 그거 참 이해가 안 가요. 그리고 우리 독일 얘기만 하더라도.
둘이 됐는데, 나 그 하나로 해야 된다. 금년에는 그래도 하나로 해
서 가야 되지 않느냐. 그런 노력들도 안 보이고, 자기들 있는 데로
가서들 하고, 그래도 내가 이전에는 이쪽도 가고 저쪽도 가서 얘
기도 나누고 해봤어. 근데 이제 그렇게 딱 가고 나니까 이제 가고
싶은 마음이 없어.

김 면 그럼, 남쪽은 들어가신 지 오래되셨어요?

이영준 아니, 난 남쪽 김포 떠나고는 안 갔지. 못 갔지. 못 가고, 지금은
안 가고. 하하.

김 면 아직도 해금이 안 되셨어요?

이영준 몰라. 됐겠지. 됐는지 어떤지 모르겠는데, 그런데 내가 지금 무

슨 재미있다고 가.

　김대중 대통령 오시고요. 노무현 대통령 오셨는데, 그분들 대통령 되고 아무튼 구명운동 하신 분들은 그 참석 자리에 못 앉고... 부르지도 않았어요. 전두환 뭐 이 사람들한테 상 받고 그런 사람들이 또 간다고.

김　면　지금도 변하고 있고요. 구체적으로 지금 많이 전진하고 있거든요. 그러나 교민들은 그걸 못 느끼고 계시는 것 같아요.

이영준　그것도 또 관리나 이런 사람을 얘기할 게 아니라. 운동했다던 사람들이 시대가 바뀌면 자기들 목소리를 찾아 내놓을 줄 알았어. 근데 거기서 해줄 것만 바라고, 여기서는 가만있으니까, 지들이 이제 어디 나가면 아 그래도 난 민주화운동 했어. 통일운동 했어. 그게 간판이나 내놓으려고 그러는 거지. 실제 생활에서 변화를 시켜 나갈 줄 알아야지.

　80년대, 90년대 민주화운동 70년대 한 사람들, 그것도 또 민주화라는 그거 간판 가지고 또 통일운동이라는 간판 가지고, 진짜 통일이 뭐고, 민주화가 뭔지 그거보다는 그거 했다고 그거 자랑하고, 그거에 대해서 무슨 보상을 받으려고 보상심리로 이러는 거 같은 느낌이 와서 요새는 왜냐면 노무현 대통령이 돼서 무슨 살아온 분위기로다가 정권을 창출했다고 그래도 그 이후에 나온 사람들 전부 다 재산싸움이라고 또 싸웠어. 그러면 한나라당이나 그놈들이나 뭐가 달라. 민중 삶은 그대로 있는데. 그래서 나는 민주화라는 얘기도 입에 담기가 싫고, 통일이라는 얘기도 담기가 싫은 게 내 마음이야. 뭐가 바뀌 놓은 것도 없이. 그럼 미국 나가라는 얘기는 사실 그 근본은 그대로 있는데, 요새는 얘기를 할 수가 있는 상황이 광주 이후에 변화됐지만, 실제로 하는 사람이 누가 있어. 몇몇 이외에는. 근데 우리 사회가 안고 있는 본질적인 문제에 대해서는 생각들을 안 하고, 그거 조금 세상 좋아지니까 그 동안에 뒤쫓아 다니던 사람들이 더 앞에 나가. 그래서 저희들이 민주화도 다 하고, 통일도 다 한 게 돼. 그러니까 사람들이 우리가 살아가는 시대에 이 고난의 시대를 우리가 어떻게 같이 인간적인 삶을 살아야 되겠는가, 고민하는 사람들이 이 장을 살아가는 것의 한 단면이었는데, 거기서 보상을 받으려고 하는 것은 나쁜 놈들이라고. 그 심보가. 그죠? 난 그래서 우리가 우리 당대에 너무 어려운 상황을 살았기 때문에 우리 후손들한테는 좀 더 마음 피고, 사람답게 살아가는 그 세상을 만들려는 그 하나의 과정이지 그거 했다고 거기서 그 보상을 받으려고 하는 것은 웃긴 얘기라고. 난 그래서 그 뭐 국내에서 민주화운동이니 과거사 청산이니 뭐 이런 얘기가 나한테는 별로 안 나와. 좀 웃긴다.

김　면　그것도 문제 있더라고요. 이번에 6·15도 둘로 갈라지고.

이영준　그래서 내가 아주 그게 무슨 꼴이야. 통일운동을 하자고 하면서, 통일이라는 게 다른 게 아니야. 나는 북과 남이 하나로 되는 것만이 통일이 아니라 우리 정신사적으로다가 통일이 되어야 한다고, 그러면 그러한 사상적인 발판을 만들 줄도 알아야 해. 우리가 뭐 북쪽의 주체사상 가지고 통일할 거야? 그것도 아니잖아. 남쪽은 남쪽대로 우리가 7천만에서 5천만이면, 5천만이 가지고 있는 자기 60년 동안의 쌓아온 그게 있다고, 민족사의 한 바탕을 만들어 온 거라고. 그럼 그거를 바탕으로 해서 내세도 내쫓고, 민중이 같이 살 수 있는 세상을 만들려면, 거기에 대한 고민을 해야지 그거를 바탕으로 통일에 접근을 해야지. 진보라고 하는 사람들 가만히 보면 말이지. 서양의 무슨 여기서는 뭐 하는 사람들 그 사람들 이론 가지고는 그건 진보고, 내 그러니까 아 이 사람들 한나라당은 지들이 보수라고 해도 진짜 보수가 뭔지도 모르는 거야. 우리 국민들은. 진짜 보수들은 외세를 나가라고 그래야 되지. 내 삶은 내가 해야지. 왜 내가 장가 가 가지고, 처자랑 같이 일단 살고 있는데, 잘살든 못살든 상관이 없어, 옆집에서 들어와서는 돈 많은 사람이 뭐 이래라 저래라 하면 기분 나쁘잖아. 이게 내 가정이야? 뭐야.

마찬가지지. 간단한 거라고. 진리라는 게 다른 데 있는 게 아냐. 민중들이 느끼는 철학과 사상은 이거거든. 사실은 거기다 무슨 뭐 이론 자꾸 얘기해 봐(야) 소용없어.

김 면 일반 우리들이 스스로 느낄 수 있는 동참할 수 있는 것이 정말 중요한 거 같아요.

이영준 그럼, 그게 중요하다고. 봐. 이번에 평양에서 6·15행사가 안 되니까 서로들 네가 잘못했다. 그거는 남이 잘못한 거는 그렇다 하더라도 자기는 어떻게 했는가. 하는 것에 대한 그런 입장이 먼저 있어야지. 우리 분단된 것도 외세 때문에 분단됐다고 하지만, 외세만이 분단됐나? 우리 분단시켰나? 우리가 통일, 한결되어있는 힘이 있었다면 그게 아니었지. 밀어넬 수가 있었지.

지금 예를 들어 베를린만 하더라도 여기 세종학교라는 게 있어. 세종학교는 사실 전두환 때 민주화운동에 대해 관심을 가졌던 사람들이 학교를 좀 새롭게 해야 되겠다, 하는 그런 사람 중에서 김종한이라고, 그 사람이 한글학교 교장이 됐는데, 그 한글학교 내에서 김종한은 빨갱이다 그렇게 된 거 같아. 반체제인사다. 뭐 이래서 몰아내는 이런 일이 있었던 거 같아. 내가 자초지종은 잘 모르겠는데, 하여튼 그 과정은 접어놓고, 그러면 그 세종학교가 세워졌다고 하는데, 적어도 오늘날 민주화되어 있다는 우리나라가 이런 학교에 대한 지원이 있어야 된다고. 정부차원에서. 남이 뭐라고 그래도 그건 해야 돼. 근데 거기에 대해서는 여기서 학교가 하나로 통일돼라. 이 얘기만 하지 거기에 지원할 생각은 안 하는 거야. 그게 글러 먹었지.

김 면 그럼 교민들은 거기로 안 보내겠네요?

이영준 교민들 안 보내지. 외로운 학교지. 지금 재정적으로 어려워서 많이 고민을 하는데, 사실은 한글학교들의 모든 것이 이러한 전통을 받아야 되는 거야. 민주화된 오늘 세상이라고 할 것 같으면 그 동안의 파쇼체제, 전두환이 체제, 이런 그냥 저거 했던 학교보다는 뭐 학교가 그렇겠어. 사실은 그 관료적인 것을 따라 갔겠지만, 적어도 오늘날 이런 상황에서는 세종학교에 대한 기품을 가지고 심어주고, 모범으로 내세우고, 만들어 가는 그게 있어야지. 그래야 교민들도 세상이 달라졌구나. 그럴 거 아냐. 그건 아니고 거기에 지원해 달라고 하는 거는 아주 묵살해 버리고, 오히려 옛날에 있었던 그 학교만 아니까 교민들이 바뀔 수가 없지. 그냥 어디든지 힘 있는 데 붙으면 되는 거야. 그게 식민지 근성이라고. 그거를 그대로 놔두고 어떻게 과거 청산이 돼. 안 돼. 식민지 근성이 있는 이상 과거청산은 난 웃기다고 본다고 난. 국내 민주화운동도 마찬가지야.

김 면 여기도 문제가 엄청 많은 게 있군요.

이영준 그럼, 여긴 더하지. 국내에서 식민지 그러한 속성을 청산하는 그 작업을 하면 되는데, 여긴 따라가게 되어 있다고. 근데 국내에서 식민지 그러한 속성을 청산하는 건 없고, 역사 속에서 식민지 청산하는 것만 있지. 역사 속의 친일파만 내놓으면 뭐해. 민중들 속에 아직도 그런 식민지적인 근성이 있는데. 자기가 자기를 나타내고서 살아가려는 그 틀이 안 잡혀 있는데, 꼭대기에서 그 역사 속에 몇 가지만 바꾼다고 되겠어? 안 되지. 그게 문제야. 그렇기 때문에 통일이라는 문제에 접근하는 데도 참 어려움이 많은 거야. 봐. 서울대학교. 무슨 대학교. 다 일본식 동경대학교 어디 나온 그게 관료체제야. 그 틀을 바꾸려면 그 사람들은 저희 밥줄이 떨어지니까 그거 안 바뀌. 그게 뭐 진보든 뭐든 상관이 없어. 안 바뀌. 뭐 광주대학, 어디 이름 없는 대학에 머리 좋은 사람 있어도 그거는 거기에 못 껴. 낄 수가 없어.

김 면 통일운동사를 정리하려는데 조언 끝으로 부탁드립니다.

이영준 답습하는 방식은 이조, 고려, 왕조사 쓰는 거나 똑같다는 거지. 그럼 현대를 살아가는 사람의 의식이 그 정도면 민주화가 안 된 거야. 벗어나야지. 그게 내 노력 하나지 내가 벗어났다고 얘기할 수는 없어. 노력하는 것뿐이지.

그러니까 그거는 외부에서 봤을 때 가슴 아픈 것도 있지만, 여기 살고 있는 사람들이 그 능력의 한계가 있는 거야. 세상이 바뀌면 그거에 대해 자주적으로 응용할 줄을 알아야 되는데, 이게 아니야. 어디서 해줄 데만 기다리고 있는 거야. 그렇기 때문에 우리 민족이 정말 자주적인 역사를 꾸려나가기 위해서는 민중들이 그러한 삶의 틀을 만들기 위해서는 지식인들이 해줘야 해. 지식인들의 역할이 그래서 중요한 거야. 민중들은 살아가기에 바쁘기 때문에 생각할 틈이 없어요. 근데 지식인들이 기계적으로 받아들여서 그거만 얘기하면 이 사람들이 언제 자주적으로 살아가. 진보를 해야지. 진보가 뭐야. 사실은 자주적으로 살아가는 게 진보라고. 그렇기 때문에 노동운동이 뭐야. 노동운동 기본은 노동자가 자주적으로 삶을 꾸려갈 수 있는 기본을 만들어 주는 게 노동운동이잖아. 무슨 노동조합에서 몇 푼 더 받겠다. 그래서 이게 아니거든. 사실은.

김　면 제가 보면 송두율 선생님이랑 생각하시는 게 상당히 비슷하세요.

이영준 아니, 달라질 수밖에 없지. 그럼. 그거는 당연한 거고. 송 선생은 여기 민건회 처음에 들었겠지. 거기서 같이 일을 했는데, 그래도 상당히 곧은 사람이야. 선비정신이 있고, 가끔 나하고 다른 것은 나는 우리의 역사를 중요시 하고, 우리의 조상들이 해온 학문에 대한 가치를 많이 두는 사람이고, 그 사람은 서양학문에 대한 관심을 많이 두는 사람이고. 이 차이가 있는데, 궁극적으로 추구하는 건 비슷한 거야.

김　면 선생님이 직접 통일운동사를 정리하시는 것은 어떠세요?

이영준 아, 난 그런 거 남에 대한 얘기는 안 써. 내가 글 쓴다면 내가 하고 싶은 욕심만 쓰는 거야. 남 뭐 평가할 시간이 어디 있어. 나가는 길도 바쁜데.

답변은, 내 답변은 열어 놓는 입장에서도. 송두율에 대해서도 우리가 같이 많이 생활을 했지만, 그 사람이 추구하는 그 세상이 있잖아. 자기가 살아오는 과정에서 자기가 틀을 만드는 자기 작품을 쓰는데 있어서 예를 들어 유화로밖에 할 수가 없어. 서양학문이 많이 들어 있으니까 유화로 하는 거야. 근데 나는 묵화로 만들려고 하는 거야. 그러니까 우리가 같이 그리는데 송두율이는 유화로 할 수밖에 없어. 그리고 나는 또 배운 게 묵화 밖에 없으니까 먹만 자꾸 칠하는 거야. 그러나 세상이 많은 사람들이 보고 이 그림도 마음에 들고 저 그림도 마음에 들고 그럼 어떻게 할 거야. 그것뿐이지 다른 게 없어.

김 면 여러 말씀 감사합니다.

18. 어수갑

前 유럽민협 총무

어수갑 前 유럽민협 총무 ________________

어수갑 前총무는 외대 대학원 재학중 1981년 독일유학을 와서 튜빙겐에
서 철학을 공부하던 중, 강돈구 선생님의 권유로 동포단체그룹들과 조
우하게 된다. 유코와 사회과학 세미나의 일원이었고 베를린으로 이주
후 본격적으로 독일에서 민주화운동을 시작하였다. 특히 유럽민협을 중
심으로 상근간사로 활동하며 민주조국을 발간하는데 중심역할을 하였
고 임수경 방북사건에 관여하였다. 3년 전 귀국하여 민주화운동기념사업
회 연구원으로 민주화운동사를 정리하고 있다.

해외통일운동사 정리문제

김　면　통일연구원에서 해외 통일운동사를 정리하고 있습니다. 조언을
부탁드립니다.

어수갑　예... 지금 제가 알고 있기로는 그 사료수집과 관련해서 현재 국
내단체하고 연동이 돼서 사료수집 관련한 것들이 대강 한 두 가지
로 진행되는 걸로 알고 있어요. 첫째가 민주화운동기념사업회 사
료관으로, 사료수집위원회, 일본사료수집위원회 그리고 유럽지역
이겠죠. 또한 미주지역사료수집위원회. 이렇게 지금 네 개. 그래
서 어떤 지역은 활발하게 되어있는데도 있고 어떤 데는 조금 덜
되어있는 데도 있지만은 그게 하나가 있고... 또 하나가 국사편찬
위원회 그 쪽에서도 지금 진행을 한다는 것 같아요. 그리고 국사
편찬위원회가 예산이 상대적으로 많기 때문에 거기서는 얘기를 들
으니깐 아마 전문적으로 사람이 가서 몇 달씩 있으면서 자료를 수
집하고 또 그 대상들 만나서 뭐, 뭐 일정하게 대가도 지불하면서
이제 그런다고 그래 가지고 우리가 좀 비상이 걸린... 특히 사료관
쪽에서 좀 그런 게 있어요.

김　면　연구진행에 있어 유념할 사항이 어떤 것이 있겠나요?

어수갑 그런 게 있기 때문에 조금 좀 염두에 두셔야 될 것 같고요. 민주화운동 기념사업회는 물론 이제 일차적인 그 사료가 아무래도 민주화운동하고 관련된 부분들이 위주가 될 겁니다. 근데 물론 아시겠지만 해외운동이라는 게 민주화운동 따로 통일운동 따로 이런 게 아니잖아요. 그렇기 때문에 그걸 엄격하게 분류한다는 것 자체가 사실 좀 어려움이 있겠죠. 뭐... 이 사람은 민주인사고 이 사람은 통일이네 이건 말이 안 되는 소리거든요. 그런 게 있음에도 불구하고 어쨌든 간에 현재까지 유럽 쪽에서 기념사업회에 자료 전달이 된 것들은 대부분은 아마 민주화운동하고 관련된 것들이 아마 대부분일 거예요. 왜냐하면 그쪽에서 전면적으로 통일운동만을 하는 단체라고 한다면 범민련 유럽본부라든지 6·15공동준비위원회니 이런 차원일 텐데 아마 그쪽 자료는 그렇게 많이 들어와 있지는 않을 거고, 그 이전의 자료들이니깐 주로는 뭐... 부문운동별 자료들이 아무래도 대중을 이룰 거예요. 그래서 그렇게 부닥치지는 않을 거라는 생각이 드는데, 하여튼 그런 걸 염두에 두셔야 될 거예요.

김　면 구술인터뷰 작업에서 어떤 점이 주의되어야 할까요?

어수갑 예. 인터뷰를. 저도 어떻게 이전에 조사과정 중에 포함되어서 한번 인터뷰를 했는데... 그래서 제가 그 인터뷰 했던 것을 약간은 읽어는 봤는데, 그게 이제 그것만 가지고는 참 문제가 많겠다, 라는 생각이 들더라고요. 왜냐하면 거기 이제 인터뷰대상자들이 워낙 옛날 것들이니깐 이제 기억도 희미할 거고 그리고 자기 그 주관이 굉장히 많이 개입이 됐기 때문에. 객관적으로. 물론 엄격하게 100% 객관적이라는 건 있을 수 없겠지만 객관적으로 그쪽에서 통일운동. 아니... 통일운동이 아니라 통일운동 포함해서 하여튼 그 쪽에 그 진행됐던 운동을 얘기를 한다는 게 참 정말 어렵겠구나, 라는 생각이 들더라고요.

　　왜냐면 아시겠지만 구술이라는 게 구술을 받으면서 당사자들한테 공개에 관한 문제가 있지요. 거기다가 이제 얘기하다보면 다른 사람을 비판할 수도 있는 것이고, 근데 이제 그게 문자화 된다거나 이렇게 되면 굉장히 문제가 되는 거니깐 이제 그게 구술의 기본이지요. 일단... 그러면서 구술전체를 보시면 아, 이 사람은 이런 관점에서 이렇게 했구나. 뭐 이런 걸 좀 아실 수는 있을 거예요.

구술내용에는 주관적일 수밖에 없기 때문에 그리고 이제 이런 분들이 다 자기중심적으로 자기가 했던 것을 더 강조하려고 하는 이런 게 다들 있어요.

김 면 무슨 어떤 사건을 다룰 때도 그러면 예를 들어서 그분들 갖고 예를 들어서 문자화한다든지 아무리 비공개라 하더라도 그럼 그 단체에 대한 평가가 실질적으로 한 두 사람 갖고는 힘들겠네요.

어수갑 아... 당연하죠... 정말로 그런 문제점이 있고... 저희들이 또 여기서 다른 거 가지고 작년에 1년 동안 연구 작업을 하면서 사료관에서 받은 구술을 놓고서 이렇게 하면서 여러 가지 그... 이게 정말 어렵겠구나, 라는 생각을 한 게 구술을 받는 사람이 전체를 꿰고 있지 않으면 정말 의미가 없어질 수가 있어요. 그래서 제가 그 자료 같은 거 많이, 가능하면 많이 읽고 가서 그 분들을 만나라고 부탁을 드리고 싶은데... 전체 윤곽을 다 알고 그 분들을 만나야지 이야기를 하다가 자꾸 옆으로 새지 않게 막을 수도 있고 질문의 그 핵심 같은 부분을 질문할 수 있고, 그래야지 건지지 그러지 않으면 정말로 그래요... 저희들이 어... 그 동안에 그 70년대, 80년대 초 70년대 특히 지금 나이 다 많이 드신 분들... 구속자들의 가족 분들이 어떻게 옛날에 저... 여기서 운동을 했는가, 이런 것들을 연구를 했어요.

이전에 기초자료로 그동안에 사료관에서 수집했던 녹취 같은 걸 참조를 했는데, 정말 쓸모 있는 게 별로 없어요. 그 정도로... 그 이유를 검토를 해봤더니 그 구술을 받는 사람이 그게 없는 거예요, 이게... 그런 사람이 그냥 막 해버려 가지고 이게 굉장히 중요하겠다, 라는 걸... 이번에 많이 체험을 했는데.

김 면 현재까지는 통일운동은 거의 예를 들어서 이전에 아무래도 그 좌측에서 하던 운동이었기 때문에 연구 안 됐고... 그렇기 때문에 현재까지 지금 그나마 통일운동을 살펴보기 위해서 민주운동에 관한 것들, 자료들만 이렇게 그 기존에 있는 정보라든지 이런 건 봤죠. 통일운동 지금 단체, 단체도 지금 정리된 게 없거든요. 유럽에서 이런 것도 있었다는 그런 자료들도 거의 전무하다시피 하니까요.

유럽민협

김 면 유럽민협의 성격에 대해서 얘기를 해주시면 합니다.

어수갑 제가 그 부분은 아마 기초조사연구보고서 안에 중간정도에 잠깐 짧게 제가 유럽운동에 대해서 간단하게 언급이 됐는데, 유럽민협이라는 게 그전에 재독민주단체협의회인가요, 그 정확한 것은 거기 보시면 될 겁니다. 민주단체대표자협의회라는 게 거의 1년 정도 운영이 됐었어요. 그게 운영이 된 이유가 뭐냐 하면, 그 동안 그 전까지는 유럽운동이라는 게 뭐 이렇게 지역적으로도 분산이 되어 있었고, 또 부문운동별로 이렇게 각개전투형식으로 됐었잖아요. 그러다보니까 이게 운동을 좀 더 조직적이고 통일적으로 할 수가 없죠. 그래서 이제 그런 필요성을 단체들이 서로 느끼면서 예컨대 일정조정 같은 것도 해야 되고, 뭐 그런 현실적인 필요성 때문에 단체, 각 유럽 안에서 활동하는 각 단체대표자들이 '우리가 좀 정기적으로 모여보자. 모여서 5월에 어디서 행사를 하면 우리가 지원도 하고. 하여튼 겹치지 않게...' 그런 소박한 차원에서 이제 시작이 된 게 재독민주단체대표자 협의회였어요. 그래서 그게 굴러가다가 87년 9월에 이제 민협이 만들어졌고 11월에 사무실 생기고. 또 기관지 민주조국이 만들어지고 그랬거든요. 일단 그게 만들어진 것은 또 간접적으로는 아마 국내에서 87년 6월 항쟁을 거치면서 국민운동본부라는 존재가 있었고, 그걸 통해서 운동이 통일적으로 진행되어 온 그런 부분에 아마 고무도 받았을 거예요. 그래서 만들어진 게 유럽민협이죠. 그러니깐 최초의 운동기관들 간의 협의체. 원래는 그것을 연합체 수준으로 하고 싶었는데 역부족이었고… 일단 그보다 한 단계 낮은 단계인 협의체 수준으로 그래도 하자고 해서 만들어진 거죠. 그게 이제 유럽민협이었고. 그리고 민협 안에 여타 많은 단체들이 있지요.

단체 이름은 뭐 참조하시면 될 거고. 그런 단체들이 들어가게 된 거죠. 그래서 지식인 단체라고 하면 민건회 같은 것이 될 수 있을 것이고, 여성운동 쪽 하면 재독한국여성모임, 여성회라고 보통 이제 그러는 거죠. 그 이제 노동단체가 노련. 한인노동자연맹. 노련 뭐… 전태일 기념 사업회 유럽지부. 그 다음에 그 당시에는 동서베를린이 나뉘어져 있었으니깐 서베를린 노동자교실 뭐 이런 노동단체들이 그 안에 들어 왔었죠. 또 민건도 이제 스위스니 덴마크 이런 데는 한두 군데 정도밖에 안 되기는 했지만 자기 나름대로 다 이름이 있었어요. 포괄이 되어가지고 유럽민협이라고. 그 우산 안에 들어온 거예요. 그러면서 비로소 그 쪽 운동이 활성화가 된 거죠. 그러면서 국내하고의 연대 같은 것도 개별적으로 이루어진 게 아니라. 이제 좀 더 조직적으로 이루어지면서 국내에서도 이제 사람들이 많이 왔다 갔다 했고 그랬었어요.

김 면 사무실은 어떻게 운영이 되었나요?

어수갑 사무실에서는 제가 사무관을 하고 그리고 이종수 선생님이 계셨죠. 이 분은 전 KBS이사장으로 지금 그만두셨어요. 지금은 방송위원이죠. 당시 이종수 선생은 그때 명목이 뭐였냐 하면 한민련이라는 조직이 또 있잖아요. 한민련 유럽본부에 사무를 맡아본다는 명분으로 유럽민협 사무실 안에 방을 하나를 그 분이 쓰셨고. 그러면서 이제 저 그, 밑에 내잖아요. 임대료를 이제 같이 나눠서 낸 거예요. 민협하고 한민련. 그 쪽은 재정이 우리보다는 튼튼하기 때문에 왜냐하면 그것은 일본 쪽, 주로 일본 쪽 통해서 지원을 받으니깐 그래서 운영이 된 거죠. 그러니깐 거의 매일 나오다시피 한 것은 저하고 이종수 선생 둘이에요. 그러면서 최초의 그 사무실이 만들어지고 사무실이 운영이 되고 그러니깐 한시적으로 전화를 하면 연락을 할 수도 있고 팩스도 있었고, 제대로 된 그러니깐 그런 게 만들어진 게 그때예요. 87년 가을에. 그러면서 이제 신문도 만들어내고.

김 면 그 신문이 민주조국이지요?

어수갑 이 신문이 그때만 해도 안기부에서 동베를린에서 만들어왔고 온 게 아니냐, 등 뭐 이랬는데. 당시에 이 신문이랑 이런 매스컴 이런 게 굉장히 중요하잖아요. 제가 이걸 만들었지요. 이걸 보시면 이건 타자기예요. 당시에는 컴퓨터가 없었어요. 돈도 없었고. 이 컴퓨터도요. 이게 한국에서 나오기 전에 이게 어디 컬럼비아 대학인가 미국에 거기 무슨 김현양 교수인가 이 사람이 개발한 거예요. 이때만 해도 무지하게 비쌌어요. 이게. 무지하게 비쌌어… 그래서 이걸 하여튼 돈을 각출해 가지고. 예, 그렇게 만들어진 거고. 초창기에는, 처음에는 이제 이런 식으로 만든 거예요. 이거 다 쳐가지고… 그러다가 이제 컴퓨터가 마련이 돼가지고. 아니 이걸 전부 컴퓨터로 하는 게 아니라 다 떼서 붙이는 거예요. 이게 되는 게 아니라. 그냥 큰 저 하얀 종이에다가 다 따로따로 붙인 거예요. 그렇게 해서 한 거예요. 아마 밤 새가면서, 한 달에 한 번씩 만들긴 했지만.

김 면 그럼 선생님 같은 경우는 임금 없이 그냥 봉사하신 것이 되네요.

어수갑 그럼 그런 거죠 뭐… 그리고 이제 옆에서 도와주는 유학생들도 좀 있었고. 또 이런 거 만들어지면 차로 인쇄소 가서 갖고 와서 거기서 접어가지고 보내고 우표 붙이고 이제 이런 걸 다 같이 했어요.

김 면 민주조국 신문은 금서가 되었나요?

어수갑 당연하죠. 이쪽으로 오면서 중요한 단체나 인사들한테 보내는데 많은 게 안 들어가요. 중앙우체국 거기서부터 검열이 돼가지고, 그거 피하려고 별 쇼를 다했지. 그냥 안 보이게 노란봉투에다 해서 다른 이름으로 한 경우도 있고, 그저 실수로 들어가는 경우도 있고 이제 중간에 다 필터링 돼서 안 들어가는 경우도 많고. 근데 어쨌든 얘기 들어보니깐 각 대 학생이 이런 데서도 이런 걸 많이 봤다더라고 거기 나온 사람들 얘기가. 그래서 이제 하여튼 그래요… 그리고 이건 독일어.

김　면 아 독일어 판도 있었군요.

어수갑 독일어 판인데 이때는 이것도 컴퓨터가 형편없는 거라서 글씨도 이런데, 하여튼 옛날을 생각하고 보세요. 87년에. 뭐 그때 이렇게 만들었다고 생각하세요.

김　면 혹시 그때 당시 서독 정부고 뭐고 이런 데서는 이쪽하고는 우호적이었죠?

어수갑 굉장히 우호적이었죠. 왜냐하면 국내 정권인 자체가 군사정권이었기 때문에 거기에 대해서 서독정권이 상당히 비판적이었어요. 그래서 심지어는 SPD(사회민주당)쪽이 아니라 CDU(기독교민주당)쪽에서도 우리를 많이 지원을 해줬어요. 아이자커 대통령 같은 경우에 우리를 상당히 많이 격려해주셨고, 아이자커 대통령이 한국에 오게 됐을 때 우리가 독일말로도 한번 이런 자료들을 많이 보냈어요. 고맙다고도 하고. 당신네 나라 대통령한테 가서 인권문제나 이런 거에 대해서 얘기했습니다. 이런 답신도 받고 그랬어요. 하여튼 그 당시만 해도 서독정부는 우리한테 상당히 우호적이었어요. 특히 임수경 사건이 일어나고, 여기 민협을 반국가단체로 하고, 저를 반국가단체로 몰고 그렇게 해도 그쪽에서 정신적으로 많이 도와줬어요. 그래서 그쪽에서 연방의회에서도 임수경 사건이 일어나고 할 때 거기까지도 올라가고 그럴 정도였었어요.

유럽민협과 여타단체

김 면 그때 노동교실 이런 단체도 안에 부속단체처럼 되어있는 건가요.

어수갑 노동교실이 민협 안에 협의회 안에 들어와 있었죠.

김 면 거기도 상근하시는 그런 분은 없었고요?

어수갑 그런 건 없어요. 왜냐하면 사람들이 다 일을 하는 분들이잖아요. 다 일하는 사람들이고, 여성회도 마찬가지고 다 일하는 사람들이 이제 일주일에 한 번이나 이주에 한 번씩 모여가지고 그런 것이기 때문에 상근이나 이런 건 거의 없었어요.

김 면 기타 단체들은 상근을 두기에는 힘들었다는 이런 말씀이시군요.

어수갑 상근하는 경우는 없었죠. 나중에 이제 범민련이 생긴 다음에 그 안에서 그런 게 있었지만, 그 전에 다른 단체들은 상근할 정도로 그렇게 일이 많았던 것도 아니고 사람들도 없었고 돈도 없었고, 뭐 여러 가지로.

김 면 명맥만이 있었군요.

어수갑 실질적으로 명맥만이 있었다고 얘기할 수 없는 게 나름대로 또 활동이 있었으니깐. 여러 가지 공부도 하고 한국의 무슨 어떤 노동운동이 있으면 연대해가지고 성명서도 낸다든지 아니면 독일 노동단체랄지 노조 같은 데 하고 연대해서 특히 다국적기업 같은 경우에 횡포 같은 것 알리기도 하고 그런 일들을 했었어요.

김 면 해외 교민과 관련된 운동까지도 다 포괄되어 있었군요. 실질적으로 여기 보면 기독자통일협의회(기련)라든지 여기와는 어떤 관계인가요?

어수갑 유럽민협이 만들어질 당시에 기통회 쪽에서 이영빈 목사님에게 이분들도 같이 하기를 원했었어요. 근데 우리 쪽에서 여러 가지 고려한 결과 같이 하지 맙시다, 협의체에 들어오는 것을 우리가 사실상 거부한 입장이 됐는데. 그 이유는 아시겠지만 기통이나 기련이나 벌써 그전에 북하고 만나서 대화도 하고 그런 물꼬를 텄지 않습니까? 그렇기 때문에 그 당시 상황에서 문제를 봐야 될 텐데, 우리로서는 상당히 조심스러웠죠. 왜냐하면 우리는 일차적으로 국내하고 연대 속에서 이 일을 진행하려는 입장인데, 우리 소속 단체 안에 북하고 어쨌든 북쪽 사람들을 만나고 같이 회의도 하고 이런 단체가 들어가 있다면 뻔해지잖아요. 우리는 빨갱이로 찍히게 되고 또 우리 단체하고 국내 어떤 단체가 일을 같이 했다고 그러면 그 단체에 대해서 들어올 여러 가지 그런 모략적인 그런 것들을 방어할 수 있는 상황이 결코 아니었잖아요. 우리로서는 그런 여러 가지를 고려했죠. 그 사람들은 우리한테 지나치게 몸을 사린다라할지 그런 걸 극복해야 되지 않느냐, 이제 이런 말씀을 했지만은 지금도 저는 끝까지 우리가 옳았다고 생각해요. 운동이라는 게 단계가 있고 그 상황에 맞게 해야 되는데 우리는 국내운동하고의 연대 및 국내 운동에 닥쳐올 수 있는 그런 문제들을 미리 차단하려고 했던 거죠. 그래서 북하고 그런 관계를 갖고 있는 단체들은 우리가 제외했던 거예요.

김 면 그럼 여기 예를 들어서 그러면 기독교 단체에서 그전에는 북한이라든지 뭐 이런 통일운동 같은 것에 대해서 기련이나 기통 쪽에서는 활발하게 했었나요?

어수갑 그러니깐 이렇게 봐야 될 것 같아요. 어쨌든 완전히 그런 그 북하고 어떤 무슨 교통이 전혀 없던 시절에 물꼬를 튼 것은 인정해야 될 거예요. 그때, 남쪽에서는 상상을 할 수가 없었을 거고, 그런 상황에서 어쨌든 이영빈 목사가 개인적으로는 문제가 있건 없건 이런 걸 떠나서 하여튼 그쪽 사람들을 만나서 북과 해외… 제가 이름이 지금 기억이 안 나지만 보면 다 나올 거예요. 그런 회의를 했고 그랬던 것 자체는 전혀 그런 게 없었던 시절이었기 때문에 일정하게 인정해야 될 거예요.

김 면 교회 쪽의 통일운동단체 움직임 같은 것들을 좀 더 자세하게 들으려면 어느 분이 제일 잘 아실까요? 이영빈 목사님?

어수갑 이영빈 목사님은 일단 만나 뵈어야 될 거예요. 이영빈 목사하고 기련의 이화선 목사님. 근데 이제 두 분이 이런 상태라는 건 일단 생각을 하셔야 되고. 그리고 이 분은 처음에 상당히 열심히 같이 했다가, 말하자면 이건 도저히 북한테 활용만 당하는 것 같다는 생각을 갖고 나오신 분이구요. 이 분은 지금도 여전히 북하고 왔다 갔다 하면서 하여튼 그런 분이에요. 일단, 상당히 친북적인 분이라는 염두를 해두시고 만나보세요. 만나면 약간 과장이 있을 수 있겠지만, 객관적인 건 불가능할 겁니다. 글쎄 제가 보기에는 최영숙 씨 같은 분은 아마 가능할 거구요. 최영숙 씨나 이종현 씨, 이런 분들한테는 비교적 객관적인 이야기를 들을 수 있을 겁니다. 일단 그건 감안을 하면서 만나야 될 거예요.

김 면 선생님이 임수경 씨 방북과 관련 있다고 들었는데, 이야기 들려주실 수 있나요?

어수갑 임수경 방북하고 관계된 건 알려진 것 다 그대로예요. 참고로 김진엽 씨. 현재는 미국에서 치과의사 하는 친구인데, 친구가 아니라 나이가 많구나. 김진엽 씨가 감옥에 들어갔을 때 썼던 책이 있어요. 거기에 그 과정이 비교적 객관적으로 많이 나왔어요. 김진엽 씨가 쓴 게 『내 조국의 철창에 갇혀』 돌베개사에서 나오고 글도 재미있게 잘 썼어요. 거기에 그 과정이 비교적 자세하게 나와요. 또 제가 여기저기에다가 조금씩 언급한 것 하면, 그거 이외에 무슨 긴 얘기는 별로 없어요.

유럽민협과 범민련

김 면 유럽민협과 범민련과의 관계에 대해 알고 싶습니다.

어수갑 그거는 지금 생각해봐도 범민련 쪽을 앞으로는 적극적으로 통일운동이 주가 되어야 한다는 거라든지, 범민련으로 다 헤쳐모여야 한다는 이런 생각을 가진 사람들이 잘못 생각한 거라고, 저는 그때도 주장을 했고 그것이 결과적으로 옳은 생각이었다는 것이 그 이후에 범민련 전개 과정을 보면 다 드러나게 되는데 상식적으로 생각을 해보세요. 범민련은 남북해외의 통일운동 연합체예요. 유럽민협은 그게 아니죠. 유럽민협이라는 건 유럽 내에 있는 각 지역별, 부문별 운동단체 간의 협의체잖아요. 그러니깐 유럽민협 안에서 일부가 통일운동을 할 수는 있지만, 이게 범민련하고는 전혀 성격이 다른 거예요. 범민련은 통일운동을 위해서 만들어진 거고, 이 주체도 다르고 대상도 다른 겁니다. 유럽민협은 이 안에 노동운동, 지식인운동, 여성운동, 지역운동 다 있잖아요. 그리고 물론 통일운동도 그 안에 있지만, 범민련은 통일운동을 위해 만들어진 건데, 유럽민협이 범민련 안으로 들어와야 된다는 얘기는 상식적으로 남한에서 그 당시에 전체 운동을 아우르는 연합체인 전민련이 있었어요. 그거하고 별도로 범민련이 만들어졌단 말이에요. 그렇다고 범민련이 전민련 너네들 우리 밑으로 들어와라, 이렇게 얘기를 할 수가 없지. 해도 안 되고, 되지도 않고 뭐 그런 제안도 있지도 않았고. 이건 전혀 다른 차원의 운동단체들인데 그런 얘기들이 일부 그 당시에 있었어요.

한편으로는 또 이해가 가요. 왜냐하면 사람이 없으니까. 운동할 수 있는 사람이라는 게 뻔한데, 그게 양분되고 이렇게 되는 것처럼 보이니까 이제는 통일운동 쪽으로 힘을 몰아줘야 된다. 아마도 이런 논리였을 거예요. 근데 저는 그건 운동의 기본적인 생각이라든지 전략전술 이런 걸 전혀 고려하지 않은 단견이라고 생각을 당시에도 했고, 지금도 그렇게 생각을 해요. 어쨌든 간에 유럽운동이 한계나 문제점이라는 게 우선 다른 지역에 비해서 대중이 많지가 않잖아요. 운동인재가 아주 적고, 물적인 기반도 취약했고 다른 지역에 비해서 돈이 없잖아요. 뭐 사람을 모으고 뭘 하려고 해도 다 이거 돈이 있어야 되는데 이제 그게 없단 말이에요. 그런데 유럽민협은 그 동안에 근근이 운영됐어요. 협회비 내고 이래가면서 겨우 신문 만들고 사무실 유지하고 이랬는데, 범민련이 만들어지면서 범민련 쪽으로 아무래도 이게 나눠지다 보니깐 재정적인 문제도 어려워지고, 물론 그 당시에 운동하는 사람들 쪽에서도 범민련에 대한 기대가 지나쳤던 것도 사실이에요. 그러다 보니까 민협 쪽에 대한 재정적인 지원이 나누어지고 막 좀 줄어들고 이러니깐 운영이 안 되는 거라고. 그래서 결국에는 2년 정도 지탱하다가 결국은 해소가 된 거예요.

그렇게 되면서 유럽전체 운동이 굉장히 쇠퇴기에 들어갔어요. 왜냐하면 범민련이 남북해외가 직접 만나고 이런 장소가 됐잖아. 그러면서 운동이 활성화돼서 잘 되면 말을 안 하겠는데, 전혀 그렇게 운영이 되질 않았단 말이에요. 운영에서도 문제가 있었고, 또 범민련이 너무 주객관적인 조건 같은 것을 경시한 채로 진행을 하다보니깐, 내가 보기에도 은근히 정형화된 그런 분위기를 나타나게 되니까 대중들이 거기에 좀 안 되죠. 그런 문제들 때문에 범민련이 몇 년 진행이 되다가 그냥 막 흐지부지되고, 안에서 내분이 생기고 그 사이에 프락치도 막 들어왔고, 그런 여러 가지 일들이 있었어요. 물론 가서가지고 통일운동 쪽이 집중적으로 해야 되니깐 그 쪽 분들도 만나보시고 얘기를 들으셔야 될 텐데 하여튼 그래요.

이제는 범민련이 잘 안되다 보니까 범민련이라는 이름 아래에는 도대체 사람들이 꼬이질 않는 겁니다. 이래 놓으니깐 이 사람들이 이런 걸 막 만들더라고요. 이거 완전 이북 그거 그대로 해가지고 이런 식으로 하는 거예요. 근데 이게 범민련 쪽 사람들이 여기서 일부가 나와서 이걸 만들었단 말이에요. 여기에 이영빈 목사도 관여하다가 그만뒀다가 안에서 사람들끼리 안 좋아가지고, 그러다가 그 다음에 6·15남북공동선언이 되면서 어떻게 이제 이런 걸로 잘 안되니깐, 이걸로 어떻게 해보자, 해 가지고 6·15실천 유럽공동위 뭐 이런 거.

김 면 범민련 단체 말고 또 다른 데서 파생된 건가요?

어수갑 범민련은 범민련대로 있고, 근데 그거 갖고 잘 안되니깐 이걸 만 든 거예요. 처음에는 그래도 사람들이 저걸 했죠. 관심도 많이 가 졌고 지원도 일정하게 하고 거창하게 이렇게 만들어 놨는데, 이때 마침 제가 베를린에 있어가지고 임수경 씨를 불렀어요. 근데 이거 만든 사람들이 그냥 뺑튀기 한번 해가지고 일회성으로 그냥 끝나 는 식으로 되어가지고 잘 이어지지도 않고, 또 안에서 막 내분 생 기고 해서 흐지부지 됐는데 그런 문제가 있어요.

김 면 이런 단체들은 그쪽 교민들의 지지는 받기가 힘들었군요.

어수갑 특히 이제 범민련이나 이런 거는 거의 뭐 교민들의 지지라는 것 이 있을 수 없고, 왜냐하면 내가 봐도 이 사람들 자신이 너무나 북쪽을 대변하는 그런 식으로 하니깐 이게 안 되죠. 이것은 그걸 지양해 보려고, 거기다가 이때는 분위기가 김대중 대통령이 북에 가서 같이 뭐 이러고 하니깐 분위기가 상당히 고양될 때였기 때문 에 나름대로 사람들이 뭐 모임이나 행사할 때는 많이 왔어요. 북 쪽 대사관 쪽에서도 오고 남쪽에서도 오고 막 이런 식으로. 음... 한국에서는 안 왔구나. 임수경만 왔는데, 여기 보면 비교적 최근 에 있는 단체들이 좀 나올 거예요. 이게 아마 3년 정도 됐을 거예 요. 이런 사람들의 이름을 다 이렇게 집어넣어 놨어요. 엄청나게 그럴듯하죠.

김 면 이건 팸플릿만 보면 거의 연합체 수준인데요.

어수갑 그러니깐 그런 게 문제예요. 내실은 전혀 없고, 거기다가 좀 그 렇잖아요. 범민련이 만들어진 그때까지만 해도 우리나라에서 통일 운동을 할 수가 없는 상황이었기 때문에 해외가 먼저 물꼬를 터주 는 그런 일정한 의미가 있었잖아요. 근데 이제는 DJ 이후에는 직 접 남쪽에서 북을 왔다 갔다 하고, 이렇기 때문에 해외에서 할 수 있는 일이 상대적으로 없어진 거예요. 굳이 해외를 경유해서 뭘 할 필요가 없어요. 해외운동이 상대적으로 위축이 될 수밖에 없고,

또 민주정부가 들어선 다음에는 그 쪽에서 민주화 운동을 한다는 것 자체가 웃기는 게 되잖아요. 국내에서조차 민주화를 기치로 내세우고 운동한다는 게 그럴 수 있는 편이기 때문에 해외서는 더하죠. 그런 부분을 본다면 해외운동에서의 통일운동은 여전히 유효한 건 분명한데, 그럼에도 불구하고 역할자체는 옛날에 비해서 상대적으로 많이 축소가 될 수밖에 없는 거죠. 서로 왔다 갔다 하고 또 정권차원에서도 교류를 하는 상황인데, 굳이 해외 쪽으로 이렇게 꺾어 가지고 그럴 필요가 없어진 거죠. 장기적인 해외 운동의 전망 같은 거랄지 그런 것이 그렇게 밝을 수는 없을 거라는 생각이 드네요. 그냥 남북이 좀 경색되어있고 그럴 때 남북 양쪽에다가 자극을 준다거나 이런 건 가능하겠죠. 내지는 정권이 지금 바뀌어 가지고 만약에 올해 말이면 정권이 바뀌어가지고 저 쪽 지금 새로 만들어진 정권이 상당히 북에 대해서 적대적이고 그렇다면 또 다른 역할이 있을 수 있겠지만, 그러기 전에는 그렇게 옛날처럼 활발하게 되기는 힘들지 않을까 싶어요. 제가 보기에는 범민련이 결성되는 그때 유럽에서 주도적으로 그걸 했잖아요. 베를린에서 남·북·해외 다 만나 가지고 하고 그랬잖아요. 그때가 아마 유럽에서의 통일운동 역할이 아마 제일 클 때가 아니었나 싶어요.

김　면　그때 윤이상 선생님, 송두율 교수님 뭐 그쪽이 아무래도 중심이 됐었죠?

어수갑　윤이상 선생님이 해외공동대표를 했었죠. 그리고 일본에서는 곽동의 선생님을 비롯해서 한통련 쪽 사람들이 다 베를린에 오고. 조총련 쪽에 서만술 대표를 비롯해서 오고. 북에서 전금철 씨 오고, 또 여영구 씨도 오셨는데 돌아가셨죠. 그래서 베를린에서 다 한 거예요. 이분들이 바빠서 제가 결성선언문을 썼어요.

김　면　어떻게든 실무를 담당했던 분이 필요할 거 아녜요. 유럽민협에서도 선생님이 역할을 하셨듯이 범민련에서도.

어수갑　아니. 근데 저는 범민련 정식회원을 하지는 않았어요. 그걸 만드

　　　는 과정까지는 도왔죠.

김　면　그 쪽에서 와 달라고 그러진 않았나요?

어수갑　왜 안했겠어요. 당연히 했죠. 그렇지만 제가 보기에는 도저히 이렇게 하면 안 되는데 그런 생각을 했던 거고, 그게 결과적으로 옳았다고 생각이 됐어요. 한 쪽으로 경도가 되는 느낌이 든다 하더라도 그렇게 표현이 되면 안 되는데.

김　면　선생님, 제가 보니까 여러 가지 지역마다 단체들이 있는 것 같은데, 프랑스의 민족문제연구소, 스위스도 있구요.

어수갑　이게 다 허울만 있는 단체들이에요.

　　　(이후 개인적인 사건과 정보, 앞으로의 연구방향, 연구방법에 관련된 조언이 있었음.)

19. 최현덕

Korea Verband 사무장

최현덕 Korea Verband 사무장

최현덕 박사는 이대 철학과를 졸업하고 독일 브레멘대학으로 유학을 와서 사회비판이데올로기에 대한 주제로 박사학위를 받았다. 현재 독일에서 코레아협의회(Korea Verband)를 중심으로 한국과 독일 교류활동과 Korea Forum 출판 홍보를 담당하고 있으며, 베를린에 거주하며 상임 사무장으로 있으며, 인터뷰에서 독일 내 한인통일운동사에 있어 코레아협의회의 역사와 현지 독일인의 협력사에 관해 진술하였다.

코레아협의회

최현덕 저는 제가 한국(코레아)협의회에 대해 얘기해 드릴 수 있는데, 통일운동하고는 우리가 지금 별로 기여한 바가 없고요. 그건 미리 말씀드리고 얘기를 할게요.

김 면 처음부터 모든 사람이 끝까지 통일에 다 기여했다고 보진 않지만, 그래도 중요한 역할들이 조금씩은 있기 때문에 중요하다고 봅니다. 선생님 그런데 독일에 언제 오셨어요?

최현덕 저는 여기서 유학을 하고, 그 다음에 2001년에 다시 왔어요. 저는 여기 와서 계속 산 게 아니고, 유학 와서 공부 끝내고 1997년에 한국에 들어갔다가 한국에서 4년 살았어요. 한일신학대학에 철학과 겸임교수로 일을 하다가 거기는 학내분교가 터지는 바람에 사실 저하고는 별로 상관도 없었는데, 원래 고래싸움에 새우 등 터진다고 겸임교수들을 다 자르는 바람에 밀려나서는 서울에서 포스트닥터를 좀 하다가, 2001년에 아헨에 연구소가 있었는데 거기서 아시아 담당연구원을 구한다고 해서 계기가 됐어요. 그래서 직장 때문에 독일로 다시 왔어요. 그리고 코리아협의회를 같이 하게 된 것은 2002년 6월부터예요.

김 면 코리아협의회에 대해 좀 얘기해 주세요.

최현덕 지금 저희들 코리아협의회의 Status(지위)는 독일의 EV라고 있죠. Eingetragene Verein. 직역하면 등록법인이죠. 우리는 지금 독일 법원에 공익단체로 등록된 법인인데요. 우리가 등록법인으로 활동을 시작하게 된 것은 1990년부터 입니다. 근데 우리 뿌리를 캐고 들어가면 훨씬 더 거슬러 올라가는데, 제가 알기로는 1975년인데, 그러니깐 1970년대 중반에 Korea Komitee(한국연대위원회)라고 하는 단체가 있었어요. 그때 설립된 거고, 설립 동기는 1974년에 민건회가 조직이 되잖아요. 1972년에 유신헌법이 직접적인 배경이 되고, 그래서 유신헌법을 통해서 군사독재가 아주 본격적으로 탄압을 심화시키니깐 거기에 대한 우리가 뭔가를 해야 하겠다. 그래서 만들어진 것이 주로 유학생들이 중심이었고, 거기 간호사들과 광부들이 같이 협력을 해서 민주주의건설협의회라고 하는 게 만들어지죠. 송두율 선생님이라든지 지금 UNESCO 사무총장을 하시는 이삼열 선생님 또, 돌아가셨지만 강돈구 교수님 등이 그때 설립할 때 중요한 역할을 하셨어요. 지금 또 한신대에 계시는 이준모 교수님 이런 분들이 다 같이 하셔서 민주주의건설협의회가 1974년에 세워지고, 1974년에 세워진 민건회에 대한 독일인 자매단체로 만들어진 것이 Korea Komitee였어요. 그러니까 한국의 민주화를 후원하는 독일인 내지는 한국의 민주화 운동에 연대하는 독일인 단체였죠. 그래서 Korea Komitee를 한국어로는 한국연대위원회라고 불렀었어요. 우리 설립자 얘기를 하면, Korea Komitee가 만들어질 때, 그리고 이제 나중에 1990년에 Korea Verband, 코리아협의회로 거듭나게 되는데, 그때 지속적으로 중요한 역할을 했던 분이 오스나부르크 대학교 철학 교수였고, 부총장을 역임을 하신, 귄터 프로이덴베르크(Guenter Freudenberg)라는 교수님이 계세요. 이분이 한국 문제에 대해 관심을 가지게 된 계기가 윤이상 선생님과 친구였어요.

프로이덴베르크 교수

최현덕 1967년에 윤이상 선생님이 동백림 사건으로 납치되어 가셨을 때, 그 이전부터 친구이셨기 때문에 그 사건을 친구로서 너무 가까이에서 체험하신 거예요. 그리고 동백림 사건이 터졌을 때 국제 삼일위원회에서 남데스트 인터내셔널에서 프로이덴베르크 교수를 재판방청에 있는 그런 과제를 안고 한국에 가셨었죠. 그때 한국을 다녀오신 이후부터 한국의 민주화를 후원을 하겠다는 결심을 하셨던 것 같아요. 이 결심을 돌아가실 때까지, 그리고 돌아가신 후까지 여러 가지 노력으로 표현을 해오셨어요.

그래서 1970년도 중반에 Korea Komitee가 만들어졌을 때는 거기에 참가한 사람들이 어떤 사람들인가 하면 1968년 독일의 학생 운동이 굉장히 크게 일어났었잖아요. 그러면서 독일 사회 자체가 굉장히 진보적인 분위기로 바뀌어졌는데, 그러니까 사회적인 분위기가 그렇게 되었는데, 학생들 중에 제3세계와 연대하자, 라는 그런 그룹들이 여기저기서 많이 생겨났거든요. 조금 뒤의 일이기는 하지만 미카라바('미카라바'로 추정, 녹취불분명) 혁명이 일어났을 때에는 미카라바 혁명 지원하는 그룹도 있었고, 남아프리카 인종차별 폐지 운동을 지원하는 그룹도 있었고, 브라질 남미, 등등 제3세계 연대의 운동의 일원으로 크게 일어났었어요. 그 일환으로 보시면 돼요. 말하자면 68운동의 영향을 받은 젊은 진보적 지식인들 중심으로 한국 연대위원회도 뿌려진 거죠. 그리고 프로이덴베르크 교수가 그 중심에 서 계셨던 거고요. 그래서 그때는 돈도 없고, 단지 엄청난 열의 그리고 젊은 사람들의 열기로 일을 많이 했었어요.

그래서 민건회하고 협력해서 김지하 시인의 시를 독일어로 번역해서 출판하는 일도 했었고, 그 다음 광주에서 5·18이 터졌을 때, 5·18을 여기에 알리고, 또 그때 김대중 선생이 투옥되셔서 사형선고를 받잖아요. 김대중 사면운동 등등 후원하는 일들을 많이 해

왔어요. 그리고 한국에 관한 기사들을 모아서 복사해서 나누어 주기도 하고, 그런 작은 일을 하기도 하고, 젊은 사람들의 열기로… 후원하는 일 등등 그런 일들을 했어요. 그러다가 또 한 가지 중요한 전기가 되는 것이 한국에서 1988년에 서울에서 올림픽을 주최하잖아요. 그것이 결정된 80년대 중반부터 이것을 어떻게 할 것인가. 올림픽이라고 하는 것에 대해서 우리가 어떻게 대처할 것인가 하는 그런 논의들이 있었어요. 아주 일부 급진적인 쪽에서는 올림픽 거부해야 하지 않나. 이게 지금 전두환 정권이 5 · 18을 통해서 집권한 정권이 세계적으로 자기들의 이미지를 부각하고, 세계적으로 일종의 정통성을 만들려는 노력인데 이것을 우리가 그대로 놔둘 수 있는가라는 아주 일부 토론이 있었어요. 근데 그 토론은 금방 어떤 식으로 정리가 되었느냐면 거부할 의미가 없다. 거부해봐야 동조할 사람도 별로 많지 않고, 결국 우리끼리 소수의 것으로 머물고 만다. 그러니깐 일단 올림픽을 하게 되면 그 당시만 해도 한국은 정말 알려지지 않았었어요. 한국에서 왔다고 하면 사이공 날씨 좋냐 할 정도로 베트남 하고 혼동을 하거나 한국이 어디 있는지도 모르고, 그야말로 한국이 너무 안 알려져 있는 상황에서 올림픽을 한다고 하는 것은. 여론이 대대적으로 한국을 보도하게 되는 계기가 되거든요. 그러니깐 우리가 이 계기를 이용을 하자. 그래서 말하자면 군사독재정권이 자기들을 선전하는 그런 기회로 이용하게 내버려두지 말고, 우리는 한편에는 군사독재정권이 있지만 다른 한편에는 그 독재에 저항하는 양심적인 사람 내지는 민주화운동 세력이 꾸준히 있다는 거, 그리고 그 사람들이 어떤 탄압을 받으면서도 그 일을 계속 하고 있는지, 그런 것을 알려주자. 그러니깐 한국의 두 얼굴을 같이 알려주자. 그것이 훨씬 더 효과적인 방법이라는 식으로 결정을 내리고, 그 다음에 일종의 연합체를 만들었어요.

코리아 올림픽 캄파냐

최현덕 그 이름이 '코리아 올림피아 캄파냐', 그래서 그게 한 2년 정도 1986년부터 1988년 정도, 올림픽 끝날 때까지 굉장히 활발하게 활동했을 거예요. 그래서 여기서 신문도 내고, 'Korea forum'이라고 해서 A4 용지로 4장 정도 되었을 거예요. 그래서 바쁜 저널리스트들이 다 보고, 그런 것도 내고, 여러 가지 자료도 제공하고, 그 연합체를 구성할 때 Korea Komitee가 상당히 큰 역할을 했지만, 이 독일 내에 얼마 안 되는 좀 진보적인 지한파들을 거의 다 결집시키는 그런 연합체였어요. 그러니간 그때 관여했던 데가 교회, 독일교회도 예를 들어서 청소년 단체도 있고, 선교 단체도 있고, 독일교회단체도 굉장히 많은데, 독일교회 단체들 중에서 한국선교와 관계되어 있는 사람들이 전부 참여했었고, 그 다음에 저널리스트, 재단, 암네스티 인터네셔널. 또 한국학 분야 뭐 전부는 아니지만 진보적인 성향을 가지고 있는 각 분야의 학자들 등등해서 거의 독일 내에는 얼마 안 되는 지한파들을 거의 망라한 연합체였어요. 물론 한국과 관계있는 쪽도 한국 정부하고 관계하면서 이런 식의 움직임에 대해서 거리를 두는 사람들도 있었죠. 당연히 그런 사람들은 참가를 안 했고, 그런 점에서 전부는 아니지만, 독일의 분위기 자체는 그런 진보적인 성향을 지닌 사람들이 많았고. 그런 점에서 지한파들의 상당히 많은 부분이 그때 올림픽 캄파냐로 연합체가 되었죠. 그래서 심지어는 그때 일이 굉장히 효과적으로 많이 이루어졌고, 방송국에서 편집을 하는데, 같이 해달라고 해서 편집기에 같이 앉아서 일하기도 하고 그랬었어요. 그리고 행사도 아주 여러 가지로 다양하게 많이 열렸어요. 전시회도 하고, 민중미술 전시회도 있었고, 민중미술 전시회는 1988년부터 시작이 되었는데, 또 문학작품도 번역해서 내고 그러니간 상당히 광범위하게 한국을 알리고, 말하자면 진보적이고 비판적인 시각에서 한국에서 탄압받는 사람들의 목소리를 여기에 전달해주는 그런 역할을 그때 해주었죠. 그래서 그 당시에 그렇게 활동한 경험, 때마침 독일에 어떤 제도가 있었냐하면, 일자리 창출 프로그램이라고 해서 일자리창출 정책, ABM(Arbeitswirtschaftsmassnahme)라고 해서, 그때 독일 정부가 실업자구제정책으로 어떤 정책을 폈었냐 하면 어디서든지 일자리를 만들면, 월급은 90%이상을 정부에서 대주는 그런 제도가 있었어요. 그래서 이때 코리아 올림피아 캄파냐 이름으로 해서 대학출신 간사 두 사람을 쓰면서 풀타임으로 이런 일을 담당했지요. 그 전까지는 완전히 자원봉사 식으로 하던 게, 일의 규모도 커지고, 전문성도 띄게 되고 그랬죠. 그 다음에 1987년에 6월 항쟁이 있으면서, 남한이 민주화 과정으로 들어서잖아요? 그래서 80년대 말에 올림피아 캄파냐를 끝내고, 이제 앞으로 어떻게 일을 할 것인가에 대한 토론이 집중적으로 이루어졌는데, 그때 여태까지 주먹구구식으로, 운동 식으로 하던 것을 그만두고, 이제는 전문적으로 일을 하자. 한국에서 무슨 일이 일어나면 즉흥적으로 반응하는 액션위주라기 보다는 좀 더 장기적으로 여기서 한국 문제를 심도 있게 독일에 알리고, 한국과 독일 간의 진지한 대화를 추진하는 그러한 기관을 만드는 게 좋겠다는 식으로 의견이 모아지기 시작했어요. 그렇게 해서 만들어 것이 1990년에 대통령 법인으로 출발을 하게 된 Korea Verband에요.

단체운영의 재정과 출판사업

최현덕 그래서 그렇게 되니깐 일단은 재정에서부터 문제가 되지요. 근데 이 귄터 프로이덴베르크 교수가 한편으로는 상당히 개인적으로 Spenden(기부)을 한 거죠. 그러니깐 기부금을 굉장히 많이 냈습니다. 다른 한편으로는 독일 개신교 개발원조단체가 있어요. 지금은 이름이 Evangelische Entwickelungsdienst, 줄여서 EED라고 해요. 그때는 이름이 좀 달랐어요. 바로 개신교 개발원조단체인데, 거기서 상당히 또 많은 지원을 받았어요. 실무자 월급의 한 반 정도는, 반 이상을 또 여기서 받았고, 그 이외 독일의 재단들에서, 예를 들면 책들이 꽤 있는데, 카탈로그를 만들어서 도서관처럼 운영하는 그런 것도 받고, 박사급 실무자를 한 사람 두고, 사무국장을 한 사람 두고, 또 경우에 따라서 연구원이 한 사람 더 있기도 하고 그런 상태로 진행이 됐었죠. 그러다가 1991년부터 아까 보여드렸듯이 예전에는 조금 다르게 나왔는데, 이것을 1991년부터 내기 시작해서, 처음에는 여섯 번 냈다가 그러다가 일 년에 네 번, 그러다가 일 년에 두 번, 요새는 일 년에 두 번 내는 것을 원칙으로 하는데, 경우에 따라서는 합본으로 해서 한 번 내기도 하고 그래요.

김　면　출판은 책으로만 나오나요? 인터넷으로 올리시나요?

최현덕　옛날 것은 우리가 인터넷으로 올려요. 이게 지금 독일말로 나오는 유일한 한국관계 잡지거든요. 논문지가 하나 있어요. Korea Jahrbuch 라고 해서. 근데 그거는 완전히 학술지고, 이거는 어느 정도 수준이 있으면서, 그렇지만 꼭 논문식의 딱딱함은 아니고, 학자들이 아니더라도 한국에 관심 있는 사람들이 읽을 수 있도록 그런 것으로 내고 있어요. 한동안 '김치'라고 해서 우리랑 비교를 해보면 시사 주간지, 그런 형태로 매월 한 번씩 내는 잡지가 잠깐 있었어요. 근데 운영이 안 되어가지고 문을 닫았고, 그런 점에서 이게 종합지 성격으로서는 유일한 것이라고 할 수 있지요. Korea Forum은 저희가 91년부터 지속적으로 내왔고, 간간이 한국에 관한 책을 내고, 또 한국문제에 관한 강연을 한다든지 심포지엄을 낸다든지 그런 것을 해요.

김　면　여기 잡지에 북한에 관한 것은 별로 안 싣나보죠?

최현덕　저희가 Korea Verband가 통일문제에 기여하는 바가 있다면 북한에 관한 게 꼭 들어가요. Korea Verband가 통일문제에 기여하는 바가 있다면 주로 이런 식이에요. Korea Forum에 북한에 관한 기사를 계속 지속적으로 내왔고, 예를 들면 94년에는 제가 그것도 한 번 드려볼게요. 제가 이건 인권문제에 대한 보고서를 낸 것이니깐 그냥 드릴게요. 그리고 이것은 저희가 아까 얘기한 통일문제와 관계해서 하는 일은 주로 학술적인 토론이에요.

김 면 이게 전 세계로 나가나요? 유럽 쪽으로요?

최현덕 저희가 우리 고정 구독자 한 200명 돼요. 그 이외에는 저희가 행사할 때 팔고, 또 경우에 따라서는 우리를 선전하는 의미에서 기부도 하고.

김 면 이게 다 독일어판 인가요? 영어판은 없고요?

최현덕 네, 독일어요. 목적이 독일에서이니까요.

김 면 그럼 유럽판은 없고요? 아니면 프랑스라든지 덴마크에는 이런 비슷한 것은 없나요?

최현덕 모르겠어요. 프랑스에 불어로 누가 이런 잡지를 내는지 그건 제가 잘 모르겠어요. Korea Verband 얘기를 조금 더 자세하게 할까요? 그렇게 해서 Korea Verband가 1995년에 사무실도 하나 생기고, 그 전에는 사무실도 없었고 그러다가, 물론 코리아 올림피아 캄파냐 할 때는 있었는데, 그건 한시적인 것이었고, 그러다가 95년에, 90년도 초반에 우리가 어떤 등록 법인으로 상설이 되고나서 어떤 토론이 생기냐면, 독일에서 한국만 가지고 일을 하니깐 너무 힘들다 그러니깐 아시아에 관계된 단체들이 연합해서 일을 하면 어떠하겠는가. 그래서 아시아의 집을 하나 만들자는 프로젝트가 이제 하나 생겨요. 그 취지는 첫 번째로는 우리가 일을 하는데 결국 독일 사회의 주위를 환기시키는 일을 해야 되는데, 한국문제만 가지고 하려니깐 너무 힘들고, 우리가 아시아의 이름으로 한다면 그만큼 더 많이 알려질 수 있지 않겠느냐하는 것이 한 가지 이유였고, 두 번째 이유로는 세계가 계속 지구화 과정이 계속 지속되면서 세계가 자꾸 서로 연결성이 높아지는 때 그 한 나라의 문제를 한 나라의 시각으로만 보는 것은 부족하다, 그러니깐 여러 나라들, 최소한 아시아만이라도 같이 일을 하면서 계속 논의를 같이 하여 일종의 지구적인 시각에서 각 나라의 문제를 보는 그런 계기를 마련하는 것이 좋지 않겠는가 하는 것이 두 번째 이유가 되었죠. 그래서 아시아의 집, 그 얘기는 뭐냐면 아시아에 관계된 연대 운동을 하는 단체들이 한 집에 모여서 같이 일을 하자. 물론 각 단체들이 자기들의 어떤 자율성을 가지고 일을 하지만 아무래도 한 집에서 일을 하다보면 서로 얘기를 많이 하고, 정보도 훨씬 빨리 교환이 되고 하는 그 나름대로의 공동성이랄까, 공동 컨셉트 같은 것을 만들어 갈 수 있지 않겠는가 하는 점에서 Essen(에쎈)에 건물을 하나 샀어요.

에쎈 아시아의 집

김　면　어느 나라가 들어왔어요?

최현덕　거기에 관계된 다섯 단체가 관계를 했는데요. Korea Verband가 주도적인 역할을 했고, 그때도 역시 이 아이디어 자체가 프로이텐베르크 교수가 낸 아이디어였어요. 그래서 프로이텐베르크 교수가 Korea Verband를 중심으로 이 일을 추진하셨고, 그 다음 에 필리핀 뷰로라고 있었고, 필리핀 연대 운동을 하는 곳이 있었고, 동남아 연대라고 해서 Suedostasien Infostelle라고 하는데, 이거는 이제 동남아 중심으로 일을 하는 것이고, Suedasien Buero, 동남아 사무소라는 것이 또 있었어요. 이건 인도, 스리랑카, 파키스탄, 네팔, 이런 곳 그리고 티벳, 다섯 개의 단체가 초기에 있었어요.

김　면　일본, 중국은 없군요?

최현덕　일본, 중국은 없었어요. 근데 이 다섯 단체만 가지고 얘기하는 것도 엄청나게 복잡했어요. 민주주의라고 하는 것이, 경우에 따라선 비효율적이고 그렇듯이 여러 사람들의 의견을 모아야하고 또 각지에 흩어져 있는 단체들이 좀 자기들의 활동 근거지를 포기를 하고 Essen(에쎈)으로 결집을 해야 하는 문제였기 때문에 엄청나게 힘들었는데, 하여간 그 굉장히 오랜 토론을 거쳐서 95년에 에쎈에 집을 마련했죠. 그 집이 철광소의 사무실로 사용하던 집이었는데, 굉장히 크고, 오래되고 멋있고 그래요. 그래서 몇 년 전에 90년대 말인가 유네스코 문화유산으로 지정이 되었어요. 이때는 Stiftung Umverteilung이라고 베를린에 있는 단체인데요. 재분배재단이라는 조그만 이런 NGO들의 사업들을 지원해요. 그래서 여기서 돈을 빌려 주었던가 그래요. 또 프로이덴베르크교수가 여기에 상당히 많은 돈을 또 일부를 지원하셨고, 또 Stiftung Umverteilen(재분배재단)에서 나머지를 빌려줬던가 하고, 은행에서 빚을 좀 얻고 그렇게 해서, 아직도 빚이 다 청산이 되지는 않았어요. 그래서 건물을 사기는 샀어요. 근데 아직 빚이 있어요. 여기 보시면 알겠지만 이게 굉장히 크거든요. 그래서 지금 이 아시아 집에서 쓰는 것은 이층의 한 절반 정도에요. 그렇기 때문에 나머지 건물들을 다 세를 놓거든요. 그래서 거기서 나온 수입으로 빚을 갚고 있는 중이지요. 하여간 그렇게 해서 저희가 사무실을 가지고 1995년부터 여기에 사무실을 두고, 사무국장도 박사급으로 한 사람 두고, 그때 우리 1차 초대 사무국장의 이름이 Roland Wein(롤란트 바인)이었어요. 이 사람이 지금 어디 있느냐면 한독상공회의소 일을 하는데, 서울에 있는 한독상공회의소 Direktor(사무장)이 되었다고 하더라고요.

김　면　이분 평양에 오래 계시지 않았어요?

최현덕　그렇죠. 동독 출신이고. 그래서 훔볼트 대학 조선학과 거기 출신이고. Picht(피히테) 씨의 수제자일 겁니다. 김일성대학에서 3년인가 아마 유학했을 거예요. 그래서 한국말도 잘하는 것으로 알고 있고, 이 분이 여기 사무국장으로 지내고, 이 사람이 1995년부터 2001년까지 일을 했어요. 근데 이 사람이 일하는 스타일에 문제가 생기기 시작했는데, 이 사람은 별로 운동성이라고 하는 것을 생각을 안 하고 일을 했던 것 같아요. 이게 원래 코리아 연대위원회에서 그야말로 회원들의 자발적인 자원봉사 식으로 그런 식의 활동을 통해서 꾸려가던 단체였고, 그리고 그것을 기반으로 해서 이것이 생겼는데, 예전에는 하나도 돈 받는 사람 없이 자기가 자발적으로 봉사하는 식이다가 이제 말하자면 돈 받고 풀타임으로 일하는 사람이 생겼는데, 이 사람이 좋은 일도 많이 했고, 중요한 일도 많이 했는데, 마치 그냥 연구소의 연구원이 일을 하듯이 별로 회원들을 생각 안 한 거죠. 그냥 회원들은 회비나 내고, 해주는 사람이지, 실제 일에 대한 회원들의 어떤 자발적인 참여를 유도하거나 이런 것에 관심이 없었던 것 같아요. 사람 성향에 따라 좀 다르잖아요. 그러니깐 우리 단체 성격상 잘 안 맞았던 것 같아요. 몇 년 동안 이 사람이 이런 식으로 일을 하다보니깐 이 사람 혼자서는 일을 많이 하는데, 잡지도 내고, 이 사람이 결국 혼자서 하는 일인 거죠. 근데 회원들의 참여가 없다보니깐 회원들이 점점 관심이 없어지기 시작했어요. 그래서 결국 나중에는 총회를 한다고 그래봐야 10명이 모이기가 힘들 정도고, 다섯 명 이사회를 구성하기가 굉장히 힘든 결과가 되어 버렸어요. 이제 그 요인이 한 가지가 있고, 두 번째로는 프로이덴베르크 교수가 2000년 말에 돌아가셨어요. 그러면서 이 분이 그동안 굉장히 여러 가지로 돈을 기부하셨는데, 돌아가시게 되니깐 100만 마르크를 협회에 유산으로 남겨주고 돌아가셨어요. 우선 돈을 쓰지 말고 이자로 운영을 해라, 하고 돌아가셨죠.

코레아협의회의 어려움

김　면　그런데 프로이덴베르크교수님은 가족이 안 계세요?

최현덕　아뇨, 아들들도 다 있고. 아들 중에 한 분은 문화센터를 운영하는 분도 있고, 그리고 또 프로이덴베르크 재단이라는 것을 또 하나 만드셨어요. 그래서 무슨 상이나 그런 것을 사후라도 해드려야 될 것 같아요. 그리고 저희가 말하자면 개발원조기금에서 계속 돈을 받았는데, 한국이 경제가 굉장히 발전함에 따라서 우리가 개발원조기금에서 지원금을 받는다는 자체가 말이 안 되게 되어 버린 거죠. 그래서 이게 2000년을 전후로 해서 다 끊겨버려요. 그래서 제 생각에는 롤란트 바인이 그런 재정난을 생각하고선 자기 앞길을 다른 곳에서 구한 것 같아요. 그래서 그때는 한독상공회의소에서 그냥 Mitarbeiter(공동연구원)으로, 작년에 Direktor(사무장)가 된 건데, 하긴 거기로 갔어요. 그래서 이 사람이 2001년 말에 크레퍼바트를 떠나요. 그리고 이제 프로이덴베르크 교수가 살아계실 때까지는 이분이 계속 회장을 하셨는데, 그러다가 돌아가시면서 보쿰 대학 한국학과 교수인 마리온 에케르트 교수한테. 한국학의 비극이기도한데. 이 사람이 원래 중국학전공자에요. 교수자격논문이 한국에 관한 것이었고, 한국에서 몇 년 지냈고, 남편이 한국 사람이고 그래요. 그래서 보쿰 대학의 교수로 갔는데, 이 사람은 한국에 대한 아이디어가 별로 없는 것 같아요. 그리고 이 롤란트 바인이 12월 말에 떠나고 나서 몇 달 후인 5월 달에 마리온에케르트가 총회를 소집해서 Verband를 해산을 하자 했지요.

김 면   몇 년도에요?

최현덕   그러니깐 2002년 5월이죠.

김 면   Korea Verband 해산을 주장해요?

최현덕   해산을 하자는 안으로 임시총회를 소집했어요. 이제 그 이유가 첫째 재정난이 너무 심하다. 그러니깐 우리가 지금 프로이덴베르크 교수가 남겨 준 돈 가지고는 사무국장 하나 풀타임으로 고용할 수 있는 것이 안 된다. 이래 가지고 우리가 무슨 일을 하겠는가. 두 번째로는 컨셉트가 없다. 한국이 민주화가 된 마당에 우리가 무슨 일을 할 수 있겠는가. 그 다음 세 번째로는 회원들도 관심이 없다.

그래서 이 임시총회에서 아주 아슬아슬하게. 이 Korea Verband가 독일 사람들이 주로고, 한국 사람들이 몇 명 있는데, 이제 그 해산을 하자고 하니깐 이게 어떻게 해서 생긴 단체인데 하면서 한국 사람들이 다 흥분했죠. 그래서 한국 사람들을 다 동원해서 그 임시총회에서 해산결의가 아주 아슬아슬하게 한 표 차이로 부결이 됐어요. 근데 이제 이 해산을 하자고 하는 제안이 무관심하게 있던 한국 사람들을 다 깨운 거였어요. 그래서 한국 사람들이 이렇게는 안 되겠다, 해서 한국 사람들이 대거로 회원으로 가입을 하고, 어떻게 해서든지 이 Korea Verband를 살리자고 해서 거의 운동이 대대적으로 일어난 거죠. 그때 운동을 하셨던 1세들 이 선생님이나 최 선생님이 Konzept(콘셉)를 만들어야 되는데 학자들이 도와줘야 되지 않느냐 하셨는데, 제가 그때 에쎈 연구소에서 일을 하고 있었는데, 저한테 일종의 Krisen위기관리 매니지먼트를 해라. 그래서 그때 5월 총회에서 아슬아슬하게 해산이 부결이 되고, 2002년 6월부터 제가 일을 하기 시작했어요. 그때는 제가 아헨에서 일을 하면서 부수적으로 한 거죠. 그래서 2002년에는 우리가 일단 콘셉에 대해 토론을 하자고 해서 이 해산을 주장하던 사람들이 지금도 할 일이 있다는 것을 설득할 수 있도록 콘셉을 만들자. 저도 그때 그 얘기 들으니깐 너무 좀 한심하더라고요. 이게 사실은 옛날처럼 일할 수 없는 것은 당연한 사실이고, 옛날처럼 일할 수 없다고 일할 것이 없는 것이 아닌데, 돈 문제는 사실 그렇잖아요. 아이디어가 좋으면 돈은 생길 수 있는 거거든요. 그리고 회원들의 자발적인 참여를 자꾸 유도하면, 사무국장이 그런 식으로 일을 하면 회원들이 자꾸 관심을 갖는 것이고, 자기 혼자서만 일을 하면 회원들이 관심을 안 갖는 거고, 물론 일이 많기는 하지만 좀 골치가 아프긴 하죠. 이제 그런 아주 포괄적인 토론을 시작했어요.

단체운영의 변화

최현덕　그래서 2002년에는 우리가 콘셉 관련 토론을 쭉 했어요. 그 과정에서 독일 사람들이 설득당하기 시작했고, 근데 독일 사람들로서는 또 이해가 충분히 가는 것이 많은 사람들이 70년대부터 해오던 사람들이거든요. 그동안 70년대는 젊고 학생들이었는데, 지금 벌써 이, 삼십 년이 지났는데, 이제 삶의 조건 자체도 달라졌고, 관심도 달라지고, 또 직장인으로서 다른 생활 조건도 변하고, 그런 점에서 탈퇴를 하신 분들도 계시고, 그냥 후방에 남아서 도와주시겠다, 후원해 주시겠다, 하시는 분들도 계시고. 그렇게 정리가 됐어요. 그 다음에 2003년에 이사회가 실행이사들을 새로 뽑았는데, 이때 100%로 교체를 했어요. 그 전에 이사들이 거의 해산 쪽으로 아이디어도 없고 그랬기 때문에 그래서 2003년에 실행이사들을 다섯 명을 새로 뽑으면서 완전히 새 사람으로 교체하고, 거기에 다섯 사람 중에 세 사람을 2세, 젊은 세대로 그렇게 해서 말하자면 Korea Verband는 2002년, 2003년에 완전히 새롭게 거듭난 거였어요. 그래서 저희들 콘셉도 이제 이주민 문제에 대해서도 우리가 이주민이라는 것을 의식하며 일을 하자. 그래서 독일에서 서로 다른 문화. 그러니깐 옛날이 반독재민주화투쟁이었다면, 지금은 일종의 문화 간의 대화. 그런 의미에서 우리가 한국문제를 제기하고, 이제는 한국이 옛날에는 정치적으로도 후진, 경제적으로도 엄청나게 가난하고 그랬는데, 이제는 경제적으로도, 정치적으로도, 문화적으로도 독일하고 어느 정도 대등하게 서서 대화를 할 수 있는 때가 왔거든요. 그런 식으로 콘셉도 바꾸고, 그리고 2세들에 대한 교육 프로그램, 그러니깐 2세들이 일종의 문화 간의 교량 역할을 할 수 있는 potential(가능성)을 가진 집단인데, 이 사람들이 이런 가능성을 충분히 발휘하고 활성화 시킬 수 있도록 거기에도 신경을 쓰자. 그리고 한반도 통일 문제, 좁은 의미의 통일이라기

보다는 한반도평화정착문제에 대해서도 앞으로 계속 그거는 동북아평화와 세계평화하고도 직결이 되니깐 그 문제를 앞으로 지속적으로 다루고. 그 다음에 과거청산문제, 그러니깐 민주화되어 가는 과정 속에서 그 이전에 있었던 인권문제라든지 어떻게 할지. 그거는 독일에서도 관심이 많은 문제거든요. 나치청산문제, 동독독재, 동독사회주의국가의 통치 하에 있는 독재문제하고 연결해서, 그러니깐 이런 것들을 우리가 독일하고 대화를 할 수 있는 주제들이 있고, 그리고 또 이주민 문제, 다문화 사회 속에서 생기는 문제, 사실 우리나라도 그런 식으로 되어가고 있잖아요. 독일의 경험, 한국의 경험. 그리고 또 여기 사는 한국인으로서 우리도 여기 이주민으로 살고 있으니깐. 이런 문제들, 옛날과는 다른 새로운 주제들을 내세우고 그것을 중심으로 콘셉도 바꾸었고, 일의 주체도 젊은 사람들이 좀 더 들어오도록 이런 식으로 세대교체도 했고, 이런 식으로 완전히 새롭게 했죠. 그리고 작년 12월 30일에 베를린으로 이전했어요. 여긴 저희 집이고, 지금 사무실이 정리가 안 돼서 그런 것이고요. 그런데 이영빈 목사님이 어디 좀 만날 수 있는 장소를 마련해 달라고 해서 우리 사무실로 오시라고 했거든요. 그러니깐 9일에 저희 사무실에서 만나세요. 그 결정을 2005년에 했어요.

김　면　그럼 에쎈에서 옮기신 거예요? 그럼 그 건물은요?

최현덕　예, 저희가 에쎈에서 나온 거죠. 그 건물은 이제 다른 세를 주고.

김　면　그럼, 다섯 개의 연합체 중에서 Korea Verband만 나온 거예요?

최현덕　두 단체가 이미 떨어져 나갔어요. 근데 이게 이제 문제가, 에쎈이라는 지역이 계속 문제가 되는 거예요. 왜냐하면 에쎈이 너무 외진 곳이 돼가지고, 그래도 본이 수도였을 때는 괜찮았는데, 베를린이 수도가 되면서 운동단체들이 떨어져 나가는 이유는 자기들은 로비 활동이 중요한데 그러면 베를린에서 해야 되거든요. 그래서 떨어져 나갔고. 그 다음에 내부, 단체가 여러 개 모이다 보니깐 쉽지가 않아요. 이 단체들을 통괄해서 연합 사업을 하기 위해서 Eisen Stiftung이라고 하는 것을 만들었는데, 이 Eisen Stiftung과 다른 단체와의 관계 이런 것들이 하여간 굉장히 문제가 많았어요. 그래서 저희는 아시아의 집이라는 프로젝트에서 나오는 것은 아니다. 아시아단체 쪽 끼리의 프로젝트 협력을 우리는 아직도 중요하다고 생각하고, 그런 점에서 우리는 베를린에서 협력하겠다. 여러 가지 사정을 봤을 때, 에쎈에서는 제일 큰 문제가 우리가 활동하는 데 있어서 기자들, 여론이 우리한테 관심을 가져주는 것이 중요한데, 에쎈에는 아무 것도 없어요. 기자들한테 이런 것을 알리려면 베를린에 있어야 하거든요. 또 베를린 자체 분위기가 다르고 그래서 우리는 이제 베를린으로 오기로 했죠.

김 면 Korea Verband에 유럽연대가 다 소속되어 있는 거죠?

최현덕 아니에요. Korea Verband는 연합체가 아니고 독자적인 단체예요. 근데 유럽연대 회원이면서 우리 회원인 경우가 있죠. 예를 들어서 이종현 선생님 같은 경우도 유럽연대 회장이면서 우리 회원이시고, 최영숙 선생님, 김진영 선생님도 유럽연대 회원이면서 우리 지금 부회장이시거든요. 근데 1세들인 경우는 그런데, 지금 우리 회원이 약 80명 되는데 그렇게 많은 것도 아니에요.

김 면 독일인은 몇 분이나 계시나요?

최현덕 지금 반 좀 넘어요.

김 면 이분들도 회비 내시고 그러세요?

최현덕 그렇죠. 그리고 새로 인터넷으로 등록하는 사람들이 꽤 있어요. 작년, 재작년 사이에 한 2년 사이에 20여 명이 새로 들어 왔어요.

한반도 평화, 통일문제

김 면 선생님, 제가 질문을 몇 가지 더 드리겠습니다. 아까 한반도 평화라든지, 통일 문제에 있어서 어떤 사업을 했는지 좀 구체적으로 말씀해 주시면 감사하겠습니다.

최현덕 저희가 지금까지는 주로 학술적인 차원에서 해 왔어요. 2003년에 'Wohin steuert Nordkorea? (북한은 어디로 가는가)'라는 제목인데요. 6월 25일 날 이 제목으로 국제 심포지엄을 했어요. 그 계기는 2002년 가을에 북핵 문제가 터지잖아요. 그래서 북한에 대한 기사들이 계속 나오는데, 독일이 한국학이 너무 열악하기 때문에, 한국 전문가들이 너무 없기 때문에 그러다 보니깐 기자들이 전문가 층이 두터워야 그 사람들을 취재를 할 수 있는 기사들이 나오는데, 전문가 층이 너무 없다보니깐 기사들이 너무 형편없는 거예요. 그래서 주로 미국식 프로파간다 중심으로 나오고, 정말 그 어떤 한반도 문제의 배경이랄까. 그때 우리한테 인터뷰하러 오는데, 인터뷰하러 온 사람 중에는 사실 북핵 문제가 92년부터 94년 까지 이미 있었다는 것도 모르고 취재를 하는 기자들도 있더라고요. 그리고 한국 전문 기자들이 없어요. 대부분 아시아 여러 나라를 하기 때문에, 오늘 뭐 태국 기사 하나 쓰고, 내일은 한국 기사 쓰고 이러기 때문에. 그래서 저희가 이건 굉장히 시급하다. 한국문제의 배경을 좀 알려주고, 그런 것이 필요하다는 생각이 들어서 그때 발표되었던 것으로 우리가 만든 자료들로 책을 만들었거든요. 그때 연사가 송두율 선생님, 케테 체르베거라고 아실지 모르겠는데, 홍콩에서 카리타스 담당자고. 이 사람이 북한에 50여 번 다녔다고 그러더라고요. 북한으로 들어가는 기독교 계통 원조가 거의 이 사람 손을 통해서 가요. 이 사람이 본 북한 실정 그리고 우리가 북에서도 한 사람 초청했는데, 그때 SARS 때문에 못 나오고. 조국통일연구소인가 거기서 논문을 하나 보냈어요. 그리고 브루스 커밍스, 그 다음에 한국에서 백영철 교수, 건국대에 계신 분이죠. 그리고 Reiner Werning(라이너 베르닝), 이렇게 여섯 사람이.

김 면 이분이 많이 쓰시더라고요.

최현덕 네, 근데 지금 약간 좀 재탕인 느낌이 많아요. 예전에 좀 반짝했는데, 좀 아쉬워요. 지금 Korea Verband 회장인데. 이 책도 그 사람하고 같이 냈고. 그래서 송두율 선생님이 북한의 지난 10년간의 경제, 케테 체르베거는 자기가 본 북한의 실정, 평양에서 자기들의 입장, 그리고 브루스 커밍스 씨는 미국과 돈 관계, 백영철 선생님은 남한의 통일방안, Reiner Werning은 역사적인 배경, 이렇게 해서 심포지엄을 상당히 집중적으로 했어요. 그때 한 160명 정도 왔고, 그러고 일 년 후에 저희가 이 책을 냈죠.

김 면 예를 들어서 풍물패 이런 데는 Korea Verband와 관계가 없나요? 한국 문화 가르치고 이런 것은.

최현덕 최영숙 선생님이 풍물패를 계속 지도해 오셨어요. 그 다음에 저희가 2005년에 베를린에서. 2005년이 독일에서는 한국에 꽤 많이 주목을 한 해였는데, 그게 2년에 한 번씩 베를린에서 Asienpazifik-woche(아시아태평양주간) 행사가 열리는데, 2005년이 한국이 focus(포커스)였어요. 그리고 2005년에 프랑크푸르트 국제도서전 시회 때 한국이 주빈국이었죠. 그래서 저희가 그때 Asienpazifik-woche의 일환으로써 세미나를 하나 했어요.

김 면 경제 문제도 하셨겠네요?

최현덕 네. 2005년에 이것을 하고, 2006년에 이 책을 냈고요. 그리고 지금 우리가 2월 11일 날 브루스 커밍스 교수를 초청을 해서 베를린에서 강연을 해요.

김 면 커밍스 선생님 오셔서 어떤 내용을 하시는 거예요?

최현덕 지금 현재 지난 가을에 북한에서 핵실험을 했잖아요. 그 이후에 여러 가지 문제가 야기되고 있는데, 북한 핵실험을 둘러 싼 여러 가지 문제에 대해서 배경 설명을 할 것이고, 사실은 몇 년 전부터 준비를 해서, 코리아협의회하고 보쿰 대학하고 협동으로 해서 Blockseminar를 해요. 이건 보쿰 대학에서 일종의 인프라를 제공하고, 우리가 알려가지고, 이것은 보쿰 대학 학생만이 아니라 외부에서도 들을 수 있게 일주일 동안 12일부터 16일까지 북한의 역사에 대해서 하고 있고요. 또 하나는 이건 계획에 불과한 것인데 아직 미세레오라는 단체가 있어요. 가톨릭 원조 단체인데, 그 단체에서 북한에 대한 개발 원조를 좀 하거든요. 개발 원조를 하는데, 우리가 같이 할 수 있겠느냐. 이 얘긴 뭐냐면 미세레오는 원조 단체이기 때문에 재정지원만 하고, 주로 장학 프로그램을 많이 생각하고 있는데, 그랬을 때에 Korea Verband에서 그런 프로그램 자체를 실시하는 그런 것을 말하자면 일종의 Organisation(조직체)의 역할을 해줄 수 있겠냐는 제안이 왔어요. 우리가 그것을 하게 되면 우리가 말하자면 미세레오의 위탁으로 개발 원조를 하는데 도움을 줄 수 있는데, 이건 아직 토론 중이에요.

김　면　그 이전에 통일운동 같은 거 안 했나요?

최현덕　저는 통일운동은 별로. 그리고 Korea Verband는 그 이전까지, 민주화가 되기 전에 그 과정에서는 통일운동에 관여를 안 했어요. 그 이유가 만약 북쪽하고 어떻게 관계가 되면 우리는 지금 남한의 민주화를 돕는 것에 주안점이 주어져 있기 때문에 우리가 북쪽하고 관계가 있으면 남한을 후원할 수 없게 되어 버리잖아요. 그렇기 때문에 북쪽을 왔다 갔다 하면서 운동을 전개하거나 그런 것은 별로 없었어요. 그런데 이제 개인에 따라서, 예를 들어 롤란트 바인 같은 사람이 동독 출신이고, 물론 그 사람이 여기 온 것은 통일된 이후지만, 그랬던 것. 프로이덴베르크 교수가 아마 북한에 초청을 받아서 다녀오신 일이 있었을 거예요. 그런 것들은 있었어요.

김　면　Korea Verband가 미국이라든지 비슷한 단체와 연대한 것은 없습니까?

최현덕　그런 것은 없었고, 예를 들어 한민통이라든지, 단체 차원에서 그런 것은 안 했던 것 같아요. 아까 왜 이렇게 단체들이 갈라지느냐 그런 얘기했는데, 물론 헤게모니라든지 이런 게 한 가지 요소이기는 하지만, 보다 근본적인 문제는 분단문제예요. 대부분 북한에 관한 태도 때문에 갈라져요. 민건회도 나중에 한민건이라고 갈라져 나오는데, 거기서도 한민통과의 관계, 한민통 같은 경우에는 분명하게 이적단체로 분류가 되어 있는 상황이니깐, 80년대 같은 상황에서 그러면, 한민통하고 관계를 맺게 되면 우리가 남한하고 이게 안 된다고 하는 게 항상 작용했기 때문에. 또 일하는 사람 자신이 나는 한국에 돌아갈 건데 그렇게까진 못 하겠다. 이런 것들이 문제가 되니깐 자꾸 갈라진 것이 아닌가 싶어요. 그런 점에서 또 한편 우리가 정말 지금 실정법을 존중해 가지고는 일을 못 한다. 사실 이런 것을 어기면서도, 사실 문익환 목사님이 얘기하셨지만 길이 있어야 길이냐. 사람들이 자꾸 가다보면 길이 생기는 것이 아니냐. 이런 식으로 생각을 하신 입장에서는 그런 사람이 굉장히 얄밉지요. 자기들 돌아갈 생각하고 관여 안 하고 이런 것들이 얄밉고. 또 기본적으로 문제를 해결하려면 북한과 같이 해야 하는 것이 아니냐 하는 것. 그런 문제들이 제가 볼 때에는 갈라지는 이유의 가장 큰 문제였던 것 같아요.

김 면 통일문제에 있어서 생각하고 하실 말씀은 없으세요?

최현덕 저는 이제 통일문제 전문가가 아니기 때문에 정부에서 해오던 식의 정책. 그러니깐 북한에 원조를 좀 해서 가능한 한 북한이 무너지는 것을 우리가 막으면서 장기적으로 긴장을 완화하고 체제 통합을 이루어가는 길이 좋은 길이 아닌가. 그런 생각이 들어요.

코레아 협의회와 여타 단체

김 면 Korea Verband는 실질적으로 여러 가지 학술 단체라든지 직접적으로 통일 세미나 이런 것의 주도는 힘들었었고, 현재 코리아 문제에 관해서 얘기는 하더라도 무슨 단체와 연결되어 있고 이런 것은 없고요?

최현덕 지금까지는 없었지요. 근데 앞으로는, 지금 분위기가 많이 달라졌기 때문에 앞으로는 할 수 있지도 않을까 싶거든요. 사실은 우리가 이 세미나 할 때 독일에서 초청을 했었잖아요. 만일 그때 누가 오셨더라면 이야기가 조금 더 진전이 되었을지도 모르죠. 그런 점에서 아직까지는 앞으로의 계획으로 우리가 생각을 할 수는 있는데, 금년에 연구원을 두고 연구 프로젝트를 몇 개를 하려고 하거든요. 그래서 그 중에 하나를 북한과 관계된 것을 하려고 하는데 그런 것들이 지금 다 계획 단계에 있죠. 그러니깐 우리가 과거에 무슨 통일운동을 했다고 나서기는 어려울 것 같고요. 그러니깐 학술적인 차원에서 남북문제에 관한 토론의 장을 열었던 것이고, 북한과 직접적인 관련을 하면서 일을 했던 것은 아니에요.

김 면 여기 민건회의 재건이라고 있잖아요? Korea Verband와 민건회 재건이랑 깊은 관계가 있나요? 같은 연도에 비슷하게 다시 새로 태어나네요?

최현덕 제가 알기로는 민건회가 그동안 뭐 거의 활동이 없었어요. 70년대에 활동하시다가 80년대에 많이 회원들 중에서 돌아가시거든요. 강돈구 선생님, 김종열 선생님 뭐 그래서 돌아가는 분, 안 돌아가는 분 사이에 또 갈등, 알력도 생기고 그래서 제가 알기로는 더구나 민주화되면서부터는 활동이 거의 없으셨어요. 그러다가 뚜렷한 활동이 있는 것은 제가 못 들었고. 그리고 저희 Korea Verband는 제가 그 일을 맡으면서도, 저는 좀 여기 있었던 단체들에도 약간 비판적인 시각이 어떤 점에서 있느냐면, 물론 그 분들이 고생하시면서 하신 일에는 충분히 존경하는 마음에서 대하는데, 여기 있는 분들이 너무 여기에 뿌리를 못 내린 채 활동을 많이 하셨다는 생각이 들거든요. 그러니깐 너무 한국만 보고 생각을 하셨지 자기의 삶의 터전이 독일이라는 것에 대한 의식이 별로 없으셨다는 생각이 들고, 그것이 사실은 1세들의 운동이 독일사회 속에 막 뿌리 내리지 못한 요인이다, 그래서 Korea Verband는 지금도 활동을 많이 하는 단체가 예를 들어 6·15공동행사. 그런 데에서 활동을 하는데, 저는 약간 좀 거리를 두고 있어요. 저는 우리의 활동 대상이. 그분들이 보면 활동 대상이 결국은 독일에 사는 동포들이 대상처럼 되어 버려요. 저는 이런 북한 관계의 세미나를 하더라도 독일어로 하고, 독일 사람들이 관심을 가질 수 있는 데서 하기 때문에 우리는 여기서 Oeffentlichkeit(공공성)라고 생각을 하고, 독일이라고 생각을 하고요. 그런 의미에서 통일문제를 다룬다고 하더라도 나중에 북한하고 직접 왔다 갔다 하면서 일을 하게 된다 하더라도 그거는 우리가 독일에서 사는 한국 사람으로서 한국에서 사는 한국 사람들이 할 수 없는 일들이 있잖아요. 그런 일들을 찾아서 하고 싶어요. 독일 사회하고의 관계, 북한과 독일사회가 맺는 데에 있어서 우리가 다리 역할을 한다든지. 그런 쪽으로 생각을 하고 있어요.

김 면 지금 우리 한인단체에서는 거의 관여를 안 하잖아요. 독일인들에 의한 우리 남북의 통일운동이 시도가 됐죠. 지금 여기 주제는 해외한인통일운동, 이런 식이거든요.

최현덕 한번 이것도 생각을 해 보세요. 한인들의 통일운동을 사실 딱 갈라지게 되는 것 자체가 문제거든요. 운동이라고 하는 것이 항상 자기가 살고 있는 지역을 기반으로 해야 하는데, 그 한인통일운동이 독일 사람들하고의 연관 속에서 이루어지지 않는다고 했을 때 그 운동은 사실은 상당히 문제가 있는 거예요. 뜬 운동이라는 거죠. 사실 한인들 운동이 그런 식으로 많이 됐다는 것 자체가 한인운동의 문제예요.

김 면 저도 그것에 대해 좀 깊숙이 생각을 해 봐야 하는데, 의례히 통일연구원 자체에서도 그런 문제들을 학술 세미나에 독일인들을 초대하더라도 그분에 의한 그런 것들은 우리 관점이 아니라는 식으로 그래왔다고 볼 수 있죠.

최현덕 그게 보는 관점 자체의 문제가 되는 거지요. 사실은 운동이라고

하는 것은 영향력이 있어야 되는 거잖아요. 영향력이 있는 운동이
되기 위해서는 그 운동을 하는 그 지역에 뿌리를 박아야 되는 거
고, 근데 이영빈 목사님 만나서 그분 얘기를 들어보시면 그분은
또 국회에 대한 얘기도 하시고 그러실 거라고요. 그분은 그분 나
름대로 그렇게만 판단을 한다면 당신은 독일사회에 뿌리를 못 내
렸고, 라는 식으로 평가를 한다면 그분은 또 아니라고 하실 수 있
는 부분이 또 있을 거라고요. 그것은 또 그분에게 들어보시면 되
는데, 어쨌든 제가 볼 때에는 해외 한인들의 통일운동이라고 한다
면 해외 한인들은 결국, 사실 여기서 한국어로 성명서 하나를 발
표한다고 한다면 무슨 의미가 있어요. 그러니깐 여기서 성명서를
발표한다고 하면 독일어로 내야하는데, 그러기 위해서는 독일 사
람들의 도움이 필요한 거거든요? 그러니깐 여기서 활동을 한다고
하는 것은 독일 사람들하고의 어떤 관계 없이는 사실은 불가능해
요. 만일 여기서 활동을 한다고 하면서 독일사람 없이 한국말로
자료가 나왔다면 그건 사실은 이상한 거예요. 그게 문제고요.

김 면 한국 관련 소식지를 제작할 때 어떤 것이 있었나요?

최현덕 Korea Koordinations Konferenz(한국소식지 회의)라고 하는 한
국과 관련된 모든 단체들이 일 년에 한 번인가 모이는 모임이었어
요. 그래서 우리는 한국에 관련된 교회단체라든지 다른 단체들이
모여서 서로 간의 하고 있는 일들의 정보교환이죠. 경우에 따라서
는 같이 할 수도 있는 거고. 그런 역할을 하는 모임의 이름이었죠.
어떤 단체가 아니라 협력 모임이었어요.

독일 내 교회의 통일운동에 관해서

김 면 독일 내 교회의 통일운동사에 대해서 주목할 만한 특별한 내용이
있으신지요?

최현덕 이건 우리가 내는 잡지인데, 여기서 2005년에 북에서 온 조선기

독교도연맹이라는 것이 있어요. 거기 대표들이 참석을 해서 국제 회관에서 한독교회자회의가 열렸거든요. 1984년에 일본 도산소라는 곳에서 남, 북의 기독교인들이 만났는데, 이것을 국가보안법이 있는 상황에서 그냥 만날 수가 없잖아요. 그래서 한국교회에서 세계기독교협의회(WCC)라고 하는 거기서 이 모임을 중재해 주었어요. 제가 알기로는 이 세계기독교협의회 대표들이 일단 북에 가서 북의 대표들을 만나고 모임이 성사가 되었지요. 이게 1984년이네요. 그 후에 1986, 1988, 1990년에 이런 식의 모임이 스위스 글리온에서 열렸고요. 1995년 교토에서 또 한 번 열렸어요. 말하자면 WCC가 남과 북의 기독교인들을 초대해서 남북이 만날 수 있는 모임을 만들어 준 거죠. 그런 의미에서 이런 식의 노력은 이영빈 목사님이나, 이화선 목사님이 하신 거하고는 또 다른 의미를 가지거든요. 사실 이화선 목사님이나 이영빈 목사님은 말하자면 해외에 있는 한국 기독교인이 북에 있는 기독교인들 내지는 북을 방문하는 북과의 만남을 이루신 거고, 하지만 필연적으로 이 만남에는 남쪽이 빠질 수밖에 없었지요. 그런 남쪽이 빠질 수밖에 없는 한계가 있었어요. 그런 점에 대해서 어떻게 생각을 하시는지 한번 여쭤보세요. 거기에 비해서 이 노력은 중립적인 제3자의 중재에 따라서 남과 북이 직접 만났다는 그런 의미가 있었던 거죠. 예를 들어서 독일에 개신교 교회의 날이라는 행사가 있어요. 일 년에 한 번씩 열리는데, 여기에 한 몇 십만 명이 모여요. 그래서 여러 가지 교회가 안고 있는 교회가 보는 사회적인 문제라든지 교회 문제라든지 성서 공부도 하고, 그런 일종의 큰 축제거든요. 이때 독일 개신교에서 남북 기독교인 대표들을 초대하기도 했었고, 대체적으로 남쪽에서는 거의 와요. 북쪽 기독교인들을 초대했다는 것이 특이한 일이었고, 북을 초대했다는 것은 곧 여기에서 독일에서 남북 기독교인이 만날 수 있는 자리를 만들었다는 의미가 있죠. 그래서 이 독일교회가 80년대 중반 이후에 세계교회협의회에서도 독일교회가 굉장히 많은 역할을 했었고, 이후에도 독일교회가 남과 북의 기독교인의 만남에 상당히 많은 노력을 기울여 줬어요.

최근의 일로는 2004년에 1990년 중반에도 또 그런 일이 있었네요. 지금 확실히 생각은 안 나는데, 1992, 93년인가에 프랑크푸르트 근처에 아놀츠하임이라는 곳이 있어요. 거기서 통일문제에 관한 세미나를 하면서 북에도 초청을 해서 연사를 했어요. 그때 북쪽에서 두 분이 참석을 하셨죠. 최근에는 2004년에 한독교회협의회가, 8차인가? 한독교회협의회는 한국과 독일의 교회가 계속 만나왔어요. 몇 년에 한 번씩 그동안 계속 만나오다가 8차인가 9차인가 하는 모임에 아까 말한 아놀츠하임이라는 곳에서 만났는데, 거기에 보통은 한국교회 대표 독일교회 대표들이 만나거든요. 근데 이 자리에 에큐메니컬, 세계 에큐메니컬 기구 대표까지, 대표적인 예가 WCC라든지. 이 WCC의 그 아시아 지역 기구로 CCA라는 것이 있어요. 캐나다 교회 그 다음에 미국 교회 등등 한반도 문제에 관심을 가진 국제적인 교회 대표들을 초대하고, 조선기독교도연맹에서 초대하고, 그렇게 해서 또 한 번 남북의 대표들이 만나는 모임을 가졌죠. 2005년 프랑크푸르트에서 국제도서전시회를 할 때, 독일교회 구조가 주마다 주교회가 있거든요. 헤센, 프랑크푸르트가 속한 지역 주교회가 헤센나쓰하우 주교회에요. 여기 지리적인 행정구역하곤 좀 달라요. 행정구역은 헤센인데, 독일 주교회 단위로는 Evangelische Kirche(헤센나쓰하우; 주교회 단위 명칭)라고 하는데, 거기에서 주관을 해서 아까 얘기한 EMS가 같이 협력을 해서 한국에 관한 행사를 했는데, 이 행사에도 북한교회 대표자들을 초청해서 북한 교회 대표자들과 남한에서 온 교회 대표자들이 같이 모여서 얘기하는 기회를 가졌죠. 어쨌든 만나는 것 자체가 어려운 상황 속에서 80년대부터 독일교회가 이런 식으로 노력을 기울여 줬다는 점에서 저는 통일운동에 한 가닥으로 넣을 필요가 있을 거라는 생각이 들어요. 그리고 이거는 이 운동의 중요성을 과소평가하면 안 될 거라는 생각이 드는데, 굉장히 어려운 상황에 남북이 직접 만날 수 있는, 그러니깐 다른 경우는 북하고 접촉을 하면 남쪽이 빠질 수밖에 없는 태생적인 한계가 있는데 비해서 이건 어떤 중립적인 국제기구를 통해서 했기 때문에 남북이 직접 만날 수 있는 그런 의미를 가졌고요. 그리고 남북이 직접 만나서 그나마 만난다는 것 자체가 신뢰를 쌓고, 서로 간에 논의할 수 있는 그런 기본을 만드는 건데, 물론 얼마만큼 서로가 대화를 통해서 접근 했는가 이거는 좀 얼마나 큰 효과가 있었나 하는 것은 안 나오죠.

80년대에 이 일을 할 때 중요한 역할을 하셨던 분들은 지금 한국에 계시는데, 박정화 목사님이라고 계세요. 이분이 그때 Evangeliches Mission wegen Suedwestdeutschland(EMS)의 협력목사로 파견되어 계셨어요. 그래서 튜빙엔에 사시면서 동시에 신학공부를 하고 한국교회와 독일교회를 연결하는데, 말하자면 독일교회가 한국교회에 연대하는 그런 사업을 추진하는데 굉장히 큰 촉매제 역할을 하신 분이세요. 만약 박정화 목사님을 한국에서 만나시면 이 얘기를 자세히 들으실 수 있고, 지금 박정화 목사님이 상당히 큰 단체 기관장 역할을 하시는데, 한국국제보건의료재단 총재였어요. 예산이 아마 어마어마할 거예요.

박정화 목사님에게는 독일교회가 기독교 통일운동의 역할에 대해서 말씀을 해주셨으면 좋겠다고 한번 해보세요.

김 면 이건 이영빈 목사님이랑 이화선 목사님의 통일운동과는 완전히 다른 거네요?

최현덕 완전히 다른 거예요. 이거는 뭐랄까 박정화 목사님이 위험도나 이런 것들을 다 계산을 하시면서 그 당시 매우 제한된 상황에서 그나마 합법 공간을 최대한으로 확보해 가면서 하신 것이기 때문에, 또 박정화 목사님 아니더라도 지금 NCC에 가시면 한국기독교교회협의회 총무님이나 2, 3년 전까지는 백도웅 목사님이 하셨는데, 거기 총무님이나 아니면 일을 담당하신 목사님이 계세요. 거기 가시면 NCC로부터 이 역사를 다 들으실 수 있을 거예요. 그것도 한국에서 하실 수 있는 한 가지 법이고요.

이영빈, 이화선 목사님 같은 경우는 해외에서 해외에 있는 한국인들에게 조금 영향을 주셨을 수는 있는데, 이제 남한과의 연결을 가질 수 없다는 한계가 있었다는 거죠. 또 이분들 자체가 그것을 통해서 한국에 가기도 어렵게 되고, 희생적인 삶을 사실 수밖에 없게 된 반면에 이것은 직접 남한 교회에 영향을 미치고 그래서 NCC에서도 또 북한(을) 원조하는 프로그램이 꽤 있어요. 결국 북한과 직접 얘기할 수 있는 통로를 교회 쪽으로 여러 통로 중에서 교회 쪽으로 하나 마련했다는 점에서, 그 중에 하나라는 점에서 의미가 있다고 볼 수 있죠. 가능한 한 드레서를 만나보시면 자기 나름대로의, 그러니까 드레서는 한국에 몇 년 오래 있었어요. 한국에서 빈민 활동을 하고, EMS에서 협력실무자를 파견을 하거든요. 그러니간 한국의 교회 그 중에서 기독교장로회와 예수교장로회가 EMS의 파트너 교회인데, 그 파트너 교회끼리 실무자를 교환하는데, 그 통로로 해서 드레서가 한국에 가서 그때 상당히 많은 일을 했어요. 또 진보적인 교회의 민중 신학이라든지 진보적인 교회 움직임에 함께하고, 독일에 알리고 하는 역할을 하다가 이분이 2001년부터 그 동아시아 담당으로 EMS에서 일하고 있어요. 그러니간 지금 현재 북과의 관계에 있어서 독일교회가 어떠한 역할을 할 것이면, 한국교회와 어떻게 협력할 것인가를 이분한테 자세하게 들으실 수 있을 거예요.

김 면 말씀 감사합니다.

저자소개

■ 지은이

● 김 면
· 연세대학교 HK연구교수
· 독일 베를린(T.U.Berlin)대학교 문학 박사
· 주요저서 / 논문:
「독일 한인 통일운동의 형성과 전개과정」
「독일지역 북한기밀문서집」

● 강 인 구
· 국사편찬위원회 편사연구관
· 러시아 상뜨—뻬쩨르부르그대학교 역사학 박사
· 주요저서 / 논문:
「Корейцы- жертвыполнтнческнх репрессни в СССР 1934-1938 XIII」
「한국전쟁기 북한에 대한 소련의 문화적 개입: 러시아측 자료를 중심으로」

● 곽 진 오
· 동북아역사재단 독도연구소 3팀장
· 영국 University of Hull 정치학 박사
· 주요저서 / 논문:
「일본의 전후처리, 일 · 독 비교」
「일본의 독도영유권 주장의 한계에 관한연구」
「한일간의 독도 · 죽도 논쟁의 실체」(번역)

● 김 규 륜
· 통일연구원 선임연구위원
· 미국 노스웨스턴대학교 국제정치경제학 박사
· 주요저서 / 논문:
「Modernization and Opening-Up of North Korean Economy」
「신평화구상 실현을 위한 전략과 과제」

● 김 하 영
· 동국대학교 대외교류연구원 연구교수
· 미국 하와이대학교 정치학 박사
· 주요저서 / 논문:
「미국 사회의 인종갈등과 거버넌스」
「북한 체제의 초기 집단정체성 형성에 관한 연구」
「항일무장 투쟁과 김일성의 초기 정치리더십 형성」

● 남 근 우
· 한양대학교 국가전략연구소 전문위원
· 한양대학교 정치학 박사
· 주요저서 / 논문:
「북한의 복종과 저항의 정치-생산현장에 나타난 공식/비공식 사회관계
(1950~70년대)」
「북한의 생산현장에서 표출된 갈등에 관한 연구: 공업화시기를 중심으로」

● 서 재 진
· 통일연구원 원장
· 미국 하와이대학교 사회학 박사
· 주요저서 / 논문:
「또 하나의 북한사회 : 사회구조와 사회의식의 이중성 연구」
「7·1조치 이후 북한의 체제변화 : 아래로부터의 시장사회주의」

- **우 병 국**
  - 연세대학교 동서문제연구원 전문연구원
  - 대만 국립대만대학교 법학박사
  - 주요저서 / 논문:
    「북한체제 형성과 발전과정 문헌자료: 중국·미국·일본」(공저)
    「중국의 한국전쟁 연구현황에 관한 분석」
    「동아시아에서의 미·중간 세력전이가 양안관계에 미치는 영향」

- **임 강 택**
  - 통일연구원 선임연구위원
  - 미국 뉴욕주립대학교(올바니) 경제학 박사
  - 주요저서 / 논문:
    「북한경제의 시장화 실태에 관한 연구」
    「한반도 선진화를 위한 남북 경제관계 발전방안 모색」(공저)

■ 연구책임

- **조 한 범**
  - 통일연구원 선임연구위원
  - 러시아 상뜨—뻬쩨르부르그대학교 사회학 박사
  - 주요저서 / 논문:
    「북한'변화'의 재평가와 대북정책 방향」(공저)
    「북한 사회개발 협력방안 연구」